Management-Coaching

Management-Coaching

Wie Unternehmen Führungskräfte zum Erfolg bringen können

Stefan Leinweber
Achim Mollbach
Michaela Reimann
Christoph Mât

Matthias T. Meifert (Hrsg.)

Haufe Gruppe
Freiburg · München

Bibliografische Information Der Deutschen Nationalbibliothek
Die Deutsche Nationalbibliothek verzeichnet diese Publikation in der Deutschen
Nationalbibliografie; detaillierte bibliografische Daten sind im Internet über
http://dnb.d-nb.de abrufbar.

Print: ISBN: 978-3-648-02563-5   Bestell-Nr. 00393-0001
EPUB: ISBN: 978-3-648-02564-2   Bestell-Nr. 00393-0100
EPDF: ISBN: 978-3-648-02565-9   Bestell-Nr. 00393-0150

Leinweber | Mollbach | Reimann | Mât
Meifert (Hrsg.)
Management-Coaching
1. Auflage 2012
© 2012, Haufe-Lexware GmbH & Co. KG, Munzinger Straße 9, 79111 Freiburg

Redaktionsanschrift: Fraunhoferstraße 5, 82152 Planegg/München
Telefon: (089) 895 17-0
Telefax: (089) 895 17-290
Internet: www.haufe.de
E-Mail: online@haufe.de
Produktmanagement: Kathrin Salpietro

Gesamtbetreuung: Ulrich Leinz, 10829 Berlin
Redaktion: die textreinigung, Rivkah Frick, 10999 Berlin
Satz: kühn & weyh Software GmbH, 79110 Freiburg
Umschlag: RED GmbH, 82152 Krailing
Druck: Bosch-Druck GmbH, 84030 Ergolding

Inhaltsverzeichnis

Vorwort

Herzlich willkommen! Schön, dass Sie sich für das Thema Management-Coaching interessieren. Es erwartet Sie hier eine spannende Reise — ob Sie nun etwas mehr über sich und Ihren persönlichen Managementstil erfahren möchten, anderen als Führungskraft coachend zur Seite stehen oder planen, als professioneller Coach zu arbeiten. In diesem Band erfahren Sie, wie eine Organisation mittels des inzwischen wohlbekannten Entwicklungsinstruments Coaching ihre Führungskräfte erfolgreich(er) machen kann.

Coaching erfährt in der Praxis nicht nur Zustimmung. Sie kennen vielleicht selbst den Einwand, es stelle einen Ersatz für Freundschaften dar. Wo früher die gute Freundin oder der gute Freund zugehört und Ratschläge gegeben haben, würden nun die Dienste eines Coachs in Anspruch genommen. Dieser Vergleich greift jedoch zu kurz. Ein professionell ausgebildeter Coach versteht sich weniger als Sorgentröster, starke Schulter oder Trinkgenosse. Vielmehr ist er ein Sparringspartner und hilft seinem Gegenüber mittels geschulter Gesprächstechnik, Lösungen für seine Anliegen zu entdecken und sie sich genau zu erarbeiten. Er ist also viel eher ein Katalysator oder „Archäologe" als der Partei ergreifende Kumpel. Diese grundsätzliche Haltung wird in der Praxis gerne falsch verstanden. Ein guter Freund von mir, der seit 25 Jahren Topmanager begleitet, bringt das Wesen des Missverständnisses auf den Punkt: „Der Coachinganlass und das zu lösende Problem gehören stets dem Klienten. Auch die Lösung kennt der Klient selbst am besten. Wofür verlangen wir dann als Coachs überhaupt unser Honorar?" Augenzwinkernd fährt er fort: „Glücklicherweise ist guter Rat ein knappes Gut und deshalb teuer."

Dem Coaching haftet inzwischen sogar etwas Inflationäres an: Kaum ein Lebensbereich wird ausgespart. Das Ausstellen eines Strafzettels durch den Wachtmeister wird zur Coachingintervention für besseres Autofahren erklärt, der praktische Arzt wird zum Health-Coach und der Frisör mutiert zum Hairstyling- und Beauty-Coach. Dazu kommt, dass Scharlatanerie und Genialität in kaum einem anderen Berufsfeld so eng beieinanderliegen wie in dem unregulierten Markt des Coachings. Als Coach darf sich prinzipiell jeder bezeichnen. Ob er oder sie die Kompetenzen oder die nötige Erfahrung dazu hat, steht auf einem ganz anderen Blatt. Das vorliegende Buch soll Ihnen hierzu eine Orientierung geben, objektive Qualitätsmerkmale herausarbeiten und so der Professionalisierung von Coaching dienen. Es liefert Antworten auf die grundlegenden Fragen:

- Was macht zielführendes Management-Coaching aus?
- Wie wählt man einen Coach aus?
- Wie installiert man einen Coachingpool im Unternehmen?
- Welches Handwerkszeug benötigt der überzeugende Coach?
- Wie bewegt sich der erfolgreiche Coach im Markt?
- Was sind die Besonderheiten von Coaching in einer großen Organisation?

Die Inhalte dieses Buchs entspringen der Praxis und basieren auf den langjährigen Erfahrungen der Autoren als Coachs in Beratungsprojekten und ihrer Lehrtätigkeit in der Kienbaum-Ausbildung zum Management-Coach. Ein herzlicher Dank gilt an dieser Stelle Thomas Studer, der als erfahrener Management-Coach den Entstehungsprozess des Manuskripts intensiv begleitet hat. Danken möchte ich auch für die Unterstützung des Haufe-Lexware-Verlags durch Kathrin Salpietro, für den operativen Support durch Rivkah Frick, Ulrich Leinz und Brit Ullmann sowie das interne Projektmanagement durch Maria Wirt.

Ich wünsche Ihnen, verehrte Leserinnen und Leser, eine gewinnbringende Lektüre. Vielleicht lassen auch Sie sich anstecken von der Begeisterung der Autoren, die seit vielen Jahren im Coaching tätig sind. Viel Freude beim Umsetzen der Anregungen wünscht Ihnen

Matthias T. Meifert

Mitglied der Geschäftsleitung und
Herausgeber der Edition Kienbaum bei Haufe

Navigation

Im vorliegenden Buch finden Manager, Verantwortliche der Personal-
und Führungskräfteentwicklung sowie angehende und praktizierende
Management-Coachs eine Fülle an Impulsen, Materialien und konkreten Anregungen. Mehrkonzeptionelle und theoretische Ausführungen
werden ergänzt durch praktische Beispiele aus Coachingsituationen
sowie durch mannigfache Tipps und Empfehlungen. Das Buch richtet
sich einerseits an eher konzeptionell und an theoretischen Hintergrün-
den interessierte Leserinnen und Leser, andererseits an Leserinnen und
Leser, die praktische Unterstützung erwarten. Hier können Sie:

- anhand von typischen Beispielen nachvollziehen, was Management-Coaching ist und sein kann,
- zielführende Methoden und Instrumente des Coachings kennenlernen,
- erfahren, nach welchen Gesichtspunkten Management-Coachs für
ein Unternehmen ausgesucht werden sollten,
- lernen, wie Sie sich als Management-Coach in einem zunehmend
wettbewerbsintensiven Markt positionieren können.

Der Begriff *Management-Coaching* besteht aus den beiden Teilen
Management und *Coaching*. Die ersten beiden Kapitel stellen als
mehrkonzeptionelle Hintergrundkapitel einerseits dar, was wir unter
Management-Coaching verstehen, andererseits aber auch, was Management in Organisationen bedeutet. Denn: Wir sprechen hier aus-
drücklich von Coaching für die Zielgruppe *Manager und Führungskräfte
in Organisationen*. Damit stehen neben der Person des Managers selbst
zunächst dessen Rollen und Aufgaben im Vordergrund. Der Management-Coach benötigt daher ein grundlegendes Verständnis dieser
Aufgaben, Rollen und der damit verbundenen Herausforderungen.
Die Managementaufgabe bildet somit einen wichtigen Bezugsrahmen
für das Management-Coaching. Da Management jedoch nicht im luftleeren Raum stattfindet, sondern in Organisationen, ist ein weiterer,
ebenso wichtiger Bezugsrahmen für das Management-Coaching die
Organisation. Für ein klares Verständnis von Management und Führung
brauchen sowohl der Coach als auch der Manager selbst zunächst also
ein Grundverständnis von Organisationen:

- Was ist unter einer Organisation zu verstehen?
- Wie funktionieren Organisationen?
- Welche Herausforderungen und Themen ergeben sich daraus für den Manager?

Dabei geht es nicht darum, ob dieses Grundverständnis „richtig" oder „vollständig" ist, sondern um seinen konkreten Nutzen, um Problemlösungen zu finden und Weiterentwicklung zu ermöglichen. Mit einem besseren Verständnis der Themen, Fragestellungen und Herausforderungen des Managers ist es viel leichter möglich, hilfreiche und gleichzeitig realisierbare Lösungen zu generieren. Management-Coachs brauchen neben Modellen vom Menschen und seinem Funktionieren auch Modelle und Vorstellungen über *Management* und *Organisation*.

Im ersten Kapitel definieren wir zunächst, was wir unter Management-Coaching verstehen. Das zweite Kapitel ist den typischen Themen gewidmet, denen wir im Management-Coaching begegnen und zu denen Manager im Coaching Handlungsstrategien und Ressourcen entwickeln wollen:

- zur Steuerung von Organisationen oder Organisationseinheiten,
- zur Beziehungsgestaltung und direkten Führung von Mitarbeitern,
- zum sogenannten Selbstmanagement, also der Führung der eigenen Person und der eigenen Ressourcen.

Auch in Kapitel 3 und 4 stellen wir immer wieder den Bezug zum Management-Coaching in der Praxis her. Das dritte Kapitel ist den wichtigsten Fragen zur *Steuerung* von Management-Coaching in Unternehmen gewidmet. Durch die zunehmende Etablierung dieses Instruments in Unternehmen wird eine systematische Steuerung der Coachingaktivitäten immer notwendiger. In diesem Kapitel finden daher vor allem Verantwortliche der Personal- und Führungskräfteentwicklung, aber auch Management-Coachs wertvolle Hinweise dazu, welche Auslöser für Management-Coaching es in Unternehmen gibt, wie Unternehmen Coachs aussuchen und wie die Ziel- und Auftragsklärung erfolgt. Auch die Evaluation und die Transfersicherung, die in Unternehmen immer mehr Beachtung finden, werden hier näher beleuchtet. Im vierten Kapitel erfahren Sie dann grundlegende Dinge zur Rolle und zum Selbstverständnis von Management-Coachs.

Besonders praktisch und anschaulich ist das fünfte Kapitel *Management-Coaching in der Praxis* gestaltet. Hier schildern wir für Sie typische Themenfelder und Fragestellungen, mit denen Manager ein Management-Coaching aufsuchen. Die vielen praktischen Beispiele entstammen direkt unserer Erfahrung als Management-Coachs und als Ausbilder für Coachs an unserer Kienbaum Academy. In jedem Beispiel stellen wir zunächst kurz das jeweilige Thema und die Fragestellung vor und bringen Ihnen dann anhand dieses Themas ausgewählte Methoden und Techniken nahe, die geeignet sind, den Coachingprozess zu unterstützen und zu gestalten. Führungskräfte und Manager können anhand dieser konkreten Beispiele gut nachvollziehen, wie Management-Coaching funktionieren kann und was in diesem Prozess geschieht. Verantwortliche der Personal- und Führungskräfteentwicklung erhalten hier Einblicke in Situationen und Episoden des Management-Coachings, die ihnen sonst verschlossen bleiben. Und als Management-Coach finden Sie detaillierte Informationen über ausgewählte Methoden und Instrumente und deren Einsatzmöglichkeiten.

Das letzte Kapitel *Marketing für Management-Coachs* wendet sich vor allem an angehende oder bereits tätige Management-Coachs. Dieses aus unserer Sicht sehr wichtige Thema wird von nicht wenigen Coachs unterschätzt. Jedes Jahr betritt eine große Anzahl von Coachs die Bühne des Coachingmarkts. Um in diesem Markt erfolgreich auftreten zu können, brauchen Management-Coachs ein klares Profil und eine klare Marktstrategie mit einer trennscharfen Selbstdarstellung. Gleichzeitig muss der Coach *anschlussfähig* sein: Nicht jeder Coach passt zu allen Unternehmen, Themen oder Hierarchiestufen. Es gilt also, sich zu profilieren, Netzwerke aufzubauen, einen überzeugenden Marktauftritt zu realisieren. Dazu finden Sie in diesem Kapitel wertvolle Empfehlungen und Hinweise, die unserer eigenen Erfahrung und Beobachtung — auch als Ausbilder für Management-Coachs an unserer Kienbaum Academy — entstammen.

Das vorliegende Buch bildet eine reichhaltige Fundgrube an Angeboten: Dabei wird nicht jeden alles gleichermaßen interessieren. Prüfen

Sie die verschiedenen Angebote, die Sie finden — und vertiefen Sie sich in solche, die zu Ihnen, zu Ihren persönlichen Fragestellungen und Interessen passen. Wir wünschen Ihnen viel Freude, Neugier und gute Erfahrungen beim Lesen und Stöbern!

Management-Coaching –
Was ist das?

1   Management-Coaching – Was ist das?

1.1   Unterstützung von Managern durch funktions- und aufgabenorientiertes Coaching

Der Begriff *Coaching* ist heute in der Gesellschaft und in den Medien fest etabliert. Kein Medium — sei es Fernsehen, Zeitschrift oder Radio —, das den Begriff Coaching nicht verwenden und bestimmte Formate mit ihm schmücken würde: In den Medien finden sich Personal-Coaching, Business-Coaching, Life-Coaching, aber auch Flirt-Coaching, Money-Coaching, es wird ein Coaching zur Optimierung der Erziehung angeboten und sogar ein Astro-Coaching. So sind die Zielgruppen und Anlässe, aber auch die Themen und Methoden, die mit Coaching bezeichnet werden, fast unüberschaubar geworden.

Vielfalt und Spezialisierung

Entsprechend der immer stärkeren Verbreitung von Coaching in der Gesellschaft, in den Medien und in den Unternehmen steigt natürlich auch die Zahl der Anbieter: So gibt es den Business-Coach, den Sport-Coach, den Personal-Coach, den Erfolgs-Coach oder den Life-Coach. Gleichzeitig ist die Menge an Weiterbildungsangeboten zum Coach rasant gestiegen. Entsprechend bilden sich Verbände und Zertifizierungsverfahren. Sowohl für die Nutzer als auch für die Anbieter von Coaching wird es deshalb immer wichtiger klarzustellen, was sie genau mit dem Coaching meinen und verbinden, das sie in Anspruch nehmen bzw. anbieten wollen.

Zeichen der Professionalisierung

Einerseits befindet sich das Coaching eindeutig noch in der Pionierphase: Die rasante Zunahme an Konzepten, Modellen und Versprechungen, die oft nur für ein paar Jahre in Mode sind und dann wieder vom Markt verschwinden, zeigen deutlich, dass hier noch sehr viel gesucht, herangetastet und ausprobiert wird, und das gilt für die Anbieter ebenso wie für die Nutzer von Coaching. Andererseits finden sich aber auch deutliche Zeichen der Etablierung und Professionalisierung, dies vor allem im Umfeld von Coaching, das von *Unternehmen* in Anspruch genommen und beauftragt wird. Die oben aufgelisteten Spezifizierungen des Begriffs (Business-Coaching, Life-Coaching etc.) verweisen auf einen wichtigen Aspekt dieser Etablierung und Professionalisierung. Die Nachfrager von Coaching erwarten zunehmend eine Spezialisierung bzw. Konzentration der Coachs: auf bestimmte Zielgruppen, Themen oder Kontexte, d. h. auf die konkrete Lebens- oder Arbeitswelt des jeweiligen Coaching-Klienten, des sogenannten *Coachees*. Damit steigen auch die Erwartungen an die Kompetenzen und Erfahrungen des Coachs: Er muss nicht nur allgemeines Coachingwissen, Methoden- und Instrumentenkenntnisse besitzen, er soll auch mit den grundlegenden Themen und Fragen, mit dem *Umfeld* seiner Coachees vertraut sein.

Manager als Zielgruppe

In diesem Buch konzentrieren wir uns auf *Manager in Unternehmen* als Zielgruppe für Coaching. Diese nehmen mit zunehmender Selbstverständlichkeit Coaching in Anspruch, um Unterstützung für die erfolgreiche Bewältigung immer schwieriger und komplexer werdender Managementaufgaben und -rollen zu gewinnen. Dabei begleitet sie in den Unternehmen meist die Personal- oder Personalentwicklungsabteilung darin, den eigenen Coachingbedarf zu identifizieren und einen geeigneten Coach zu finden (vgl. Mollbach 2008b). Die Anzahl der Manager, die einen Management-Coach in Anspruch nehmen, wächst kontinuierlich: In deutschen Unternehmen hat sich das Management-Coaching als spezifische Form der Beratung und Unterstützung insbesondere für Manager bzw. Führungskräfte etabliert. Eine Studie aus dem Jahr 2007, die Kienbaum zu diesem Thema zusammen mit dem Harvard Business Manager durchgeführt hat (Leitl 2008a; Mollbach 2008a), zeigt deutlich: Coaching ist in den Unternehmen angekommen und wird auch in Zukunft zunehmend in Anspruch genommen werden, um Manager bei der erfolgreichen Bewältigung ihrer Aufgaben zu unterstützen und ihre Managementkompetenzen weiterzuentwickeln.

Management-Coaching in Unternehmen bzw. Organisationen stellt damit ein konkretes Arbeitsfeld für Coachs da. Die Ziele, Themen und

auch die Anwendung von Methoden im Management-Coaching bestimmen sich dabei einerseits aus den gegenwärtigen und zukünftigen
Aufgaben und Situationen, mit denen es Manager und Führungskräfte
in Unternehmen und Organisationen zu tun haben, andererseits aus
der Person des Managers, der das Management-Coaching in Anspruch
nimmt. Auf diese Aspekte werden wir vor allem im folgenden Kapitel
eingehen: Ohne ein umfassendes Verständnis für die Managementaufgabe des Coachees und ihre konkrete Einbettung in die Organisation,
in der der Manager tätig ist, kann Management-Coaching nicht erfolgreich sein.

Blick auf den Menschen und auf die Organisation

Management-Coaching nimmt also immer zwei Perspektiven ein: Zum
einen betrachten Coach und Manager die Managementaufgabe und
ihre Herausforderungen im Kontext der betroffenen Organisation, zum
anderen die Person des Managers mit ihren Interessen und Bedürfnissen, Handlungs- und Denkstrukturen und persönlichen Eigenschaften.

Damit ist das Management-Coaching ein sogenanntes *funktion*sorien-
tiertes Coaching, im Unterschied zum rein *persönlichkeits*orientierten
Coaching, in dem es primär um persönliches Wachstum und Weiterentwicklung oder um die persönliche Lebensplanung geht. Dabei schließt
das Management-Coaching die persönlichkeitsorientierte Ebene allerdings nicht aus, sondern bezieht sie mit ein und kann damit durchaus
auch das persönliche Wachstum und die persönliche Entwicklung des
Coachs zum Ziel haben. Die Klärung eigener Ziele und Motive, die Her-
stellung einer Work-Life-Balance, auch die Bewältigung eher persönlicher Themen wie die Beziehungsgestaltung im privaten Umfeld des
Coachees können durchaus auch Themen im Management-Coaching
sein. Allerdings ist der Bezugspunkt, der sogenannte *Referenzrahmen*,
ein anderer: Persönlichkeitsentwicklung, also der Aufbau von persönlichen oder sozialen Kompetenzen, wird im Management-Coaching
letztlich nicht um ihrer selbst willen verfolgt. Stattdessen wird davon
ausgegangen, dass Elemente der Persönlichkeitsentwicklung, das Erlangen persönlicher Zufriedenheit oder die Erschließung persönlicher
Energiequellen und die bessere Gestaltung privater Beziehungen zu
einer erfolgreicheren Aneignung und Bewältigung bestimmter Managementaufgaben oder funktionen beitragen.

Handlungsstrategien und Ressourcen

Gleichzeitig überschreitet das Management-Coaching diese persönliche oder private Ebene, da es nicht nur Fragen des sogenannten *Selbstmanagements* behandelt, sondern auch Themen der Organisationsgestaltung und steuerung, der Beziehungsgestaltung innerhalb des Unternehmens und in vielen Fällen auch der erfolgreichen Führung von Mitarbeitern bzw. Mitarbeitergruppen — schlichtweg alle Faktoren, die das erfolgreiche Ausfüllen der Managementrolle und aufgabe ausmachen. Zu diesem Zweck werden im Management-Coaching einerseits sogenannte *Handlungsstrategien* entwickelt, andererseits für die Ausübung und Bewältigung der Managementaufgabe notwendige Kompetenzen und Ressourcen aufgebaut.

Da sich das Coaching von Managern im Kern auf deren Management- und Führungsfunktion bezieht, ist in diesem Buch mit Coaching immer *Management-Coaching* gemeint. Wie oben erläutert, verstehen wir darunter ein personen- und funktionsbezogenes Coaching mit folgenden Zielen:

- Unterstützung von Managern bei der kurz- und langfristigen Gestaltung und Bewältigung ihrer gegenwärtigen oder zukünftigen Führungs- und Managementaufgaben im Kontext von Unternehmen bzw. Organisationen. Dies geschieht in weiten Teilen durch die Entwicklung von Handlungsstrategien und -plänen.
- Entwicklung und sinnvolle Nutzung verschiedener für die Ausübung der Managementfunktion notwendiger Kompetenzen und Ressourcen. Hierzu gehört das Erlernen von Führungs- und Managementtechniken ebenso wie von Methoden und Techniken des Selbstmanagements.

Handlungsstrategien

Unter Handlungsstrategien verstehen wir Vorstellungen über ein grundlegendes Vorgehen in Bezug auf ein bestimmtes Thema oder Problemfeld.

- Für die Entwicklung von Handlungsstrategien ist es notwendig, einerseits Ziele zu setzen, die mit Handlungen erreicht werden sollen, aber auch das Feld zu verstehen, in dem gehandelt werden soll. Wer eine Organisation erfolgreich steuern bzw. eine

Managementaufgabe erfolgreich ausüben will, muss zunächst eine Vorstellung darüber haben, was er überhaupt unter *Erfolg* versteht.

▪ Andererseits muss er aber auch verstehen, wie die Organisation bzw. das Organisationsumfeld in der Realität funktioniert. Er muss verschiedene Szenarien entwickeln, wie die Organisation bzw. bestimmte Menschen in ihr auf bestimmte Handlungen und Einwirkungen reagieren werden. Aus diesen Überlegungen wird die Handlungsstrategie entwickelt. Handlungsstrategien stellen dabei immer Hypothesen dar, die in der Realität getestet werden müssen. Die Reflexion der Wirkung von Handlungsstrategien ist daher ein integraler Bestandteil von Management-Coaching. Zur Entwicklung, Realisierung und Überprüfung von Handlungsstrategien braucht der Manager persönliche und organisationale *Kompetenzen und Ressourcen*. Unter die persönlichen Kompetenzen und Ressourcen fallen z. B. Fähigkeiten, Wissen, Fertigkeiten, Einstellungen und Verhaltensmuster, aber auch Denk- und Problemlösungsstile des Managers. Zu den organisationalen Kompetenzen und Ressourcen gehören Mitarbeiterwissen und -motivation, Unterstützung durch Vorgesetzte und Kollegen, Budgets oder Infrastrukturen, Entscheidungs- und Gestaltungsrechte.

Unternehmen als Auftraggeber

Als Auftraggeber für das Management-Coaching fungieren in der Regel *Unternehmen*. Diese bauen dabei zunehmend Verfahren und Funktionen auf, die der Auswahl und Beauftragung von Coachs dienen. Die oben erwähnte Kienbaum-Studie zeigt, dass das *Managen von Coaching* — also die Regelungen und Prozesse, die im Vorfeld, parallel zum eigentlichen Coaching wie auch danach angesiedelt sind — durch die Unternehmen zunehmend ernst genommen wird. Aus diesem Grund wird auch dieses Thema in diesem Buch ausführlich behandelt. Aber nicht nur für Unternehmen, sondern auch für Anbieter von Management-Coaching wird es immer wichtiger, nicht nur „coachen zu können", sondern auch Kenntnisse darüber zu besitzen, nach welchen Kriterien Unternehmen Coachs auswählen, welche methodischen und inhaltlichen Anforderungen sie an Coachs stellen und wie sie das Managen von Coaching realisieren:

- Welche Anlässe für Coaching gibt es in Unternehmen?
- Welche Ziele verbinden Unternehmen als Auftraggeber mit Coaching?
- Wie werden Coachs ausgewählt?
- Wie kommt es zum Auftrag?
- In welcher Weise werden Qualität und Transfer gesichert?

Der Markt für Management-Coaching

Wenn auch manche Coachs sich scheuen zu akzeptieren, dass sie Anbieter von Leistungen in einem — teilweise hart umkämpften — Markt sind, so entscheiden doch die glaubhafte Positionierung und die Kenntnisse der Spielregeln im Markt zumindest beim Management-Coaching darüber, ob ein Coach in seinem Marktsegment erfolgreich auftreten kann. Der Markt für Management-Coaching wird dabei primär von den Bedürfnissen, Erwartungen und Anforderungen der Unternehmen und damit der potenziellen Auftraggeber bestimmt.

Das vorliegende Buch liefert:

- *Unternehmen* eine Hilfestellung bei der Systematisierung und dem Ausbau von Coaching zur Unterstützung ihrer Führungskräfte und Manager. Zudem verweist es Unternehmen auf kritische Aspekte, die sie bei der Auswahl von Management-Coachs beachten sollten. Weiterhin liefert es Impulse für die Personalentwicklungsabteilung, die damit durch interne Vermarktungsstrategien und -maßnahmen die Akzeptanz des Themas Coaching im Unternehmen erhöhen kann.
- *Managern und Führungskräften*, die sich für Coaching interessieren, Informationen darüber, was Management-Coaching ist und was es leisten kann, aber auch darüber, wo seine Grenzen liegen.
- *Anbietern von Management-Coaching* Hinweise darauf, wie sie sich im Markt und bei Unternehmen erfolgreich positionieren können. Das betrifft auch die Frage der sogenannten *Anschlussfähigkeit*: Für welche Themen und welche Segmente (z. B. Branchen, Hierarchieebenen) besitze ich als Management-Coach in den Augen des Markts und der Unternehmen Glaubwürdigkeit und Kompetenz? Ist Management-Coaching überhaupt mein „Spielfeld" — oder sollte ich mir andere Coachingmärkte suchen, zu denen ich mit meinen

Erfahrungen, Kompetenzen, Einstellungen und Werten besser passe? Welche weiteren Kompetenzen und Erfahrungen sollte ich mir aneignen, um als Anbieter von Management-Coaching interessant und glaubwürdig auftreten zu können?

1.2 Anlässe und Ziele von Management-Coaching

Die Ziele und Anlässe von Management-Coaching, das durch Unternehmen beauftragt wird, lassen sich häufig folgenden übergreifenden Themenkreisen zuordnen:

- einen Manager bei der Vorbereitung auf die Übernahme einer neuen oder sogar der ersten Führungsaufgabe zu unterstützen,
- bestimmte schwierige oder herausfordernde Management- und Führungssituationen gut zu bewältigen,
- persönliche, soziale oder Strategie- und Organisationskompetenzen bzw. Ressourcen weiterzuentwickeln, damit eine derzeitige oder zukünftige Managementaufgabe oder rolle gut oder noch besser ausgefüllt werden kann.

Neben diesen Anlässen, die meist in einem zeitlich begrenzten Coachingprozess zu bearbeiten sind, engagieren insbesondere Manager der oberen Führungsebenen immer öfter einen Management-Coach, mit dem sie sich „regelmäßig unregelmäßig" treffen (z. B. viermal im Jahr), um sich mit ihm als „Sparringspartner" auszutauschen. Diese Form des Management-Coachings hat oft einen Overview-Charakter; es gibt hier keine konkreten Anlässe und dringenden Themen. Der Tagesablauf von Managern ist gekennzeichnet von einer kurzen Taktung und wenig Freiraum zum Nach- und Vordenken. Ein Termin jagt den anderen, Entscheidungen sind zu treffen, Unterlagen zu studieren, Gespräche zu führen. Die Sitzungen mit dem Management-Coach werden genutzt, um in einem zeitlichen Freiraum einen „helicopter view" zu erlangen und, angeleitet durch Fragen des Coachs, Zusammenhänge zu erkennen, Perspektiven zu erweitern, aber auch eigene Positionen zu überdenken oder zu präzisieren. So wird es möglich, unter Begleitung des Management-Coachs und in der Distanz zum sogenannten „Tagesgeschäft" über das eigene Denken, Entscheiden und Handeln nachzudenken. Auch Impulse des Management-Coachs sind hier gefragt, um neue Sichtweisen und Ideen zu entwickeln.

Hinter den oben beschriebenen allgemeinen Anlässen und Zielen, die in einem zeitlich begrenzten Coachingprozess angegangen werden, verbergen sich jedoch oft sehr unterschiedliche Subthemen, die manchmal erst dann zutage treten, wenn die konkrete Situation und die gegenwärtigen oder zukünftigen Herausforderungen, die mit einer Managementaufgabe oder rolle verbunden sind, im Coaching geklärt worden sind.

▶ **BEISPIELE: Konkrete Ziele und Themen von Management-Coaching**

- Klärung und Strukturierung von eigenen Rollen und Aufgaben bzw. von Rollen und Aufgaben von Mitarbeitern
- Entwicklung von Vorstellungen und Strategien zur Verbesserung der Leistung oder des Arbeitsklimas in einer Organisation, Abteilung oder Organisationseinheit
- Erarbeitung von Strategien und Vorgehensmöglichkeiten in der Mitarbeiterführung
- Überprüfung des eigenen Führungs- und Managementstils
- Entwicklung von Handlungsstrategien bei umfassenden Veränderungen in der Organisation oder Abteilung (Changemanagement)
- Bessere Verarbeitung und Bewältigung von Belastungen und Anforderungen
- Kennenlernen und Einüben von Führungs- und Managementtechniken
- Erlernen von Kommunikations- und Präsentationstechniken in Verhandlungs- und Überzeugungssituationen
- Managen oder Bewältigung von Konflikten mit Kollegen, Vorgesetzten oder anderen Personen
- Verbesserung des eigenen Energie-, Ressourcen- und Motivationsmanagements

In der oben angeführten Kienbaum-Studie gaben Unternehmensvertreter folgende Ziele und Anlässe für Management-Coaching an:

Welche Ziele verfolgt Ihr Unternehmen mit Coaching?	Trifft eher nicht bis überhaupt nicht zu		Trifft eher voll und ganz zu
Üben und Anwendung von Führungs- und Managementtechniken bzw. -instrumenten (z. B. Durchführung von Zielvereinbarungsgesprächen)	41,90	20,67	37,43
Klärung und Lösung von konkreten und aktuellen Führungs- und Managementproblemen	9,55	8,99	81,46
Klärung und Strukturierung von Rollen und Aufgaben	13,48	19,10	67,41
Erhöhung der sozialen/emotionalen Kompetenz (Kommunikation, Konfliktlösung)	8,38	16,20	75,41
Verbesserung der Selbstwahrnehmung/ des Selbstbilds der eigenen Person	10,23	12,50	77,28
Optimierung der Strategiekompetenz (strategisches Denken und Handeln)	38,42	27,68	33,90
Optimierung der (Unternehmens-,) Organisations- und Prozessmanagementkompetenz	41,71	27,43	30,86
Begleitung bei grundlegenden Entscheidungsprozessen und Optimierung des Entscheidungsverhaltens	30,90	18,54	50,56
Besserer Umgang mit Stress und Belastungen	25,57	23,86	50,57
Optimierung der Arbeitsorganisation und des persönlichen Zeitmanagements	30,86	21,14	48,00
Besseres Verständnis für mikropolitische/informelle Zusammenhänge im Unternehmen	59,77	20,11	20,12
Optimierung von Projektmanagementkompetenzen	63,07	22,73	14,20
Optimierung von betriebswirtschaftlichen Kenntnissen	86,45	5,08	8,47

Coachingstudie Kienbaum/Harvard Business Manager (2007): Ziele von Coaching

Betrachtet man die obige Themenliste und die in der Studie aufgeführten Anlässe und Ziele von Unternehmen für Management-Coaching, so lassen sich die konkreten Ziele und Themen für ein Management-Coaching drei Schwerpunktfeldern zuordnen (vgl. hierzu auch Leitl 2008b):

Schwerpunktfeld	Themenbeispiele
Organisationsgestaltung und -steuerung	▪ Strategieentwicklung und -implementierung in Organisationen bzw. von Zielen und Strategien in Organisationseinheiten ▪ Förderung einer Hochleistungskultur und -organisation im Unternehmen bzw. in der Abteilung ▪ Schnittstellenmanagement zu anderen Bereichen ▪ Projektmanagement und -steuerung ▪ Klärung und Definition von Rollen und Aufgaben sowie Prozessen in Organisationseinheiten ▪ Einfluss-, Kommunikations- oder Handlungsstrategien bezogen auf ganze Organisationseinheiten oder Organisationen ▪ Strategien und Maßnahmen zum Change Management
Selfmanagement	▪ Persönliche Erwartungen und Ansprüche an die eigene Aufgabe und Rolle ▪ Persönliches Motivations- und Energiemanagement ▪ Bewältigung von Stress und Belastung ▪ Emotionsmanagement ▪ Überprüfung eigener Stärken und Schwächen ▪ Abgleich Selbst- und Fremdbild ▪ Klärung eigener Werte und Normen
Beziehungsmanagement und direkte Mitarbeiterführung	▪ Direkte Personal- und Mitarbeiterführung ▪ Laterale Führung ▪ Empathie für andere ▪ Verhandlungsführung ▪ Selbstpräsentation ▪ Umgang mit mikropolitischen Prozessen ▪ Beziehungsgestaltung zu Vorgesetzten ▪ Kommunikation und Konfliktmanagement

Ziele und Themen für ein Management-Coaching nach Schwerpunkten

Starke Vernetzung der Themen

In der Praxis des Management-Coachings zeigt sich sehr oft, dass zur Realisierung der gesteckten Ziele die Betrachtung eines Schwerpunkts oder gar nur eines Detailthemas nicht ausreicht. Dies liegt daran, dass einerseits die Managementaufgabe und rolle selbst, andererseits aber auch die Organisation bzw. das Unternehmen, in dem ein Manager tätig ist, sehr komplex sind. Daher sind auch die verschiedenen Themen und Herausforderungen meist stark miteinander vernetzt: So ist ein Führungsthema oft verbunden mit einem Organisationsthema. Mitarbeiter zeigen nicht die erwartete Leistung und es stellt sich heraus, dass die Aufgabe nicht nur unklar kommuniziert wurde, sondern dem Manager selbst auch nicht wirklich klar ist, welche Aufgabe er delegieren will und mit welchen konkreten Erwartungen diese Aufgabe verbunden ist.

Verdeckte Zusammenhänge

Manchmal liegen Konflikte zwischen Mitarbeitern in einer Abteilung darin begründet, dass die Prozesse in der Abteilung nicht angemessen definiert oder die Aufgaben bzw. Ziele unter den einzelnen Mitarbeitern nicht angemessen koordiniert und kommuniziert sind. Nicht selten sind die Ursachen für Frustrationen und Demotivationen bei Managern oder ihren Mitarbeitern in dysfunktionalen oder unklaren Prozessen bzw. Strukturen der Organisation zu finden. Andererseits können die besten organisatorischen Regelungen und Infrastrukturen nicht greifen, wenn sie von den Mitarbeitern, aber auch vom Manager selbst nicht beachtet und ausgefüllt werden, weil entweder die Fähigkeiten und Kompetenzen oder die Motivation fehlen.

Oft treten solche Zusammenhänge zu Beginn eines Coachingprozesses noch nicht deutlich zutage. Ein Thema — z. B. das Führungs- oder das Organisationsthema — mag zwar zu Beginn den Prozess dominieren. Vielfach stellt sich dann aber während des Coachingprozesses heraus, dass andere Themen und Herausforderungen relevant sind für die Erreichung des übergeordneten Coachingziels. So ist es zwar möglich, zunächst ein Schwerpunktfeld oder ein Thema im Management-Coaching bzw. in den hier gesteckten Zielen in den Fokus zu stellen. Es ist dabei aber sehr wichtig, dass schon zu Beginn des Coachingprozesses und auch während seines Verlaufs, immer alle betroffenen

Felder betrachtet werden, um Interdependenzen und Vernetzungen zu erkennen und ihnen im Coachingprozess entsprechend Rechnung zu tragen.

Die Gefahren von Gewohnheiten und mentalen Modellen

Manchmal bauen Manager auch Strukturen oder Prozesse auf Basis ihrer persönlichen Vorlieben und Bedürfnisse auf, was nicht immer den Zielen und Ergebnissen der Abteilung dienlich ist. Entscheidungen über Regelungen in Organisationen, über Steuerungsverfahren und -instrumente, über Führungsstile etc. fallen immer auch unter dem Einfluss der persönlichen Werte, Erfahrungen und Einstellungen der maßgeblichen Manager. Die Art und Weise, wie bestimmte Managementprobleme gelöst werden, hängt auch von sogenannten *mentalen Modellen* im Kopf der betreffenden Manager ab, das sind (oft unbewusste) Annahmen darüber, welche Vorgehensweise wie wirken wird. Solche Annahmen werden oft aus früheren Erfahrungen gebildet, sind aber nun nicht mehr unbedingt funktional und hilfreich, weil sich Situationen verändert haben können.

Einschätzung der eigenen Einflussmöglichkeiten

Teilweise scheitern Manager trotz „optimaler betriebswirtschaftlicher Gestaltung der Organisation" und „guten Zahlen" daran, dass sie die Erwartungen der sogenannten *Stakeholder* der Organisation nicht kennen oder ignorieren, oder aber keinen Blick für die *Mikropolitik* im Unternehmen haben und deren „geheime Spielregeln" nicht kennen. Vielfach über- oder unterschätzen Manager auch ihre Einflussmöglichkeiten in Organisationen. Insbesondere unerfahrene Manager haben oft kein klares Bild darüber, welche Prozesse sie in einer Organisation tatsächlich beeinflussen können und welche nicht, oder ihnen fehlt das Verständnis für die Interessen, Bedürfnisse und Fähigkeiten ihrer Mitarbeiter. Manchmal besteht auch Unklarheit darüber, wer in einer Organisation überhaupt Entscheidungen trifft oder wie Entscheidungen tatsächlich zustande kommen.

Nicht selten setzen Manager in der Führung zu sehr auf formale Regelungen oder Anreiz- und Controllinginstrumente und verzichten auf die Nutzung von Beziehungen und persönlichen Einflussmöglichkeiten, von Kommunikation und Gesprächen zur Verwirklichung ihrer

Ziele und Absichten. Diese Beispiele machen deutlich, dass Management-Coachs vernetzt arbeiten müssen: Sie müssen die Organisation, in der der Coachee arbeitet und die er steuern will, im Blick halten, gleichzeitig aber auch die Beziehungen, in die er eingebettet ist und die er gestalten will sowie die Person des Managers selbst mit all seinen Eigenheiten, seiner Persönlichkeitsstruktur und seinen Denkstilen.

Ganzheitliche Betrachtung ist wichtig

Oft konzentrieren sich Coachs vor allem auf die Felder Selbstmanagement und direkte Mitarbeiterführung. Diese Vorgehensweise ist durchaus legitim, darf aber nicht zur vollständigen Ausblendung der anderen relevanten Faktoren führen. Denn eine vollkommen isolierte Betrachtung etwa der Führung eines Mitarbeiters oder der Motivation des Managers und die Annahme, diese komme als alleiniger Faktor zur Bewältigung einer Management- oder Führungssituation in Frage, ist aufgrund der normalerweise vorhandenen starken Vernetzung zwischen den Feldern fast immer problematisch. Diese Zusammenhänge haben auch Unternehmen inzwischen erkannt. In der Kienbaum-Studie zum Thema zeigt sich deutlich, dass Unternehmen von Management-Coaching eine umfassendere Unterstützung von Managern erwarten (vgl. hierzu auch Leitl 2008b).

In Unternehmen gibt es dabei unterschiedliche Methoden und Instrumente, mit deren Hilfe der Bedarf und mögliche Themenfelder für Management-Coaching festgestellt wird. Auf dieses Thema wird im Kapitel 3.2, *Auslöser von Coaching in Organisationen*, näher eingegangen.

Der Bezugsrahmen: Die Managementaufgabe des Coachees

2 Der Bezugsrahmen: Die Managementaufgabe des Coachees

2.1 Management in und von Organisationen

2.1.1 Organisationen: Mehr als Organigramme, Pläne und Strukturen

Wer von Management-Coaching spricht, sollte zumindest ein ungefähres Bild davon haben, was überhaupt unter Management, Managementaufgaben oder Managementrollen zu verstehen ist. Ob nun ein Manager ein Management-Coaching in Anspruch nimmt, eine Personalabteilung ihm ein Management-Coaching empfiehlt oder sich ein Management-Coach einem Unternehmen präsentiert — in jedem Fall brauchen alle Beteiligten eine Vorstellung von den typischen und den für den konkreten Einzelfall spezifischen Aufgaben und Herausforderungen, aber auch von den Erfolgs- und Risikofaktoren, die das Management auszeichnen. Management-Coaching ist ohne ein solches Grundverständnis nicht möglich. Dies sollten Unternehmen bei der Auswahl von Management-Coachs immer berücksichtigen. In diesem Buch erhalten Sie als Vertreter einer der genannten Gruppen viele wichtige Tipps, worauf Sie achten sollen. Unter anderem ist ein breites Wissens- und Methodenfundament für den Management-Coach unerlässlich. Er muss verschiedene Zugänge kennen, sozusagen mehrere Brillen aufsetzen können, um der Komplexität der Fragestellungen, mit denen der Manager ein Management-Coaching in Anspruch nimmt, gerecht zu werden. Deshalb ist immer Vorsicht angesagt bei Management-Coachs, die sich einer bestimmten Schule bzw. einem bestimmten methodischen Zugang verschrieben haben.

TIPP: Wählen Sie Ihren Management-Coach nach seinen Kompetenzen

Achten Sie als Unternehmen oder als Manager darauf, ob Anbieter, die sich Ihnen als Management-Coach präsentieren, nicht nur eine profunde psychologische Ausbildung und allgemeines Methoden- und Prozesswissen über Coaching besitzen, sondern auch fundiertes Wissen über Management, Führung, Organisationen und Steuerungssysteme sowie betriebswirtschaftliche Grundkenntnisse haben. Je nach Zielsetzung kann es zudem angebracht sein, dass der Coach auch ein grundlegendes Verständnis der Branche, in der Ihr Unternehmen tätig ist, oder der spezifischen Organisationsform Ihres Unternehmens (z. B. börsennotiert, Familienunternehmen, Mittelstand, Großunternehmen) besitzt.

Ist Management gleich Führung?

Der Begriff *Management* wird mittlerweile mindestens ebenso inflationär gebraucht wie die Bezeichnung *Coaching*. Nicht selten werden dabei die Vokabeln Management und Führung gleichgesetzt. Das wirft dann oft Probleme auf, da der Begriff Führung im deutschen Sprachraum mehrdeutig ist: Vor allem in der deutschsprachigen Betriebswirtschaftslehre meint er die *Führung von Unternehmen* als Organisationen bzw. von Abteilungen als Organisationseinheiten. Es wird hier also von Unternehmensführung, Organisationsführung oder Abteilungsführung gesprochen. Dieses Verständnis von Führung kann man tatsächlich mit Management mehr oder weniger gleichsetzen. Insbesondere in der psychologischen und personalwirtschaftlichen Literatur wird unter Führung vielfach aber auch die sogenannte *direkte Personalführung* verstanden, also die einseitige oder auch wechselseitige Beeinflussung zwischen einer Führungskraft und einem Geführten. Diese direkte oder personale Führung zwischen einer Führungskraft und einem Geführten bzw. einer Gruppe von Geführten stellt allerdings lediglich eine — wenn auch sehr bedeutende — *Teilfunktion* des Managements oder der Unternehmens- und Abteilungsführung dar. Es existieren jedoch viele weitere wichtige Teilfunktionen wie die Entwicklung von Strategien, die Planung von Zielen, Aufgaben und Ressourcen, die Koordination, das Monitoring von Aktivitäten, Ressourcenverbrauch und Ergebnissen, die Gestaltung von Prozessen, die Personalauswahl, die Besetzung von Stellen etc. (vgl. Dillerup & Stoi 2010; Mintzberg 2010; Schreyögg & Koch 2010).

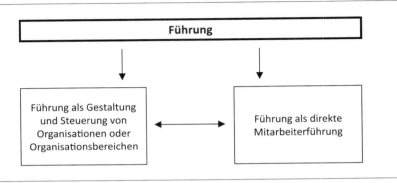

Abb. 1: Bedeutungsebenen des Begriffs Führung

Die erfolgreiche Bewältigung einer Managemenaufgabe ist damit von bedeutend mehr Faktoren und Handlungsfeldern des Managers abhängig als nur der individuellen Führung von Mitarbeitern, auch wenn die Aufgaben eines Managers de facto in vielen Fällen einen deutlichen Bezug zur direkten bzw. unmittelbaren Personalführung haben.

Fast alle Entscheidungen, die Manager treffen, betreffen immer auch andere Personen. Dies ist bei Managemententscheidungen immer zu berücksichtigen. In der Praxis des Managements existieren daher im Grunde genommen keine rein sachbezogenen Managemententscheidungen. Allerdings hängt auch aus dieser Perspektive der Erfolg von Managern in weiten Teilen nicht nur von ihren direkten Mitarbeitern ab, sondern auch von Vorgesetzten, Kollegen, Betriebsräten, Kunden oder Lieferanten. Gleichzeitig erschöpfen sich die Aufgaben eines Managers und damit auch dessen Kompetenzanforderungen nicht in der direkten Kommunikation mit diesen Personen oder Gruppen bzw. in der Gestaltung von unmittelbaren Beziehungen und Kontakten. Auch die Personalführung findet ja nicht nur über den direkten und situativen Kontakt zu Mitarbeitern statt, sondern auch über Regelungen und Instrumente wie Stellenbeschreibungen, Vergütungssysteme, Controllinginstrumente etc. Bezieht sich das Management-Coaching auf die Frage, wie der Manager andere beeinflussen kann, so sind diese Formen der *indirekten Beeinflussung* ebenso zu thematisieren wie die direkte Kommunikation.

Beim Managen geht es somit grundsätzlich um die Gestaltung und Steuerung bzw. Führung von *Organisationen* oder *Organisationseinheiten*. Diese befinden sich dabei wiederum in bestimmten, z. B. ökonomischen, politischen oder gesellschaftlichen Umfeldern, die bei Entscheidungen und der Entwicklung von erfolgreichen Handlungsstrategien berücksichtigt werden müssen.

Die Organisation als Hintergrund der direkten Führung und Kommunikation

Für das Management-Coaching bilden die Organisation oder die Organisationseinheit, für die der Manager verantwortlich ist, und deren Umfeld wichtige Bezugsrahmen (vgl. Mollbach 2011). Dies gilt auch dann, wenn die Schwerpunkte des Management-Coachings mehr auf der konkreten Führung von einzelnen Mitarbeitern oder dem Selbstmanagement als persönlichem Ressourcenmanagement liegen. Denn auch die konkrete Führung von Mitarbeitern, ja sogar das Selbstmanagement, finden in Unternehmen immer im Kontext von Organisation statt. Organisationen mit ihren Strukturen, Routinen und Mustern bilden dabei nicht nur das Aktionsfeld für die direkte Führung oder das Selbstmanagement des Managers, sondern stellen zum Teil starke Einflussfaktoren auf beide Vorgänge dar.

Manager und Management-Coach brauchen daher bei allen Themen, die im Management-Coaching angesprochen werden, ein Verständnis davon, wie die Organisation bzw. Organisationseinheit tatsächlich funktioniert bzw. wie sie so beeinflusst werden kann, dass die persönlichen oder auch Funktionsziele des Managers realisiert werden können. Wer z. B. in einem Unternehmen aufsteigen möchte, muss wissen, welche Mechanismen in diesem Unternehmen tatsächlich über einen Aufstieg entscheiden. Wer Mitarbeiter zu mehr Leistung anregen möchte, muss überprüfen, ob die vorhandenen Anreizsysteme die Motivation des Mitarbeiters fördern oder behindern. Wer Veränderungsvorhaben im Unternehmen realisieren will, muss ein Bild davon haben, wer welche Interessen und Einflussmöglichkeiten hat, wen er für eine Allianz gewinnen kann. Wer Strategien für seinen Bereich oder seine Organisation entwickeln will, muss die Erwartungen der relevanten Personen und Gruppen, der sogenannten *Stakeholder*, kennen. Wer die Leistungen der Organisationseinheit und der eigenen Mitarbeiter steigern will, muss auch die zugrunde liegenden Prozesse überprüfen.

Was ist überhaupt eine Organisation?

Auch der Begriff der Organisation ist gar nicht so eindeutig, wie er im Managementalltag oft erscheint. Wenn unter Managern oder auch unter strategie- oder betriebswirtschaftlich orientierten Expertenberatern („Unternehmensberatern") von Organisationen gesprochen wird, dann existieren auch hier verschiedene Verständnisse des Begriffs, die man vorab klären sollte, um Missverständnisse zu verhindern. So wird der Begriff *Organisation* oft verwendet zur Bezeichnung von *verbindlichen Strukturen und formalen Regeln zur Regulierung von Aufgaben und Prozessen des Unternehmens*. Dabei wird etwa von der funktionalen Organisation, der Matrix-Organisation oder auch der prozessorientierten Organisation gesprochen. Nicht selten zeichnen Manager das sogenannte Organigramm auf, wenn sie nach ihrer Organisation gefragt werden. Aus einem anderen Verständnis von Organisation, nämlich der Organisation als *soziales System* stellen aber Organigramme, Prozessregelungen, Stellenbeschreibungen, Handbücher etc. nur normative Bestimmungen oder Regeln dafür dar, wie Personen oder Gruppen arbeiten sollen. Ob sie das dann de facto auch tun, ob das Arbeiten nach diesen Regelungen auch wirklich fruchtbar ist und wie die Organisation real funktioniert, darüber sagen Prozessbeschreibungen, Handbücher und Organigramme nur begrenzt etwas aus. Dennoch sind solche Regelungen für das Funktionieren von Organisationen in einem begrenzten Rahmen und unter bestimmten Bedingungen durchaus hilfreich und nützlich (vgl. Breisig 2006; Kieser & Walgenbach 2010).

Die Organisation als soziales System

Für die Praxis des Managens wie auch für das Management-Coaching ist es jedoch wichtig, einen zweiten Blick auf Organisationen einzunehmen, d. h., Organisationen als *soziale Systeme* zu verstehen. Die Praxis des Management-Coachings zeigt, dass ein wichtiger Schritt bei der Entwicklung von Handlungsstrategien bereits darin liegt, dass der

Manager im Coaching den Unterschied zwischen diesen beiden Betrachtungsebenen erkennt.

> ### BEISPIEL: Erfolglose Einführung neuer Regelungen
>
> Ein Manager berichtet im Management-Coaching davon, dass er vor einiger Zeit die Organisation seiner Abteilung verändert habe. Er habe alle Mitarbeiter in einem Meeting zusammengebracht und ihnen anhand einer PowerPoint-Präsentation die neuen Aufgabenzuteilungen, Zuständigkeiten und Prozessregelungen erklärt. Dabei habe er sich mit der Präsentation sehr viel Mühe gegeben. Dennoch musste er in den folgenden Wochen feststellen, dass die Mitarbeiter den neuen Regelungen in weiten Teilen nicht folgten, sondern ihre Arbeit in gewohnter Weise fortführten. Er könne das nicht verstehen, seine Informationen seien doch eindeutig gewesen und er habe klipp und klar gesagt, wie es ab jetzt laufen soll.

Das Beispiel zeigt, dass der Manager sich zwar viele Gedanken über die Regelungen, d. h. darüber gemacht hat, welche Aufgaben in Zukunft wie und von wem erledigt werden sollen. Dagegen hat er sich kaum damit befasst, wie die betroffenen Mitarbeiter, aber auch Personen außerhalb seines Verantwortungsbereichs, auf die neuen Regelungen reagieren werden — ob sie die Regelungen überhaupt für sinnvoll halten, wie sie befähigt werden können, die neuen Regelungen zu beachten, ob durch diese Regelungen möglicherweise bestehende Routinen und Gewohnheiten, lieb gewordene Beziehungen und gegenseitige Unterstützungen zerstört werden. Zudem hat er nicht in Betracht gezogen, dass andere Abteilungen und deren Angehörige, die mit den Leistungen der eigenen Abteilung verzahnt sind, die Regelungen ebenfalls nicht einhalten werden. Teilweise wurden sie vom Manager gar nicht informiert, eventuell wollten sie einfach ihre alten Ansprechpartner innerhalb der Abteilung behalten, da sie diese gut kannten und zu ihnen ein Vertrauensverhältnis entwickelt hatten.

Abb. 2: Bedeutungsebenen des Begriffs Organisation

Die Regelungen im sozialen System

Für das Management-Coaching ist also die Betrachtung von Organisation als *soziales System* besonders wichtig, da diese Ebene für viele Manager neue Perspektiven und Handlungsräume eröffnet. Allerdings darf auch das andere Verständnis von Organisation als *System dauerhafter Regelungen* zur Steuerung von Aufgaben und Abläufen nicht aus dem Blick geraten. Denn auch durch solche Regelungen können Manager Mitarbeiter oder interne bzw. externe Kunden beeinflussen. Zudem entlasten die Regelwerke den Manager, da er nicht ständig situativ neue Entscheidungen treffen muss. Formale und mehr oder weniger dauerhafte Strukturen zur Regulierung von Aufgaben und Prozessen stellen somit wichtige Management- und Führungsinstrumente dar. Sie dürfen auch im Management-Coaching nicht ausgeblendet werden, da sie dem Manager bzw. dem Management wichtige Einflussmöglichkeiten eröffnen und für das effiziente Funktionieren der Organisation als soziales System sorgen. Die Organisation als System von Strukturen, dauerhaften Regelungen, verbindlichen Instrumenten und Verfahren, Entscheidungsbefugnissen und Verantwortlichkeiten bildet zum einen den Rahmen, in dem der Manager „offiziell" handeln kann und darf, indem sie nicht nur den Mitarbeitern, sondern auch ihm selbst Managementaufgaben, Zuständigkeiten, Verantwortung und Entscheidungskompetenzen über verbindliche Regelungen zuweist. Zum anderen liefert sie dem Manager verbindlich zu nutzende Management- und Führungsinstrumente: Planungsprozessvorgaben, Vergütungssysteme, Personalentwicklungstools, Zielvereinbarungsformulare etc.

Managementstruktur	Managementprozesse	Managementinstrumente
Aufbau- und Leitungs-struktur der Organi-sation Aufgaben, Rollen, Zuständigkeiten, Entscheidungs- und Einflusskompetenzen einer Instanz	▪ Strategische Planung ▪ Operative Planung ▪ Budgetierung ▪ Controlling/Reporting ▪ Personalplanung ▪ Personalentwicklung ▪ Qualitätsmanagement ▪ Institutionalisierte Informations- und Kommunikationspro-zesse ▪ etc.	▪ BSC ▪ Kennzahlensystem ▪ Mitarbeitergespräch ▪ Sanktionsinstrumente ▪ Zielvereinbarung ▪ MIS ▪ Management Audit ▪ Vergütungsinstrumente ▪ etc.

Formale Managementstruktur, -prozesse und -instrumente

Vorgaben und Regelungen, die festlegen, was ein Manager tun darf und wie er seine Management- und Führungsaufgabe ausüben soll, oder auch Instrumente, mit denen sein Erfolg in der Organisation gemessen und festgestellt wird, können vom Manager selbst als unterstützend wahrgenommen werden. Sie können aus seiner Sicht aber auch die Erfüllung seiner Führungs- und Managementaufgabe behindern und so zu Frustration und Demotivation führen — ein wichtiges Thema für das Management-Coaching. Dasselbe gilt für Regelungen, die die Mitarbeiter betreffen, wie etwa Stellenbeschreibungen, Vergütungsregelungen etc. Ein Manager drückte das im Coaching so aus: „Wenn sich bei uns alle an die Regeln halten, dann funktioniert nichts mehr!" Nicht selten entsteht zwischen den Handlungsnotwendigkeiten in konkreten Management- und Führungssituationen aus Sicht des Managers und den formalen Regelungen und Vorgaben in einer Organisation ein Konflikt, der im Management-Coaching thematisch behandelt werden sollte.

Wenn ein Manager also mit dem Anliegen in ein Management-Coaching kommt, schwierige Management- oder auch Personalführungssituationen zu bewältigen, sollten während des Coachings stets vorhandene und zukünftig eventuell sinnvolle Regelungen reflektiert werden:

Konstruktive Fragen zur Bewältigung von Management- und Führungssituationen

- Welche Regelungen zu Aufgaben, Prozessen, Management- und Führungsinstrumenten etc. gibt es in der Organisation bzw. in der Organisationseinheit?
- In welchem Ausmaß unterstützen diese Regelungen mich bzw. meine Mitarbeiter bei unseren Tätigkeiten und bei der Realisierung unserer Ziele und Aufgaben?
- In welchem Ausmaß behindern sie mich oder meine Mitarbeiter?
- Wofür gibt es zu viele, wofür zu wenige Regelungen?
- Welche Regelungen wären aus meiner Sicht bzw. aus Sicht meiner Mitarbeiter, Kollegen etc. sinnvoll, um die Erfüllung der Aufgaben der Organisationseinheit oder der Organisation zu unterstützen?
- Welchen Einfluss habe ich auf die Einführung solcher Regelungen?

2.1.2 Erfolgsfaktor für den Manager: Spielregeln, Kulturen und Beziehungsnetze der eigenen Organisation kennen!

Das Verständnis von Organisationen als soziale Systeme verweist zunächst darauf, dass es Manager bei der Gestaltung und Steuerung von Organisationen immer mit Menschen zu tun haben. Gleichzeitig lassen sich das Verhalten und die Dynamik von Organisationen als soziale Systeme jedoch nicht allein aus dem Verhalten und den Eigenheiten der einzelnen Menschen erklären und verstehen. Organisationen sind bekanntlich mehr als die Summe der einzelnen Menschen, die zu ihnen gehören. Jeder, der einmal ein Fußballstadion besucht oder eben auch eine Führungskräftekonferenz beobachtet hat, weiß, dass sich Menschen in größeren Gruppen teilweise anders verhalten als im

Vier-Augen-Kontakt: Sie beeinflussen sich gegenseitig, sodass etwas Neues entsteht — gemeinsame Verhaltens- und Kommunikationsmuster. Gruppen und ganze Organisationen haben deshalb ihre eigenen Spielregeln, Gesetzmäßigkeiten, ihre ganz spezielle Art und Weise, mit Herausforderungen und Problemen umzugehen, eigene Kulturen, Werte und Muster, Beharrungskräfte etc. Diese Zusammenhänge erkennt man nur, wenn man das System aus einer gewissen Distanz als Ganzes betrachtet. Das fällt Managern oft schwer, die stärker operativ orientiert sind und besonders auf Details achten. Deshalb ist es im Management-Coaching oft sinnvoll, den Coachee zur Einnahme eines *helicopter views* anzuregen, um *das Ganze* in den Blick zu bekommen. Diese Betrachtung des Ganzen ist im Kontext von Organisationen umso wichtiger, da Organisationen oder Organisationseinheiten nicht um ihrer selbst willen existieren, sondern Aufgaben zu bewältigen haben — und zwar in einem Zusammenspiel.

Beeinflussung sozialer Strukturen

Managen als Gestaltung und Steuerung von Organisationen als soziale Systeme beinhaltet damit mehr als die Einflussnahme auf einzelne Menschen: nämlich die Einflussnahme auf die *sozialen Strukturen*, die durch wiederkehrende Interaktion und Kommunikation entstehen, und dieses Zusammenspiel im Blick auf gemeinsame Aufgaben fördern oder auch behindern. Besonders willensstarke und aktionistische Manager machen dabei oft die ernüchternde Erfahrung, dass soziale Systeme — sei es als Gesamtorganisation oder als Abteilung — ihren „eigenen Willen" zu haben scheinen und damit ihre eigene Art und Weise, auf Erwartungen zu reagieren: Auf Anweisung oder Knopfdruck lassen sie sich nur begrenzt beeinflussen oder verändern. Zwar kann die Entwicklung und Inkraftsetzung der oben angesprochenen formalen Regelungen als Methode zur Erzeugung sozialer Strukturen oder Einflussnahme auf bereits bestehende Strukturen innerhalb der Organisation dienen: Hierzu gehören Aufgabenzuschreibungen und -abgrenzungen für Gruppen, Prozessvorgaben für die Gesamtorganisation oder verbindliche Steuerungssysteme, mit denen die Gesamtorganisation als soziales System koordiniert und ausgerichtet werden soll.

Die Kultur der Organisation

Gleichzeitig führen aber die sozialen Strukturen von Organisationen auch ein Eigenleben: Das macht eben ihren Charakter als soziale Systeme aus. Man kann auch sagen: Soziale Systeme verhalten sich „wie sie wollen" bzw. „entscheiden selbst", wie sie auf die Einführung formaler Regelungen oder auch auf situative Anweisungen und Vorgaben durch Manager reagieren — so folgen sie den formalen Regelungen nicht immer. Teilweise organisieren sie ihre Aufgaben, die Prozesse der Aufgabenerfüllung, aber auch Kommunikations, Informations- und Entscheidungsprozesse selbst. Damit entstehen Beziehungsmuster an der „formalen Organisation" vorbei. Vielfach wird hier auch von der *informalen Organisation* des Unternehmens gesprochen, die der Manager bei seinen Handlungsstrategien und Entscheidungen berücksichtigen muss. Dies sind die Netzwerke, die Kommunikations- und Interaktionsmuster oder die sogenannte *Kultur* des Unternehmens: die Werte, die Tabus, die besondere Art und Weise, wie eine Organisation als soziales System mit Themen, Problemen und Herausforderungen umgeht.

Gerade die Rolle der Unternehmens- oder Bereichskultur wird von vielen Managern als Faktor unterschätzt. Man sollte bei diesem Begriff nicht nur an Folklore oder klassische Musik denken: Die Kienbaum-Studie zur Unternehmenskultur zeigt, dass die Kultur für die Entwicklung eines Unternehmens wie auch für den Manager beim Entwerfen von Handlungsstrategien einen wichtigen Faktor darstellt. Tatsächlich haben kulturelle Faktoren einen mächtigen Einfluss auf die Entwicklung und das Verhalten von Organisationen und zeigen sich in vielen Aspekten: wie eine Organisation mit Herausforderungen umgeht, welche Werte sie vermittelt, ob sie eher kunden- oder profitorientiert ist, wie sie ihre Anreizsysteme gestaltet, wer im Unternehmen aufsteigt und wer nicht, ob die Organisation Diversity in der Realität wirklich schätzt oder (insgeheim) ablehnt (vgl. Nitzsche 2011), wie mit Widersprüchen und Konflikten umgegangen wird, ob Mitarbeiter wirklich ihre Meinung sagen können oder ob dies nur in Hochglanzbroschüren proklamiert wird. Was innerhalb einer Organisation als „richtig" oder „falsch", als „wertvoll" oder „nutzlos" betrachtet wird, hängt in weiten Teilen von der Kultur des Unternehmens oder des betroffenen Bereichs ab.

Warum Regelungen manchmal nicht greifen

Daher geben auch Organigramme nur bedingt Auskunft darüber, wie sich eine Organisation in der Realität verhält. Nicht selten werden Entscheidungen an anderen Stellen der Organisation getroffen, als das Organigramm es glauben macht. Oft müssen Manager diese realen Verhältnisse innerhalb der Organisation schmerzlich erkennen, wenn ihre Bemühungen, Entscheidungen oder Regelungen ins Leere laufen oder von der Organisation als soziales System „abgestoßen" werden. Dabei sind die Reaktionen des sozialen Systems für den Manager nicht immer klar erkennbar, wie folgendes Beispiel zeigt:

BEISPIEL: Auswirkungen unterschiedlicher Unternehmenskulturen

Ein Manager kommt aus einem Unternehmen, das durch eine sehr diskussionsoffene Unternehmenskultur gekennzeichnet ist und in dem Vorstellungen des oberen Managements mit den Mitarbeitern und Führungskräften intensiv diskutiert, dann aber nach Entscheidung des oberen Managements auf der Grundlage der gemeinsamen Diskussion auch von den unteren Führungskräften realisiert werden. Er tritt nun als Geschäftsführer in ein anderes Unternehmen ein, das durch gänzlich andere Verhaltensmuster gekennzeichnet ist, was er allerdings nicht sofort erkennt.

Im Management-Coaching berichtet er von einer Führungskräftetagung, in der er den Führungskräften seine Vorstellungen über Veränderungen der Aufbau- und Ablauforganisation darlegte. Er forderte zu Diskussion auf, auch zu kritischen Beiträgen. Im Coaching erzählt er, dass von den Führungskräften aber nur Zustimmung kam. Er freute sich damals darüber.

In den folgenden Wochen musste er aber feststellen, dass die Führungskräfte weder die Information an ihre Mitarbeiter weitergaben noch sich selbst an die vereinbarten Veränderungen hielten.

Sein Resümee: „Bei uns wird nicht widersprochen, sondern widerhandelt!"

Das Beispiel zeigt deutlich, dass es bei der Erarbeitung von Handlungs- und Einflussstrategien sinnvoll ist, nicht einfach auf alte Erfahrungen oder Erfolge des Managers — die womöglich sogar aus anderen Unternehmen stammen — zu setzen, sondern genau auf die Spielregeln, Verhaltensmuster und Routinen in der aktuellen Organisation zu achten. Vielfach scheitern Manager in ihrer Aufgabe — insbesondere beim sogenannten *Changemanagement* — dadurch, dass sie die sozialen bzw. informalen Strukturen des Unternehmens ausblenden, die „ungeschriebenen Spielregeln" nicht kennen oder nicht berücksichtigen. Um erfolgreich zu sein, ist es vor allem notwendig, auch die „geheimen Machtzentren" der Organisation zu kennen: Nicht immer werden Entscheidungen in Organisationen wirklich dort getroffen, wo sie laut Organigramm und Prozessbeschreibungen getroffen werden sollten. Manchmal erweisen sich auch Personen als sehr einflussreich, die offiziell kaum mit Autorität und Macht ausgestattet sind.

Wirksame Handlungsstrategien entwickeln

Im Management-Coaching kann es also sinnvoll sein, die *informale Organisation* — Beziehungen, Netzwerke, Machtzentren, Kommunikationsknotenpunkte — gemeinsam mit dem Coachee zu rekonstruieren und Handlungsstrategien zu entwerfen, wie die sozialen Strukturen im Sinne der Organisations- oder Unternehmensziele genutzt werden können oder zu beeinflussen sind. Hierzu reicht eine reine Betrachtung des unmittelbaren Umfelds oder der direkten Führungsbeziehungen des Managers allerdings nicht aus. Auf den Manager und seine Abteilung wirken viele Kräfte ein, die außerhalb der Abteilung oder sogar außerhalb der Organisation angesiedelt sind: Kundengruppen, Lobbyverbände, Medienvertreter, Eigentümerfamilien etc.

Die Steuerung von sozialen Systemen umfasst damit bedeutend mehr als die direkte oder personale Führung zwischen einer Führungskraft und einem Geführten, die Kommunikation mit einzelnen Menschen einerseits oder das bloße Erstellen von Organisations- und Prozesscharts andererseits. Auf jeden Fall erfordert das Steuern oder Beeinflussen von Organisationen oder Organisationseinheiten als *soziale Systeme* teilweise andere Kompetenzen, Strategien und Maßnahmen als die Führung „von Mensch zu Mensch" und einen anderen Blick: den bereits oben erwähnten *helicopter view*.

Den Überblick gewinnen

Im Management-Coaching kann es ein wichtiger Schritt sein, den Manager dazu anzuregen, die Organisation aus verschiedenen Blickwinkeln anzuschauen, bevor er Entscheidungen trifft und Handlungsstrategien bzw. -pläne entwirft. Gleichzeitig begrenzen Organisationen mit ihrer gesamten Vielfalt, ihren formalen und informalen Strukturen, ihren formalen oder informalen Regelungen darüber, wer Entscheidungen trifft oder Einfluss hat, mit den vorhandenen Personen oder Infrastrukturen, mit den definierten Zwecken und Zielen auch die eigenen Einfluss- und Entscheidungsmöglichkeiten des Managers, insbesondere auf unteren Hierarchiestufen. Gerade bei jungen Managern ist daher die Organisation als Kontext der eigenen Aufgabe wie auch der eigenen Handlungs- und Entscheidungsmöglichkeiten ein wichtiges Thema im Management-Coaching. Diese Betrachtungen steuern der Selbstüberschätzung und dem Machbarkeitswahn entgegen und können ein klares Bild über die eigenen Entscheidungs- und Einflussmöglichkeiten liefern. Teilweise sehen Manager aber auch nicht die Möglichkeiten und Chancen, die Beziehungsnetzwerke, Kulturen und „geheime Spielregeln" ihnen selbst für ihren Erfolg bieten. Anstatt gegen diese Faktoren anzugehen, gilt es nämlich, sie für die eigenen Ziele und Zwecke sinnvoll zu nutzen.

Die Organisationsanalyse

In jedem Management-Coaching sollte der Coach mit dem Manager eine Organisationsanalyse bzw. eine sogenannte *Exploration* der Organisation in ihren unterschiedlichen Facetten vornehmen. Das ist nicht nur dann nützlich, wenn das Thema bzw. die Ziele des Coachings schwerpunktmäßig in der Gestaltung und Steuerung der Organisation oder der Organisationseinheit liegen. Man kann nicht oft genug betonen: Auch dann, wenn die Themen und Ziele des Coachings auf „persönliche Themen" des Selbstmanagements oder auf konkrete Situationen der direkten Mitarbeiterführung begrenzt sind, ist eine zumindest grundsätzliche Betrachtung der Organisation notwendig, da sich der Manager wie auch seine konkrete Mitarbeiterführung nicht im „luftleeren Raum" bewegen, sondern im Kontext der Organisation mit ihren spezifischen Aufgaben, Regelungen, Strukturen und sozialen Mustern.

Checkliste I: Organisationalen Analyse im Coaching	
Bereich	**Beispielfragen**
Unternehmen und Unternehmen-sumwelt	▪ Unternehmensziele, Unternehmensverfassung, Markt-positionierung, Unternehmensentwicklung, besondere Herausforderungen etc.
Formale Organisation — Grob-struktur	▪ Nach welchen Gestaltungsprinzipien ist die Organisation aufgebaut? („Organigramm") ▪ Welche Aufgaben sind durch die Organisationseinheiten zu bewältigen?
Formale Organisation Regelungen zu Instanzen	▪ Welche Managementorganisation gibt es? ▪ Welche Aufgaben, Rollen, Zuständigkeiten und Entschei-dungskompetenzen/Einflussmöglichkeiten hat welche Instanz? ▪ Welche Aufgaben, Rollen, Zuständigkeiten und Entschei-dungskompetenzen haben die Organisationseinheiten der Technostruktur? ▪ Wie wird die formale Managementorganisation gelebt?
Formale Organisation — Koordinationsmechanismen	▪ Mit welchen formalen Koordinationsmechanismen soll in der Organisation koordiniert werden? ▪ Werden die formalen Koordinationsmechanismen gelebt?

Checkliste II: Organisationalen Analyse im Coaching	
Bereich	**Beispielfragen**
Formale Organisation — Instrumente	▪ Welche Management- und Führungsinstrumente stehen den Instanzen zur Verfügung (inkl. Sanktionsinstrumente)?
Formale Organisation — Dysfunktionalitäten	▪ Welche widersprüchlichen Regelungen in der formalen Or-ganisation gibt es, die zu strukturell bedingten Konflikten und Ineffizienzen führen können?

Informale Organisation	• Welche Werte, Verhaltens- und Denkweisen sind typisch für die Organisation (Organisationskultur)? • Welche Führungskultur gibt es? (Ungeschriebene Regeln, was eine gute Führungskraft ist und wie Führung gelebt werden soll?) • Welche informellen Netzwerke gibt es im Unternehmen? • Welche persönlichen Interessen haben die Aufgabenträger? • Welche informellen Einflussmöglichkeiten nutzen die Aufgabenträger? • Wie wird mit formalen Regelungen im Unternehmen umgegangen? • Welche informellen Einflussmöglichkeiten hat eine Führungskraft? • Welche Konflikte gibt es im Unternehmen? • Wie werden Konflikte im Unternehmen typischerweise ausgetragen? • Wie wird mit „Macht" im Unternehmen umgegangen? Welche typischen Machtmechanismen werden gelebt?

2.1.3 Erwartungsmanagement als permanente Aufgabe des Managers

Die Praxis des Management-Coachings hat gezeigt, dass ein wichtiger und hilfreicher Baustein bei der Exploration der Organisation die Reflexion auf die Interessenpersonen oder -gruppen der Organisationseinheit bzw. des Managers selbst ist. Dabei stellt sich oft heraus, dass der Manager manche Gruppen oder Personen, die Einfluss auf ihn oder die Organisationseinheit besitzen, gar nicht kennt oder bisher zumindest kaum berücksichtigt hat. Dies betrifft insbesondere Personen, die *inoffiziell* Einfluss ausüben oder Ansprüche geltend machen können. Während es auf der Hand liegt, dass der eigene Vorgesetzte oder die Kunden als offizielle Stakeholder Einfluss auf die Organisationseinheit bzw. den Manager haben, ist dies bei den *inoffiziellen Stakeholdern* nicht direkt offensichtlich. Diese vertreten ihre Interessen oft verdeckt oder über mehrere Umwege innerhalb oder sogar außerhalb der Organisation. Das können ehemalige Vorgesetzte oder Kollegen sein, die noch eine „Rechnung offen haben" oder auch eigene Interessen im Zusammenhang mit dem Wohlergehen und der Karriere des Managers verfolgen, verprellte Kunden oder im Gegenteil wohlgesinnte ehemalige Mentoren, die den Manager noch immer aus dem Hintergrund fördern, ohne dass er sich dessen bewusst ist.

Die eigenen Stakeholder kennen

Nicht selten zeigt sich, dass Manager bezüglich bestimmter Interessenpersonen oder -gruppen und ihrer Erwartungen nur wenige Informationen besitzen. Oft folgt auf Fragen wie: „Wer ist Ihr Unterstützer?", „Wer stärkt Ihnen wirklich den Rücken?", „Auf wen können Sie zählen?", „Wer hat Interesse daran, dass Sie keinen Erfolg haben? Woran machen Sie das fest?" nur ein Achselzucken. Schon das Erkennen dieses Nichtwissens bedeutet einen wichtigen Schritt. Es hilft dem Manager — angeleitet durch das Management-Coaching — im weiteren Prozess verstärkt auf die Interessen, Eigenheiten, Einflussmöglichkeiten und -methoden solcher Personen oder Gruppen zu achten, die Erwartungen an seine Organisationseinheit oder auch an ihn selbst stellen, sei es „offiziell" oder „inoffiziell".

 BEISPIEL: „Offizielle" und „inoffizielle" Stakeholder der Organisation, der Organisationseinheit oder des Managers

- Interne oder externe Kunden
- Eigentümer
- Vorgesetzte, Mitarbeiter, Kollegen des Managers
- Topmanagement
- Betriebsrat und andere Gremien
- Projektgruppen oder Projektleiter
- Kollegen des Vorgesetzten
- Mitarbeiter aus anderen Abteilungen
- Führungskräfte und Mitarbeiter aus Support- und Stabsabteilungen (Controlling, Personal etc.)
- Lieferanten
- Gesetzgeber
- Branchenverbände
- Politik
- Mentoren
- Medienvertreter
- Ehemalige Mitarbeiter und Vorgesetzte
- Fremdkapitalgeber (Bankenvertreter)
- Börsenanalysten

Bei der Analyse der verschiedenen Einfluss- und Interessenpersonen oder -gruppen, ihrer Motive, ihrer Einflussmöglichkeiten und Erwartungen wird dem Manager im Rahmen des Management-Coachings oft zum ersten Mal deutlich, dass er in einem Netz von Erwartungen und Einflüssen agiert und dass diese Erwartungen nicht selten in Konflikt miteinander stehen. Auf der Basis dieser Erkenntnisse können dann Handlungsstrategien zum „Erwartungsmanagement" als wichtige Bestandteile der Managementaufgabe entwickelt werden.

▶ **BEISPIEL: Fragen zur Analyse von „offiziellen" und „inoffiziellen" Stakeholdern der Organisationseinheit und des Managers**

- Wer richtet welche Erwartungen an mich bzw. an meine Organisationseinheit?
- Wie werden diese Erwartungen kommuniziert?
- Welche realen Einflussmöglichkeiten haben diese Personen oder Gruppen auf mich oder meine Abteilung?
- Wer könnte sonst noch Interessen haben?
- Über wen könnten Interessen verfolgt und Einflüsse ausgeübt werden?
- Wer in der Organisation/Organisationseinheit und außerhalb dieser ist an meinem Erfolg interessiert?
- Welche Personen oder Gruppen, die innerhalb oder außerhalb der Organisation sehr einflussreich sind, unterstützen mich bzw. meine Abteilung in unseren Vorhaben?
- Wer ist daran interessiert, dass ich keinen Erfolg habe?
- Welche Reaktionen habe ich bisher von den oben ermittelten Personen bzw. Gruppen erhalten, wenn ihre Erwartungen erfüllt bzw. nicht erfüllt wurden?
- Wie, glaube ich, wird über mich bzw. über meine Organisation/Abteilung gesprochen?
- Welche konkreten Informationen und Beobachtungen habe ich zu den Personen und Gruppen bezüglich meiner Annahmen?
- Wie könnte ich meine Annahmen überprüfen?

Den Erwartungen der anderen stehen die eigenen Erwartungen an die Organisationseinheit, aber auch an sich selbst bezüglich der Ausfüllung der Managementaufgabe und -rolle entgegen. Im Rahmen des Erwartungsmanagements als Thema des Management-Coachings sollten daher auch die eigenen Erwartungen des Managers geklärt und den Erwartungen der anderen gegenübergestellt werden. Im Kapitel 5.3, *Rollenreflexion und Positionierungsübung*, finden Sie eine Methode, mittels der durch den Perspektivenwechsel ein innerer Dialog über die eigenen Erwartungen und die Sichtweisen und Erwartungen anderer Player erzeugt werden kann.

2.1.4 Aufgaben- und Rollenvielfalt managen: Eine echte Herausforderung

Die vielfältigen Erwartungen von Vorgesetzten, Kunden, Kollegen, von Mitarbeitern und von Personal- oder Controllingabteilungen an den Manager machen deutlich, dass er eine Vielzahl von unterschiedlichen Aufgaben und Rollen ausfüllen muss. Damit reicht seine Rolle weit über die der direkten Führungskraft von Mitarbeitern hinaus. Aber selbst in dieser Rolle als Führungskraft von Mitarbeitern findet sich bei näherer Betrachtung eine Vielzahl von „Unterrollen", die teilweise in einem für die Führungskraft und die Mitarbeiter erheblichen Spannungsverhältnis stehen: Manager sind in ihrer Rolle als formale Führungskraft ihrer Mitarbeiter beispielsweise Vorgesetzte und Vertreter des Arbeitgebers und gleichzeitig Beurteiler und auch Entscheider über Vergütung oder Karrierewege ihrer Mitarbeiter.

Daneben sollen sie aber auch Förderer, Ansprechpartner für Sorgen und Nöte, ja sogar „Coach" ihrer Mitarbeiter sein. Diese verschiedenen Subrollen der Führungsrolle bringen unterschiedliche Grade von sogenannter *Asymmetrie* mit sich: Während in der Rolle des Vorgesetzten und des Beurteilers oder des Sanktionierers die Asymmetrie der Hierarchie deutlich zum Vorschein tritt, erfordert die Rolle der „Führungskraft als Coach" die Hervorhebung symmetrischer Anteile der Beziehung; es geht hier um Kooperation und partnerschaftlichen Austausch, um eine fördernde und offene Beziehung.

Unvereinbare Rollenansprüche
Manager erleben diese unterschiedlichen Anforderungen an ihre Führungsrolle oft als sehr belastend und manchmal sogar als unvereinbar. Das Management-Coaching bietet die Chance, diese Rollenvielfalt und

die daraus entstehenden Anforderungen bewusst zu machen. Auch wenn die Konflikte zwischen den verschiedenen Rollen nicht immer aufgelöst werden können, gilt es, Strategien zu entwickeln und Wege zu finden, wie der Manager und auch die Mitarbeiter oder der Vorgesetzte des Managers mit dieser Rollenvielfalt umgehen können. Dabei ist nicht nur in Betracht zu ziehen, was andere erwarten, sondern auch, wie der Manager selbst seine Rollen ausfüllen will.

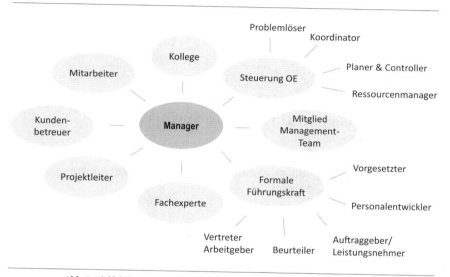

Abb. 3: Vielfalt formaler und informaler Rollen und Aufgaben des Managers

Insbesondere neue Führungskräfte sind sich dieser Vielfalt ihrer Aufgaben und Rollen oft nicht bewusst. Sie erleben in ihrem Alltag die unterschiedlichen Rollenerwartungen, die an sie herangetragen werden. Meist fehlen jedoch Zeit und Raum, diese Erwartungen zu reflektieren, zu strukturieren und Strategien für die Ausfüllung ihrer unterschiedlichen Rollen zu entwickeln, die sowohl zur Organisation wie auch zum Manager als Person passen. Auch Führungskräfte, die in der Hierarchie aufsteigen, erleben sich plötzlich mit neuen Rollen und Aufgaben konfrontiert: So sollen sie als Topmanager das Unternehmen in Gremien und in der Öffentlichkeit vertreten. Sie müssen sich also als Person mehr präsentieren. In weiteren neuen Rollen haben sie es plötzlich mehr mit mikropolitischen Mechanismen zu tun. Oder sie müssen weitaus umfassendere betriebswirtschaftliche Verantwortung übernehmen, für die mehr Controllingwissen und kenntnisse, d. h. Steuerungskompetenzen notwendig sind. Im Management-Coaching wird dann besprochen, welche Faktoren darüber entscheiden, ob der Manager in einer neuen Rolle erfolgreich sein wird. Dazu sind sowohl die Rolle als auch das Umfeld, in der diese Rolle eingenommen wird, genauer zu betrachten. Notwendige Kompetenzen und Handlungsalternativen können so identifiziert und ggf. eingeübt werden.

2.2 Ohne andere Menschen läuft nichts: Menschenführung und Einflussnahme

2.2.1 Beziehungsmanagement: Für viele Manager eine Herausforderung

Wir haben festgestellt: Managen ist mehr ist als die bloße Gestaltung direkter Beziehungen oder die direkte Führung von einzelnen Mitarbeitern. Nichtsdestotrotz bilden die erfolgreiche Gestaltung von direkten sozialen Situationen und das sogenannte *Beziehungsmanagement* wichtige Erfolgsfaktoren für die Bewältigung von Managementaufgaben. Ein wesentlicher Teil der Arbeit besteht dabei in der *direkten Führung* von Personen oder Gruppen, für die der Manager als Vorgesetzter die formale Verantwortung trägt. Allerdings beschränkt sich die Notwendigkeit, soziale Beziehungen zu gestalten und durch Kommunikation und Handeln andere zielorientiert zu beeinflussen, nicht auf die direkten Mitarbeiter.

Sozialkompetenz und die Entwicklung zweckdienlicher Handlungsstrategien zur Gestaltung von Beziehungen und zur Beeinflussung anderer werden mit steigender Höhe der Hierarchieebene sogar wichtiger: Denn analog zur steigenden Hierarchieebene wird auch die Abhängigkeit des Managers von anderen Menschen bei der Verfolgung

seiner Ziele immer größer. Während Manager auf der unteren Hierarchieebene in weiten Teilen noch selbst am Leistungsprozess beteiligt
sind, nimmt der Anteil der eigentlichen Management-, d. h. der Steue-
rungsaufgaben am Gesamtauftrag des Managers mit seinem Aufstieg
zu: Er plant, informiert, koordiniert, kontrolliert — aber die Realisierung
liegt meistenteils in den Händen anderer. So ist die Annahme vieler
Jungmanager, Manager würden im Verlauf ihres Aufstiegs immer unabhängiger, eindeutig falsch: Ohne Mitarbeiter, Zuarbeiter, Unterstüt-
zungsbereiche, Stabsbereiche etc. sind Manager auf den oberen Hierarchieebenen tatsächlich nicht handlungsfähig. D. h., der Erfolg des
Managers hängt in weiten Teilen von anderen ab. Das führt bei Führungskräften oft zu einer starken Neigung, Kontrolle auszuüben. Bei
der Entwicklung von Handlungsstrategien ist dieser „Kontrollzwang"
allerdings nicht immer ein guter Ratgeber, sondern kann im Gegenteil
sogar sehr kontraproduktiv sein.

Die Bedeutung sozialer Kompetenzen

Diese Überlegungen betreffen die Mitarbeiterführung ebenso wie die
sogenannte *laterale Führung*, d. h. die Beeinflussung von ranggleichen
Kollegen, oder auch die *„Führung nach oben"*, also die Beeinflussung
von Vorgesetzten. Auch das Beziehungsmanagement gegenüber anderen Einflusspersonen und Gruppen in der Organisation, etwa dem
Betriebsrat, und ebenso außerhalb der Organisation — Politiker, Verbände, Medienvertreter — darf als Erfolgsfaktor für erfolgreiches Management und damit auch als Thema im Management-Coaching nicht
vernachlässigt werden. Man könnte auch sagen: Erfolgreiches Management benötigt mehr als soziale Kompetenzen und auf die Gestaltung sozialer Situationen ausgerichtete Handlungsstrategien — aber
ohne soziale Kompetenzen ist Management nicht möglich. Manager
müssen präsentieren, überzeugen, schwierige Gespräche oder Ver-
handlungen führen, das Unternehmen oder die Abteilung intern vor
der Gesamtbelegschaft bzw. in der Hauptversammlung oder extern
bei Kunden, Lieferanten oder in den Medien präsentieren.

Erfahrungsgemäß steht daher die Gestaltung und Bewältigung von
Führungs- und direkten sozialen Situationen als Thema im Management-Coaching oft im Vordergrund. All diesen *direkten sozialen Situationen* ist gemein, dass der Manager dort auf konkrete Personen

trifft, also die direkte Kommunikation und der unmittelbare Auftritt gefragt sind: Es geht hier nicht um das Schreiben von Anweisungen oder Handbüchern, sondern um die direkte Kommunikation, den direkten Auftritt, das direkte Gespräch, die direkte Präsentation vor einer Gruppe von Menschen.

2.2.2 Mitarbeiterführung: Verständnis und Akzeptanz

Man könnte annehmen, dass die direkte *Führung von Mitarbeitern* im Alltag von Managern einen großen Raum einnimmt. Dies ist allerdings nach Auskunft vieler Manager de facto gar nicht der Fall. Befragt man Manager, wie viel Zeit sie tatsächlich z. B. mit Mitarbeitergesprächen verbringen, so ist der Anteil hier meist erschreckend niedrig. Anspruch und Wirklichkeit klaffen in diesem Punkt oft auseinander: ein wichtiges Thema für das Management-Coaching.

Der „richtige" Führungsstil

Insbesondere beim Coaching neuer Führungskräfte, die bisher noch keine disziplinarischen Führungsaufgaben innehatten, stehen die sogenannte *Rollenübernahme* sowie das Erlangen von *Führungskompetenzen* im Vordergrund. Manager, die sich zum ersten Mal in der Führungsrolle finden, müssen sich in die neue Aufgabe und Rolle als Vorgesetzter einspielen. Einerseits geht es im Management-Coaching bei diesen Führungskräften darum, ein adäquates Rollen- und Aufgabenverständnis zu entwickeln, andererseits sollten sie konkrete Fähigkeiten und Techniken erlernen und damit ein Verhaltensrepertoire für die Gestaltung von Führungssituationen erwerben. Dabei wird oft die Frage nach dem „richtigen" Führungsstil gestellt. Die Ergebnisse der Führungsforschung bieten hier dem Coachee eine Entlastung: Den „richtigen Führungsstil" gibt es nicht. Es kommt immer auf die Situation an, in der sich der Mitarbeiter, aber auch die Führungskraft und die Organisationseinheit befinden. Anstatt „die richtige Technik" oder „den richtigen Führungsstil" zu vermitteln, sollte das Management-Coaching vielmehr dabei helfen, Führungssituationen besser zu verstehen:

- Mit welchen Aufgaben haben es Mitarbeiter zu tun?
- Wie sind diese Aufgaben in den Gesamtzusammenhang der Organisation oder der Abteilung eingebettet?
- Welche Vernetzungen bestehen zu anderen Aufgaben und anderen Abteilungen?
- Welche Fähigkeiten haben die betroffenen Mitarbeiter?
- Welche Bedürfnisse und Persönlichkeitsstrukturen sind zu beachten?
- Welche Ressourcen stehen zur Verfügung?

Das angemessene Führungsverhalten hängt aber nicht nur von der konkreten Führungssituation ab, sondern auch von der Organisation als Ganzes:

- Welche Führungskultur herrscht im Unternehmen vor?
- Was wird im Unternehmen als eine gute Führungskraft angesehen?
- Welche Führungsinstrumente stehen zur Verfügung?
- Welche Sanktionsmöglichkeiten gibt es?

Akzeptanz ist das A und O

Konstruktives Führungsverhalten und Kompetenzen für die Ausgestaltung einzelner Führungssituationen können im Management-Coaching etwa in Form von Rollenspielen oder sogenannten Fallbesprechungen eingeübt werden. Für das erfolgreiche Agieren als Führungskraft ist neben einem breiten Verhaltensrepertoire und einem Fundus an Führungstechniken allerdings ein weiterer zentraler Faktor bestimmend, den Führungskräfte nicht selten übersehen: Sie selbst müssen nicht nur ihre Mitarbeiter akzeptieren, sondern Führung funktioniert nur dann — vor allem langfristig — wenn Mitarbeiter auch ihre Führungskräfte als Führungskräfte akzeptieren! Es kann davon ausgegangen werden, dass die Bedeutung dieses Faktors bei Unternehmen mit einem hohen Anteil an sehr gut qualifizierten Mitarbeitern sogar noch zunimmt, da diese sich mehr an Aufgaben und deren Herausforderungen binden und weniger an das Unternehmen und seine Führungshierarchien.

Insbesondere bei neuen Führungskräften gilt es zunächst, sogenannte *Führungsautorität* oder *Führungsakzeptanz* aufzubauen. Viele junge

Führungskräfte sind der Überzeugung, dass diese Akzeptanz bereits durch ihre formale Ernennung erzeugt wird. Das ist aber erfahrungsgemäß immer seltener der Fall. Die jüngere Führungsforschung hat in dieser Hinsicht Erstaunliches gezeigt: Ob formal ernannte Führungskräfte tatsächlich von Mitarbeitern in ihrer Rolle akzeptiert werden, hängt in weiten Teilen davon ab, ob sie in den Augen der *Geführten* dem „Prototyp einer guten Führungskraft" entsprechen (vgl. hierzu Quaquebeke et al. 2009). In manchen Organisationen oder Bereichen wird Führungsakzeptanz dementsprechend über Expertenwissen aufgebaut, in anderen über selbstbewusstes oder gar autoritatives Auftreten, in wieder anderen durch kooperatives und wertschätzendes Verhalten, d. h. durch sogenannte *persönliche Autorität*.

Auch Führungskräfte, die das Unternehmen wechseln, sollten sich darüber klar werden, über welche Mechanismen in ihrem neuen Unternehmen Führungsakzeptanz hergestellt wird. Nicht selten begehen auch erfahrene Führungskräfte beim Unternehmenswechsel den Fehler, ihren Führungs- und Managementstil ungeprüft in das neue Unternehmen zu transferieren — und scheitern dann manchmal kläglich an den offenen oder verdeckten Widerständen von Mitarbeitern. Im Management-Coaching wird der Manager darin unterstützt, von dieser anderen Seite her zu denken: Wann akzeptieren mich meine Mitarbeiter als Führungskraft? Welche Vorstellungen verbinden meine Mitarbeiter meiner Meinung nach mit einer „guten Führungskraft", der sie Führung zutrauen?

Führung als eine wechselseitige Beziehung

Während die klassische Betriebswirtschaft davon ausgeht, Führung sei ein einseitiger Prozess, von einer Führungskraft auf Mitarbeiter gerichtet, lernen erfolgreiche Führungskräfte heute, dass Führung eher einem Paartanz gleicht: Zwar mag eine Person führen, wenn sie aber versäumt, auf die andere Person einzugehen, ihr Tempo, ihre Wünsche und Fähigkeiten einzubeziehen, kommt es zu keiner Passung und damit auch zu keinem produktiven Prozess. Für dieses Verständnis von direkter Führung als einem wechselseitigen Prozess finden sich in der Führungsliteratur unterschiedliche Modelle, die auch im Management-Coaching aufgegriffen werden können (vgl. Sattler et al. 2011; Schreyögg, 2008). Dabei sollte der Coach allerdings immer darauf aufmerksam machen, dass es sich bei den verschiedenen Modellen nicht um „Wahrheiten" oder „Kochrezepte" handelt, sondern um Hilfsmittel zur Strukturierung und zum besseren Verständnis der Führungssituation. Damit sind diese Modelle letztlich Voraussetzung für die Entwicklung von Handlungsoptionen.

Die Entwicklung von Handlungskompetenz für die Gestaltung von Führungssituationen im Management-Coaching besteht somit nicht darin, einfach Techniken oder Instrumente zu erlernen und diese dann in der Praxis im Sinne eines Schemas anzuwenden, sondern vielmehr im Aufbau von Fähigkeiten, um die jeweilige Führungs- oder soziale Situation zu erfassen und zu verstehen, Ziele und Strategien für diese Situation zu entwickeln und daraufhin die passenden Instrumente und konkreten Vorgehensweisen auszuwählen.

Personalführungsmodelle zur Nutzung im Management-Coaching (s. Sattler et al. 2011)

▪ Das LMX-Modell: Austausch statt Einbahnstraße

Das *Leader-Member-Exchange-Modell* rückt von der klassischen Vorstellung ab, Führung sei eine Einbahnstraße. Vielmehr handelt es sich bei der Führung um ein Geschehen zwischen zwei Personen(gruppen), der Führungskraft und dem oder den Geführten. Im Zentrum dieses Modells stehen somit die Beziehung, die sogenannte *Interaktion* und die *Beziehungsqualität*. Ob eine Führungsbeziehung gut ist, lässt sich demgemäß nicht durch eine einmalige Beobachtung bewerten. Auch kann eine Führungsbeziehung nicht durch einmalige „nette Aktionen" hergestellt oder verbessert werden. Dieses Modell betrachtet also „Einmalaktionen" zur Steigerung der Mitarbeiterzufriedenheit, wie sie in vielen Unternehmen beliebt sind („Wir müssen einmal einen Mitarbeitertag veranstalten.", „Ich muss einmal meine Mitarbeiter loben.", „Einmal im Jahr wird ein Mitarbeitergespräch geführt."), als ziemlich fruchtlos. Weiterhin betont das LMX-Modell, dass es sich letztlich bei der Führungskraft-Geführten-Beziehung um eine *Austausch*beziehung handelt. In der klassischen Führungstheorie und auch in den Köpfen vieler Führungskräfte stehen Fragen im Vordergrund wie etwa: „Was will ich von meinen Mitarbeitern?", „Was muss der Mitarbeiter bringen?" Das LMX-Modell verweist hingegen darauf, dass eine einseitige Forderung genauso wie eine als unfair betrachtete Forderung letztlich die Führungsbeziehung zerstört. Stattdessen sollte ein Austausch angestrebt werden. In diesem Prozess entscheidet letztlich nicht die Führungskraft, was wichtig für den Mitarbeiter ist, sondern der Mitarbeiter selbst. Die Erfahrung zeigt allerdings, dass viele Führungskräfte die Interessen und Bedürfnisse ihrer Mitarbeiter überhaupt nicht kennen, und auch in vielen Unternehmen wird die Frage der Motivation allein auf die Vergütungsebene reduziert. Das LMX-Modell kann im Coaching Führungskräfte zum Nachdenken darüber anregen, wie die Beziehungsqualität und die Entwicklung der Beziehung zwischen ihnen selbst und ihren Mitarbeitern sowohl von ihrer Seite aus als auch aus dem Blickwinkel der Geführten einzuschätzen ist. Um den *Austausch* in der Beziehung anzuregen, muss zuerst sowohl herausgefunden werden, was der Führungskraft wichtig ist, als auch, welche Punkte für den oder die Mitarbeiter relevant sind.

■ Situative Führung: Es kommt auf den Einzelfall an
Viele Führungskräfte praktizieren einen Führungsstil, den sie über viele Jahre gelernt haben und möglicherweise schon von ihren eigenen früheren Führungskräften übernommen haben. Solche Menschen äußern oft den Satz: „Ich bin halt so." Das mag zwar sein, hat aber wenig mit professioneller Führung zu tun. Der situative Führungsstil hingegen erfordert von Führungskräften einerseits die genaue Beobachtung der einzelnen Führungssituationen und andererseits eine gewisse Verhaltensbandbreite. Diese Herangehensweise zeichnet Professionalität aus.

Situative Führungsmodelle können im Coaching eine Hilfestellung dafür bieten, das eigene Führungsverhalten zu überprüfen und weiterzuentwickeln. Sie verweisen auf verschiedene Faktoren, die bei der Art und Weise des Führens zu beachten sind. Das betrifft vor allem **Aufgaben- und Kontextfaktoren** einerseits und **Persönlichkeitsfaktoren** des Mitarbeiters andererseits. Dabei ist es wichtig, dass sich die Führungskraft insbesondere bei der Bewertung der Aufgaben- und Kontextfaktoren in die Rolle und Sichtweise des Mitarbeiters versetzt. Wichtig ist hier nicht, ob er selbst eine Aufgabe als neu oder komplex oder unstrukturiert wahrnimmt, sondern die *Wahrnehmung des Mitarbeiters*. Ebenso geht es nicht um die *Reaktionen* der Führungskraft auf die neuen Aufgaben, sondern um die des Mitarbeiters. Auch hier gilt: Ohne Kenntnis der genauen Sachlage und damit ohne Dialog mit dem Mitarbeiter geht gar nichts!

Abhängig von der Einschätzung der Aufgaben- und Personenfaktoren kann dann das Führungsverhalten auf die konkrete Situation hin entwickelt werden: In einem Fall ist vielleicht eher ein sehr enges, direktives Führen nützlich, um dem Mitarbeiter Verunsicherungen zu nehmen, während im anderen Fall ein Führen mit klar gesteckten Zielen angebrachter ist, weil der Mitarbeiter sehr viel Autonomie braucht und gleichzeitig in der Lage ist, Verantwortung zu tragen und die übertragenen Aufgaben gut zu bewerkstelligen.

- Transformationale Führung: Werte, Überzeugungen, Sinn

Führungs- und Steuerungssysteme, die in den Unternehmen in den letzten 20 bis 30 Jahren Verwendung fanden, basierten oft auf dem Modell der sogenannten *transaktionalen Führung*. Diese Methode setzt darauf, Leistungsziele zu definieren, Leistungen zu bewerten und — meist durch monetäre Vergütung — eine Gegenleistung zu erbringen. Arbeit und die Zugehörigkeit zu einer Organisation werden hier vorwiegend unter ökonomischen Aspekten betrachtet.

In den letzten Jahren hat sich jedoch ein Unbehagen diesem Modell gegenüber entwickelt: Die reine Konzentration auf monetäre Vergütung wird als *nicht vollständig* empfunden. Viele Führungskräfte erleben das Manko am eigenen Leib oder beobachten es bei ihren Mitarbeitern: Neue Motive treten wieder mehr in den Vordergrund. *Sinn* — lange Zeit in den Unternehmen verpönt — anstelle von Status, Macht oder monetärer Vergütung tritt für viele Menschen als Motiv zu arbeiten oder auch als Motiv, einer bestimmten Organisation anzugehören, wieder in den Vordergrund. Es geht ihnen darum, etwas *Sinnvolles* zu tun, zu einer Organisation zu gehören, die nicht nur Geld generiert oder Gewinn macht, sondern Werte für andere realisiert.

Auf diesen Umstand verweist das *transformationale Führungsmodell*. Während das transaktionale Modell Führung eher technokratisch-betriebswirtschaftlich versteht, geht es hier um Werte, Überzeugungen, Gemeinschaft, Vision und Sinn. Die Mitarbeiter sollen nicht länger durch monetäre Anreize für eine Veränderung gewonnen werden, sondern durch Sinnargumente, durch Begeisterung, durch eine „gemeinsame Story". Gerade diese Herangehensweise fällt vielen Führungskräften, die in den 80er- und 90er-Jahren des letzten Jahrhunderts geprägt wurden, sehr schwer. Alle Studien zu diesem Thema kommen aber zu dem Ergebnis, dass der Faktor *Sinn* als Motiv für Engagement und Unternehmenszugehörigkeit verstärkt zunehmen wird. Allerdings setzt dieser Umstand das transaktionale Modell nicht vollständig außer Kraft: Mitarbeiter reagieren sehr empfindlich, wenn sie das Gefühl haben, dass das Management sie durch Begeisterung und Visionen zu etwas bewegen will, was – auf persönlicher und ökonomischer Ebene – letztlich zu ihrem eigenen Nachteil ist. Die transformationale Führung ersetzt damit nicht die transaktionale, sondern ergänzt und begrenzt diese.

Die Coachingpraxis zeigt, dass letztlich alle Führungsmodelle dazu geeignet sind, Führungskräfte zum Nachdenken über ihre Mitarbeiter und die eigene Beziehung zu den Mitarbeitern anzuregen und letztlich auch sich selbst nach eigenen Motiven, Werten und Bedürfnissen, die mit der Führungsrolle verbunden sind, zu befragen.

Die Förderung von Handlungskompetenz

Als eine zentrale Aufgabe von Führung kann die Förderung von Handlungskompetenz auf Seiten der Mitarbeiter gesehen werden (vgl. Becker 2011). Handlungskompetenz setzt sich zusammen aus der Leistungs*fähigkeit* und dem Leistungs*willen* bzw. der Leistungs*motivation* des Geführten. Ohne Handlungskompetenzen können weder Aufgaben- und Zielplanungen noch Zielvereinbarungen und Vorgaben durch Mitarbeiter realisiert werden.

Handlungskompetenz = Leistungsmotivation/-willen x Leistungsfähigkeit

---

Die Förderung der Handlungskompetenz der Mitarbeiter durch die Führungskraft setzt voraus, dass diese zum Ersten einen Blick für die Interessen, Bedürfnisse und Motive, zum Zweiten aber auch für die Fähigkeiten und Kompetenzen der Mitarbeiter hat. Diese Sicht ist nicht selten verstellt durch eine einseitige Fokussierung auf Ziele und Aufgaben. Insbesondere bei sehr ehrgeizigen und zielorientierten Managern geht der Blick für Personen und Gruppen und deren existierende oder eben auch fehlende *Handlungskompetenz* leicht verloren. Im Management-Coaching erhält der Manager Anregungen, sich mit Personen und Gruppen von Geführten mental zu beschäftigen:

- Welche Fähigkeiten und Komptenzen haben die Einzelnen?
- Welche Bedürfnisse, Motive, Interessen und Einstellungen?
- Wo liegen Empfindlichkeiten und „wunde Punkte"?
- Wie kann ich die Personen oder Gruppen am besten erreichen?
- Was kann ich tun, um die Handlungskompetenz der Einzelnen zu fördern?

Den Blickwinkel ändern

Eine Voraussetzung zur Beantwortung dieser Fragen ist der *Perspektivenwechsel*, auf den auch im Kapitel 5.10, *Stärkere Positionierung durch Präzisierung und Differenzierung*, nochmals eingegangen wird. Nicht selten können sich Manager aufgrund ihrer starken Ergebnis- und Zielorientierung nur schwer vorstellen, dass man zu einem Thema, einem Problem oder einer Fragestellung auch anders denken könnte als sie selbst es tun. Das betrifft nicht allein die Frage nach den persönlichen Interessen oder Bedürfnissen von Mitarbeitern, sondern auch deren Sichtweise auf ein Sachproblem:

- Welche Strategie ist für unser Unternehmen in dieser Situation sinnvoll?
- Wie sollten wir mit dem einen oder anderen Risiko umgehen?
- Was sollte getan werden, um die Kundenzufriedenheit zu steigern?

Die Anregung zum Perspektivenwechsel ist daher eine wichtige Methode im Management-Coaching. Sie dient nicht nur dazu, die Sichtweisen der Mitarbeiter oder auch anderer betroffener Personen und Gruppen zu verstehen und Strategien zu entwickeln, wie der Manager diese anderen von seiner Sichtweise überzeugen kann, sondern auch dazu, die eigene Sichtweise zu relativieren oder zu hinterfragen und das Wissen und Können der Mitarbeiter zu nutzen.

Wissensvorräte allseitig nutzen

Gerade in wissensintensiven Unternehmen wird das sogenannte *Wissensmanagement* immer wichtiger. Dabei wird leider teilweise sehr einseitig auf IT-Systeme gesetzt. Diese Systeme können aber niemals den

Dialog zwischen Geführtem und Führungskraft bzw. zwischen den Mitarbeitern ersetzen. *Partizipative Führung*, d. h. die Einbeziehung von Mitarbeitern in Problemlösungsprozesse, die Aufnahme von Wissen und Erfahrungen von Mitarbeitern durch die Führungskraft, kann eine Möglichkeit sein, das Wissen der Organisation besser zu nutzen. Die Führung dient dann nicht nur der Förderung der Handlungskompetenz der Mitarbeiter, sondern ermöglicht es letztlich auch der Führungskraft selbst, bessere Entscheidungen zu treffen.

Allerdings zeigt die Erfahrung, dass die Führungskraft sich vor der Realisierung partizipativer Führung unbedingt Klarheit darüber verschaffen sollte, ob sie wirklich partizipativ führen *will*. In nicht wenigen Organisationen hinterlässt die sogenannte *Pseudopartizipation* ihre negativen Spuren: Das Ergebnis ist ein „organisationaler Zynismus", denn Pseudopartizipation zerstört erfahrungsgemäß Vertrauen. Im Management-Coaching kann die Führungskraft mit Unterstützung ihres Coachs klären, ob und in welchem Umfang sie ihre Mitarbeiter beteiligen und befragen möchte. Gleichzeitig können dann Techniken der partizipativen Führung eingeübt werden. Nicht wenige Führungskräfte sind Meister im Reden und im schnellen Bewerten, während ihnen das Zuhören und die Öffnung gegenüber konträren oder fremden Meinungen schwerfällt. Für sie ist es wichtig, im Coaching zum einen eine offene Haltung gegenüber unterschiedlichen Sichtweisen der Mitarbeiter zu erlernen und sich zum anderen Gesprächsführungsmethoden und Fragetechniken anzueignen, die Mitarbeiter darin fördern und bestärken, Wissen, Gedanken und Lösungsvorschläge einzubringen.

2.2.3 Das Kreuz mit der Delegation

Da Führungskräfte heute oft über weite räumliche Distanzen führen (vgl. Bauer & Mollbach 2009), ist nicht nur im Hinblick auf die Motivation der Mitarbeiter, sondern auch aus organisatorischen Gründen eine Führung in Form konkreter Anweisung von Tätigkeiten oft kaum noch möglich, geschweige denn sinnvoll. Auch wenn viele Führungskräfte gerne „mikromanagen", d. h. in die Arbeitsflüsse situativ eingreifen, wird dies von Mitarbeitern nicht nur als störend und demotivierend erlebt, sondern verschlechtert auch oft das Ergebnis! Die angemessene Delegation von Aufgaben und Zielen besitzt daher im Führungsalltag einen immer größeren Stellenwert. Oft tun sich auch erfahrene Führungskräfte aber gerade mit der Delegation schwer. Viele Motivationsprobleme und schlechte Arbeitsergebnisse von Mitarbeitern, über die Führungskräfte im Management-Coaching klagen, lassen sich auf handwerkliche Fehler bei der Delegation zurückführen.

Führungskräfte unterschätzen leicht die Anforderungen, aber auch den zeitlichen Aufwand, den eine gute und erfolgreiche Delegation an sie selber und ihre Mitarbeiter stellt. „Mach mal" — so sieht die in Organisationen nicht selten vorherrschende Form von Delegation aus. Im Management-Coaching kann man besprechen, welche Aufgaben an Mitarbeiter in welcher Form delegiert werden können, sodass der Mitarbeiter nicht verunsichert oder abgeschreckt, sondern motiviert wird und die Aufgabe erfolgreich erledigen kann.

Erfahrungsgemäß betrifft diese Problematik nicht nur junge Führungskräfte, sondern gerade auch „alte Hasen": In vielen Fällen kennen sie sich selbst so gut mit einer Aufgabe aus, dass sie sich kaum noch vorstellen können, dass dieselbe Aufgabe für ihr Gegenüber neu ist und deshalb klare Orientierungen und umfassende Informationen notwendig sind. Gute Delegation ist damit nicht nur eine Frage der Technik, sondern auch des Bewusstseins und der Achtsamkeit für die Bedürfnisse und Fähigkeiten des Gegenübers. Hier hilft im Management-Coaching das Aufzeigen von Merkmalen eines gelungenen Delegationsprozesses, aber auch der Wechsel zur Perspektive des Mitarbeiters bzw. Delegations*nehmers*: Die Führungskraft sollte in jedem Fall die zu delegierende Aufgabe so weit präzisieren, dass sie vom Mitarbeiter verstanden wird.

Sinnvolle Fragen zur Delegation von Aufgaben und Zielen (s. auch Wunderer 2006)

- Welche Merkmale hat die Aufgabe aus Sicht des Mitarbeiters: Ist sie neu oder eine Routinetätigkeit; komplex oder einfach?
- Besitzt der Mitarbeiter die notwendigen Fähigkeiten, Infrastrukturen und Informationen zur Aufgabenerfüllung?

- Ist er sich der Bedeutung der Aufgabenerfüllung bewusst und auch der Konsequenzen bei mangelnder Aufgabenerfüllung?
- Bis wann sollen die Aufgaben erledigt oder die Ziele erreicht sein?
- Was kann den Mitarbeiter für die Aufgabenerledigung motivieren?
- Hat der Mitarbeiter die Möglichkeit, Verständnisfragen zu stellen?
- Habe ich mich versichert, dass der Mitarbeiter die Aufgabe verstanden hat?
- Ist ihm nach dem Delegationsgespräch klar, was ich im Einzelnen von ihm erwarte?
- Welche Unterstützungsmöglichkeiten habe ich dem Mitarbeiter angeboten? Welche Ressourcen gibt es (Kollegen, Fachabteilungen etc.)?
- Ist ein Zwischenreview vorgesehen?

2.2.4 Konflikte nicht als Ausnahme, sondern als Regel akzeptieren

Ein zentrales Thema im Management-Coaching bildet erfahrungsgemäß der Umgang mit *Konflikten* innerhalb von Führungsbeziehungen, aber auch mit Vorgesetzten oder Kollegen. Insbesondere Führungskräfte, die neu in ihrer Aufgabe sind, gehen oft von einem harmonischen Bild von Organisationen aus, wie es auch in der Managementliteratur und in Hochglanzbroschüren gerne vermittelt wird: „Wir sitzen alle im selben Boot! Wir sind eine große Familie! Wir ziehen alle am selben Strang!" In dieser harmonistischen Sichtweise erscheinen Konflikte in Organisationen als eine Ausnahme. Tatsächlich sind sie aber eher die Regel! Dabei nimmt die Konfliktintensität im Alltag von Führungskräften vielfach sogar eher zu als ab: Kunden werden anspruchsvoller, Ressourcen — wie Zeit, Geld oder Personal — immer knapper, die Erwartungen stürmen aus vielen Richtungen auf die Führungskraft ein. Mitarbeiter haben andere Interessen und Wünsche als die eigenen Vorgesetzten. Sichtweisen und Abteilungskulturen prallen in Projekten aufeinander, die der Manager leitet. Gerade Führungskräfte des unteren und mittleren Managements erleben oft den Konflikt zwischen den Erwartungen, Interessen und Sichtweisen der Mitarbeiter auf der einen Seite und denen des oberen und Topmanagements auf der anderen Seite.

Wie viel Harmonie ist realistisch?

Im Management-Coaching wird der Coachee dabei begleitet, seinen Anspruch an „Harmonie" mit der Realität seiner Organisation zu vergleichen und Konflikte zum Ersten als zum Alltag gehörend und zum Zweiten als nicht nur negativ zu akzeptieren: Konflikte können auch sehr produktiv sein. Es kommt darauf an, wie der Manager selbst, aber auch die Organisation mit Konflikten umgeht. Auch hier gilt: Konfliktmanagement findet nicht im luftleeren Raum statt. Im Management-Coaching gilt es einerseits die Anlässe, Dynamiken und Mechanismen konkreter Konflikte zu erörtern und Strategien zu einer möglichen Konfliktlösung zu entwickeln. Andererseits gilt es aber auch zu ergründen, welche Konfliktlösungs*muster* bzw. Lösungs*vermeidungs*muster in der Organisation vorherrschen, wie sie mit Konflikten umgeht, welche Einflüsse hier im Spiel sind — und welche Einflussmöglichkeiten die Führungskraft wirklich hat. Dabei kann sie als Konfliktmanager auch organisationale Ressourcen nutzen: Personalabteilung, Vorgesetzte, Kollegen etc.

Modelle für das Konfliktmanagement

Für Verhandlungs- und Gesprächsführung, für Konfliktmanagement, für gelungene Kommunikation, für die Teamentwicklung, aber auch für Motivation und Lernen stehen mannigfaltige Modelle zur Verfügung, die dem Manager helfen können, soziale Situationen zu verstehen, zu strukturieren und Handlungsstrategien zu entwickeln. Der Management-Coach sollte hier der Führungskraft Modelle und Instrumente anbieten und sie gleichzeitig bei der Entwicklung von Vorstellungen unterstützen, wann welches Modell hilfreich ist und wann und wie er die einzelnen Instrumente in real auftretenden Situationen anwenden will und kann.

Dabei darf der Coach aber nicht als „*Guru*" auftreten. Insbesondere Coachs, die einer bestimmten „Schule" oder „Ideologie" anhängen, unterliegen der Gefahr, ihre Lieblingsmodelle, ihre bevorzugte Führungsphilosophie, ihr Menschenbild, ihre eigenen Techniken als die „richtige Lösung" anzupreisen.

Die Entscheidungsfreiheit des Coachees wahren

Es ist unerlässlich, dass der Management-Coach dem Coachee zum einen Impulse und Wissen als *Angebote* präsentiert, die der Manager jeweils annehmen oder ablehnen kann. Angebote sind also das Gegenteil von Vorschriften, Anweisungen oder Befehlen. Hier ist das Selbstverständnis des Coachs angesprochen, auf das an späterer Stelle noch vertieft eingegangen werden wird. Ein Coach, der den Coachee unter Druck setzt oder beleidigt darauf reagiert, wenn ein Coachee Impulse oder Angebote ablehnt oder verändert, macht keine Angebote, sondern ist ein *„Guru"*, der *Gefolgschaft* erwartet. Eine solche Haltung ist für das Management-Coaching absolut inakzeptabel.

In vielen Befragungen zu den notwendigen Eigenschaften von Coachs aus dem Blickwinkel von Unternehmen wird von diesen genannt, dass der Coach selbst Management- und Führungserfahrung besitzen sollte. So sinnvoll das sein kann, birgt es allerdings auch eine Gefahr: Gerade Coachs, die selbst lange Zeit in einer Management- oder Führungsfunktion tätig waren, tun sich oft schwer damit, offene Angebote zu unterbreiten oder Impulse zu geben. Stattdessen tendieren sie nicht selten dazu, dem Coachee zu sagen, wie es denn nun „richtig geht" — schließlich hat der Coach das in seiner früheren Rolle als Führungskraft selbst erlebt und so viel Erfahrung damit ...

Alternativen anbieten

Zudem ist es wichtig, dass der Coach dem Manager im Coaching *mehrere* Angebote machen kann. Unternehmen sollten in der Auswahl eines Management-Coachs darauf achten, dass dieser über ein breites Repertoire an Modellen, Methoden und Techniken verfügt, die er dem Coachee vermitteln kann. Zudem sollten sie darauf achten, dass der Coach genügend emotionale Distanz zu den einzelnen Modellen, Instrumenten und Verfahren hat. Ansonsten besteht die Gefahr, dass er seine ideologischen Vorlieben auf den Coachee überträgt. Natürlich sind begeisternde, mitreißende, selbstbewusste Trainer, Lehrer oder Coachs immer faszinierend. Das Ziel des Management-Coachings — egal, in welchen Themenfeldern — liegt aber immer darin, dass der Manager bei der Betrachtung bestimmter Herausforderungen und Probleme ein autonomes und differenziertes Bild sowie Strategien und Maßnahmen entwickelt, die auf der Basis seines eigenen Urteils entstehen. Ein Coach mit einem Tunnelblick auf eigene Vorlieben und Ideologien oder mit zu starren Glaubenssätzen kann einen Manager hierbei nur schwer unterstützen.

Der Coach als Bildungsberater

In Fällen, in denen die Vermittlung konkreter Techniken und Modelle, die der Erlangung von Führungskompetenz oder der Gestaltung von sozialen Situationen dienen, sinnvoll und notwendig erscheint, sollte der Coach gemeinsam mit dem Coachee überlegen, welche zum Coaching parallel stattfindenden Weiterbildungsformate für diesen sinnvoll sein könnten. Insbesondere bei Führungskräften, die zum ersten Mal eine Führungsposition übernehmen, fungiert der Management-Coach im Bereich der Erlangung sozialer Kompetenzen — wie auch in den Bereichen Organisationsmanagement und Selbstmanagement — als *Bildungsberater*. Er kann mit dem Manager klären, welche zum Coaching parallel laufenden Weiterbildungen — etwa in Form von Trainings oder Seminaren — für diesen sinnvoll sein könnten:

- Ist ein Medien- oder ein Präsentationstraining sinnvoll?
- Sollte er an einem Führungs- oder Kommunikationstraining teilnehmen, um konkrete Führungstechniken und -modelle vertieft zu erlernen?

Teilweise kann natürlich auch das Management-Coaching selber — wie oben angesprochen — genutzt werden, um bestimmte Techniken und Methoden, Instrumente oder Modelle und Ansätze zu vermitteln. Der Coach fungiert dann eher in der Rolle des *Wissensvermittlers*, *Impulsgebers* oder *Trainers*. Diese Vorgehensweise findet allerdings ihre Grenzen einerseits in der Kompetenz des Coachs und andererseits im Format und der Zielsetzung eines Coachings. Unter Umständen sollte an dieser Stelle auch der Bedarf des Managers für Expertenberatung erörtert werden:

- Ist möglicherweise eine IT-Beratung sinnvoll?
- Würde eine Beratung in Six-Sigma weiterführen?
- Sollte Expertenwissen über neue Vergütungssysteme oder über Kennzahlensysteme eingeholt werden?

TIPP: Kriterien für die Auswahl eines Management-Coachs

Achten Sie bei der Auswahl eines Management-Coachs darauf, ob er die nötige Kompetenz besitzt und ein breites Wissen über Modelle und Methoden zur Gestaltung von Führungs- und sozialen Situationen hat, die er dem Manager anbieten kann. Seien Sie kritisch gegenüber „Gurus", die nur eine bestimmte Methode, ein einzelnes Modell oder eine bestimmte „Schule" kennen bzw. vertreten. Klären Sie mit dem Management-Coach insbesondere beim Einsatz für neue Führungskräfte ab, ob er mit dem Coachee Bildungsbedarfe in allen relevanten Bereichen — Management, Organisation, Betriebswirtschaft, Führung, soziale Kompetenzen etc. — identifizieren und gegebenenfalls auch Empfehlungen aussprechen kann.

Eine solche Empfehlung kann auch darin bestehen, dass sich der Coachee nach Identifikation von Weiterbildungsbedarfen an die interne Personalentwicklung oder den HR-Business-Partner (HR = Human Resources) wendet.

Idealerweise laufen dann Trainings- und Weiterbildungsveranstaltungen bzw. die Expertenberatung und das Management-Coaching parallel. Im Management-Coaching geht es in diesem Fall eher darum, das im Seminar oder Training Gelernte an die Person des Coachees und seine spezifische Situation zu adaptieren. Dazu gehört auch die Integration des Gelernten in das eigene Rollen- und Aufgabenverständnis als Führungskraft.

2.3 Die Person des Managers im Fokus

2.3.1 Nachdenken über das eigene Denken, Entscheiden und Handeln

Unternehmen und Organisationen, wie wir sie kennen, verfolgen in aller Regel das Prinzip, die Management- und Führungsaufgaben größtenteils durch dafür spezialisierte Stellen und ausgewählte Personen zu realisieren. Allerdings wird dieses Prinzip in letzter Zeit von Managementwissenschaftlern in Frage gestellt. So fordert der Experte Gary Hamel provokativ: „Schafft die Manager ab!" (Hamel 2012). Dennoch sieht die Realität in den Unternehmen wohl auch in Zukunft nicht anders aus. Es ist davon auszugehen, dass auch zukünftig Unternehmen im Grundsatz hierarchisch organisiert bleiben und „Management" und „Führung" in weiten Teilen durch „Manager" bzw. „Führungkräfte" realisiert wird.

Die Person des Managers als Ressource

Die Person des Managers stellt daher einen bedeutenden Faktor für den Erfolg von Management in Unternehmen dar. Der Führungskräftecoach und -berater M. Kets de Vries vertritt sogar die Meinung, dass auf der Topmanagement-Ebene die Persönlichkeit des Managers in weiten Teilen die Struktur und die Prioritäten der Organisation bestimmt (vgl. Kets de Vries 2006, S. XV). Auch wenn man diese Ansicht übertrieben finden mag, spielen die Person und die Persönlichkeit des Managers bei der Ausübung und Wahrnehmung seiner Managementaufgabe doch eine große Rolle. Aus Managementsicht bildet die Person des Managers eine Ressource: Wie ein Manager mit Belastungen, Stress oder Demotivation umgeht, was ihn interessiert und motiviert, welche Werte und Einstellungen er hat, all diese Faktoren entscheiden darüber, ob er die für seine Rolle notwendige Leistungsstärke, Ausdauer, Energie und das entsprechende Engagement entwickelt. Hierzu ist es wichtig, dass der Manager sogenannte *Selbstmanagementkompetenzen* entwickelt.

Die Relevanz von Persönlichkeitsfaktoren

Personale Faktoren des Managers entscheiden durchaus mit darüber, wie er Entscheidungen trifft, worauf er sich konzentriert, wie er Organisationsprobleme löst, sie haben sogar Einfluss darauf, welche Unternehmens- oder Bereichsstrategien er entwickelt. Auch die Art und Weise, wie er mit Mitarbeitern umgeht und sein Umgang mit Konflikten hängen stark von Persönlichkeitsfaktoren ab: von Einstellungen, Werten, persönlichen Motiven und Bedürfnissen, aber auch von den *mentalen Modellen* im Kopf des Managers. Daher ist es wichtig, dass der Manager regelmäßig seine Entscheidungen und seine Vorstellungen über „gutes Managen", über „die Organisation", über „gute Führung", über seine Mitarbeiter und über seine Handlungsstrategien überprüft. In der klassischen Management- oder Unternehmensberatung wird in der Regel die Person des Entscheiders, d. h. des Managers mit seinen Vorlieben, Denkstilen, Gewohnheiten, mentalen Modellen, Managementüberzeugungen, Führungsmodellen etc., als Einflussfaktor auf Managemententscheidungen und Steuerungsaktivitäten ausgeblendet: Es wird über die Sache gesprochen, als ob sie von der Person des Managers unabhängig sei, aber nicht über die Art und Weise, wie der Manager die Sache angeht und mit ihr umgeht.

Unentbehrliche Selbstreflexion

Im Management-Coaching steht im Unterschied zur klassischen Management- und Unternehmensberatung hingegen immer auch die *Person* des Managers im Vordergrund der Betrachtung und wird damit zu einem Schwerpunktthema. Diese Notwendigkeit der *Selbstreflexion* wurde erkannt durch die psychologische Forschung, die sich damit beschäftigt, wie Menschen in komplexen Problemsituationen agieren und entscheiden (vgl. Dörner 2008). Anders als es die klassische Betriebswirtschaft annimmt, von der bis heute nicht wenige Manager geprägt sind, ist der Manager nämlich nicht der objektive und rationale Entscheider, der allein aus der Sachperspektive und aus der sachlichen Logik heraus entscheidet und handelt. Vielmehr fließen immer auch persönliche Faktoren ein, wenn es um Entscheidungen und Handlungen geht. Management-Coaching bietet hier — anders als die klassische Unternehmensberatung — einen Raum, in dem sich der Manager mit Blick auf die Ausübung seiner Managementaufgabe selbst reflektieren kann:

Zielführende Fragen zur Selbstreflexion

- Wie gehe ich mit Informationen um?
- Blende ich zu schnell aus?
- Verfolge ich Ziele auch noch dann, wenn sie nicht mehr erreichbar sind?
- Wo wehre ich ab?
- Wo verzettle ich mich?
- Wie begegne ich komplexen Zusammenhängen?
- Wie reagiere ich, wenn ich die Kontrolle über Prozesse und Entwicklungen scheinbar verliere?

- Neige ich dazu, mich an Details festzubeißen?
- Beachte ich Zusammenhänge oder Bedingungsfaktoren?
- Welches Menschenbild habe ich?
- Was erwarte ich persönlich von Beziehungen in meinem Arbeitsumfeld?
- Warum fällt es mir schwer, nein zu sagen oder bestimmte Entscheidungen zu treffen?

Management-Coaching ist damit im doppelten Sinn *personenorientiert*: Einerseits unterstützt es den Manager dabei, Selbstmanagementkompetenzen zu erlernen und im Alltag anzuwenden, andererseits regt es ihn dazu an zu hinterfragen, in welcher Weise eigene Einstellungen und Denkstile, Gefühle und Gewohnheiten sein Management- und Führungshandeln beeinflussen.

2.3.2 Aufbau und Weiterentwicklung eigener Ressourcen

Das *Selbstmanagement*, d. h. die Regulation eigener Bedürfnisse, Motive, Ansprüche und Erwartungen, der eigene Umgang mit Stress, Frustrationen und Niederlagen, stellt die Person des Managers im Management-Coaching in besonderer Weise in den Fokus. Hier nimmt das Coaching die Form eines *Personal-Coachings für Manager* an:

Konstruktive Fragen zum Selbstmanagement

- Wie gehe ich besser mit Stress um?
- Wie kann ich mich für meine Aufgabe motivieren?
- Wie verschaffe ich mir mehr Energie?
- Was macht mir Freude?
- Wie bewältige ich Niederlagen?
- Welche persönlichen Ziele und Bedürfnisse verbinde ich mit meiner Rolle und Aufgabe oder mit meinem Status als Manager?
- Welche anderen persönlichen Ziele leiden unter meinem Arbeitspensum?
- Wie reagieren meine Familie und mein persönliches Umfeld auf meine Rolle und deren Herausforderungen?
- Was sind meine Karriereambitionen?

Für die Beauftragung von Management-Coaching durch Unternehmen sind diese Themenfelder in der Regel allerdings nur dann relevant und akzeptabel, wenn sie nachvollziehbar einen Einfluss auf die Ausübung der Management- oder Führungsaufgabe haben. Allerdings entwickeln Unternehmen zunehmend Verständnis für die Wechselwirkungen zwischen den Selbstmanagementfähigkeiten ihrer Manager und deren nachhaltigem Erfolg bei der Ausfüllung ihrer Führungsrolle. So erkennen auch die beauftragenden Unternehmen ihr Eigeninteresse daran, dass ihre Manager eine gute Selbstmanagementkompetenz haben und diese auch im Arbeitsalltag anwenden können.

Die zunehmende Bedeutung des Selbstmanagements

Selbstmanagementkompetenzen werden für Manager aus verschiedenen Gründen immer wichtiger:

- Die Management- und Führungsaufgabe ist durch zunehmende Komplexität gekennzeichnet: Immer weniger sind Aufgaben durch Routinen zu lösen, schnelle Veränderungen sind an der Tagesordnung. Die Vernetzung nimmt zu, sei es zwischen Aufgaben, zwischen Organisationseinheiten etc. Häufig sind Reaktionen von anderen nicht vorhersehbar. Komplexität aber ist belastend und macht im Extremfall Angst.
- Manager sind immer öfter mit Widersprüchlichkeiten in ihren Rollen konfrontiert. Sie müssen lernen, mit dieser Widersprüchlichkeit, die sich teilweise als „innere Konflikte" melden, umzugehen.
- Als Manager hat man oft das Gefühl, nie fertig zu werden. Eine klare Abgrenzung von Aufgaben und konkrete Erfolgskriterien sind oft nicht vorhanden. Zu jeder Zeit steht mehr an Arbeit und an Aufgaben an, als realistischerweise zu bewältigen ist.
- Die Managementaufgabe hat zeitlich kaum noch Anfang oder Ende: Durch Handy, Blackberry etc. erwarten inzwischen viele Unternehmen von ihren Managern ständige Erreichbarkeit. Wer am Ball bleiben will, muss immer im Einsatz sein. Hinzu kommt die zunehmende Reisetätigkeit von Managern. Durch die starke globale Vernetzung auch mittelständischer Unternehmen steigt der Anteil interkontinentaler Reisen — wie z. B. nach China — stark an. Das schafft Dauerstress und es droht Überlastung.

- Oft leiden gerade Manager der mittleren Ebene darunter, dass sie sich wenig gestaltend einbringen können und Entscheidungen vertreten müssen, die sie nicht selbst getroffen haben. Gerade in sehr zentralisierten Unternehmen empfinden sich Manager oft nicht mehr als Gestalter, sondern nur noch als Umsetzer. Gleichzeitig werden sie jedoch für die Entwicklungen und Ergebnisse der eigenen Abteilung verantwortlich gemacht. Auch dies kann zu Demotivation und Frustration führen.

- Auch die Ansprüche von Mitarbeitern sind in vielen Fällen gestiegen. Das allgemeine Qualifikationsniveau hat sich in vielen Unternehmen in den letzten Jahren enorm erhöht — eine Folge der Automatisierung und des Outsourcings einfacher Tätigkeiten. „High Potentials" müssen gebunden werden, Experten wollen wertgeschätzt und mit ihren Wünschen berücksichtigt werden. Entscheidungen müssen begründet werden — bei aller Zeitknappheit. Hier ist in vielen Fällen ein gutes Emotionsmanagement auf Seiten des Managers gefragt.

- Nicht zuletzt können die eigenen Erwartungen an das Leben insgesamt, an die verschiedenen von ihm auszufüllenden Rollen für den Manager eine zusätzliche Belastung darstellen: Mangelnde Energiereserven für die Rolle als (Ehe-)Partner, Liebhaber, Vater oder Mutter können dem Manager stets das Gefühl vermitteln, nicht zu genügen.

Das Management-Coaching kann den Manager dabei unterstützen, Selbstmanagementkompetenzen zu entwickeln oder auf diesem Feld bereits vorhandene Ressourcen besser zu nutzen, um Energie und Motivation aufzubauen und Belastungen oder Frustrationen zu bewältigen. Bei dieser Aufgabe sind das Klären und die Bearbeitung der eigenen Einstellungen, Erwartungen und Ansprüche genauso wichtig wie das Erlernen von Modellen und Techniken.

2.4 Management-Coaching für Projektleiter – Fehlanzeige?

Die Anzahl an Projekten in Unternehmen nimmt kontinuierlich zu. *Projektmanagement* und *Projektleitung* werden somit für den Erfolg von Unternehmen immer wichtiger. Das Management bzw. das Leiten von Projekten stellt dabei eine besondere Managementaufgabe dar, die insbesondere bei Großprojekten u. a. durch folgende Merkmale gekennzeichnet ist:

- Projekte sind durch Aufgaben und Herausforderungen geprägt, die nicht durch Routinen in der Organisation zu bewältigen sind, da sie einen starken „Neuigkeitscharakter" für alle Beteiligten haben.
- Vor allem Großprojekte zeichnen sich durch einen hohen Komplexitätsgrad aus. Sie lassen sich nur begrenzt planen, ihre einzelnen Faktoren sind stark vernetzt und unterliegen daher oft unvorhersehbaren Einflüssen. Zudem müssen hier vielfach Abteilungen zusammenarbeiten, die sonst in der Organisation unabhängig voneinander agieren.
- Projekte stehen meist unter einem erheblichen Zeit- und Budgetdruck.
- In Projektteams werden Personen aus unterschiedlichen Abteilungen und Berufsfeldern zusammengespannt. Controller, IT-Vertreter, Linienführungskräfte, oft auch Vertreter der Personalabteilung sollen gemeinsam ein Problem lösen, das neu und sehr komplex ist. Dabei sprechen sie in vielen Fällen verschiedene (Fach-)Sprachen, haben unterschiedliche Verständnisse von Sachverhalten, jeweils andere „Brillen", mit denen sie ein Thema betrachten. Der Projektleiter hat dabei in der Regel keine disziplinarischen Befugnisse und daher nur beschränkte formale Durchsetzungsmöglichkeiten.
- Die Mitarbeiter des Projektteams sollen einerseits gemeinsam an der Projektaufgabe arbeiten, andererseits aber auch ihre Abteilungsinteressen vertreten. In Projekten sitzen deshalb immer mehr Personen am Tisch als tatsächlich im Raum sind.
- Projekte sind oft hoch politisch: Sie tangieren Interessen und Pfründe in der Organisation und gefährden möglicherweise lieb gewonnene Gewohnheiten.

All diese Merkmale führen dazu, dass die Leitung bzw. das Managen von Projekten in Organisationen zu den anspruchsvollsten Managementaufgaben zählt, die es überhaupt gibt. Leider wird dies in Unternehmen bislang nicht oder noch viel zu wenig erkannt. In vielen Unternehmen wird sogar die Projektleitung nur als eine Art „Übungsfunktion" für eine spätere Linienführung betrachtet. Tatsächlich ist jedoch die Projektleitung in vielen Fällen sogar erheblich anspruchsvoller als die Führung in der Linie.

Die Kienbaum-Coachingstudie zeigt allerdings, dass Projektleitern gegenüber Linienführungskräften bedeutend seltener ein Management-Coaching gewährt wird.

Zu welchem Anlass wird Coaching in Ihrem Unternehmen angeboten?	Trifft eher nicht bis überhaupt nicht zu		Trifft eher voll und ganz zu
Bei Übernahme der ersten Führungsaufgabe	51,00	13,00	36,00
Bei Übernahme einer neuen Führungsaufgabe	32,17	25,13	42,71
Bei Übernahme einer komplexen Projektleitungsfunktion	47,24	19,10	33,67
Als Begleitung in schwierigen Führungs- und Managementsituationen (z. B. Veränderungsprojekte, Fusionen)	23,74	10,61	65,66
Als Bestandteil eines Management-Development-Programms	30,45	21,83	47,72
Als Folge einer Empfehlung aus einem Management-Audit-Prozess	42,64	11,17	46,19
Als Folge eines Zielvereinbarungs- bzw. Mitarbeitergespräches	22,34	17,77	59,90
Zur Unterstützung bei beruflicher Neuorientierung	62,05	12,82	25,12
Im Rahmen eines Outplacements	63,21	11,40	25,39

Coachingstudie Kienbaum/Harvard Business Manager (2007): Anlässe für Coaching

Welche Zielgruppen können ein Coaching in Anspruch nehmen?	Trifft eher nicht bis überhaupt nicht zu		Trifft eher voll und ganz zu
Führungsnachwuchskräfte vor Antritt einer neuen Führungsfunktion	42,08	13,66	44,27
Führungskräfte ohne Führungserfahrung bei Antritt einer Führungsfunktion	38,76	15,47	45,85
Führungskräfte der unteren Führungsebene (z. B. Gruppenleiter)	53,89	20,00	26,11
Führungskräfte der mittleren Führungsebene	19,78	25,82	54,40
Führungskräfte der oberen Führungsebene	7,78	7,78	84,44
Führungskräfte des Top-Managements	10,5	3,78	85,64
Projektleiter	42,22	18,89	38,89
Spezialisten ohne Führungsaufgabe	70,56	16,11	13,33

Coachingstudie Kienbaum/Harvard Business Manager (2007): Zielgruppen für Coaching

Tatsächlich wäre es aber gerade für Projektleiter sinnvoll, nicht erst im Fall einer Projektkrise einen Management-Coach in Anspruch nehmen zu können, sondern von vornherein als selbstverständliche Unterstützung für eine schwierige und herausfordernde Managementaufgabe.

2.5 Der Ernstfall: Changemanagement

2.5.1 Veränderungen managen als zentrale Aufgabe

Managen und Führen bilden bereits in der sogenannten *Regelorganisation* komplexe und anstrengende Herausforderungen. Auch hier gibt es immer wieder Veränderungen, müssen Verbesserungen generiert und Probleme oder Störungen bewältigt werden. Daneben gibt es aber in Organisationen durch Veränderungen geprägte Phasen, die teilweise bis ins Grundgefüge der Organisation hineinreichen und auch die Führungskräfte und Mitarbeiter grundlegend betreffen. Wir sprechen hier von *Changemanagement* oder auch von *Transformationsprojekten*. Vermehrt nutzen Manager und Führungskräfte in solchen Fällen ein Management-Coaching, um sich in den schwierigen Phasen dieses Prozesses begleiten zu lassen. Da aus unserer Erfahrung als Management-Coachs *Changemanagement* als Anlass und Thema von Coaching immer bedeutender wird, soll dieser Bereich hier näher betrachtet werden.

Herausforderungen des Markts

Die meisten Unternehmen standen in den letzten Jahren vor enormen Herausforderungen. Es ist davon auszugehen, dass diese Herausforderungen in Zukunft nicht weniger werden, sondern eher noch wachsen: Produktlebenszyklen werden kleiner, der Innovationsdruck steigt entsprechend, die Wettbewerbsintensität nimmt zu und damit auch der Druck, immer wieder von Neuem Wettbewerbsvorteile durch Innovation, Produkt- oder Servicequalität, attraktive Preise usw. zu sichern. Zunehmend reicht es nicht mehr aus, auf Marktentwicklungen oder Anforderungen zu reagieren, sondern es ist notwendig, aktiv zu gestalten und Marktentwicklungen zu beeinflussen. Unternehmen antworten auf diese Herausforderungen mit Effizienzprogrammen, Kostensenkungen und Prozessoptimierungen, mit strategischen Initiativen zur Innovation und Steigerung der Qualität, aber auch mit Internationalisierung, Eroberung neuer Märkte, Aufbau von Produktionsstandorten in Kundennähe usw.

Veränderungen als Alltagsphänomen

All diesen Entwicklungen ist eine Erkenntnis gemeinsam: Veränderungen prägen zunehmend den Alltag von Unternehmen und Organisationen. Das Überleben von Unternehmen hängt immer mehr davon ab, wie flexibel und schnell agiert und reagiert werden kann. Während die klassische Organisation, die an das Maschinenmodell erinnert, auf dem Prinzip von Stabilität und Wiederholung aufgebaut ist, verlangen die Herausforderungen im Umfeld von Unternehmen immer stärker nach fluiden und sich verändernden Organisationen.

Auch wenn die Anforderungen dieser Veränderungen damit zum Alltag von Managern und Mitarbeitern in Unternehmen gehören, gibt es Phasen in der Unternehmensentwicklung, die noch viel stärker durch Veränderungen und damit auch durch Instabilität geprägt sind. Dies sind gezielt herbeigeführte organisationale Veränderungen, die meist einen Projektcharakter haben, also einen Start und einen Endpunkt besitzen. Solche organisationalen Veränderungs- oder *Changeprozesse* betreffen nicht nur einzelne Personen im Unternehmen, sondern eine Vielzahl von Führungskräften und Mitarbeitern, wenn nicht sogar alle. Auch Kunden und Lieferanten sind von solchen organisationalen Veränderungen oft betroffen. Hier ändert sich auch nicht nur das Verhalten, die Arbeits- oder Denkweise einzelner Menschen, sondern es kommt zu einem *kollektiv* anderen Verhalten. Ziele solcher grundlegenden organisationalen Veränderungen können beispielsweise eine Kostenreduktion, die Erhöhung von Kunden- und Serviceorientierung oder sogar eine komplette strategische Neupositionierung sein.

Massive Veränderungsansprüche

Ein zweites Kennzeichen solcher Changeprozesse ist, dass die Veränderungserwartungen an Führungskräfte und Mitarbeiter teilweise sehr massiv sind. Es geht in diesen Fällen nicht mehr um ein quasi evolutives Dazulernen oder Ändern einzelner Verhaltensweisen, sondern um grundlegende Erneuerungen mit vielen Facetten und Aspekten: Dies bedeutet möglicherweise nicht nur die Konfrontation mit neuen Aufgaben, neuen Kollegen, anderen Führungskräften, die Beherrschung neuer Verfahren und Arbeitsprozesse oder neuer Steuerungs- und Arbeitssysteme — teilweise haben solche organisationalen Veränderungsprozesse sogar erhebliche Auswirkungen auf das Privatleben von Führungskräften und Mitarbeitern: Standorte werden geschlossen oder verlagert, Führungskräfte sind zukünftig für mehrere Standorte verantwortlich, der Aufgabenbereich von Managern und Mitarbeitern wird räumlich stark erweitert, sodass sie im Extremfall gezwungen sind, ihren Alltag weit entfernt von der Familie oder dem Partner zu gestalten.

Neue Rollenzuweisungen

Mit organisationalen Veränderungen ist häufig auch die Erwartung verbunden, dass Führungskräfte und Mitarbeiter ihre Einstellungen und

Rollenverständnisse ändern. Dies erfordert manchmal ganz erhebliche Veränderungen von Verhaltens- und Denkweisen, von Gewohnheiten und Routinen. So wird möglicherweise ein vollkommen anderes Führungs- und Steuerungsverständnis von den Führungskräften erwartet: Sie sollen nun sogenannte *Ergebnisverantwortung* übernehmen, d. h. Bereiche selbstverantwortlich betriebswirtschaftlich steuern, sie müssen zukünftig über Distanzen in der sogenannten *virtuellen Organisation* führen, oder aber die neu eingeführte Matrixorganisation erfordert von Mitarbeitern und Führungskräften bedeutend mehr Kommunikationsbereitschaft und fähigkeit, als sie es bisher gewohnt waren.

Veränderung als Prozess

In den Anfangszeiten der gezielten Organisationsveränderung standen viele Unternehmen, aber auch Unternehmensberater auf dem Standpunkt, es reiche aus, die *Zielorganisation*, d. h. die Soll-Vorstellungen des Topmanagements über die zukünftig erwünschten Strukturen und Prozesse der Organisation zu entwickeln und die Führungskräfte und Mitarbeiter darüber zu informieren. Der Schwerpunkt lag damit bei der sogenannten *Konzeptentwicklung*, die teilweise durch externe Unternehmensberater übernommen wurden: Sie unterbreiteten dem Topmanagement Empfehlungen dazu, welche Unternehmensstrategie zu verfolgen sei, wie die Grobstruktur des Unternehmens oder die Produktions- oder Controllingprozesse im Unternehmen gestaltet werden sollten. Nicht wenige Unternehmensberater legen ihren Schwerpunkt immer noch auf die Erstellung von Handbüchern über diese organisatorischen Regelungen der „Soll-Organisation".

Schnell stellte sich jedoch heraus, dass auf solche Weise Veränderungen von Organisationen als soziale Systeme nicht zu realisieren sind. Eine große Anzahl der Projekte scheiterte oder verlief im Sand. Führungskräfte berichten nicht selten von den vielen Aktenordnern und PowerPoint-Präsentationen mit Organigrammen und Prozessbeschreibungen, Kennzahlenvorschlägen und Berechnungen, die in Archiven gelandet sind und nie wirklich in der Organisation zur Anwendung gekommen sind.

Es reicht also nicht aus, Führungskräfte und Mitarbeiter über das gewünschte Ergebnis von Veränderungsprojekten zu informieren und die zukünftig geltenden Regelungen im Unternehmen zu verkünden. Vielmehr braucht es einen Prozess, der Mitarbeiter und Führungskräfte bei der Realisierung der massiven notwendigen Verhaltensänderungen unterstützt: das Changemanagement.

2.5.2 Rollen und Aufgaben des Managers im Changemanagement

Changemanagement bedeutet die bewusste Steuerung von organisationalen Veränderungsprozessen, wobei der Gegenstand der Veränderung nicht Regelungen sind, sondern Gruppen von Menschen, sprich die Organisation als *soziales System*, wie wir sie weiter oben kennengelernt haben.

Die Erfahrung zeigt, dass das Changemanagement dabei zu den besonderen Herausforderung für Manager gehört. Die Steuerung und Führung in solchen grundlegenden Veränderungen stellt extrem hohe Ansprüche an die Management- und Führungskompetenz, erfordert aber auch sehr viel Aufmerksamkeit und vor allem: Zeit.

Dabei können Manager in solchen Changemanagementprozessen verschiedene Rollen und Aufgaben einnehmen. Sie können prinzipiell auftreten als:

- Initiator
- Gestalter
- Umsetzer

Der Initiator

In dieser Rolle entscheidet der Manager zunächst, dass ein solches Veränderungsvorhaben bzw. -projekt notwendig ist. Unter Umständen muss er das Projekt gegen widerstreitende Interessen durchsetzen. Als Initiator von Veränderung braucht man deshalb eine Machtbasis sowohl innerhalb als auch außerhalb der Organisation — und man braucht Verbündete, die einem bei der Durchsetzung der Veränderung helfen. Selbstverständlich ist bei Projekten, die viele Interessen in oder außerhalb der Organisation verletzen, mehr Machtbefugnis und Durchsetzungskraft erforderlich als bei Veränderungen, die für alle Beteiligten nur Vorteile bringen. Der Initiator der Veränderungen muss sich also *vor* Inangriffnahme seines Vorhabens seiner Macht- und Unterstützungsbasis versichern und er muss zumindest ein grundlegendes Verständnis davon besitzen, wessen Interessen durch das geplante Projekt verletzt werden und welche *Veränderungserwartungen* an Führungskräfte und Mitarbeiter, aber auch an Kunden und andere Interessengruppen das Projekt mit sich bringt.

Der Gestalter

Hier nimmt der Manager eine aktiv gestaltende Rolle ein. Er entwickelt Konzepte, macht Vorschläge für zukünftige organisatorische Regelungen oder für die angestrebte Unternehmensstrategie. Er legt Strategien zum Aufbau des Veränderungsprojekts fest: Wie soll die Kommunikation verlaufen? Wie stark sollen Mitarbeiter beteiligt werden? Wie werden die Führungskräfte und Mitarbeiter befähigt, die angestrebten Veränderungen auch leben zu können? Gestalter zeichnen sich aus durch aktiven Einfluss auf:

- Zukünftige organisatorische Regelungen oder Strategien,
- die Gestaltung des Veränderungsprozesses, um diese Regelungen und Strategien in der Organisation zu realisieren,
- eventuell notwendig werdende Anpassungen, die sich während des Realisierungsprozesses ergeben: In der Durchführung zeigt sich oft, dass bestimmte geplante organisatorische Regelungen oder einzelne Strategien nicht so sinnvoll sind, wie sie in der Konzeptionsphase erschienen. Manchmal wurden bei der Planung des Veränderungsprozesses bestimmte Bausteine nicht genügend berücksichtigt. Gestalter haben die Möglichkeit, auf ursprüngliche Planungen Einfluss zu nehmen und sie zu modifizieren.

Der Umsetzer

Diese Rolle ist im Rahmen von Veränderungsvorhaben oft mit wenig oder gar keinem Gestaltungs- oder Entscheidungsfreiraum verbunden. Von Umsetzern wird erwartet, dass sie die Vorgaben in ihrem eigenen Alltag realisieren bzw. als Führungskräfte dafür sorgen, dass ihre Mitarbeiter die Vorgaben beachten und in ihre Arbeitsvorgänge integrieren. In klassischen Veränderungsprojekten finden sich gerade Führungskräfte der unteren und mittleren Führungsebene, aber auch Mitarbeiter ohne Führungsverantwortung zumeist in der Rolle des Umsetzers. Der Schwerpunkt des Changemanagements liegt dementsprechend hier auch auf den Bausteinen *Information* und *Schulung/ Qualifikation*. Die Erfahrung zeigt, dass Changeprojekte, die den betroffenen Führungskräften und Mitarbeitern allein die Rolle des Umsetzers zuweisen, problematisch verlaufen können. Das ist insbesondere dann der Fall, wenn das Ziel des Changeprojekts in der Erzeugung von mehr Verantwortungsbewusstsein, mehr Eigeninitiative oder mehr unternehmerischen Denken liegt. Hier gilt dann nicht selten das Kommunikationsparadox: „Du sollst so denken und handeln, wie ich das will — aber eigenverantwortlich und mit viel Initiative."

Führungskräfte und Mitarbeiter, denen in der Gestaltung von Changemanagementprozessen allein die Rolle des Umsetzers zugewiesen wird, haben oft keine Möglichkeit, ihre „Feldkompetenz" gestaltend einzubringen oder auch nach der *Implementierung* von Regelungen oder Strategien ihre Erfahrungen mit den neuen Instrumenten rückzumelden. Ob Regelungen und Strategien in einer Organisation aber wirklich funktionieren und damit zweckdienlich und sinnvoll sind, erweist sich tatsächlich oft erst im Realitätstest an der „Kundenfront", der „Produktionsbasis" etc.

Aufgabenverteilung und Hierarchie

Je nach Hierarchieebene und nach der Philosophie, die die Grundlage für die sogenannte *Projektarchitektur* bildet, können die betroffenen Manager und Führungskräfte die verschiedenen Rollen im Changemanagement in unterschiedlicher Intensität annehmen.

Die *Initiatoren* von Veränderungsprojekten sind in der Regel Topmanager. Die Kienbaum-Change-Management-Studie 2011/2012 zeigt, dass an die Topmanager von allen Beteiligten in Veränderungsprojekten die höchsten Erwartungen gestellt werden: Sie sollen die Ziele und den Sinn von Veränderungen unablässig in die Organisation transportieren und gleichzeitig selbst als Vorbilder dienen. Oft verstehen sich Topmanager allerdings primär als Initiator und als „Auftraggeber" des Veränderungsprojekts, sie starten also das Projekt und ziehen sich dann eher zurück. Die Betrachtung von erfolgreichen und weniger erfolgreichen Veränderungsprojekten zeigt aber, dass diese Vorgehensweise nicht zielführend ist. Topmanager sollten auch während des Projekts eine wichtige Rolle spielen. Es kann nie davon ausgegangen werden, dass Veränderungsvorhaben auch „automatisch" in der Weise realisiert werden, wie es sich ihre Initiatoren zu Beginn des Projektes wünschen.

Vor allem unerfahrene Initiatoren sind oft der Ansicht, bei Veränderungsprojekten handle es sich vor allem um eine *Planungsaufgabe*. Wenn die Planung stimme, dann könnten sie sich nachfolgend zurückziehen, weil alles wie von selbst laufe. Erfahrene Initiatoren wissen hingegen, dass ihre Rolle als Initiator auch während des Prozesses gefragt ist: Sie müssen den Veränderungsgedanken und dessen Sinn für die Führungskräfte und Mitarbeiter wach halten, den Kontakt mit den Gestaltern, Umsetzern und Betroffenen permanent aufrechterhalten. Damit verschaffen sie sich nicht nur ein klares Bild über die Realisierung der Veränderungsinitiative, sondern haben auch immer wieder die Chance, die eigene Sicht zu ergänzen, zu relativieren und ursprüngliche Vorstellungen und Pläne nötigenfalls zu revidieren.

Manager der oberen Führungsebene nehmen oft parallel die Rolle des *Gestalters* und des *Umsetzers* wahr. Einerseits erleben sie die Vorgaben des Topmanagements als Anweisungen, die umzusetzen sind. Andererseits können sie aber oft auch gestaltend tätig werden, wenn die Vorgaben eher Rahmencharakter haben. Dabei nimmt vor allem in eher konservativen Organisationen, die stark auf das klassische Hierarchieprinzip setzen, der Anteil der gestaltenden Rolle in der Hierarchie nach unten hin ab und die umsetzende Rolle rückt in den Vordergrund. Wer in konkreten Veränderungsprojekten wirklich Gestalter ist bzw. wie groß der Gestaltungsspielraum der Führungskräfte, aber auch der Mitarbeiter in solchen Projekten tatsächlich ist, ist allerdings nicht immer so klar, wie viele glauben. Die Erfahrung zeigt, dass sehr oft darüber gesprochen oder sogar proklamiert wird, „Betroffene zu Beteiligten zu machen". Bei näherem Hinsehen zeigt sich aber oft, dass nur eine kleine Gruppe von Gestaltern wirklich aktiv Einfluss nehmen kann. In der oben angeführten Kienbaum-Studie beklagen vor allem Führungskräfte der mittleren und unteren Führungsebene *Pseudopartizipation* bei Veränderungsprojekten: Es wird also nur so getan, als ob sie Einflussmöglichkeiten hätten.

Bei der Entwicklung von Strategien zur Gestaltung von Veränderungsprojekten ist es deshalb notwendig festzulegen, ob eher eine *partizipative* oder eine *anweisende* Vorgehensweise erwünscht ist. Die
Auswahl der Strategie für das Veränderungsprojekt hat eine enorme
Auswirkung auf die *Architektur des Veränderungsprojekts*. Die *anweisende Strategie* besitzt eine relativ einfache Architektur: Eine kleine
Gruppe von Personen, z. B. Topmanagement oder obere Führungskräfte, Fachexperten oder externe Unternehmensberater, entwickeln
die zukünftige Struktur und entscheiden über Prozesse der Organisation sowie über neue Steuerungssysteme und instrumente. Eine
partizipative Strategie ist dagegen meist wesentlich komplexer: Es
müssen mehr Foren geschaffen werden, in denen Führungskräfte
und Mitarbeiter über Lösungen und Verfahrenswege diskutieren, Ent-
scheidungsverfahren werden komplexer, Feedbackschleifen müssen
eingebaut werden. Manager scheuen diese Komplexität oft — vielfach
aus Zeitgründen, aber auch, weil sie befürchten, durch partizipatives
Vorgehen könnten ihre ursprünglichen Ziele und Initiativen verwässert
werden.

Ein Ziel im Coaching von Führungskräften im Kontext von Changemanagement kann die Rollenklärung und deren Konsequenz sein:

- Welche Rolle ist mir zugedacht?
- Welche Rolle will ich übernehmen?
- Welche Aufgaben und Gestaltungsräume beinhalten die Rollen
  oder die Rolle, die ich einnehme?

Führungskräfte und Manager in Changemanagementprozessen sind
aber nicht nur Initiatoren, Gestalter oder Umsetzer der Veränderung.
Oft ist ihnen nicht klar genug, dass sie als Führungskräfte auch selbst
von der Veränderung *Betroffene* sind (vgl. Mollbach 2004). Insbesondere Initiatoren und Gestalter klammern sich hier nicht selten aus: Für
sie geht es darum, das Verhalten, die Einstellung, das Handeln und
Denken *anderer* zu verändern. Dass auch bei ihnen selbst eine Verhaltensänderung notwendig ist, um das Veränderungsprojekt zum Erfolg
zu führen, klammern sie nicht selten aus. Manager und Führungskräfte
sind aber in mehrfacher Weise von einem Veränderungsprojekt betroffen: Zum einen können auch ihre persönlichen Interessen und Bedürf-

nisse durch den Veränderungsprozess in Frage gestellt werden — hier sind etwa Statussymbole, Netzwerke und lieb gewordene Gewohnheiten zu nennen — zum anderen verlangt die neue Organisation oft auch von ihnen selbst ein anderes Führungs- und Managementverhalten: So erfordert prozessorientierte Organisation, in der über Abteilungsgrenzen hinweg eng zusammengearbeitet wird, auch von den Topmanagern eine enge Zusammenarbeit.

Bei der Veränderung einer funktionalen Organisation in eine Business-Unit-Organisation muss das Topmanagement den ihm unterstellten Business-Unit-Leitern mehr Freiraum und Unabhängigkeit in der Steuerung ihrer Einheiten gewähren. Die Einführung variabler Vergütungssysteme macht es notwendig, dass sich Manager und Führungskräfte gleichermaßen an die Ziele binden, die sie ihren Mitarbeitern vorgeben oder mit diesen vereinbaren. Führung „nach Gutsherrenstil" funktioniert bei solchen Organisationsformen nicht mehr. D. h.: In vielen Fällen müssen Manager sich selbst und ihr eigenes Verhalten verändern — nicht nur das Verhalten anderer!

Rollen- und Aufgabenklärung im Changemanagement

In diesem Kontext steht im Management-Coaching meist die Frage im Vordergrund: „Was bedeuten das Veränderungsvorhaben für mich persönlich und für mein Arbeiten und mein Verhalten in meiner Management- und Führungsaufgabe?" Diese Frage wird in der klassischen Expertenberatung nicht oder kaum gestellt. So kann das Management-Coaching den Managern und Führungskräften dabei helfen, ihre eigene Rolle neu zu definieren und gleichzeitig den eigenen Übergang von „altem" zu „neuem" Verhalten zu finden und einzutrainieren. Und auch das Führen im Veränderungsprozess selbst, also im Übergang von der „alten" in die „neue" Organisation, erfordert von Managern vor allem im Hinblick auf ihre Rolle als Führungskraft teilweise erhebliche Verhaltensänderungen. Sie müssen sich mehr Zeit für ihre Führungsaufgabe nehmen, sich mehr mit ihren Mitarbeitern beschäftigen und oft auch ihren Führungsstil umstellen.

2.5.3 Unterstützungsmöglichkeiten im Kontext von Changemanagementprozessen

Zur Gestaltung und Steuerung von organisationalen Veränderungsprozessen stehen verschiedene Unterstützungsmöglichkeiten zur Verfügung: Zunächst können bei der Konzeption von Unternehmensstrategien oder Zielorganisationen hierauf spezialisierte Unternehmensberater helfen. Ihre Aufgabe besteht in der Regel darin, aus ihrem Expertenwissen heraus den Entscheidern Vorschläge zu machen: wie die zukünftige Unternehmensstrategie aussehen könnte, wie die Organisation in Zukunft agieren soll, um im Markt erfolgreich zu sein, welche organisatorischen Regelungen das Handeln der Organisation regeln soll. Weiterhin stehen Managern und Führungskräften vermehrt sogenannte *Implementierungs-* oder *Changemanagementberater* zur Verfügung. Sie unterstützen Manager oder Führungskräfte entweder durch Konzepte zur Gestaltung des Changemanagementprozesses oder sie übernehmen moderative oder prozessbegleitende Aufgaben während des Veränderungsprozesses, z. B. die Organisation von Open-Space-Veranstaltungen oder die Moderation von Workshops. Außerdem gibt es spezialisierte *Trainer*, die Techniken und Modelle für das Changemanagement oder für die Führung von Mitarbeitern in solchen Veränderungsprozessen vermitteln.

Management-Coaching zur Unterstützung von Changemanagementprozessen

Das *Management-Coaching* nimmt als spezifische Unterstützungsleistung für Manager und Führungskräfte in Changemanagementprozessen zunehmend einen wichtigen Platz ein. Die Kienbaum-Coachingstudie zu diesem Thema zeigt, dass die individuelle Begleitung von Führungskräften und Managern bei der Bewältigung und Steuerung von Changeprozessen in Organisationen eine immer höhere Bedeutung hat.

Die Zielgruppe für das Management-Coaching im Kontext solcher Veränderungsprojekte sind erfahrungsgemäß Topmanager und Manager der oberen Führungsebene, aber auch Führungskräfte der mittleren und unteren Führungsebene. Eher selten können hingegen Projektleiter oder *interne Change-Berater* ein Management-Coaching in Anspruch nehmen. Unternehmen sollten für sich überprüfen, ob nicht gerade für Projektleiter und interne Change-Berater ein prozessbegleitendes Coaching, in dem sie sich selbst und ihr Vorgehen reflektieren können, sinnvoll ist.

Die Zielsetzung und die Themen des Coachings sind naturgemäß sehr stark von der Art und der Zielsetzung des Changemanagementprojektes abhängig, aber auch von der Rolle und Aufgabe, die der Coachee in diesem Projekt innehat.

Generell lassen sich hier folgende Themencluster anführen:

Abb. 4: Zielsetzungen von Coaching in Veränderungsprozessen

Bewältigung des Veränderungsprozesses

Veränderungsprojekte und deren Steuerung bedeuten für viele Führungskräfte und Manager enorme psychische, aber auch körperliche Belastungen, für die ihnen oft nicht die entsprechenden Bewältigungsstrategien und -techniken zu Verfügung stehen. Insbesondere die starke Komplexität solcher Projekte, aber auch die vielen „Baustellen", das Auftreten unerwarteter Ereignisse, die mikropolitischen Vorgänge, Anfeindungen und Gegenreaktionen, der Ergebnisdruck, Projektverzögerungen, enorme zeitliche Aufwände — all dies kostet viel Energie und Motivation. Gleichzeitig erfordert die Steuerung von

Veränderungsprojekten ein Höchstmaß an psychischer und auch körperlicher Fitness. Wichtige Ziele von Management-Coaching können hier der Aufbau bzw. die Weiterentwicklung persönlicher Bewältigungsstrategien und Selbstmanagementkompetenzen und die bessere Nutzung vorhandener Ressourcen sein. Auch das Erlernen von Toleranz und innerer Stärke gegenüber Frustrationen, Widersprüchen oder Unsicherheiten kann hier von Nutzen sein.

Individuelles Fitting im Veränderungsprozess

Im Management-Coaching kann der Manager auch seine Rollen und Aufgaben im Changemanagementprozess klären:

- Welche Erwartungen werden an ihn in diesem Prozess gerichtet?
- Welche *offiziellen* Rollen und Aufgaben hat er darin?
- Welche *inoffiziellen* Rollen und Aufgaben muss er zusätzlich ausfüllen?
- Soll er die Rolle des Initiators, des Gestalters oder des bloßen Umsetzers einnehmen?
- Welche Erwartungen hat er selbst an seine Rollen und Aufgaben?

Oft erleben Manager die Rollen und Aufgaben in einem solchen Prozess eher amorph oder als „Knäuel". Im Management-Coaching gilt es, Strukturen zu entwickeln und Zusammenhänge zwischen Rollen und Aufgaben aufzudecken, aber auch Widersprüche in den eigenen Erwartungen oder in den Erwartungen anderer zu identifizieren, und gemeinsam mit dem Coach einen konstruktiven Umgang mit diesen Widersprüchen zu entwerfen. Gerade Führungskräfte der mittleren und unteren Führungsebene leiden oft unter Widersprüchlichkeiten in den Rollenerwartungen von außen, wenn sie einerseits als aktive Gestalter auftreten sollen, andererseits aber die Vorgaben von „oben" eins zu eins nach „unten" um- und durchsetzen müssen. Selbstverständlich ist es unrealistisch anzunehmen, dass jeder Manager — insbesondere der unteren oder mittleren Führungsebene — in der Lage ist, autonom Rollen und Aufgaben festzulegen. Im Fall von solchen Unsicherheiten werden im Management-Coaching die Fragen des Coachees gesammelt und Adressaten identifiziert, an die er seine Fragen zur Rollenklärung richten kann. Es wird erarbeitet, wie er diese Adressaten ansprechen und auch in Richtung seiner eigenen Vorstellungen und Erwartungen beeinflussen kann.

Individuelles Fitting in Bezug auf die Zukunft

Veränderungsprozesse betreffen bei Managern häufig auch die eigenen zukünftigen Aufgaben und Rollen in der *Zielorganisation*, d. h. der zukünftigen Organisation. Dies kann z. B. einen Aufgaben- oder Funktionswechsel bedeuten: Ein Abteilungsleiter soll in der „neuen Organisation" Business-Unit-Leiter werden, oder die Vertriebs- und die Marketingabteilung werden zukünftig zusammengelegt und der Vertriebsleiter damit zum „Leiter Vertrieb & Marketing". Möglicherweise bleibt aber auch die bisherige Funktion oder Aufgabe erhalten, aber die Art und Weise, in der diese Funktion auszufüllen ist, ändert sich sehr. Vielleicht wurden bisher die Abteilungen nur nach Kostenbudgets gesteuert, in Zukunft werden die Abteilungen in sogenannte *Profitcenter* umgewandelt. Oder es werden einfache Tätigkeiten aus der Organisationseinheit ausgelagert und es verbleiben nur noch Spezialistentätigkeiten, was unter Umständen einen vollkommen anderen Führungs- und Managementstil erfordert. Gleichzeitig unterliegt dem Manager nun die sog. Providersteuerung, d. h. die Steuerung von externen Anbietern und Dienstleistern.

Das Management-Coaching bildet den Raum, in dem Führungskräfte über ihre zukünftigen Aufgaben und Rollenanforderungen in der „neuen Organisation" reflektieren und deren Anforderungen erkennen können. Auch hier ist es oft nicht möglich, im Rahmen des Coachings die zukünftigen Rollen und Aufgabeninhalte bzw. Kompetenzanforderungen abschließend zu definieren. Es können jedoch in jedem Fall Fragen entwickelt und eigene Vorstellungen geklärt werden, die der Coachee nachfolgend bei den Entscheidern einbringen kann.

Entwicklung aufgabenbezogener Handlungsstrategien und -kompetenzen

Nicht zuletzt können im Management-Coaching konkrete *Handlungsstrategien* entwickelt werden: „Wie kann ich grundsätzlich vorgehen, damit in meiner Abteilung oder in meinem Verantwortungsbereich der Veränderungsprozess erfolgreich durchgeführt werden kann?" Hier nimmt erfahrungsgemäß das Thema *Mitarbeiterführung in Verände-*

rungsprozessen einen großen Raum ein, insbesondere bei Führungskräften der unteren und mittleren Führungsebene. Topmanager und obere Führungskräfte haben hingegen neben dem Thema der direkten Führung vor allem einen Bedarf an *Strategien*:

- Wie Interessengruppen für den Veränderungsprozess gewonnen werden können,
- wie Unterstützung und Allianzen geschmiedet werden,
- wie mit verdeckten oder offenen Verweigerern oder sogar Widersachern umgegangen werden kann.

Zur positiven Gestaltung dieser Vorgänge brauchen die Manager ein Verständnis von den *Stakeholdern* der Veränderung. Nicht selten wird das Management-Coaching aber auch genutzt, um Krisen im Verlauf des Changemanagementprozesses zu besprechen und Handlungsstrategien dafür zu entwickeln.

Handlungsstrategien im Management-Coaching können aber auch mit Blick auf die zukünftigen neuen Aufgaben in der Organisation entwickelt werden. Vielleicht sollen mehrere bisher recht eigenständig arbeitende Tochterunternehmen zukünftig durch den Vorstand enger geführt werden. „Fürstentümer" sollen aufgelöst, „Fürsten" mehr Kooperation untereinander und eine stärkere Ausrichtung an der Strategie und den Systemen der Holding realisieren. Im Management-Coaching kann das Topmanagement der Holding Handlungsstrategien dafür entwickeln, wie es die Führungskräfte für diese Ideen gewinnen kann.

2.5.4 Mitarbeiterführung in organisationalen Veränderungsprozessen

Die direkte Mitarbeiterführung nimmt als Erfolgsfaktor für gelungene Changemanagementprojekte einen zentralen Stellenwert ein — dementsprechend hoch sind die Erwartungen an Führungskräfte. Manager in der Rolle als Führungskraft ihrer Mitarbeiter haben mehrere zentrale Aufgaben zu bewältigen. Dabei müssen sie bei organisationalen Veränderungen in der Regel einen Spagat meistern: Einerseits sollen sie dafür sorgen, dass das Tagesgeschäft reibungslos weiterläuft, andererseits sollen sie die Realisierung neuer Regelungen vorantreiben. Die Anforderungen sind vergleichbar mit dem Umbau eines Lebensmittelmarkts bei laufendem Geschäft. Die Tätigkeit von Führungskräften mit Blick auf ihre Mitarbeiter bewegt sich dabei immer zwischen den beiden Polen *Stabilisierung* und *Mobilisierung* für die Veränderung.

Stabilität im Umfeld der Mitarbeiter ist erforderlich für die Realisierung des Tagesgeschäftes: Systeme müssen weiterlaufen, bisherige Aufgaben müssen weiter erledigt werden etc. Aber auch die Mitarbeiter selber brauchen Stabilität, um sich und ihr Verhalten verändern zu können. Wird zu sehr auf Veränderung und Mobilisierung fokussiert, dann bricht nicht nur das Tagesgeschäft ein, sondern die Mitarbeiter verlieren die Orientierung, werden möglicherweise sogar panisch oder ziehen sich zurück. Destabilisierung legt immer auch Ängste frei, die durch Stabilität aufgefangen werden müssen.

Führungskräfte spielen in diesem Spannungsfeld eine zentrale Rolle. Sowohl zur Stabilisierung als auch zur Mobilisierung tragen sie letztlich dadurch bei, dass sie die *Handlungskompetenz* ihrer Mitarbeiter fördern. Hierfür sollten sie einerseits die Veränderungs*motivation* fördern, andererseits aber auch die Veränderungs*fähigkeit*. Daher fordert die Führung in Veränderungsprozessen von Führungskräften bedeutend mehr Zeit und Aufmerksamkeit als in der Regelorganisation. Denn den Mitarbeitern gehen durch Veränderungen immer Routinen, Gewohnheiten und Zusammenhänge verloren, für neue Aufgaben fehlen ihnen Fähigkeiten, Informationen und Wissen fehlen, kurzum: Auch an die Mitarbeiter werden bei organisationalen Veränderungen enorme Erwartungen an Verhaltens- und Einstellungsänderungen gerichtet. Organisationale Veränderungen können daher — wie bereits oben erwähnt — mit starken Verlusten verbunden sein. Wie stark die Verluste von der einzelnen Person wahrgenommen werden, hängt ganz wesentlich von der Bedeutung ab, die diese Person dem Verlust zumisst.

Mögliche Verluste für Mitarbeiter und Führungskräfte infolge eines organisationalen Veränderungsprozesses

- Verlust des Arbeitsplatzes
- Minderung des Einkommens

- Verunsicherung bezüglich des Einkommens
- Verlust an Statussymbolen
- Verlust der gewohnten Umgebung durch Standortverlagerung
- Verlust an Einfluss und Anerkennung in der Organisation
- Auflösung des Kontaktnetzes durch neue Führungskraft und/ oder neue Kollegen
- Verlust der gewohnten Aufgabe
- Reduktion von Entscheidungsbefugnissen und Gestaltungsfreiheit
- Verlust von Karrieremöglichkeiten
- Verlust gewohnter Arbeitstechniken und Arbeitsprozesse
- Verlust an Orientierung durch Strukturveränderung
- Verlust an Markenidentifikation und Wir-Gefühl

Selbstverständlich können organisationale Veränderungen für Mitarbeiter und Führungskräfte auch persönliche Gewinne und Vorteile mit sich bringen. Aber auch hier gilt: Ob Veränderungen von Personen tatsächlich als persönlicher Gewinn wahrgenommen werden, hängt von der subjektiven Zuschreibung der einzelnen Person ab, nicht von den Zuschreibungen der Außenwelt. Zudem müssen auch Gewinne verarbeitet werden, da auch sie immer mit Veränderung von Gewohnheiten und Routinen verbunden sind. Die Führungskraft muss daher ihre Mitarbeiter gut kennen, um einschätzen zu können, ob sie für die Teilnahme am Veränderungsprozess zu gewinnen sind und wie viel Zeit und gegebenenfalls auch Trauerarbeit die einzelnen Mitarbeiter brauchen, um sich auf neue Situationen einzustellen.

BEISPIELE für persönliche Gewinne von Mitarbeitern durch organisationale Veränderungen

- Zunahme an Arbeitsplatzsicherheit
- Stabilisierung bzw. Steigerung der Einkommenshöhe
- Stabilisierung bzw. Gewinn an Statussymbolen
- Standortsicherheit
- Wachsender Einfluss und Anerkennung in der Organisation
- Ausbau des vertrauten Kontaktnetzes zu Führungskraft und Kollegen
- Kennenlernen neuer Kollegen

- Neue, herausfordernde Aufgabe, die den Interessen mehr entspricht
- Fachliche oder persönliche Weiterentwicklung
- Zunahme an Entscheidungsbefugnissen und Gestaltungsfreiheit
- Erweiterung der Karrieremöglichkeiten
- Interessantere oder angenehmere Arbeitstechniken und Arbeitsprozesse
- Abnahme von Doppelarbeit oder Konflikten durch neue Organisationsstruktur
- Stärkung der Markenidentität oder Identifizierung mit neuer, kraftvollerer Marke

In der Literatur finden sich etliche Erfolgsfaktorenkataloge für das Führen in Veränderungsprozessen, die auch für das Management-Coaching gute Impulse bzw. Anregungen zum Nachdenken und zur Entwicklung eigener Führungsstrategien liefern können. Sehr bekannt ist etwa das 8-Stufen-Modell von John P. Kotter, einem der führenden Experten in der Gestaltung von Changemanagementprozessen. Obwohl solche Modelle im Management-Coaching sehr hilfreich sein können, ist es wichtig, dass der Coach sie als *Angebote* formuliert und auch darauf hinweist, dass Modelle immer nur grobe und subjektive Orientierungen bilden können. Letztlich sind sie eine Basis für die eigene Erarbeitung von Handlungsstrategien, die auf die konkrete Organisation und die spezifische Führungssituation passen.

Das 8-Stufen-Modell von J. P. Kotter (vgl. Kotter 1996)

1. Machen Sie die Dringlichkeit für Veränderungen klar.
2. Bilden Sie eine Führungsmannschaft.
3. Entwickeln Sie eine Vision und aus dieser eine Strategie.
4. Kommunizieren Sie die Vision der Veränderungen.
5. Statten Sie Ihre Mitarbeiter mit Kompetenzen aus.
6. Schaffen Sie kurzfristige Ziele.
7. Fertigen Sie Erfolge und sorgen Sie für noch mehr Veränderungen.
8. Verankern Sie neue Ansätze in der Unternehmenskultur.

2.5.5 Erfolgreiche Führung in organisationalen Veränderungsprozessen

Betrachtet man die unterschiedlichen Erfahrungen, Studien und Praxisberichte zu Changemanagementprozessen, dann zeigt sich bei aller Unterschiedlichkeit, wodurch sich hier erfolgreiche Führung von weniger erfolgreicher Führung unterscheidet. Diese systematisierten Erfahrungen können Coachees wichtige Impulse zur Reflexion ihrer Aufgaben und ihres Führungshandelns geben. Sie sind aber keinesfalls als Dogma, sondern als *Angebote* zu verstehen. Natürlich können sie auch nicht die eigene Erfahrung und die eigene Reflexion ersetzen. Erfahrungsgemäß können solche Impulse aber durchaus inspirieren und dabei helfen, eigene Positionen zu entwickeln. Deshalb sollen im Folgenden einige kritische Punkte näher beleuchtet werden.

Sinnvermittlung
Erfolgreiche Führungskräfte vermitteln ihren Mitarbeitern den *Sinn* der angestrebten organisationalen Veränderung — und zwar in einer Sprache, die die Mitarbeiter verstehen:

- Was ist der Grund oder Auslöser für die Veränderung?
- Was ist das langfristige Ziel des Veränderungsprozesses?
- Was ist der Nutzen für die Gesamtorganisation und auch für die Mitarbeiter?
- Was würde passieren, wenn wir die organisationale Veränderung nicht realisieren?

Diese Herangehensweise ist nur durch einen dialoghaften Prozess zu realisieren, der durch Newsletter, Mitarbeiterzeitschriften oder Powerpoint-Präsentationen zwar begleitet werden kann, aber nicht durch diese Mittel zu ersetzen ist. Gerade bei schwierigen organisationalen Veränderungen vermeiden Führungskräfte gerne diesen Dialog, da sie kritische Einwände der Mitarbeiter fürchten. Überzeugung ist jedoch immer ein längerer Prozess: Sie ist nicht auf Knopfdruck oder von heute auf morgen herzustellen, auch nicht durch ein einmaliges „Kamingespräch", sondern nur durch den permanenten Dialog zwischen Führungskraft und Mitarbeitern. Management-Coachs sollten ihre Coachees daher anregen, über diese Sinndimension und ihre dementsprechende Kommunikation nachzudenken und gegebenenfalls zweckdienliche Handlungs- und Kommunikationsstrategien zu entwickeln.

Konkrete Bilder

Es ist sehr wichtig, bei den Mitarbeitern *konkrete, bildhafte Vorstellungen* darüber zu erzeugen, wie die zukünftige Organisation aussehen wird, wie im Unternehmen oder in der Abteilung gearbeitet und kommuniziert werden wird. Erfolgreiche Führungskräfte regen ihre Mitarbeiter an, eigene Bilder dazu zu entwickeln, wie sie sich zukünftig verhalten werden, in welcher Weise sie Aufgaben und Rollen wahrnehmen werden. Die Motivationspsychologie hat eindeutig nachgewiesen, dass Menschen sich erst dann verändern, wenn sie klare Vorstellungen über die Zukunft haben. Wie wird es sein, wenn …? Gerade analytisch geprägte Führungskräfte tun sich mit dieser Art und Weise der *Führung über Bilder* schwer. Im Management-Coaching hilft hier die sogenannte *Metapherübung*, die die Führungskraft nachfolgend auch in einem Workshop mit ihren Mitarbeitern anwenden kann. Im Brainstorming werden Bilder und Metaphern gesucht, die z. B. zum Ausdruck bringen, wie zukünftig gearbeitet oder welche Rollen wie ausgefüllt werden sollen.

Prozessorientierung

Während der organisationalen Veränderung sollte der ergebnisorientierte Führungsstil unbedingt durch einen *prozessorientierten* Anteil ergänzt werden. Gerade dieser Punkt fällt Führungskräften, die durch „Führen mit Zielen", „Performance Management" bzw. „Management by Objectives" (MbO) geprägt sind, oft schwer. Sie sind es gewohnt, ihren Mitarbeitern Ziele vorzugeben, Ergebniserwartungen zu formulieren — und in weiten Teilen, wie es das Führen mit Zielen eben vorgibt, die Mitarbeiter ihren Weg dort hin alleine finden und gehen zu lassen. Dieser Führungsstil ist allerdings für Veränderungsprozesse nur bedingt tauglich. Selbstverständlich ist es auch hier notwendig, klare Ziele und z. B. Verhaltenserwartungen zu formulieren. Diese Vorgaben reichen aber in der Regel nicht aus. Veränderungsprozesse zerstören in teilweise massivem Ausmaß gewohnte Routinen und machen den Mitarbeitern die Anwendung vertrauter Handlungsstrategien unmöglich. Sie brauchen daher zumindest ein „Geländer" als Hilfestellung für die Realisierung von Zielen und Verhaltensänderungen: eine Struktur, eine klare Vorstellung über den Weg, den sie gehen müssen, um ein bestimmtes Ziel zu erreichen oder neue Aufgaben zu erfüllen. Die Autoren Chip und Dan Heath (2010) sprechen hier vom sogenannten Path & Ladder-Prinzip.

Auch andere motivationspsychologische Forschungen zeigen, dass die besten Zielbilder und Visionen keine Handlungen oder Verhaltensänderungen in Gang setzen können, wenn den betroffenen Personen konkrete Vorstellungen darüber fehlen, in welchen Schritten, d. h., wie genau sie ans Ziel kommen. Dies ist ein Grund dafür, warum reine Motivationsansprachen oder Appelle nichts bewegen können. Sie dienen der Beruhigung der Führungskräfte, zeigen aber für sich alleine keine Wirkung.

Erfolgreiche Führungskräfte helfen daher einerseits ihren Mitarbeitern, eine solche Struktur, ein solches Geländer zu entwickeln oder zu finden, andererseits bieten sie selbst im Veränderungsprozess ein solches Geländer: sie geben emotionalen Halt in Zeiten der Destabilisierung. Im Management-Coaching können Manager ihren Führungsstil in Hinblick auf die besondere Situation des Changemanagements reflektieren und gegebenenfalls Methoden und Verhaltensweisen kennenlernen und einüben, die ihren Mitarbeitern mehr Prozesssicherheit und Struktur geben oder ihnen dabei helfen, diese selbst zu entwickeln.

Freiräume zur Erprobung neuer Wege
Im Veränderungsprozess erfolgreiche Führungskräfte schaffen Situationen und Räume, in denen Mitarbeiter zu neuen Verhaltenweisen angeregt werden, in denen sie neue Handlungsweisen, neue Aufgaben, neue Prozesse ausprobieren können und auch Fehler machen dürfen. Heath und Heath betonen dabei, dass man das Verhalten von Menschen nicht direkt verändern kann. Man kann jedoch Situationen schaffen, in denen Menschen dazu ermuntert und daran erinnert werden, ihr Verhalten zu ändern. Wer z. B. zukünftig innovatives Denken von seinen Mitarbeitern erwartet, sollte diesen Räume, Materialen und Aufgaben zur Verfügung stellen, aber auch Ressourcen wie Zeit, Wissen, interessante Gesprächspartner, Plattformen zum Austausch etc. All diese Maßnahmen sind dazu geeignet, das innovative Denken zu

fördern und Möglichkeiten zu finden, wie Einzelne oder Gruppen von Mitarbeitern die Veränderung realisieren können.

Auch durch Symbole, Bilder und Begriffe, die immer wieder verwendet werden und im Alltag der Mitarbeiter auftauchen, werden diese daran erinnert, neue Verhaltensweisen zu zeigen. Die Psychologie nennt solche Anreize *Trigger* oder *Prime* und den dazugehörigen Vorgang *Priming*. Und auch hier gilt: Neue Verhaltensweisen entstehen nicht auf Knopfdruck, sondern durch Training und Übung. Dazu gehören genügend Zeit, anregende Situationen und Räume, die Möglichkeit, Fehler zu machen, ein offener Austausch, um Lerneffekte zu sichern, und: stete Wiederholung.

Personalentwicklung

Die Kienbaum-Change-Management-Studie 2011/2012 zeigt, dass der Faktor *Personalentwicklung* in Changemanagementprozessen meist sträflich vernachlässigt wird. Nicht wenige organisationale Veränderungsprozesse scheitern letztlich daran, dass den Mitarbeitern die nötigen Fähigkeiten, das erforderliche Wissen und das unentbehrliche Rüstzeug für die Bewältigung neuer Aufgaben und das Arbeiten in neuen Strukturen fehlen. Da helfen weder Appelle noch Zielbilder. Erfolgreiche Führungskräfte in Changemanagementprozessen verstehen sich als Personalentwickler ihrer Mitarbeiter: Sie fördern die Mitarbeiter frühzeitig darin, für die „neue" oder „veränderte" Organisation relevante Fähigkeiten und Kompetenzen zu entwickeln.

Monitoring

Gute Changemanager und Führungskräfte im organisationalen Veränderungsprozess betreiben ein permanentes *Monitoring*. D. h., sie haben einerseits ihre Ziele vor Augen, andererseits sorgen sie aber für eine sehr breit gestreute und achtsame Wahrnehmung — und nehmen damit auch feine Signale aus ihrer Umwelt auf. Sie achten auf Bemerkungen und Stimmungen von Mitarbeitern und Kunden, beobachten und begegnen der Welt in und außerhalb der Organisation mit offenen Augen und Ohren. Gerade das Management-Coaching ist ein geeignetes Forum dafür, den Coachee durch Fragen und Impulse anzuregen, einen möglicherweise existierenden Tunnelblick zu öffnen, der durch eine zu starke Zielorientierung im Veränderungsprozess entstanden ist.

Die Phasen des Prozesses

Nicht zuletzt wissen erfolgreiche Führungskräfte um die Wichtigkeit des Faktors *Zeit*: Verhaltensänderungen stellen immer einen Prozess dar, der verschiedene Phasen durchläuft, vor allem, wenn er für einen Mitarbeiter oder eine Gruppe von Mitarbeitern auch bedeutsame Verluste mit sich bringt. Erfolgreiche Führungskräfte stellen ihr Führungsverhalten auf die jeweils aktuelle Phase ein. In der Literatur und der Praxis des Changemanagements hat die sogenannte *Veränderungskurve* eine starke Verbreitung gefunden. Sie zeigt, dass Mitarbeiter während des Veränderungsprozesses — insbesondere bei schwierigen oder verlustbringenden Veränderungen — mehrere Phasen durchlaufen: von der Schock- über die Verneinungsphase über die Einsichts- und Akzeptanzphasen bis hin zu den Phasen des Ausprobierens und der Integration des neuen Verhaltens in die eigene Routinen. Abhängig von diesen Phasen ergeben sich für Führungskräfte verschiedene Aufgaben. Mal liegt der Schwerpunkt mehr auf der Sinnkommunikation, mal mehr auf der Vorgabe von Zielen, in wieder anderen Fällen auf der Unterstützung durch coachendes Verhalten der Führungskraft (vgl. hierzu auch: Doppler & Lauterburg 2008; Doppler 2011).

Die Vermittlung von Impulsen zur erfolgreichen Führung in Veränderungsprozessen kann für den Manager im Coaching eine wichtige Orientierung bieten, um seine eigene Position zu finden und eigene Handlungsstrategien zu entwickeln. Hier können verschiedene Grundlagen nützlich sein: Praxisbeispiele, Prozess- oder Verhaltensmodelle und Erfolgsfaktoren aus der entsprechenden Fachliteratur, eventuell sogar eigene Erfahrungen des Management-Coachs aus der Begleitung von Führungskräften in vergleichbaren Situationen. Voraussetzung ist allerdings immer, dass solche Impulse als Angebote formuliert werden, die angenommen, aber auch abgelehnt, verändert oder angepasst werden können. Ob dies gelingt, hängt zu einem großen Teil von der Grundhaltung des Management-Coachs ab.

2.5.6 Coaching als offener Prozess

Das Coaching für Manager organisationaler Veränderungsprozesse ist vorwiegend ein *prozessbegleitendes* Coaching. Hierin unterscheidet es sich graduell von anderen Coachinganlässen und -formaten, insofern Coaching in einem Veränderungsprozess vor allem einen *offenen Prozess* darstellt. Dies gilt in doppelter Weise: Zum einen kann das Coaching in seinem zeitlichen Ausmaß nicht von vorneherein geplant werden. In der Praxis hat es sich bewährt, zu Beginn des Coachings im Kontext von Changemanagementprojekten eine Anzahl an Coachingeinheiten zu vereinbaren, diese Vereinbarung aber als vorläufig zu betrachten, da oft Erweiterungen erforderlich oder ratsam sind. Auch die zeitliche Abfolge und die jeweilige Dauer der Coachingeinheiten müssen flexibel gestaltbar sein.

Zum anderen lassen sich die *Inhalte und Themen* der jeweiligen Coachingeinheiten gerade beim Coaching von Changemanagern nicht durchplanen. Wie weiter oben dargestellt, sind organisationale Veränderungsprozesse nicht detailliert und auch zeitlich nicht vollkommen vor- oder durchplanbar. Bei aller guten Planung treten doch immer wieder für den Changemanager unvorhersehbare Ereignisse auf, es entstehen Probleme oder Herausforderungen, die er nicht eingeplant hat und zu Beginn des Prozesses auch gar nicht einplanen konnte. Wie viel Zeit die konkrete Veränderung der Organisation wirklich braucht, ist ebenfalls nicht von vorneherein vollkommen planbar. Deshalb sollte auch das Coaching in jedem Fall als offener Prozess angelegt sein. Der Management-Coach muss daher die Kompetenz besitzen, sich rasch auf neue Situationen einstellen zu können, er sollte über große Sicherheit in der Prozessgestaltung und eine hohe Methodenkompetenz verfügen, um auf neue Themen und Fragen, die der Coachee in eine Coachingeinheit einbringt, angemessen reagieren zu können.

Gestaltung und Steuerung von Management-Coachingprozessen

3 Gestaltung und Steuerung von Management-Coachingprozessen

Dieses Kapitel richtet sich vor allem an HR-Verantwortliche in Unternehmen, deren Aufgabe es ist, die Professionalität der Coachingprozesse in der eigenen Organisation sicherzustellen. Der erste Teil des Kapitels vermittelt Informationen dazu, wie durch gezieltes internes Marketing eine positive Grundhaltung zum Thema Coaching bei den potenziellen Coachees und somit eine hohe *Akzeptanz* erzielt werden kann.

Der zweite Abschnitt des Kapitels beleuchtet, welche *Auslöser* (und somit im weiteren Sinne welche Bedarfe) es in einer Organisation typischerweise für Coaching gibt. In diesem Kontext wird vor allem auch darauf eingegangen, wie eignungsdiagnostische Verfahren oder auch interne Feedbackprozesse angelegt werden sollten, um einen *qualitätsgesicherten* und *transferorientierten Coachingprozess* sicherzustellen. Dies betrifft z. B. die Eigenschaften resultierender *Ergebnisberichte* oder auch die Gestaltung eines *Auswertungsprozesses* auf Vier-Augen- oder auf Teamebene. Dieser Abschnitt beschäftigt sich auch mit den Coachs, die bei den unterschiedlichen Auslösern zum Einsatz kommen. Ein Exkurs liefert differenzierte Informationen zu einem besonderen Coaching-Auslöser: dem Coaching als standardisiertem Instrument zur *potenzialorientierten Laufbahnentwicklung*.

Der dritte Abschnitt dieses Kapitels geht auf die Definition und Auswahl geeigneter Coachs ein. Er definiert ein Anforderungsprofil für Coachs, diskutiert Varianten der Coachingpool-Bildung für unterschiedliche Manager-Zielgruppen und zeigt die eignungsdiagnostischen Module auf, die ein durch HR gestalteter Auswahlprozess für Coachs beinhalten sollte.

Der vierte Teil des Kapitels liefert umfassende Informationen zu den Kernelementen des eigentlichen Management-Coachingprozesses in einer Organisation. Der Gesamtprozess wird dazu in zehn Schritte unterteilt, die allen Beteiligten Struktur und Orientierung geben: den HR-Verantwortlichen für die Gestaltung des Prozesses und den Coachs für ihre Vorgehensweise und ihre Positionierung innerhalb dieser Schritte. Der Bogen spannt sich hier vom Anlass des Management-Coachings über die Zieldefinition bis hin zur Transfersicherung und zur Evaluation.

Abschließend wird der Darstellung von Instrumenten und Methoden zur Transfersicherung besonderer Raum gegeben, da dieser Schritt eine besondere Bedeutung im Gesamtprozess besitzt.

3.1 Internes Marketing für Coaching

Trotz der mannigfaltigen Herausforderungen, denen Führungskräfte in Organisation begegnen, gehen diese nicht immer selbstverständlich proaktiv auf das Angebot Coaching zu, wenngleich der Bedarf nach Unterstützung durchaus vorhanden wäre. Dies liegt nicht selten darin begründet, dass dem Instrument Coaching teilweise noch immer ein Ruf der „Nachhilfe" anhaftet. Dabei steht im Kern das Missverständnis, Coaching sei lediglich eine Methode zur Behebung von *Defiziten*. Erfahrungsgemäß wird eine derart kritische Wahrnehmung oftmals von negativen Vorerfahrungen mit dem Instrument selber hervorgerufen. Die Haltung der einzelnen Betroffenen ist jedoch auch immer vom „Reifegrad" der Organisation insgesamt abhängig. Ist die Organisation „reif", so wird sich das Coaching schneller etablieren, ist sie „noch weniger reif", braucht es mehr an „internem Marketing", um dem Coaching nachhaltig Akzeptanz und dem Angebot letztendlich Nachfrage zu verschaffen.

Die Reife der Organisation

Den Reifegrad einer Organisation erkennt man beispielsweise daran, inwieweit

- Feedback für Führungskräfte durch ihre Mitarbeiter zum Standard gehört (z. B. im Rahmen eines regelmäßig durchgeführten Aufwärtsfeedbacks),
- Führungskräfte im Rahmen von Zielvereinbarungen auch explizit an „weichen" Zielen gemessen werden (inwieweit es ihnen beispielsweise gelingt, die Teamatmosphäre zu verbessern),

- es zur Kultur des Unternehmens gehört (z. B. auf Basis von Wertedefinitionen), dass jeder eigene Fehler aktiv benennen und sein Umfeld nach Hinweisen zu deren zukünftiger Vermeidung befragen soll,
- ein Führungsverständnis herrscht, das Führungskräfte nicht als „fertige" Personen und „Allwissende" betrachtet, sondern vielmehr als Menschen, die sich ständig weiterentwickeln müssen und hierfür Projektionsfläche benötigen,
- Veränderungsprozesse auch mit starkem Fokus auf „atmosphärische" und „klimatische" Rahmenbedingungen gesteuert werden,
- letztendlich insgesamt kulturelle Aspekte systematisch gesteuert und kontrolliert werden.

Findet man viele dieser Kriterien in einem hohen Ausprägungsgrad vor, so ist es wahrscheinlich in dieser Organisation bereits selbstverständlich, dass Führungskräfte sich kritisch hinterfragen, aktiv nach individuellen Lösungen für ständig wechselnde Rahmenbedingungen suchen und dass letztendlich also der „Nährboden" für nutzbringende Coachingprozesse vorhanden ist.

Der Nutzen im Vordergrund
Steht ein HR-Bereich also vor der Aufgabe, professionelle interne Coachingprozesse zu etablieren, so ist es eine Kernaufgabe von HR, bei den potenziellen internen Abnehmern das Instrument Coaching mit positiven Assoziationen zu verbinden. Es gilt dazu, die *ressourcenorientierte* Seite des Coachings und den möglichen *Nutzen* herauszustellen.

Oftmals ist es zunächst erforderlich, der latenten Sorge von Führungskräften zu begegnen, die Inanspruchnahme von Coaching bringe negative Schlussfolgerungen im Hinblick auf ihre Führungskompetenzen mit sich. In der begleitenden Kommunikation sollte daher intensiv herausgearbeitet werden, dass der Umgang mit mehrdeutigen und ambivalenten Situationen für die meisten Führungskräfte zwangsläufig Momente bereithält, in denen sie „Rat" benötigen. Der Unterschied zwischen erfolgreichen und weniger erfolgreichen Organisationen liegt erfahrungsgemäß in der Professionalität, Transparenz und Methodenvielfalt, mit der diese Realitäten bearbeitet werden.

In diesem Kontext kann es als Impuls des HR hilfreich sein, eine gezielte interne Diskussion darüber anzustoßen und zu steuern, inwieweit eine Führungskraft immer alles wissen und jeder Situation allein gewachsen sein muss oder inwieweit es im Gegenteil zur Realität eines jeden Menschen gehört, nicht immer die Lösung für alle Probleme parat zu haben. Bedeutet der Bedarf nach Coaching also ein Manko oder vielmehr den handlungsorientierten, professionellen und reflektierten Umgang mit Fragestellungen, die letztendlich jeden in unterschiedlicher Intensität betreffen?

Coachingbedarf und Führungskultur

Die Diskussion dieser Frage kann beispielsweise auch im Kontext einer Auseinandersetzung mit der im Unternehmen vorherrschenden Führungskultur erfolgen. Inwieweit schafft die aktuelle Führungskultur einen guten Nährboden für die Akzeptanz von Coaching (und welche Gründe sorgen dafür?), oder auch: Inwieweit führt die vorherrschende Führungskultur immer wieder zu ganz bestimmten Coachingbedarfen? So ist es beispielsweise bemerkenswert, dass das Ausmaß, in dem Führungskräfte Coachingbedarf aufgrund problematischer Führungssituationen entwickeln, in einem direkten Zusammenhang damit steht, inwieweit im Unternehmen eine zeitgemäße Führungskultur herrscht (und inwieweit diese auch übergreifend eingeführt, trainiert und kontrolliert wird).

Ein *zeitgemäßes Führungsverständnis* begreift z. B. Führung als einen partnerschaftlichen Austauschprozess und sieht dabei Führungskraft und Mitarbeiter als gleichwertige Partner. (Näheres dazu finden Sie im Kapitel 2.2, *Menschenführung und Einflussnahme*, unter den Stichwörtern *transaktionale Führung* und *LMX-Modell* der Führung.) *Zeitgemäß* bedeutet aber auch, dass Wirkzusammenhänge und Problemstellungen in der Steuerung von Organisation und Mitarbeitern aus einem differenzierten systemischen Verständnis heraus betrachtet werden. Aus diesem Blickwinkel wird klar, dass jede Führungskraft in einem dynamischen System agiert, dessen Steuerung genauso wichtig für den Erfolg ist wie die unmittelbare Steuerung der Mitarbeiter. So wird auch deutlich, dass eine Führungskraft zum Erzielen gewünschter Ergebnisse oft wesentlich mehr Hebel bedienen muss, als es die direkte Einflussnahme auf Mitarbeiter (und Vorgesetzte) erlaubt und erfordert.

Selbstreflexion und Veränderungsfähigkeit
Um in einem solchen sich ständig ändernden System bestehen zu können, ist ein hohes Ausmaß an Reflexionsvermögen und Veränderungsfähigkeit gefragt. Schaut man mit diesen Augen auf Führung und die Komplexität der Anforderungen, so wird sehr schnell klar, dass Coaching keine „Nachhilfe", sondern ein sehr spezifisches Instrument zur komplexen Problemlösung ist. Wäre Coaching nicht ein meist eher kostenintensives Entwicklungsinstrument, so täte jede Organisation gut daran, die Inanspruchnahme von Coaching zu einer Pflichtübung für jede Führungskraft zu machen, um regelmäßig systematisch das eigene Umfeld zu analysieren und adäquat auf sich ändernde Konstellationen reagieren zu können.

Sind es Führungskräfte gewohnt, auch zusammen mit ihren Mitarbeitern das eigene Umfeld zu analysieren und dabei sowohl Arbeitsprozesse als auch Beziehungskonstellationen offen zu reflektieren, so hat auch Coaching gute Ansatzpunkte.

- Je partnerschaftlicher die Beziehungsgestaltung zwischen Führungskraft und Mitarbeiter ist,
- je offener also der Umgang mit Führung und daraus resultierenden Problemen ist,
- je mehr interne Plattformen es für Führungskräfte zur Analyse ihres Umfeldes gibt,
- je mehr das Benennen eigener Fehler und das aktive Entwickeln von Alternativen honoriert werden,
- je ausgeprägter ein systemisches Verständnis auf Führungsarbeit vorliegt,

desto höher ist die Akzeptanz für Coaching, desto geringer wird aber vielfach auch überhaupt der *Bedarf* an Coaching sein, denn in einer solchen Kultur der Selbstverantwortung und -organisation ist meist auch die „kollegiale Coachingkompetenz" (z. B. durch kollegiale Fallberatungen oder auch durch Mentorenschaften) sehr hoch.

In einem Unternehmen mit einer Führungskultur, die weitestgehend die Erzielung von unmittelbaren Ergebnissen — und kaum die Steuerung des Umfeldes und von Beziehungen — als erfolgreich bewertet, in dem von den Führungskräften erwartet wird, auf alle Fragen eigenständig eine Antwort zu finden und damit ein klares Hierarchiegefälle gestärkt wird, ist von einem höheren Coachingbedarf auszugehen. Diese Abgrenzungen beziehen sich allerdings im Wesentlichen auf Problemstellungen, die im unmittelbaren Kontext der Mitarbeiterführung entstehen. Selbstverständlich sind auch in einem Unternehmen mit einer *zeitgemäßen* Führungskultur Coachinganlässe vorhanden, allerdings sind die Auslöser meist andere. So bringen beispielsweise Veränderungsprozesse, die Teilnahme an einem Management-Audit-prozess oder auch die Übernahme einer neuen Führungsfunktion vielfach Coachingbedarfe hervor, die völlig unabhängig vom Reifegrad der Organisation sind.

Das Ziel bestimmen

Wie im folgenden Abschnitt näher ausgeführt werden wird, sind also allgemeine Aspekte der Führungskultur nicht die einzigen Ausgangspunkte für Coaching. Allerdings kann diese Thematik gerade für HR einen wichtigen Hebel bieten, um der Diskussion über Coaching eine konstruktive Grundlage zu verleihen. Debatten über Aspekte der Führungskultur erweisen sich bei der Einführung und der „internen Vermarktung" von Coachingprozessen meist als sehr fruchtbar.

Diese Vorgehensweise ist selbstredend nicht immer möglich, doch eignet sie sich besonders gut, um mögliche Aktionsräume von Coaching aufzuzeigen. Ein Ergebnis einer derartigen Diskussion könnte beispielsweise sein, dass — ebenso wie in einer funktionierenden Partnerschaft im privaten Bereich — es nicht nur *einen* Partner geben darf, der die Richtung vorgibt. Es kann auch in einer Führungsbeziehung nicht dauerhaft zielführend und motivierend sein, wenn die Ansichten des Führenden nicht kritisch hinterfragt werden dürfen, sondern immer normativen Status besitzen. In einer weit entwickelten Beziehung — und eben bei zeitgemäßer Führungskultur — sollte es die Normalität sein, dass Ratschläge anderer gesucht und zur kritischen Hinterfragung der eigenen Haltung genutzt werden und das eigene Verhalten ggf. angepasst wird. Ein solches Vorgehen ist niemals ein Ausdruck von Schwäche, sondern vielmehr von Stärke und Lösungsorientierung.

An dieser Stelle muss allerdings auch betont werden, dass eine Führungsbeziehung selbstverständlich eine andere hierarchische Ausgangslage hat als eine private Beziehung. Natürlich muss deshalb eine Führungskraft auch Entscheidungen gegen Widerstände durchsetzen, manchmal auch ohne Rücksicht auf persönliche Befindlichkeiten, und letztendlich in erster Linie dafür sorgen, dass die anvisierten Ergebnisse termingerecht erreicht werden. Das ist klarerweise ihre vordringliche Aufgabe. Doch erfahrungsgemäß ist diese Aufgabe von Führung im Bewusstsein oft viel tiefer verankert als die zuvor diskutierte Herangehensweise. So resultiert Coachingbedarf meist eher aus einem zu wenig *partnerschaftlichen* Führungsverständnis als aus einem zu wenig *ergebnisorientierten* — das trifft vor allem auf lebensältere Führungskräfte zu. Zudem geht es hier zunächst um die *Vermarktung* von Coaching, die vielfach vor allem klarmachen muss, dass der aktive Umgang mit eigenen Schwächen und mit Beziehungskonstellationen Reife und Professionalität bedeutet — und nicht „Weicheierei".

Den Rahmen für Coaching abstecken
Im Zuge des internen Marketings für Coaching sollte durch HR zudem auch kommuniziert werden, wie Coaching in der Organisation — und von der Unternehmensleitung — verstanden wird und welche zielgruppenspezifischen Erwartungen an einen Coachingprozess gerichtet sind:

- Welche Rolle spielt der Coach und welche nicht?
- Wozu soll Coaching dienen und wozu nicht?
- Was können realistische Zielsetzungen sein und was nicht?
- Wer ist in den Prozess eingebunden und weiß um die Gesprächsinhalte und wer nicht?
- Welche Anlässe können Startpunkt für einen Coachingprozess sein?

Unabhängig vom Reifegrad der Organisation ist eine Einbindung der Unternehmensleitung in einen solchen Kommunikationsprozess sehr hilfreich. So kann der Rahmen für Coaching von vorneherein klar umrissen und dem Instrument Coaching das teilweise Nebulöse genommen werden.

Erfolge öffentlich machen

Wertvoll für die interne Kommunikation sind auch „Erfolgsstorys" über die positiven Effekte von Coaching. Die wiederkehrende Veröffentlichung solcher Geschichten kann dabei helfen, internen Zweiflern effektiv zu begegnen. Aus dem Veränderungsmanagement ist bekannt, dass vor allem das regelmäßige Kommunizieren kleiner Erfolge dazu beiträgt, interne Zweifler oder Boykotteure zum Schweigen zu bringen und positive Botschaften langfristig zu verankern. Es sollten also sehr konkrete Coachingbeispiele beschrieben werden, in denen Coaching zum Erfolg — am besten sogar zu einem messbaren Ergebnis — geführt hat.

Ideal ist es, dafür einen „Leuchtturm" zu finden, also eine im Unternehmen gut bekannte und allgemeinhin als erfolgreich wahrgenommene Person, die für eine besondere Aufgabe einen Coach als Sparringspartner hinzugezogen hat. Solch ein Fall macht allen deutlich, dass auch ausgeprägte Leistungs- und Potenzialträger — und nicht etwa nur „Minderleister" — Coaching als Instrument zur Problemlösung nutzen.

Management-Audits als Coachingauslöser

Beispielsweise kann hier ein Management-Auditprozess einen guten Ausgangspunkt liefern (einer der Coachingauslöser, die im folgenden Abschnitt näher erläutert werden). Im Resultat werden hier in aller Regel Führungskräfte mit einem besonders hohen Leistungs- und Potenzialniveau, aber auch Führungskräfte mit eher unterdurchschnittlichen Ergebnissen wahrnehmbar gemacht. Nun kann es — neben der in erster Linie verfolgten passgenauen Auswahl eines Personalentwicklungsinstruments — aus der Perspektive des HR sinnvoll sein, Coaching für beide „Ergebnistypen" durchzuführen. Managern mit guten Ergebnissen kann das Coaching dazu dienen, sich gezielt auf weiterführende Aufgaben vorzubereiten und erkennbare Stärken weiter auszubauen, während den Managern mit weniger guten Ergebnissen Coaching zur „Verhaltens- oder Einstellungsoptimierung" im Hinblick auf eine aktuelle Situation nützlich sein kann.

Ungünstig wäre es allerdings, bei der gegenwartsorientierten Problemlösung, also im zweiten Fall, nur darauf zu fokussieren, was bisher *falsch* gemacht wurde. Viel konstruktiver ist die Frage: Welche Rahmenbedingungen und Erfahrungen haben zu dem *bisherigen Verhalten* geführt und welche Änderungen in den Rahmenbedingungen machen es jetzt erforderlich, *andere Verhaltensoptionen* auszuprobieren? Coaching sollte also nie dazu dienen, eine Person „umzukrempeln", da sie sich bisher als unfähig erwiesen hat. Vielmehr analysiert es systematisch, warum ein bestimmtes bisheriges Vorgehen oder Denken womöglich nicht das richtige Mittel war, um *in einer bestimmten Situation* erfolgreich zu sein — was auch immer das dann konkret heißt. Darauf aufbauend können dann die Ressourcen und Fähigkeiten, *die die Person schon besitzt*, gezielt in eine andere Richtung gelenkt werden.

Coaching als Angebot

Die interne Kommunikation muss also schon vorab klar machen, dass *ein* Ausgangspunkt von Coaching die Annahme ist, dass die Ressourcen zur Problemlösung bereits *in jeder Person* verankert sind. Gleichwohl macht der Coach aber Angebote für Verhaltensalternativen und übt diese mit dem Coachee ein, sofern dieser das als sinnvoll erachtet. Keiner bekommt also „Nachhilfe", sondern jeder entscheidet selbst auf Basis seiner ihm wichtigen Ziele und Wünsche, welche Verhaltensweisen und Einstellungen er entwickeln und ggf. in seinem Umfeld ausprobieren möchte. Dieser Wille zum Ausprobieren neuer Verhaltensweisen ist ein zentraler Faktor für den Erfolg eines Managers in einem komplexen Umfeld, zumal sich dieses Umfeld meist permanent — und manchmal schleichend und fast unbemerkt — wandelt. So kommt es zwangsläufig immer wieder dazu, dass bisher erfolgreiches Verhalten auf einmal nicht mehr auf die aktuelle Situation passt. Coaching hilft dann, die Ressourcen wieder neu zu fokussieren und alternative Verhaltensweisen einzuüben.

Durch eine derart gelagerte Kommunikation kann intern die Wahrnehmung befördert werden, dass Coaching ein Nutzen stiftendes, professionelles Instrument für erfolgreiche Führungskräfte ist.

Coaching sollte also sehr aktiv positioniert werden — typischerweise durch den HR-Bereich in Zusammenarbeit mit der PR-Abteilung. Hilfreich sind hier z. B. folgende Medien bzw. Maßnahmen:

- Brief der Unternehmensleitung zu Zielen und Nutzen von Coaching
- Erfolgsstorys im Intranet

- Diskussionsimpulse in sozialen Netzwerken
- Newsletter/Artikel in der Firmen- bzw. Mitarbeiterzeitschrift
- Vorträge durch Sponsoren und Multiplikatoren
- Einrichtung einer Hotline

Zur Vorbereitung der entsprechenden Kommunikation hat es sich als erfolgreich erwiesen, die Grundhaltung zum Thema Coaching durch Kurzinterviews oder auch onlinegestützte Befragungen zu erheben, um daraufhin eine dem Reifegrad der jeweiligen Organisation angemessene Intensität und innerhalb der Organisation eine zielgruppenspezifische Ausrichtung der Kommunikation abzustimmen und umzusetzen.

TIPP: Schritte beim internen Marketing von Coachingmaßnahmen

- Reflektieren Sie zunächst den Reifegrad Ihrer Unternehmens- und Führungskultur: Wie viele systematische Prozesse für Feedback gibt es im Haus? Inwieweit werden „atmosphärische Belange" im Zuge von Veränderungsprozessen konstant gemonitort?
- Kommunizieren Sie den Nutzen und die *chancen*orientierte — d. h. nicht die *defizit*orientierte — Seite von Coaching.
- Betonen Sie die Perspektive, dass die Inanspruchnahme von Coaching ein Ausdruck von Souveränität und Professionalität im Umgang mit sich ständig ändernden Rahmenbedingungen ist.
- Machen Sie in der internen Kommunikation deutlich, dass es bei Coaching nicht darum gehen soll, jemanden „umzukrempeln". Ein Coach bewertet nicht, ob das bisherige Verhalten gut oder schlecht war; er unterbreitet vielmehr *Angebote* für Verhaltensalternativen.
- Binden Sie die Geschäftsleitung in den internen Kommunikationsprozess ein und kommunizieren Sie über diesen Kanal Chancen, aber auch Grenzen von Coaching. Welche Erwartungen in Bezug auf ihre Problemlösungskompetenz richtet die Unternehmensleitung an ihre Führungskräfte? Wozu kann dabei Coaching dienen und wozu nicht?

■ Sammeln Sie „Erfolgsstorys" über gelungene Coachingprozesse und kommunizieren Sie diese regelmäßig über interne Medien. Beziehen Sie sich dabei vor allem auf erfolgreich geltende Personen.

3.2 Auslöser von Coaching in Organisationen

Die gezielte Vermarktung von Coaching ist ein guter Ansatz für die Weiterentwicklung in Organisationen und Unternehmen. Wesentlicher ist aber natürlich die Implementierung des Coachings selber als gezielte und sinnvolle Entwicklungsmaßnahme in Reaktion auf konkrete Anlässe. Das müssen nicht zwingend akute Probleme sein: Coaching kann wie oben beschrieben auch bewusst *stärkenorientiert* eingesetzt werden, z. B. wenn Nachwuchskräfte eine erste Führungsfunktion erlangen. Nichtsdestotrotz besteht ein Coachinganlass natürlich auch dann, wenn eine aktuelle Problemstellung eine Führungskraft am erfolgreichen Agieren hindert. Dann darf Coaching auch die Ultima Ratio sein. Klar ist jedoch eines: Wirklich sinnvoll und langfristig nutzbringend für alle Beteiligten kann ein Coaching nur dann sein, wenn der Coachee das Coaching selbst möchte und aus freiem Willen daran teilnimmt. Und wie wir gesehen haben, wird der Grad der Freiwilligkeit maßgeblich durch das *Image* beeinflusst, welches dem Instrument Coaching anhaftet.

Coachingformate
In vielen Unternehmen haben sich mittlerweile zwei Coachingformate etabliert: das Einzelcoaching und das Teamcoaching. Einzelcoachings finden dabei zum einen als separate Prozesse statt, die sich typischerweise über zwei bis sechs Sitzungen und einen Zeitraum von drei bis zwölf Monaten erstrecken. Zum anderen sind sie häufig im Rahmen von 360°-Feedbackprozessen angesiedelt und dienen in diesen Fällen neben einem Feedback für die betroffene Führungskraft auch der Vor- und Nachbereitung von Auswertungstreffen mit deren Team.

Teamcoachings können ebenfalls in dem gerade beschriebenen Zusammenhang stattfinden oder auch ganz für sich stehen und explizit die *Teamentwicklung* zum Ziel haben. Im Vokabular einiger Unternehmen kann tatsächlich Teamentwicklung mit Teamcoaching gleichgesetzt werden, wenngleich das Teamcoaching normalerweise mehrere Veranstaltungen beinhaltet, während eine Teamentwicklung während nur einer Zusammenkunft stattfindet.

Nun kann man sich darüber streiten, ob ein ein bis zweistündiges Feedbackgespräch und ein anschließender ca. vierstündiger Teamworkshop im Kontext eines 360°-Feedbacks schon als Coachingprozess zu bezeichnen sind. In der Unternehmenspraxis ist dies allerdings berechtigterweise häufig der Fall. Dies hat mindestens aus zwei Gründen seine Berechtigung:

1. Die Coachs sollten über die gleichen Qualifikationen und Erfahrungen verfügen wie bei einem „klassischen" Coachingprozess. Ansonsten läuft man Gefahr, dass der Transfer der getätigten Investition in den Arbeitsalltag nicht funktioniert — und das wäre sicherlich am falschen Ende gespart.
2. Oft werden im Abstand von einem halben Jahr nochmals Reflexionstreffen, sogenannte *Follow-up-Meetings* veranstaltet, in denen die individuellen Vorhaben wie auch die gemeinsamen Vereinbarungen nochmals betrachtet werden, um den Umsetzungsgrad zu beurteilen und den Transfer zu sichern. Es findet also ein Prozess statt, der einem „klassischen Coachingprozess" gleichkommt. Zudem hat die Führungskraft häufig die Möglichkeit, den Coach im Verlauf des Prozesses zur Klärung einzelner Aspekte telefonisch zu kontaktieren (was im weiteren Sinne als *virtuelles Coaching* interpretiert werden kann).

Typische Auslöser von Coachings

- Selbstnominierung durch eine Führungskraft
- Eignungsdiagnostische Verfahren
- 360°- oder Aufwärtsfeedback
- Teilnahme an einem Management-Development-Programm
- Baustein der Laufbahnentwicklung

3.2.1 Coaching infolge einer Selbstnominierung

Professionell organisierte Unternehmen ermöglichen es ihren Führungskräften, sich selbst für einen Coachingprozess zu nominieren. Das bedeutet nicht nur, den entsprechenden Prozess und das notwendige Budget bereitzustellen, sondern eben auch, das Instrument Coaching grundsätzlich als positives, chancenorientiertes Instrument in der Organisation zu positionieren.

Selbstnominierung kann dann z. B. heißen, dass eine Führungskraft im Rahmen eines Zielvereinbarungsgesprächs die Möglichkeit hat, selbst ein Coaching vorzuschlagen. Coaching wird in diesem Fall also nicht „verordnet", sondern kann aktiv eingefordert werden. Nicht nur aus Budgetgründen ist selbstverständlich gemeinsam abzuwägen, ob ein Coaching tatsächlich das Mittel der Wahl sein sollte. Natürlich ist das Gewähren eines Coachings immer auch Ausdruck dafür, wie wichtig der betreffende Manager der Organisation ist. Diese Sichtweise betrachtet Coaching aber eher als *Goodie* oder *Incentive*. Um im Zuge professioneller HR-Arbeit klarzumachen, dass ein solcher Zugang nicht die Regel sein sollte, ist es sinnvoll, einen verpflichtenden Fragenkatalog vorzugeben, der gemeinsam durchgegangen wird. Dieser Katalog soll eine Orientierung dafür darstellen, ob Coaching im konkreten Fall die bestmögliche Entwicklungsmaßnahme ist.

Mögliche Fragen zur Abklärung der Sinnfälligkeit eines Coachings

- Was verstehen Sie unter einem Coaching?
- Wo sehen Sie dessen Grenzen?
- Welche Erwartungen hätten Sie an einen Coach?
- Benötigen Sie eher fachliche oder methodisch/überfachliche Unterstützung?
- Wenn das Coaching bereits stattgefunden hätte, was genau — an einer konkreten Situation Ihres Arbeitsalltags festgemacht — könnten Sie dann besser/mehr als zuvor?
- Warum wäre dies eher durch ein Coaching als beispielsweise durch ein Training zu erreichen?
- Welche konkreten Ziele möchten Sie durch ein Coaching erreichen?

> ▪ Was schätzen Sie, wie viel Zeit Sie für die Behebung der aktuellen Problemstellung benötigen würden?
> ▪ Wäre hierfür eventuell der Austausch mit anderen im Rahmen eines Trainings- oder Mentorenprogramms zielführender?

Diese Fragen können der Führungskraft dazu verhelfen, die *Verhältnismäßigkeit der Mittel* bereits vorher abzuwägen und damit reflektiert und gezielt in einen Coachingprozess. In diesem Kontext sollte es der Führungskraft wie auch ihrem Vorgesetzten immer möglich sein, auf HR als Experten und Berater zuzugehen. Wenn die Implementierung von Coaching in der Organisation durch HR erfolgt ist, wird dies möglicherweise weniger erforderlich sein; der Bedarf nach individueller Beratung ist dennoch oft noch vorhanden. HR sollte also immer klar beantworten können, was Coaching im konkreten Fall leisten kann, welche Coachs mit welchen Profilen sich im zur Verfügung stehenden Coachingpool befinden und mit welchem Coachingverständnis die Coachs in Abstimmung mit HR in den Coachingprozess gehen.

3.2.2 Coaching aufgrund eignungsdiagnostischer Verfahren

Eignungsdiagnostische Verfahren stellen in vielen Organisationen den Ausgangspunkt von Coachingprozessen dar. Sie können verschiedene Formen annehmen:

- Management-Audits
- Management-Appraisals
- Assessment-Center
- Development-Center

Manchmal werden auch alternative Begrifflichkeiten verwendet:

- Standortbestimmungen
- Potenzialanalysen

Die Zielsetzungen der Verfahren sind meist unterschiedlich, entsprechend unterscheiden sich auch die konkreten Coachinganlässe.

Management-Audits und Management-Appraisals
Diese beiden Instrumente verfolgen häufig ähnliche Zielsetzungen: Zumeist sollen hier eine oder mehrere bestimmte Führungsebenen auditiert werden, um einen Überblick über den aktuellen Leistungsstand und vorhandene Potenziale zu bekommen. Dabei unterscheiden sich Audit und Appraisal meist lediglich in den verwendeten diagnostischen Instrumenten. In jedem Fall wird ein Kompetenzmodell definiert oder das im Unternehmen auch für andere Prozesse verwendete Modell herangezogen, um entsprechende Einschätzungen vorzunehmen. Ergebnis ist meist ein *Kompetenz-Potenzial-Portfolio*, das alle bewerteten Führungskräfte einander gegenüberstellt.

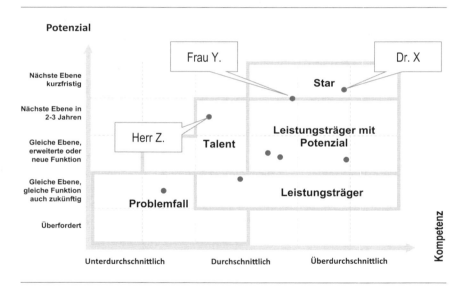

Abb. 1: Potenzial-Kompetenz-Portfolio

Auf dieser Basis werden häufig Besetzungsentscheidungen getroffen, die oft auch im Rahmen von Umstrukturierungen eines bestimmten Unternehmensbereichs erfolgen. Jeder Teilnehmer erhält zudem einen individuellen Ergebnisbericht, oftmals in Form einer Development-Matrix, in dem persönliche Entwicklungsempfehlungen wie z. B. Coachingmaßnahmen ausgesprochen werden.

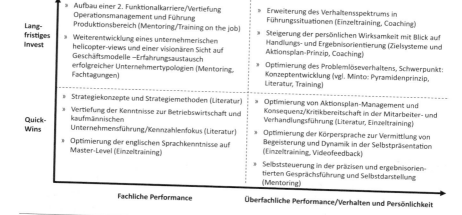

Langfristiges Invest

» Aufbau einer 2. Funktionalkarriere/Vertiefung Operationsmanagement und Führung Produktionsbereich (Mentoring/Training on the job)

» Weiterentwicklung eines unternehmerischen helicopter-views und einer visionären Sicht auf Geschäftsmodelle –Erfahrungsaustausch erfolgreicher Unternehmertypologien (Mentoring, Fachtagungen)

» Erweiterung des Verhaltensspektrums in Führungssituationen (Einzeltraining, Coaching)

» Steigerung der persönlichen Wirksamkeit mit Blick auf Handlungs- und Ergebnisorientierung (Zielsysteme und Aktionsplan-Prinzip, Coaching)

» Optimierung des Problemlöseverhaltens, Schwerpunkt: Konzeptentwicklung (vgl. Minto: Pyramidenprinzip, Literatur, Training)

Quick-Wins

» Strategiekonzepte und Strategiemethoden (Literatur)

» Vertiefung der Kenntnisse zur Betriebswirtschaft und kaufmännischen Unternehmensführung/Kennzahlenfokus (Literatur)

» Optimierung der englischen Sprachkenntnisse auf Master-Level (Einzeltraining)

» Optimierung von Aktionsplan-Management und Konsequenz/Kritikbereitschaft in der Mitarbeiter- und Verhandlungsführung (Literatur, Einzeltraining)

» Optimierung der Körpersprache zur Vermittlung von Begeisterung und Dynamik in der Selbstpräsentation (Einzeltraining, Videofeedback)

» Selbststeuerung in der präzisen und ergebnisorientierten Gesprächsführung und Selbstdarstellung (Mentoring)

Fachliche Performance

Überfachliche Performance/Verhalten und Persönlichkeit

Abb. 2: Development-Matrix für Herrn Max Mustermann

Assessment-Center

Ein *Assessment-Center* — nicht selten mit mehreren Teilnehmern parallel in einem Gruppenverfahren durchgeführt — dient häufig der Personalauswahl, also dem Ziel, den bestmöglichen Kandidaten für eine ausgeschriebene Stelle zu finden. Als Ergebnis möchte man selbstredend am liebsten einen Kandidaten haben, der die Stellenanforderungen voll erfüllt und daher unmittelbar — gewissermaßen ohne weitere fachlich-methodische Unterstützung — einsetzbar ist. Dies ist in der Regel auch der Fall. Manchmal hat ein Kandidat jedoch in einem für das Unternehmen besonders relevanten Kriterium (z. B. analytische Fähigkeiten oder strategisches Verständnis) so hohe Qualitäten, dass eine andere, relativ gut entwickelbare Kompetenz (wie z. B. Einfühlungsvermögen), die bei ihm nicht so gut ausgeprägt ist, dadurch kompensiert wird. Der Kandidat wird also womöglich trotzdem eingestellt, obwohl er in einem Kriterium leicht unterhalb des Soll-Profils liegt, da er die für die Stelle erfolgskritischsten Kompetenzen erfüllt oder übererfüllt. An dieser Stelle setzt dann häufig ein Coaching an.

Angenommen, ein frisch eingestellter Kandidat soll eine Führungs-rolle ausfüllen. Intern ist man der Meinung, seine ergebnisorientierten und fachlichen Kompetenzen seien sehr gut und er passe von seinen Werten und Einstellungen her gut in das Unternehmen. Auf Basis der Verhaltenssimulationen im Assessment-Center sind die Beobachter je-doch zu der Ansicht gelangt, dass der mitarbeiterorientierte Teil seiner Führungsqualitäten und hier im Wesentlichen die Gesprächstechniken noch entwickelt werden sollten. Die Entwicklungsempfehlung im Er-gebnisbericht des Assessment-Centers könnte dann folgendermaßen aussehen:

> ▶ **BEISPIEL: Entwicklungsempfehlung**
>
> „Coaching zum Thema Einfühlungsvermögen in der Führung mit dem Ziel, durch eine zunehmende Integration von weichen Verhal-tensfacetten an emotionaler Bindungskraft im Umgang mit Mit-arbeitern zu gewinnen."

In einem Coaching könnten daraufhin z. B. Kommunikationsstilmittel eingeübt werden, die dem Kandidaten mehr Einfühlungsvermögen verleihen, denn — pragmatisch gesehen — ist Empathie häufig nur eine Frage des aufmerksamen Zuhörens. So könnten etwa Fragetechniken und Gesprächssimulationen im Vordergrund eines Coachings stehen. In diesem Kontext würde zudem sicher die Frage auftauchen, *warum* der Kandidat bisher so wenig Interesse an der Meinung anderer ge-zeigt hat (und bisher eher mehr geredet und weniger gefragt hat) — Gedankenverlorenheit oder Egozentrismus? Anlässlich dieser Frage ließen sich dann auch die entsprechenden Hintergründe gut beleuch-ten.

Grundsätzlich ist Coaching dann als geeignetes Mittel anzusehen, wenn die Probleme oder Konfliktpunkte des potenziellen Coachees eher auf seine *Einstellungen und Werte*, und somit auf schwerer ent-wickelbare Aspekte seiner Persönlichkeit, denn auf sein Verhalten und dabei mögliche *methodische Defizite* — wie etwa Gesprächstechniken — zurückzuführen sind. Schwierigkeiten, die auf der *Verhaltensebene* auftreten, lassen sich oftmals auch gut durch ein Verhaltenstraining kompensieren. Infolge eines Auswahl-ACs kommt dennoch bisweilen ein Coaching zustande, das bei dem Kandidaten weniger an Defiziten auf der Ebene der Identität, seiner Werte oder Einstellungen ansetzt. Vielfach wird in solchen Fällen ähnlich der Form eines „Einzeltrainings" auf der Ebene des Verhaltens — unter Diskussion und Einübung relevanter Techniken — gearbeitet.

Auswertung des Ergebnisberichts eines Assessment-Centers
Führt man als Coach auf Basis der oben zitierten Entwicklungsempfehlung ein Coaching durch, so sollte man den Maßstab der Bewertung, also die *Bewertungsskala* im Rahmen des Assessment-Centers kennen. Die Kompetenzen, die in einem AC beobachtet und bewertet werden, werden in aller Regel zusammengefasst in einem *Ergebnisprofil* dargestellt, das diese Bewertungsskala beinhaltet.

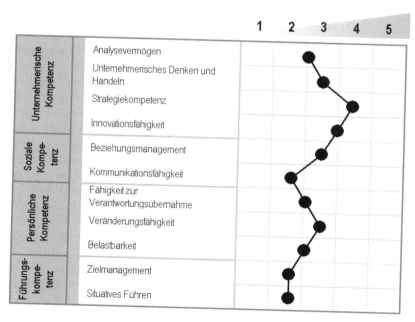

Skalenwerte:
1 = Kompetenz ist nicht vorhanden
2 = Kompetenz ist ansatzweise vorhanden
3 = Kompetenz ist ausreichend vorhanden
4 = Kompetenz ist gut ausgeprägt
5 = Kompetenz ist herausragend ausgeprägt

Abb. 3: Ergebnisprofil mit Kernaussagen

> **BEISPIEL: Ergebnisse aus dem Assessment-Center**

Herr Muster präsentiert sich im durchgeführten Assessment-Center insgesamt als authentische und beziehungsorientierte Persönlichkeit, die dem Verfahren und ihren Gesprächspartnern aufgeschlossen begegnet. Er bleibt zwar über die Dauer des Verfahrens konzentriert, lässt es aber insgesamt noch an souveräner Gelassenheit vermissen. Vor allem im Bereich der unternehmerischen Kompetenz werden Stärken bei Herrn Muster deutlich. So reflektiert er treffend strategische Zielsetzungen und kann diese in Bezug auf seinen eigenen Verantwortungsbereich differenziert interpretieren. Ebenso agiert Herr Muster aus einem chancen- und ertragsorientierten Fokus heraus und entwickelt Ideen zur Optimierung von Arbeitsprozessen. Schwerer fällt es ihm hingegen, unbekanntes komplexes Datenmaterial in begrenzter Zeit zu strukturieren, kennzahlenorientiert zu analysieren und die wesentlichen Informationen herauszufiltern. So zeigt er — wie auch in seinem Kommunikationsverhalten — eine bisweilen zu hohe Detailorientierung und neigt zu redundanten und oftmals floskelhaften und wenig prägnanten Ausführungen. Positiv ist hingegen seine grundsätzliche Leistungsmotivation zu bewerten. Herr Muster zeigt ein hohes Commitment und strebt die Übernahme weiterer Verantwortung an. Diese Bereitschaft wird allerdings in Richtung fachlicher Belange stärker ausgeprägt wahrgenommen denn in Richtung die Mitarbeiter betreffende Belange. Mit Blick auf seine Führungskompetenzen sind deutlich noch Entwicklungsfelder bei Herrn Muster festzustellen. So kann er nur wenige konkrete Ansätze zur Zielsteuerung von Mitarbeitern aufzeigen und agiert auch im simulierten Projektgespräch zu unverbindlich. Ebenso verfügt er kaum über systematische Ansätze zur Mitarbeiterentwicklung und -motivation und hat insgesamt ein eher wenig reflektiertes Führungsverständnis. Dennoch zeigt er gute Ansätze in der Gesprächsführung sowie mit Blick auf teamorientiertes Informationsverhalten.

Viele Unternehmen bedienen sich in derartigen Verfahren einer 5er- oder 6er-Skala (deren jeweilige Vor- und Nachteile hier vernachlässigt werden können). Wird das AC auf Basis im Unternehmen (z. B. durch Zielvereinbarungen) bekannter Skalenformate durchgeführt, so kann man davon ausgehen, dass die Teilnehmer das entstandene Ergebnisprofil richtig interpretieren und den Kurvenverlauf für sich einordnen können. Ist das AC allerdings durch eine externe Firma durchgeführt worden, die ihre eigenen Skalen verwendet (wenngleich i. d. R. mit HR abgestimmt), so muss der Coach unbedingt sicherstellen, dass sein Coachee die Bedeutung der Skala genau kennt und die Ergebnisse richtig interpretieren kann.

Bei vielen Unternehmen heißt z. B. die 3 auf einer 5er-Skala so viel wie „entspricht den Anforderungen" oder auch „grüner Bereich, kein Verbesserungsbedarf". In diesem Fall könnte dann die 2 „leichter Verbesserungsbedarf" und die 5 „absolut herausragend, vorbildlich" bedeuten. Oft gilt Letzteres allerdings schon als *Potenzialaussage* und bedeutet, dass der Teilnehmer eigentlich schon *mehr* kann, als es für die untersuchte Stelle erforderlich wäre. Er zeigt also mit Blick auf die Zielsetzungen des ACs überdurchschnittliche Leistungen und ist womöglich ein Kandidat, der sich in kurzer Zeit schon in Richtung einer weiterführenden Stelle entwickeln wird.

Fehlinterpretationen vermeiden

Wenn also ein Teilnehmer in der Dimension „Einfühlungsvermögen" mit einer 2 bewertet wurde, so meinten die Beobachter womöglich „es sind schon gute Ansätze vorhanden, aber mit Blick auf die Anforderungen an die Stelle ist hier noch leichter Entwicklungsbedarf". Der Teilnehmer allerdings sieht, dass er nur 2 von möglichen 5 Punkten erreicht hat, und könnte dementsprechend schockiert sein und sich für vollkommen unterentwickelt in dieser Dimension halten. Dies wäre jedoch eine völlige Fehlinterpretation der Aussage, zumal eine 3 in diesem Fall bedeuten würde, dass der Teilnehmer all das zeigt, was man von ihm erwartet.

Sollte das Feedbackgespräch durch einen Coach durchgeführt werden, so muss dieser dem Teilnehmer also unbedingt den Maßstab der angewandten Skala treffend erläutern können, um ihm den richtigen Bezugspunkt für die Interpretation der Ergebnisse zu verschaffen.

Des Weiteren gilt es als Coach zu klären — so banal das klingt —, ob allen Beteiligten die Bedeutung einer einmal formulierten Entwicklungsempfehlung klar ist. Bei neuerlichem Durchlesen des oben als *Entwicklungsempfehlung* aufgeführten Beispiels wird sicherlich klar, dass dies ein erklärungsbedürftiger Satz ist. So hängt die Bedeutung solcher Empfehlungen immer vom individuellen Bezugsrahmen ab und die persönliche Interpretation des Kandidaten kann stark von dem Begriffsverständnis des Verfassers abweichen.

Feedback durch AC-Beobachter

Um solche Fehlinterpretationen zu vermeiden, ist es daher unbedingt anzustreben, dass der Kandidat *vor* einem Coaching ein ausführliches Feedback zu den Ergebnissen des Assessment-Centers erhält — und zwar von den Personen, die das Assessment durchgeführt und den Kandidaten beobachtet und bewertet haben. Nur ein solches Feedback kann sicherstellen, dass die Ergebnisse richtig verstanden werden und somit konstruktiv, aufbauend und motivierend wirken.

Vielfach ist in der Unternehmenspraxis jedoch festzustellen, dass gerade an dieser Stelle Kosten und Mühen gescheut werden und der AC-Teilnehmer seinen Ergebnisbericht ohne weitere erklärende Kommentare erhält. Oder er erhält Feedback von einem Mitarbeiter aus HR, der zwar in aller Regel im professionellen Geben von Feedback geschult ist, aber nichtsdestotrotz seinerseits nur von außen interpretieren kann, wie es zu bestimmten Einschätzungen oder auch Zusammenhängen in den Bewertungen gekommen sein könnte.

Ausführliche Erläuterungen der Bewertungen sind umso wichtiger, weil der Ergebnisbericht — sinnvollerweise — meist nur eine *Zusammenfassung* sowie stichpunktartige Auflistungen bezüglich des Verhaltens und der Kompetenzeinschätzungen des Kandidaten enthält. Um nicht einen ganzen Roman über jeden Teilnehmer zu schreiben und um schon im Vorfeld des Verfahrens einzelne Kompetenzen überhaupt greif- und beobachtbar zu machen, ist es notwendig, diese zu *operationalisieren*.

Abstraktes beobachtbar machen

Betrachten wir noch einmal das Beispiel Einfühlungsvermögen: Diese Kompetenz kann sich in den verschiedensten Verhaltensweisen in einer Vielzahl von Situationen in unterschiedlichen Intensitäten zeigen, muss aber für ein Assessment-Center auf meist drei bis fünf Beschreibungen, sogenannte *Items*, reduziert werden. Anders wäre die Beurteilung gar nicht möglich, denn es muss sichergestellt werden, dass alle Beobachter auf die gleichen Verhaltensweisen achten und diese entsprechend bewerten. Umgedreht formuliert muss verhindert werden, dass jeder Beobachter die zu bewertende Kompetenz nach seinem ganz persönlichen Empfinden interpretiert. Für den einen Beobachter mag es beispielsweise ganz besonders einfühlsam sein, wenn jemand eine traurige Person in Ruhe lässt und nicht noch durch Nachfragen „Salz in die Wunde streut". Eine andere Person würde dasselbe Verhalten womöglich als sehr unsensibel werten und ihrerseits das ausdauernde Nachfragen, warum der Betroffene traurig ist, als viel einfühlsamer empfinden.

Diese Problematik gilt in AC-Verfahren im Hinblick auf fast alle zu beobachtenden Kriterien. Also muss die Realität „reduziert" und die Beobachtung zur Sicherstellung eines objektiven, transparenten Verfahrens gewissermaßen gelenkt werden. Mit Blick auf unsere Beispielskompetenz Einfühlungsvermögen könnten so im Vorfeld des AC als Items vorgegeben worden sein:

- „Fragt seinen Gesprächspartner aktiv nach dessen Gefühlen."
- „Greift auch feinere Andeutungen auf und spricht atmosphärische Belange an."
- „Zeigt Verständnis gegenüber Argumenten, die seiner Meinung widersprechen."

Diese drei Aspekte haben sich im Rahmen der Anforderungsanalyse womöglich als diejenigen herausgestellt, die den für das AC verantwortlichen Personen am wichtigsten erscheinen bzw. die Anforderungen an die zu besetzende Stelle am besten beschreiben. Dennoch können diese drei Items nur Beispiele für die vielen unter Einfühlungsvermögen möglichen Denk- und Verhaltensweisen sein. Tatsächlich geht es bei diesem Konstrukt darum zu beurteilen, inwieweit jemand in der Lage ist, die Welt des anderen mit dessen Augen zu sehen und dies sein Gegenüber auch spüren zu lassen.

Empathisches Verhalten kann auf verbaler, aber auch auf nonverbaler Ebene zum Ausdruck kommen. Die drei genannten Items beziehen sich überwiegend auf verbales Verhalten, wenngleich das dritte Item durchaus auch nonverbales Verhalten beinhalten kann („Verständnis" lässt sich z. B. auch durch Kopfnicken signalisieren). Selbst diese drastische Reduktion der Kompetenz Einfühlungsvermögen auf lediglich drei Aussagen birgt also immer noch Interpretationsspielraum und damit die Nachteile subjektiver Bewertung. Solche Nuancen können also nur dann für einen Teilnehmer motivierend und seiner Person gerecht werdend herausgearbeitet werden, wenn das Feedback durch einen tatsächlichen Beobachter des ACs erfolgt.

Hat der Teilnehmer z. B. eine 2 auf einer 5-stufigen Bewertungsskala in der Kompetenz Einfühlungsvermögen erhalten, so hat er offenbar die drei oben genannten Verhaltensweisen nicht so häufig gezeigt, wie es erwartet wurde, und somit wurde „leichter Verbesserungsbedarf" erkannt. Vielleicht hat er aber gleichzeitig besonders viel Ruhe ausgestrahlt, sodass sein Gegenüber Raum hatte, seine Ansichten vorzutragen, vielleicht hat er auch sehr authentisch durch Körpersprache und Mimik gezeigt, dass ihm die Äußerungen seines Gegenübers nahegehen, und möglicherweise ist es ihm durch wiederum andere Verhaltensweisen gelungen, eine vertrauensvolle Atmosphäre herzustellen — nur: Diese für die Beschreibung von Einfühlungsvermögen auch vorstellbaren Aspekte wären aufgrund der Operationalisierung nicht mit in die Bewertung eingeflossen.

Demotivation vermeiden

Ein Feedbackgeber, der nicht beim AC-Verfahren dabei gewesen ist, könnte sich in seinem Feedback also nur auf die Ergebnisse des Berichts beziehen, die wiederum auf Basis der vordefinierten Kriterien entstanden sind. Dieses Feedback könnte für den Teilnehmer leicht demotivierend wirkend, zumal er von sich selber annimmt — und dies vielleicht auch von anderen rückgemeldet bekommen hat —, dass er eigentlich ein recht empathischer Mensch ist. Nur der tatsächliche Beobachter des AC kann die von ihm wahrgenommenen feinen Nuancen mit in das Feedbackgespräch einbringen und damit seine Rückmeldung ausdifferenzieren. Auf diese Weise wird es möglich, auch einem kritischen Wert eine motivierende Wirkung zu verleihen und gleichzeitig in elementarer Weise sicherzustellen, dass das Verfahren Akzeptanz bei den Teilnehmern findet. Wer sich in den Rückmeldungen nicht wiederfindet und das Gefühl hat, dass seine Person zu holzschnittartig beschrieben wird, der wird leicht die Ergebnisse des Verfahrens und das Verfahren selbst negieren. Ohne eine fundierte Aufarbeitung des Verfahrens läuft man also Gefahr, dieses in kürzester Zeit in den Augen intern Betroffener „zu verbrennen".

Um Missverständnisse zu vermeiden: Hier geht es nicht um eine Verniedlichung kritischer Werte oder um ein wachsweiches, schwammiges Feedback, nur um jemanden nicht wehzutun. Schlechte oder kritische Leistungen dürfen und müssen klar festgehalten und auch ausgesprochen werden, um eine Signalwirkung zu erreichen und positive Veränderungen zu initiieren. Auch im Coaching ist mitunter die offene Konfrontation, also das klare und ungeschönte Benennen von Schwachstellen, ein wichtiges Mittel, um Aufmerksamkeit und Betroffenheit zu erzeugen. Dennoch ist es unbedingt zu vermeiden, nur aufgrund methodischer Notwendigkeiten – in diesem Fall also unvermeidlicher Limitierungen – im Zuge einer AC-Konzeption einen Kandidaten schlechter zu machen, als er eigentlich ist.

Feedback als Grundlage für den Transfer

Das Feedback durch AC-Beobachter ist also der entscheidende Hebel dafür, dass die Ergebnisse konkret auf eine Situation bezogen und differenziert verstanden werden, sodass ihre Implikationen für den Arbeitsalltag klar definiert werden können. Ein Feedbackgespräch durch den Beobachter des AC ist die Grundlage für einen gelungenen Transfer.

Wesentliche Erfolgskriterien im Kontext eines AC-Verfahrens

- Geben Sie den Teilnehmern im Vorfeld Informationen darüber, welche Kriterien unter Beobachtung stehen und welche Skala hierfür verwendet wird. (Aus der psychologischen Perspektive gilt sicherlich der Satz: „Verrate dem Probanden niemals das Konstrukt." Doch ist er in der Praxis meist nicht anwendbar: Gerade dann, wenn ein Prozess transparent gestaltet und vor allem Partnerschaftlichkeit sichergestellt werden soll, ist die Offenlegung der Beobachtungskriterien unabdingbar.)

- Klären Sie darüber auf, wofür die Ergebnisse verwendet werden.
- Geben Sie schon vorher bekannt, wie der Feedbackprozess und somit die Aufarbeitung der Ergebnisse erfolgen wird.
- Geben Sie den Teilnehmern Feedback zu ihrem Ergebnisbericht.
- Stellen Sie sicher, dass das Feedback durch Personen erfolgt, die beim AC anwesend war.

Als Coach muss man also zunächst wissen, ob der potenzielle Coachee bereits ein Feedbackgespräch erhalten hat oder nicht. Sollte Letzteres der Fall sein und das Feedback also im Rahmen des Coachings stattfinden, muss der Coach das Kompetenzmodell und die Bewertungsskala sowie das gesamte methodische Set-up des Assessment-Centers gut kennen. Im Verlauf des Feedbackgesprächs ist erfahrungsgemäß die Diskussion folgender Aspekte bedeutsam:

- Wie hat das Verfahren auf Sie gewirkt?
- Wie bewerten Sie den Ablauf des Verfahrens mit __ Wochen Abstand aus der heutigen Perspektive?
- Hatten Sie den Eindruck, alles ist fair, transparent und professionell durchgeführt worden?
- War Ihnen im Vorfeld bekannt, anhand welcher Kriterien Sie beobachtet und bewertet werden?
- Sind Ihres Wissens alle Kriterien gleich wichtig oder gibt es besonders bedeutsame Kriterien?
- Haben Sie den Ergebnisbericht bereits lesen können?
- Teilen Sie die Einschätzungen des Berichts?
- Ist die Bewertungsskala für Sie nachvollziehbar?
- Welche der aufgezeigten Entwicklungsfelder haben für Sie persönlich die größte Bedeutung?
- Sind diese Felder dieselben, die auch für Ihren beruflichen Erfolg am bedeutsamsten sind?
- Die Bearbeitung welcher dieser Entwicklungsfelder ist Ihrer Einschätzung nach Ihrem Vorgesetzten am wichtigsten?

Eine derartige Nachbereitung des Verfahrens sollte im Idealfall bereits durch HR sichergestellt worden sein, um die Grundlage für ein Coaching zu legen. Je besser das Verfahren selbst zunächst „intern" verarbeitet und ein Konsens darüber gefunden wurde, welche Rückmeldungen geteilt werden und wie diese einzuordnen sind, desto besser ist die Grundlage für die „externe" Aufarbeitung in einem Coaching.

● **TIPP: Erfolgreiche Durchführung von AC-Verfahren**

- Entwickeln Sie als HR-Abteilung einen für alle Führungskräfte verbindlichen Fragenkatalog, dessen Beantwortung im Rahmen eines Mitarbeitergesprächs die Sinnhaftigkeit von Coaching als Personalentwicklungsinstrument sicherstellt.
- Stellen Sie als HR-Abteilung sicher, dass Sie die Coachs, die im Anschluss an eignungsdiagnostische Verfahren Coachingprozesse in Ihrem Hause aufnehmen, umfänglich über die Instrumente und Bewertungsgrundlagen der einzelnen Verfahren in Kenntnis gesetzt haben.
- Lassen Sie Feedbacks im Anschluss an eignungsdiagnostische Verfahren immer durch einen Beobachter des Verfahrens durchführen. Dies ist elementar für die Akzeptanz der Ergebnisse und den Transfer der Empfehlungen in die Praxis

---

3.2.3 Coaching im Rahmen eines 360°- oder Aufwärts-Feedbacks

Ähnliche Fragestellungen gelten bei der Auswertung von 360°-Feedbackprozessen, die nicht selten einem Management-Audit vorgelagert sind. Im Rahmen eines 360°-Feedbacks erhält eine *Fokusperson* — in der Regel eine Führungskraft — eine Rückmeldung von zuvor definierten Feedbackgebern (meist Vorgesetzte, Kollegen, Mitarbeiter, Kunden) entlang vordefinierter Kompetenzfelder und -dimensionen.

Aufgabenorientierung

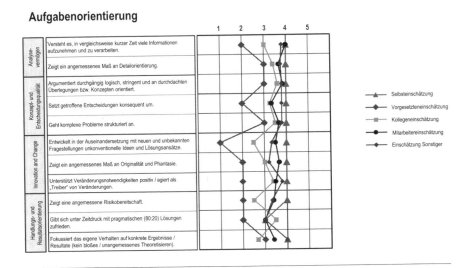

Abb. 4: Ausschnitt aus einem 360°-Ergebnisbericht

In diesem Fall ist den Feedbacknehmern klar, welche Aussagen bewertet wurden. Meistens werden auch hier pro Kompetenzdimension drei bis fünf Aussagen zugrunde gelegt, die von den Feedbackgebern, aber auch vom Feedbacknehmer selbst im Rahmen einer Selbsteinschätzung, zu bewerten sind. Diese 3 bis 5 zu bewertenden Aussagen ähneln also dem Rahmen von Assessment-Centern. Der entscheidende Unterschied ist jedoch meist, dass die Teilnehmer eines AC zwar manchmal grob die Bewertungsdimensionen, nicht aber deren Operationalisierungen und somit die einzelnen Items kennen.

Die Ausgangslage, und in der Regel auch das Ausmaß der Konsequenzen des Ergebnisberichts, sind bei einem 360°-Feedback zudem für die Führungskräfte/Teilnehmer meist klarer als bei einem AC. Ähnliches gilt für das Aufwärtsfeedback: Aufbau und Bewertungsansatz sind gleich gelagert, nur wird hier das Feedback nur durch die Mitarbeiter der Fokusperson gegeben.

Die Durchführung und Auswertung derartiger 360°- oder Aufwärtsfeedbackprozesse erfolgt häufig durch einen externen Dienstleister. Aus der Perspektive von HR, also dem Auftraggeber, muss auch in diesem Fall hohe Aufmerksamkeit auf die systematische Aufarbeitung der Feedbackergebnisse verwendet werden, die in einem zweistufigen Prozess erfolgen sollte. Zunächst ist ein Einzelauswertungsgespräch mit der Fokusperson erforderlich (Einzelcoaching). Im unmittelbaren Anschluss daran sollte die weitere Auswertung in einem Teamcoaching mit den Mitarbeitern der Fokusperson (in aller Regel eine Führungskraft) erfolgen.

Inhalte, Dauer und Abläufe der beiden Auswertungsschritte sollten zwischen HR und dem Verantwortlichen des externen Dienstleisters, der die Coachs stellt, eng abgestimmt werden.

Verfahrensschritte bei der Auswertung eines Aufwärtsfeedbackprozesses und Aufgaben des Coachs

1. Einzelcoaching: Reflexion der Ergebnisse und Vorbereitung eines Teamworkshops
2. Teamcoaching: Begleitung/Moderation des Teamworkshops

Das Einzelcoaching

Bevor man als Coach ein Einzelfeedback im Anschluss an einen Feedbackprozess vornimmt, sollte man sich Folgendes vergegenwärtigen: Je weiter der Feedbackgeber von der Fokusperson entfernt ist und je unabhängiger von ihr — auch und gerade im Sinne einer hierarchischen Abhängigkeit — desto kritischer fallen die Feedbacks aus. (Das wird auch in der obigen Abbildung zum 360°-Feedbackbericht deutlich.)

Der Grund dafür liegt auf der Hand: Obwohl jedem Feedbackgeber zu Beginn des Prozesses absolute Anonymität zugesichert wird, haben viele doch die Sorge, die Fokusperson könnte auf irgendeinem Weg erfahren, welche Werte sie im Feedback angegeben haben. Für einen (internen) Kunden wären die Konsequenzen in diesem Fall eher gering, er hat wenig zu befürchten. Er wird erfahrungsgemäß also vergleichsweise unverfälscht antworten. Ein Mitarbeiter der Fokusperson jedoch hätte womöglich mit unangenehmeren Konsequenzen zu rechnen, wenn herauskäme, dass er seinen Vorgesetzten kritisch betrachtet.

Grundsätzlich zeigt das Ergebnisbild also häufig folgende Rangfolge (oben sind die positivsten Werte bzw. Rückmeldungen angeordnet):

1. Mitarbeiter
2. Kollegen
3. Vorgesetzter
4. Kunden

Aufgrund dieses Effekts sollte der Coach im Feedbackgespräch darauf achten, weniger die *absoluten* Werte der Rückmeldungen, sondern vielmehr die Extreme im Kurvenverlauf wie auch die Relation der Kurvenverläufe zueinander kritisch zu hinterfragen. So ist beispielsweise auf einer 5er-Skala eine 3 („grüner Bereich") aus der Perspektive eines Mitarbeiters nicht selten kritischer gemeint als eine 3 aus der Perspektive des Vorgesetzten. Dieser Effekt sollte offen mit der Führungskraft besprochen und gemeinsam reflektiert werden, ob er auch im konkreten Fall auftritt.

Zunächst sollte also in einer ein- bis zweistündigen Sitzung zwischen Fokusperson und Coach der Ergebnisbericht gemeinsam reflektiert werden. Auch in Vorbereitung auf einen anschließenden Teamworkshop sollten wesentliche Inhalte dabei besprochen werden.

Kerninhalte eines Einzelfeedbacks

- Klärung von Verständnisfragen bezüglich des Berichts und Herausfiltern der wesentlichen Erkenntnisse.
- Pointierte Beschreibung der wesentlichen Stärken und Entwicklungsfelder durch den Coach (nach Bedarf Bezugnahme auf unterschiedliche Seiten des Berichts).
- Erkundung, inwieweit sich die Führungskraft die Kritikpunkte erklären kann, d. h., auf welche Situationen sich diese beziehen und inwieweit diese durch eigenes Verhalten/Nicht-Verhalten ausgelöst werden.
- Besprechung, was die Führungskraft glaubt, welche Erwartungen das Team an sie als Führungskraft hat. Gleichzeitig Diskus-

sion darüber, welche Erwartungen die Führungskraft an ihr Team hat.

- Auflistung der Dinge, die die Führungskraft sich selbst vornimmt und Feststellung, welche Art der Unterstützung sie hierfür benötigen könnte.
- Ableitung persönlicher Entwicklungsziele, um die Rolle einer Führungskraft auszufüllen.
- Vorschlag des Coachs, die Ergebnisse auch mit der direkten Führungskraft zu besprechen.
- Klärung, welche Themen des Ergebnisberichts Schwerpunkte des Teamworkshops werden sollen. Besprechung des Ablaufs des Teamworkshops.
- Festlegung von „Hausaufgaben" für die Führungskraft in Vorbereitung auf den Teamworkshop: Entwicklung von Statements für das Kommentieren der Stärken und Entwicklungsfelder, Durchdenken und Formulieren eigener Erwartungen an das Team.

Es treten also zwei typische und vielfach leidenschaftlich ausgefochtene Diskussionspunkte im Zuge derartiger Feedbackprozesse klar zutage:

1. Sollen die Rückmeldungen der einzelnen Feedbackgeber anonym und ihre Verfasser für die Fokusperson nicht erkennbar sein?
2. Verbleibt der Ergebnisbericht einzig in den Händen der Fokusperson oder erhält auch der Vorgesetzte und/oder HR eine Kopie?

Vor- und Nachteile der Anonymität

Der erste Punkt hängt erneut stark mit dem Reifegrad der Organisation und ganz wesentlich mit der Firmenkultur zusammen. Herrscht ein partnerschaftliches und offenes Verhältnis zueinander vor und werden Fehler offen eingeräumt und aktiv die Rückmeldungen anderer eingeholt, so wird ein anonymer Prozess kaum erforderlich sein. Vielmehr kann die Überbetonung von Anonymität leicht in Form einer selbsterfüllenden Prophezeiung dazu führen, dass der ganze Prozess auf einmal mit Argusaugen betrachtet wird und Misstrauen an Stellen entsteht, wo eigentlich Offenheit herrschen sollte: Wer die Firmenkultur durch einen solchen Prozess stärken will, konterkariert seine Ziele nicht selten durch übertriebene Anonymität und Intransparenz.

Die Zusicherung von Anonymität wird insbesondere dann ad absurdum geführt, wenn man den Prozess wie oben beschrieben zweistufig, also mit nachgeordnetem Teamworkshop, anlegt. Spätestens hier muss sich ja jeder Mitarbeiter zu dem Ergebnisbericht und den eigenen Ansichten äußern bzw. durch Stillschweigen erahnen lassen, was er geantwortet hat. Dies soll nicht als Werbung dafür verstanden werden, tatsächlich jede einzelne Antwort zu jeder Frage mit Blick auf jeden Feedbackgeber für die Fokusperson nachvollziehbar zu machen — auch das wäre dem Prozess nicht dienlich. Doch sollte HR schon vorab im Zuge der Kommunikation darauf achten, dass nicht die Zusicherung von Anonymität als Hauptargument für die Teilnahme überstrapaziert wird (vielfach ist die Mitwirkung an solchen Prozessen für Feedbackgeber freiwillig), sondern vielmehr für Mut, Zuversicht und partnerschaftlichen Austausch werben. Als Kernargument ist viel eher die Aussage geeignet, dass für das Gelingen von Führung und Zusammenarbeit Führungskraft und Mitarbeiter in gleicher Weise verantwortlich sind. Keiner darf sich hier darauf reduzieren, dem anderen „eine reinzuwürgen" — sei es durch ein überzogen kritisches Feedback als „Abstrafung" oder durch Machtspiele im Arbeitsalltag. Kritikpunkte müssen offen und in konstruktiver Weise angesprochen werden, damit eine (Führungs-)Beziehung funktioniert.

Bei der Anlage des Prozesses ist also Fingerspitzengefühl gefragt. Wie viel Offenheit verträgt die Organisation, wie viel geschützter Raum ist erforderlich? Und: Wie stark sind es die Mitarbeiter aus vergangenen Prozessen gewohnt, sich offen einzubringen, wie ausgeprägt ist also die Feedbackkultur? Erfahrungsgemäß empfinden es die meisten Beteiligten langfristig als befreiender und konstruktiver, wenn der Mut zur Offenheit gefördert und honoriert wird.

Verteilung des Ergebnisberichts

In Bezug auf die Frage, ob der Ergebnisbericht nur in die Hände der Fokusperson gelangen oder auch an andere relevante Personen weitergegeben werden soll, ist der Aspekt der *Nachhaltigkeit* wichtig. Langfristige Erfolge werden umso mehr erreicht, je verbindlicher der

Prozess gestaltet ist und je mehr Team und Führungskraft dazu angehalten werden, die erkannten Problemstellungen zu dauerhaft zu beobachten und wirklich zu lösen. Als Berater und Coach sollte man daher immer dafür werben, dass der Ergebnisbericht nicht nur zwischen Coach und Fokusperson, sondern mindestens auch zwischen dieser und ihrem Vorgesetzten besprochen wird. Nach Wunsch kann auch HR miteinbezogen werden, um ggf. Beratung und konkrete Unterstützung im Hinblick auf Schritte der Personalentwicklung liefern zu können.

Der Vorgesetzte der Fokusperson sollte also als Unterstützer für die getroffenen Ableitungen und geplanten Vorhaben dienen, gleichzeitig aber auch die Möglichkeit haben, den Umsetzungsgrad in angemessenen Abständen zu hinterfragen.

Da derartige Prozesse auch eng mit dem Aspekt der *Leistungsbewertung* verbunden sind, haben meist auch Betriebs- oder Personalrat an der Prozessgestaltung Anteil. Diese Vorgehensweise ist in jedem Fall empfehlenswert, denn die konstruktive Kommunikation und Begleitung eines Feedbackprozesses durch BR/PR kann den Nutzen des Prozesses wesentlich steigern. Allerdings wird gerade die Zusicherung von Anonymität und der alleinige Verbleib des Ergebnisberichts bei der Fokusperson häufig durch BR/PR zum Schutze der Mitarbeiter eingefordert. Letztendlich dient ein solches Vorgehen aber erfahrungsgemäß einer konstruktiven Weiterentwicklung der Feedbackkultur und der Selbstbestimmtheit und Selbstorganisationsfähigkeit eines Mitarbeiters weniger, als damit womöglich intendiert ist.

Zurück zum Einzelfeedback: Die Aufgabe des Coachs an dieser Stelle ist die Herausarbeitung von Problemmustern und Zusammenhängen aus dem Ergebnisprofil und die Versorgung der Führungskraft mit Denkanstößen zum weiteren Umgang mit den einzelnen Ergebnissen. Dies kann aber in jedem Fall nur der *Startpunkt* einer Aufarbeitungsphase sein. Es müssen unbedingt weitere Schritte folgen, damit Dinge wirklich verändert werden können. An dieser Stelle ist es auch wichtig hervorzuheben, dass die *Fokusperson* die Verantwortung für die Ergebnisnachhaltung tragen muss und nicht etwa darauf warten darf, dass Vorgesetzter, HR oder andere Beteiligte dafür sorgen, dass zukünftig beispielsweise die Teamatmosphäre stimmt.

Im zweiten Teil des Einzelgesprächs empfiehlt es sich, die geplante Auswertung des Aufwärtsfeedbacks mit den Mitarbeitern der Führungskraft vorzubereiten. Dabei sollten Coach und Fokusperson verschiedene Fragen klären.

Fragen zur Vorbereitung des Teamcoachings

- Haben Sie ähnliche Kritikpunkte, wie sie der Ergebnisbericht enthält, schon zuvor gehört?
- Welche Versuche haben Sie bisher unternommen, um eine Verbesserung zu bewirken? Woran sind diese Versuche gescheitert?
- Was müsste getan werden, um die derzeitige Situation noch zu verschärfen?
- Welche Minimal- und Maximalziele haben Sie für das Teamcoaching?
- Welche Ziele unterschiedlicher Stakeholder (z. B. Vorgesetzter der Führungskraft, Kollegen) sind womöglich mit dem Teamcoaching verknüpft? Haben Sie Ihren Vorgesetzten bereits gefragt, ob er bestimmte Erwartungen an das Teamcoaching hat?
- Was sollte auf keinen Fall passieren? Was ist explizit nicht Ziel des Teamcoachings?
- Welche anderen Stakeholder haben Interesse an der verbesserten Zusammenarbeit Ihres Teams?
- Welche individuellen Erwartungen und Zielsetzungen sind (wahrscheinlich) bei den Mitarbeitern mit Blick auf das Teamcoaching vorhanden?
- Welche Leitlinien (oder Erfolgsfaktoren) der Zusammenarbeit sind auf Teamebene sinnvoll/notwendig und möglicherweise schon erarbeitet?
- Welche Stimmung ist im Teamcoaching zu erwarten, wie viel Offenheit wird herrschen?
- Wie können Vereinbarungen, die im Teamcoaching getroffen werden, nachgehalten werden? Wer kann dabei unterstützen?

- Welche Rahmenbedingungen und Steuerungsmechanismen können sicherstellen, dass Vereinbarungen aus dem Workshop auch umgesetzt werden? Existieren diese Bedingungen und Mechanismen bereits oder müssen sie noch ins Leben gerufen werden?
- Welche Schwierigkeiten sind beim Transfer abzusehen?

Diese Vorbesprechung dient jedoch nicht dazu, bereits verbindliche Ziele für den Workshop festzulegen oder gar Ergebnisse vorwegzunehmen. Vielmehr ist die frühzeitige Einbindung der Fokusperson für den Erfolg der Maßnahme von elementarer Bedeutung. In diesem Zuge sollte unbedingt herausgearbeitet werden, dass für eine nachhaltige Lösung der Problemstellungen der Nachfolgeprozess differenziert geplant und durchgeführt und das Umfeld entsprechend gestaltet werden muss.

Sind diese Klärungen vorgenommen, sollte die Führungskraft in einem nächsten regulären Meeting mit dem Team das Teamcoaching verbindlich ankündigen und bereits zu diesem Zeitpunkt Wünsche, Erwartungen und Ziele mit Blick auf das angestrebte Ergebnis der Maßnahme besprechen.

Das Teamcoaching
In diesem Schritt erfolgt die gemeinsame Bearbeitung aktueller Problemstellungen durch Führungskraft, Team und Coach. Dabei fungiert der Coach vor allem als Prozessbegleiter, Impulsgeber und methodischer Unterstützer, der in einem begrenzten Zeitfenster systematisch eine Lösung durch das Team herbeiführt und Ergebnisse sichert. Er hilft, eine Bestandsaufnahme durchzuführen, Probleme zu priorisieren und konkrete Vereinbarungen abzuleiten. Zudem ist er auf Basis seiner Erfahrungen in der Lage, fundierten Input zu leisten: Er kennt die typischen Hintergründe von Problemstellungen, kann Ansatzpunkte für Optimierungen benennen sowie theoretische Konzepte und Best-Practice-Ansätze erfolgreicher Teams erläutern und den Transfer in die Realität des Teams unterstützen.

Das Teamcoaching dient im Wesentlichen dazu, die Rückmeldungen zu besprechen und Vereinbarungen zu treffen. Es empfiehlt sich dabei durchaus, dass die Führungskraft zu Beginn der Veranstaltung ihren Ergebnisbericht — oder zumindest die kritischsten/interessantesten Punkte daraus — vorstellt. Unter Moderation des Coachs kann dann herausgearbeitet werden,

- inwieweit die Ergebnisse in dieser Weise erwartet wurden bzw. Überraschung auslösen,
- ob die abgefragten Dimensionen verständlich und vor allem auch relevant waren,
- ob es Punkte gab, die nicht zum Ausdruck gebracht werden konnten, aber wichtig sind,
- in welchen konkreten Situationen (angelehnt an die Dimensionen des Ergebnisberichts) die Mitarbeiter bislang kritisches Verhalten beobachten (hier geht es um konkrete Beispiele aus dem Arbeitsalltag),
- welches alternative Verhalten sich die Mitarbeiter von ihrer Führungskraft wünschen würden.

Abschließend müssen verbindliche Vereinbarungen getroffen werden. Auch die Führungskraft sollte hier klar artikulieren, welche Erwartungen sie an ihre Mitarbeiter hat, um sie selbst in die Lage zu versetzen, ihr Verhalten zu ändern. Sie sollte also hier durchaus Zugeständnisse machen, gleichzeitig aber auch selbst bestimmte Aspekte einfordern. Auch hier tritt wieder klar zutage, dass das Gelingen von Führung und Zusammenarbeit in gleicher Weise in der Verantwortung aller Beteiligten liegt, ganz im Sinne der an anderer Stelle erläuterten *transaktionalen Führung* oder *dyadischen Führung*. Derartige Vereinbarungen sollten sodann z. B. als *Erfolgsfaktoren der Zusammenarbeit* festgehalten werden.

Eine typische Agenda für einen ersten eintägigen Workshop kann folgendermaßen gestaltet sein:

Ablaufplan: Teamcoaching im Rahmen des Feedbackprozesses			
Dauer	Thema	Sozialform / Medium	Inhalt
5 min 10 min	Begrüßung durch Führungskraft Vorstellen der Agenda durch Coach	Vortrag	*Führungskraft* ■ Bedankt sich für das erhaltene Feedback. ■ Betont den lösungsorientierten Fokus und die Weiterentwicklung der Feedbackkultur. ■ Sie weist auf das Ziel von Vereinbarungen und Teamregeln hin. ■ Sie formuliert eigene Erwartungen an den Workshop. *Coach* ■ Weist auf eigene Rolle hin (Neutralität). ■ Beschreibt Feedbackregeln. ■ Betont, dass auch positive Rückmeldungen wichtig sind.
30 min	Präsentation der Befragungsergebnisse	Vortrag per Beamer Diskussion erste Eindrücke von Mitarbeiter und Führungskraft	*Coach* Stellt den Ergebnisbericht der Führungskraft vor. Stellt anschließend Fragen an die Mitarbeiter: ■ Sind sie von den Ergebnissen überrascht? ■ Haben sie diese so erwartet? ■ Was ist — im Positiven wie auch im Kritischen — kennzeichnend für ihre Führungskraft? *Führungskraft* kommentiert Ergebenisse: ■ Was für sie besonders wichtig an den Ergebnissen ist. ■ Was sie am meisten gefreut hat. ■ Was ihr besonders nahe geht.

100 min	Bearbeitung der kritischsten Rückmeldungen	Kartenabfrage
		
		Vorbereitung einer Meta plan wand, auf der Vereinbarungen festgehalten werden
			1. Das *Team* benennt, in welchen Situationen sich andere Führungskräfte von ihrer Führungskraft „eine Scheibe abschneiden" könnten. (Das positive Verhalten der Führungskraft im Alltag soll damit gestärkt und mittels Beispielen verdeutlicht werden.)
			2. Das *Team* sammelt konkrete Situationen, für Verhaltensweisen (d. h. ein Item) für die das Feedback „eher dürftig" lautet (z. B. hinsichtlich des Items „Meine Führungskraft ist jederzeit ansprechbar".).
			3. Das *Team* formuliert konkrete Verhaltensweisen, wie sie die Führungskraft zukünftig zeigen möge.
			4. Der *Coach* sorgt dafür, dass die *Führungskraft* sich klar zu dem gewünschten Verhalten positioniert:
			  ▪ Was kann/möchte sie umsetzen und was nicht? Warum nicht?
			  ▪ Was braucht die Führungskraft von ihrem Team, um ihr Verhalten umzustellen?
			  ▪ Welche Erwartungen an das Team sind damit verbunden?
			  Ziel ist es, ein Commitment zwischen Führungskraft und Team mit Blick auf konkrete Situationen herzustellen.
			5. Konkrete Formulierung und schriftliche Fixierung von Vereinbarungen (in symbolischer Art und Weise).

	Optional je nach Zeit: Dimensionen des Fragebogens diskutieren		Optional: Mit dem gesamten Team wird ein breiteres Verständnis über die Bedeutungen der Dimensionen des Fragebogens erarbeitet. Vorzugsweise über die Dimensionen, bei denen die Rückmeldungen kritisch ausgefallen sind:
			  ▪ Was heißt z. B. „Motivation" über die 5 Items hinaus, die im Fragebogen zu bewerten waren?
			  ▪ Ist damit für den Arbeitsalltag alles Wesentliche beschrieben? Oder gibt es Aspekte, die durch den Bogen gar nicht thematisiert wurden, aber für das Team sehr wichtig sind?

15 min	*Kaffeepause zwischendurch frei zu definieren*		

| 30 min | Vereinbarung von Spielregeln | Austausch im Plenum; Flip Chart | Das *Team* vereinbart — moderiert durch den *Coach* — gemeinsame „Spielregeln"/„Erfolgsfaktoren der Zusammenarbeit". Die Ergebnisse werden auf dem Flipchart festgehalten. Anschließend würdigt die *Führungskraft* die Spielregeln kritisch: „Was wir schon gut machen und was noch besser werden muss". Und sie kommuniziert nochmals ihre wichtigsten Erwartungen an das Team. |
| 5 min | Abschluss durch die *Führungskraft*: ▪ Gemeinsame Vereinbarungen wiederholen. ▪ Führungskraft bekommt den Auftrag, die Vereinbarungen für alle zu kopieren und im Nachgang zu verteilen. ▪ Termin festlegen, wann man sich das nächste Mal trifft, um das Funktionieren der Vereinbarungen gemeinsam zu reflektieren. | | |

Ein solches Teamcoaching kann über das Aufwärtsfeedback hinaus auch genutzt werden, um weitere wichtige Eindrücke bezüglich des Teams und der Führungskraft zu gewinnen:

- Wie ist die Feedbackkultur insgesamt? Traut sich jeder offen seine Meinung zu sagen?
- Ist das Team eher problemfokussiert und „rührt nur im Problembrei"? Oder wendet man sich schnell möglichen Lösungsansätzen zu und agiert konstruktiv?
- Gibt es offensichtlich ungeklärte Konflikte zwischen einzelnen Teammitgliedern, die zu atmosphärischen Störungen sowie zu Defiziten in Kommunikation und Wissensaustausch führen?
- Werden unklare Rollenverteilungen sichtbar?
- Herrscht ein werteorientiertes Verhalten vor oder fehlen gemeinsame Normen und Regeln in der Zusammenarbeit und differiert daher das Verständnis für Erfolgsfaktoren der Teamarbeit?

Wenn der Coach das Teamcoaching derart systematisch begleitet und damit sowohl bei der Führungskraft als auch beim Team den Fokus für die Gestaltung von Führung und Zusammenarbeit erweitert, so ist viel geschafft. Eine solche Basis befähigt die Beteiligten häufig bereits dazu, den Prozess eigenständig weiterzuverfolgen und Vereinbarungen nachzuhalten.

Für den Coach können solche Teamcoachings eine einmalige Maßnahme sein, sich aber auch analog zum Einzelcoaching nicht selten auf einen Prozess erstrecken, der zwei bis sechs Treffen beinhaltet. Ein solcher Workshop sollte jeweils eine Dauer zwischen einem halben und einem ganzen Tag haben.

TIPP: Erfolgreiche Durchführung von Feedbackprozessen

- Stellen Sie sicher, dass Ergebnisse aus einem 360°- oder Aufwärtsfeedback professionell in einem zweistufigen Prozess — Einzel- und Teamcoaching — mithilfe eines Coachs ausgewertet werden und ein weiterer Prozess zur Transfersicherung definiert wird.
- Legen Sie als HR-Verantwortlicher dafür nach Möglichkeit einen verbindlichen Prozess fest, der auch die Auswertung des Ergebnisberichts zwischen der Fokusperson und ihrer Führungskraft sicherstellt.
- Achten Sie bei der Anlage eines Feedbackprozesses darauf, den Aspekt der Anonymität nicht überzubetonen. Werben Sie vielmehr für das offene und konstruktive Äußern von Kritik und für eine hohe Lösungsorientierung im Umgang mit ihr.
- Betrachten Sie bei der Auswertung von 360°-Feedbacks nicht nur die *absoluten* Ergebniswerte, sondern vor allem auch die *Unterschiede innerhalb* eines Kurvenverlaufs sowie die Unterschiede der Kurvenverläufe *zwischen unterschiedlichen Feedbackgebern*.

3.2.4 Coaching als Teil eines Management-Development-Programms

Gut designte Management-Development-Programme (MDP) zeichnen sich typischerweise dadurch aus, dass sie ...

- aus mehreren Modulen bestehen,
- eine hohe Praxisorientierung aufweisen,
- Transfer systematisch sicherstellen,
- Plattformen und Methoden zur kollegialen Problemlösung etablieren,
- Coachingangebote beinhalten.

Der Coach hat in einem solchen Programm meist zum einen die Aufgabe, den Transfer der in den einzelnen Modulen diskutierten Inhalte in den Arbeitsalltag zu unterstützen, zum anderen sollte er darüber hinausgehende, individuelle Problemstellungen seines Coachees begleiten.

In guten Trainings wird oftmals ein Transfertagebuch o. Ä. verwendet, in dem sich der Manager mit Blick auf einzelne Themen notiert, was er sich konkret für spezifische Situationen seines Alltags vornimmt oder auch, welche persönlichen Erkenntnisse er aus einer Trainingssequenz gewonnen hat. Mit diesen Notizen kann dann in den Coachingsitzungen gearbeitet und einzelne Aspekte können beleuchtet und konkretisiert werden. Der Coach muss dafür nicht an den Modulen selber teilgenommen haben: Wichtig ist nicht, was *gesagt* wurde, sondern, was bei dem Coachee *angekommen* ist. Natürlich sollte man sich als Coach im Vorfeld darüber informiert haben,

- was der Anlass des MDPs ist,
- welche Zielgruppe involviert ist,
- wie die Auswahl der Teilnehmer für das Programm erfolgt ist,
- welche Erwartungen gegenüber Trainern und Coachs bestehen,
- wie viel Vorerfahrungen mit derartigen Programmen und Lernformen (auch mit Coaching) die Teilnehmer mitbringen,
- was die generellen Ziele des MDPs sind,
- was die gewünschten Einzelergebnisse/Effekte sind,
- welches Führungsverständnis in der Organisation verankert ist.

Zudem sollte der Coach in einem solchen Kontext natürlich über *Führungswissen* verfügen (nicht jedoch zwingend über eigene Führungserfahrungen) und damit die Konzepte zum Thema Führung differenziert bewerten und gemeinsam mit dem Coachee sinnvolle individuelle Ableitungen dazu treffen können.

3.2.5 Coaching als Grundlage potenzialorientierter Laufbahnentwicklung

Vielerorts werden in Unternehmen bereits einzelne Nachwuchsführungskräfte gezielt identifiziert und über Mentoring und Coachingprogramme an künftige Führungsaufgaben herangeführt. Auch die Unterstützung durch Coaching in Zeiten von *Turnaround* und *Change* sowie in Einzelfällen bei der Übernahme neuer komplexer Managementaufgaben ist inzwischen weit verbreitet. Es gibt heute aber auch Ansätze, die das Ziel verfolgen, nicht erst an besonders kritischen Punkten einzuhaken, sondern quasi *vorsorgend* der Führungsmannschaft und Mitarbeiterschaft eines Unternehmens Instrumente zur Sicherung ihrer Arbeits- und Lebensqualität zur Verfügung zu stellen.

 BEISPIEL: Ausgangspunkt des Kienbaum-Entwicklungskonzepts

Mit einer ungewöhnlichen Aufgabenstellung trat einer unserer mittelständischen Kunden an uns heran:

In einem Maschinen- und Anlagenbauunternehmen mit 4.500 Mitarbeitern hat die Personalleitung gewechselt. Der neue Verantwortliche, der bisher als einer der Personalreferenten im Unternehmen tätig war, wollte die Personalarbeit strategisch auf die Zukunft hin ausrichten und ein ganzheitliches Konzept für Karriere- und Laufbahncoaching entlang des gesamten Mitarbeiterlebenszyklus etablieren. Als Kernthemen hat er die gezielte Rekrutierung, Integration und Entwicklung von High Potentials, den Umgang mit desillusionierten Leistungsträgern der mittleren Managementebene und die konstruktive Gestaltung der dritten Phase des Arbeitslebens für Führungskräfte der 50+-Generation identifiziert. In enger Zusammenarbeit mit dem Auftraggeber haben wir daraufhin das nachfolgende umfangreiche Entwicklungskonzept mit einer klaren Programmstruktur entwickelt.

Ausgangssituation und Zielsetzung

Die einzelnen Komponenten des genau auf die Situation des betroffenen Unternehmens zugeschnittenen Coachingprogramms decken die folgenden drei Bereiche ab:

- Integration und Weiterentwicklung von High Potentials
- Förderung demotivierter Leistungsträger der mittleren Managementebene
- Unterstützung bei der konstruktiven Gestaltung der dritten Phase des Arbeitslebens für obere Führungskräfte der 50+-Generation

Ähnliche Anforderungen ergeben sich sicherlich auch in vielen anderen Unternehmen, sodass das hier beschriebene Konzept in seiner Grobstruktur universell anwendbar ist. Es ist aber unabdingbar, die einzelnen Instrumente vorab mit Blick auf die individuelle Situation der Organisation genau zu betrachten und nötigenfalls anzupassen.

Integration und Weiterentwicklung von High Potentials

Das Unternehmen hat in den letzten zwölf Monaten sehr erfolgreich Hochschulabgänger angeworben und eingestellt. Für die jeweiligen Vorgesetzten ist es nicht einfach, die anspruchsvollen jungen Leute, die einen deutlich höheren Gesprächsbedarf und ein größeres Selbstbewusstsein haben als die Kernmannschaft, in die herkömmlichen Arbeitsabläufe zu integrieren. Die Führungskräfte fühlen sich durch diese gesprächsintensive Integrationsarbeit zum Teil überfordert, die jungen Ingenieure der „Generation Y" reagieren demgegenüber demotiviert und schauen sich bereits am Markt nach neuen Herausforderungen um. Das Unternehmen jedoch will die begehrten zukünftigen Leistungsträger gerne halten, zu Führungskräften entwickeln und dauerhaft motivieren. Das kann nach Überzeugung des Personalleiters nur gelingen, indem der Gesprächsbedarf der jungen Mitarbeiter befriedigt wird, das Unternehmen sich für ihre Karriereperspektiven und Lebensentwürfe interessiert, tatsächlich mit ihnen in einen Dialog tritt und attraktive Perspektiven anbieten kann. Ziel ist ein Dialog auf Augenhöhe, der das Interesse des Unternehmens an den Lebens- und Karriereperspektiven der jungen Ingenieure zeigt, diese Perspektiven aufgreift und sie sinnvoll in das Unternehmen integriert.

Förderung demotivierter Leistungsträgern der mittleren Managementebene

Einige der Führungskräfte im mittleren Lebensalter und auf der mittleren Führungsebene charakterisiert der Personalchef als unstet in ihrer Leistungskraft. Ihre Leistungsfähigkeit hängt ab von der inneren Einstellung und Loyalität zum Unternehmen, und je nach Projekt, Anforderung oder Unternehmenserfordernissen schwankt dieser „Wert" beträchtlich. Die schwankende Unentschiedenheit belastet die Abteilungen und kostet das Unternehmen durch mangelnde Produktivität und schlechte Stimmung viel Geld. Die Organisation kann und will es sich eigentlich nicht leisten, diese Führungskräfte zu verlieren, erwartet aber eine klare Positionierung von ihnen: Wollen sie bleiben und zu ihrer vollen Leistungsfähigkeit zurückkehren oder wollen sie das Unternehmen verlassen? Eine gezielte Begleitung soll sie dabei unterstützen, Klarheit zu gewinnen, einen eigenen Standpunkt zu erarbeiten, daraufhin eine Entscheidung zu treffen und die Konsequenzen dieser Entscheidung bewusst zu tragen.

Konstruktive Gestaltung der dritten Phase des Arbeitslebens für obere Führungskräfte der 50+-Generation

Für viele Führungskräfte stellt sich mit 50+-Jahren noch einmal die Frage, wie und wo es im Unternehmen weitergehen soll. Einerseits sind die Bedürfnisse an Arbeitszeit und die Karrierewünsche individuell unterschiedlich, andererseits möchte auch das Unternehmen neben der Möglichkeit von Altersteilzeit noch weitere Handlungsoptionen sondieren und seine Palette an Angeboten erweitern. Ziel ist hier die bewusste Gestaltung der dritten Lebens- und Arbeitsphase im Abgleich zwischen individuellen Erwartungen, den Erfordernissen des Unternehmens und der Gesunderhaltung wichtiger Leistungsträger.

Erfolgskritische Rahmenbedingungen
Im Unternehmen hatte Coaching bisher vor allem bei Führungskräften den Ruf, dass es nur dort eingesetzt wird, wo ein „Mangel" aufgetreten ist bzw. jemand „versagt" hat. Daher positioniert der Personalleiter das Instrument nun zunächst gezielt als *integralen Bestandteil* der Potenzialentwicklung im Unternehmen in *jeder Phase* des Mitarbeiterlebenszyklus: Zu Beginn der Karriere beim Eintritt ins Unternehmen, in der „Mitte" und in der „Reifephase". Als übergeordneten Begriff wählt das Unternehmen für die Beratungen die Bezeichnung *Entwicklungs-*

gespräche. Die jungen Ingenieure können hier ihre Perspektive im Unternehmen ausloten und möglicherweise die Balance zwischen Leben und Arbeit finden. Die mittleren Führungskräfte sollen herausfinden, ob sie wirklich bereit sind, sich auch zukünftig im Unternehmen zu engagieren oder ob die Perspektiven außerhalb für sie attraktiver sind. Und die reifen Manager der 50+-Generation entwickeln eine langfristige Arbeitsperspektive, die zu ihrer neuen Lebensphase passt.

Die Einführung des Instruments
Die Kommunikation erfolgt nicht nur über die HR-Abteilung, sondern in enger Zusammenarbeit mit der Marketing- und PR-Abteilung. Der für Personal zuständige Vorstand und der Personalchef treten gemeinsam auf und kündigen im Intranet die Möglichkeit der Entwicklungsgespräche als Instrument der internen Potenzialentwicklung an, um dem Fachkräftemangel aktiv zu begegnen und Mitarbeiter in allen Lebensphasen und Altersgruppen proaktiv ans Unternehmen zu binden. Zur Einführung wird ein separates Führungskräftemeeting einberufen, denn die Führungskräfte erhalten ein Vorschlagsrecht für Personen, die in Abstimmung mit der HR-Abteilung in den Genuss der Entwicklungsgespräche kommen sollen, und die zukünftig mehr Verantwortung übernehmen sollen. Jede Führungskraft wird mit Unterlagen zu den Entwicklungsgesprächen ausgestattet, um das neue Instrument in der eigenen Abteilung vorzustellen. In der externen Kommunikation nutzt die Marketingabteilung das Instrument für ihr Employer Branding und die Positionierung des Unternehmens als attraktiver Arbeitgeber, der kontinuierlich für die Reflexion der Mitarbeiterpotenziale und Karriereperspektiven im Unternehmen sorgt.

Die Philosophie hinter den Entwicklungsgesprächen
Die Entwicklungsgespräche fußen auf der Erkenntnis, dass ein Unternehmen seine Wirtschaftlichkeit gezielt steigert, wenn es die in den Mitarbeitern liegenden Fähigkeiten, Kompetenzen und Potenziale zur Entfaltung bringt: Motivierte Mitarbeiter leisten mehr, lieber, besser und länger. Im Fokus der Gespräche stehen also die Sichtweise des Mitarbeiters oder der Führungskraft mit ihren Zielen, Wünschen und Bedürfnissen einerseits und das Unternehmen mit seinen Zielen, Anforderungen und Erwartungen.andererseits. Die Beratung erfolgt unter der Prämisse der *Vertraulichkeit.* Die Inhalte der Gespräche werden

nicht weitergegeben und alle thematisierten Aspekte mit Verschwiegenheit behandelt. Die verwendeten Instrumente und Methoden legt der Coach sowohl dem Gesprächspartner als auch dem HR-Verantwortlichen gegenüber offen, sodass zu jeder Zeit völlige Transparenz der Mittel herrscht.

Aus der Sicht des HR-Verantwortlichen sollen die Entwicklungsgespräche gezielt ein neues Bewusstsein der Mitarbeiter darüber fördern, dass sie ihre Karriere im Unternehmen aktiv mitgestalten können und sollen. Führungskräfte und Personalabteilung haben ein vitales Interesse daran, dass jeder Mitarbeiter seine Ziele und Bedürfnisse, seine Erwartungen und Wünsche an den Arbeitsplatz, an das Unternehmen und an das eigene Leben reflektiert. Denn nur was reflektiert wurde, kann auch in einem Personalfördergespräch formuliert werden. Im Abgleich mit den Unternehmenserfordernissen, dem zukünftigen Personalbedarf und den kurz, mittel- und langfristig benötigten Kompetenzen im Unternehmen können HR-Abteilung und Führungskräfte auf dieser Basis nach kreativen Lösungen suchen, nützliche Modelle erarbeiten und die Personalpolitik in einen echten Personal*dialog* verwandeln.

Die Entwicklungsgespräche werden von den jungen Ingenieuren sehr interessiert angenommen. Die mittlere Führungsebene reagiert hingegen mehrheitlich skeptisch und zögerlich und die älteren Führungskräfte brauchen offensichtlich noch etwas Zeit, um sich gedanklich auf diesen Schritt einzustellen.

Ablauf und Durchführung eines individuellen Entwicklungsgesprächsprozesses

Vorab

- Abstimmung zwischen Vorgesetztem und Mitarbeiter zur Feststellung des individuellen Gesprächsbedarfs
- Vorschlag der Teilnahme an Entwicklungsgesprächen durch den Vorgesetzten in Abstimmung mit dem jeweiligen HR-Verantwortlichen
- Festlegung der Themen und Ziele zwischen Mitarbeiter und HR-Verantwortlichem in einem Vorgespräch mit der Personalabteilung

- Auswahl des Coachs für die individuelle Beratung (Matching) durch HR
- Briefing des Coachs durch HR hinsichtlich des Formats Entwicklungsgespräche
- Absprache der individuellen Themen und Ziele zwischen Coach und Coachee
- Mündlicher Vertrag zwischen Coach und Coachee als Arbeitsgrundlage

Die Entwicklungsgespräche

- Durchführung der Gespräche
- Abschlussevaluation mit Fragebogen und Feedback zwischen Coach und Coachee

Nachgang

- Gespräch und Abstimmung zwischen HR-Verantwortlichem, Vorgesetztem und Coachee hinsichtlich weiterführender Schritte im Unternehmen
- Feedback des Coachees an den HR-Verantwortlichen zum Prozess und zur Persönlichkeit des Coachs
- Feedback des HR-Verantwortlichen an den Coach

TIPP: Unbedingte Vertraulichkeit

Es sollte keinerlei Berichterstattung über den *Inhalt* der Entwicklungsgespräche vom Coach an den HR-Verantwortlichen erfolgen — weder in mündlicher noch in schriftlicher Form. Der Informationsfluss sollte ausschließlich vom Coachee ausgehen, der damit selbst dafür verantwortlich ist, seine Themen in geeigneter Form ins Unternehmen, d. h. an seinen Vorgesetzten und die HR-Verantwortlichen, zu transportieren. Andernfalls wird der Coach im Dreiecksverhältnis das Vertrauen seiner Vertragspartner verlieren — und infolgedessen den Auftrag.

Inhalt und Konzept der verschiedenen Entwicklungsgespräche

Die Dauer der Entwicklungsgespräche ist generell auf insgesamt *neun Stunden* festgesetzt. Die einzelnen Entwicklungsgespräche müssen jedoch selbstredend je nach Adressatengruppe individuell aufgebaut sein, um den jeweiligen Zielpersonen gerecht zu werden. Nachfolgend werden die einzelnen Konzepte vorgestellt und anhand typischer Beispiele näher erläutert.

Integration und Weiterentwicklung von High Potentials

Inhalt der Entwicklungsgespräche ist die aktive Reflexion der bisherigen Integration in das neue Unternehmen sowie die Selbst- und Fremdwahrnehmung in diesem Prozess. Die konkreten Inhalte und die Auswahl der Fragen, Tools und Bausteine sowie die Ziele und die Erwartungshaltung werden zu Beginn der Beratung gemeinsam festgelegt. Diese Vorgehensweise gewährleistet einen individualisierten Prozess mit den Zielen, Klarheit und Transparenz über die entscheidenden Motivatoren in Beruf und Privatleben zu gewinnen, die Zufriedenheit und den Grad der Integration in der aktuellen Position im Unternehmenskontext zu analysieren und zu entwerfen, welche Möglichkeiten und Wünsche der Coachee hat, um seine Entwicklung im Unternehmen positiv zu beeinflussen.

Ablaufplan für das Entwicklungsgespräch eines High Potentials

Vorgespräch (1,5 h)
- Kennenlernen von Coach und Coachee
- Situationsbeschreibung
- Auftragsklärung

Standortbestimmung (2 h)
- Einsatz des Kienbaum-Potenzialanalyse-Fragebogens, Darstellung des Kompetenzprofils und Feedbackgespräch
- Analyse des individuellen Ausbildungs- und Berufswegs und der größten persönlichen, ausbildungsbezogenen und beruflichen Erfolge
- Vergegenwärtigung der grundlegenden Haltungen und Glaubenssätze
- Herausarbeiten der größten Motivatoren in beruflicher und privater Hinsicht sowie der kurz-, mittel- und langfristigen Ziele

Alternative Optionen und Szenarien (2 h)
- Einsatz des Kienbaum-Fragebogens zur Selbst- und Fremdeinschätzung (in diesem Fall durch Vorgesetzte)
- Reflexion der eigenen Position und Rolle im Unternehmen
- Entwicklung von verschiedenen Szenarien und Karrierewegen im Unternehmen

- Reflexion der eigenen Beharrungs- und Veränderungstendenzen Zielbestimmung (2 h)
- Priorisierung der Optionen und Erarbeiten der konkreten Zielsetzung
- Aufzeigen der individuellen Balanced Scorecard zur fachlichen und überfachlichen Performance sowie zu kurzfristig und langfristig zu entwickelnden Potenzialen
- Reflexion der zur Verwirklichung notwendigen internen oder externen Unterstützung
- Definition der ersten Schritte

Abschlussreflexion zum Prozess und den Ergebnissen (1,5 h)

 BEISPIEL: Entwicklungsgespräch für einen High Potential

Coachee Saskia Weber ist 29 Jahre alt und seit einem Dreivierteljahr als Projektingenieurin im Unternehmen tätig. Ihr Vorgesetzter hat sie als Teilnehmerin für die Entwicklungsgespräche vorgeschlagen, weil sie eindeutig zu den jungen Leistungsträgern im Team gehört, allerdings auch aus ihren sehr hohen Ansprüchen an sich selbst eine ebenso schnell ansteigende Karriereentwicklung im Unternehmen ableitet.

Der Personalleiter unterstützt die Teilnahme von Frau Weber an den Entwicklungsgesprächen, weil sie im Einstellungs-Assessment hervorragend abgeschnitten hat, aber in der Zusammenarbeit im Team als sehr kompetitiv gilt und wenig Bereitschaft zeigt, Feedback anzunehmen.

Als Coach sucht der Personalleiter eine erfahrene Frau und Führungskraft aus, die durch ihre eigene Karriere als Modell dienen kann und von Frau Weber als „auf Augenhöhe stehend" erlebt wird. Coach und Coachee finden eine gute Arbeitsbeziehung zueinander und beginnen die Gespräche.

Die Entwicklungsgespräche, die sich über sechs Wochen erstrecken, bewirken eine deutliche Veränderung der Sichtweisen und Möglichkeiten von Frau Weber.

Vorläufige Ergebnisse

Im Coaching hat Frau Weber gemeinsam mit dem Coach anhand konkreter Beispiele ihre beiden markantesten Antreiber erarbeitet, ihr Skriptverhalten beleuchtet und mit ihr die persönlichen und professionellen Konsequenzen ihres Handelns betrachtet. Infolge der erfolgreich aufgebauten Vertrauensbeziehung ist es gelungen, die emotionale Seite in Frau Weber anzusprechen und im Dialog ein Modell dafür zu schaffen, wie Professionalität und Emotion miteinander vereinbar sind. Die neuen Empfindungsqualitäten und Handlungsmöglichkeiten wurden bereits in konkreten Situationen der Berufspraxis ausprobiert und dadurch die neue Qualität emotionaler Wahrnehmung und Ansprechbarkeit gefestigt.

Frau Weber hat aus den Gesprächen mitgenommen, dass sie sich selbst unter einen sehr großen Erfolgsdruck setzt, der sie oft daran hindert, andere Sichtweisen zuzulassen. Sie verschließt sich meist dem offenen Feedback und wertet die Sicht ihres Vorgesetzten und ihrer Kollegen ab. Sie ist erstaunt zu erfahren, dass sie auch ihre emotionale Seite im Beruf tatsächlich benötigen wird, um als Führungskraft erfolgreich sein zu können. Infolge der Gespräche mit dem Coach setzt sie sich das Ziel, sich selbst und ihre Emotionen besser kennenzulernen und sie in ihr Leben und in die berufliche Kommunikation zu integrieren.

Der Vorgesetzte und der Personalleiter schlagen Frau Weber für das interne Führungskräftetraining vor, das den Fokus auf die Stärkung der sozial-kommunikativen wie auch der technischen Führungskompetenz legt. Der Personalleiter initiiert parallel ein Mentoringprogramm, das Frau Weber eine erfahrene weibliche Führungskraft zur Seite stellt, die sie über zwölf Monate begleiten wird.

Förderung demotivierter Leistungsträger der mittleren Managementebene

Das Thema der Entwicklungsgespräche ist hier die aktive, konstruktive Reflexion der aktuellen Berufs- und Lebenssituation der Führungskraft und ihrer persönlichen (Un-)Zufriedenheit damit. Die konkreten Inhalte und die Auswahl der Fragen, Tools und Bausteine sowie die Ziele und die Erwartungshaltung werden zu Beginn der Beratung gemeinsam festgelegt. Dieses Vorgehen gewährleistet einen individualisierten Prozess, in dem der Coachee alle Ereignisse, denen er seine Unzufriedenheit zuschreibt, beleuchten kann. In der Identifikation der entscheidenden Motivatoren in Beruf und Privatleben und in der Reflexion des eigenen Anteils am Zustandekommen der aktuellen Situation liegt die Chance, eigene Handlungsspielräume zu erkennen und auszuloten. Auf diese Weise können neue Ressourcen für ein aktives Karrieremanagement im Unternehmen oder auch außerhalb erschlossen werden.

Ablaufplan für das Entwicklungsgespräch eines demotivierten Leistungsträgers

Vorgespräch (1,5 h)
- Kennenlernen von Coach und Coachee
- Situationsbeschreibung
- Auftragsklärung

Standortbestimmung (2 h)
- Strukturiertes Interview und Vergegenwärtigung der grundlegenden Haltungen und Glaubenssätze
- Analyse des individuellen Ausbildungs- und Berufswegs, der größten beruflichen und persönlichen Erfolge sowie der Ereignisse, die als Misserfolge gewertet werden
- Herausarbeiten der größten Motivatoren und hemmenden Faktoren in beruflicher und privater Hinsicht

Alternative Optionen und Szenarien (2 h)
- Einsatz des Kienbaum-Management-Fragebogens und Darstellung des Kompetenzprofils
- Ausführliches und wertschätzendes Feedback zur eigenen Position und Rolle im Abgleich mit den aktuellen Marktchancen
- Reflexion der eigenen Beharrungs- und Veränderungstendenzen
- Entwicklung von verschiedenen Szenarien und Überprüfung ihrer Wirkung auf die Lebens- und Arbeitszufriedenheit

Zielbestimmung (2 h)
- Priorisierung der Optionen und Erarbeiten einer konkreten Zielsetzung
- Aufzeigen der individuellen Marktchancen intern und extern unter Zugrundelegung des aktuellen Profils
- Reflexion der zur Verwirklichung notwendigen internen oder externen Unterstützung
- Definition der ersten Schritte

Abschlussreflexion zum Prozess und den Ergebnissen (1,5 h)

BEISPIEL: Entwicklungsgespräch für einen demotivierten Leistungsträger

Coachee Werner Müller, der zu den Leistungsträgern des Unternehmens gehört, versteht nicht, warum er „irgendwelche Gespräche führen soll, die ihm sowieso nichts bringen". Schon seit einiger Zeit hat er aus seinem Unwillen keinen Hehl gemacht. Sein Vorgesetzter macht seine Teilnahme an den Entwicklungsgesprächen zur Voraussetzung der demnächst stattfindenden Halbjahresgespräche zur Zielvereinbarung; erst dann stimmt Herr Müller widerwillig zu. Der Personalleiter unterstützt die Teilnahme von Herrn Müller an den Entwicklungsgesprächen, da auch aus dem Kollegenkreis Zweifel an Herr Müllers Engagement und Loyalität aufgetaucht sind, Herr Müller aber auf entsprechende Ansprache mit Ausflüchten und dem Hinweis auf „einen schlechten Tag" reagiert.

Als Coach setzt der Personalleiter einen erfahrenen und sensiblen Berater ein, da er die Vermutung hegt, dass sich Herr Müller gegenüber einem Dritten nicht leicht öffnen wird. Die Situation ist anspruchsvoll, da Coaching auf Freiwilligkeit beruht, der Coach in diesem Fall aber nicht davon ausgehen kann, dass von vorneherein eine echte Gesprächsbereitschaft besteht.

Nach sechs Wochen zeigen sich den Verantwortlichen im Unternehmen verblüffende Ergebnisse.

Vorläufige Ergebnisse

Im Coaching wurde zunächst das Erleben des Coachees thematisiert und gemeinsam ausgelotet, welche Ambivalenzen im Raum stehen. Als Herr Müller erlebt, dass er mitsamt seinem Widerstand und seinen Ambivalenzen vollständig akzeptiert wird, lockert er sich und wird zugewandter; nun kann er sich auf die Beratung einlassen. Das Vertrauen wächst weiter, als der Coach voller Wohlwollen nachfragt, wie Herr Müller sich fühlt und warum er seine aktuellen Verhaltensweisen als scheinbar beste Möglichkeit des Agierens im Unternehmen gewählt hat. Im Verlauf der Gespräche gelingt es dem Coach, Herrn Müller sein eigenes Verhalten transparent und verständlich zu machen, gemeinsam mit ihm die Reaktionen der Kollegen zu reflektieren und geeignete Schritte zu definieren, um die aktuelle Situation zu verbessern. Der erste Schritt zur Veränderung ist ein Gespräch mit dem Vorgesetzten und dem Personalleiter, das der Coach mit Herrn Müller sorgfältig vorbereitet.

Herr Müller ist nach den Entwicklungsgesprächen sehr nachdenklich. Er hat seine jahrelange Unzufriedenheit formuliert und die Ursachen dafür erkannt: Sein Produktbereich gilt als der kleinste und unwichtigste, der den geringsten Beitrag zur Unternehmenssicherung leistet. Die Kollegen belächeln die Produkte der Abteilung; Herr Müller bezieht diese Abwertung auf sich persönlich und reagiert mit einem inneren Rückzug in die Passivität. Die Gespräche machen ihm klar, dass er tatsächlich eine Wahl hat und sich entscheiden kann, wo, wie und für wen er arbeiten möchte.

Der Vorgesetzte und der Personalleiter greifen die von Herrn Müller in einem Dreiergespräch offen dargelegten Erkenntnisse konstruktiv auf. Aus ihrer Sicht liegen die Hebel der Veränderung nicht in der individuellen Motivation oder gar in einer Trennung von Herrn Müller, sondern vielmehr in einer Überprüfung der Kultur der Zusammenarbeit im Unternehmen insgesamt. Einige Wochen später münden diese Überlegungen in einen Organisationsentwicklungsprozess, von dem das gesamte Unternehmen sehr profitiert und der die Loyalität der Führungskräfte und ihren Teamgeist wesentlich stärkt.

Konstruktive Gestaltung der dritten Arbeits- und Lebensphase für Leistungsträger der oberen Führungsebene mit 50+-Jahren
Gegenstände der Entwicklungsgespräche sind die aktive Reflexion des erreichten Karriereplateaus im Unternehmen, die Analyse der eigenen Zufriedenheit damit und der Ausblick auf die künftigen Ziele in beruflicher und privater Hinsicht. Ein weiterer wichtiger Fokus wird auf die Work-Life-Balance und die Gesundheit gerichtet. Die konkreten Inhalte und die Auswahl der Fragen, Tools und Bausteine sowie die Ziele und die Erwartungshaltung werden zu Beginn der Beratung gemeinsam festgelegt. Damit wird ein individualisierter Prozess gewährleistet, der zum Ziel hat, gemeinsam Klarheit und Transparenz bezüglich der Bewertung von Vergangenem und der aktuellen Situation sowie der Wünsche an die Zukunft zu bekommen. Unter Klärung der vorhandenen Handlungsspielräume wird im Gespräch entwickelt, wie der Coa-

chee seine persönliche Balance von Leben und Arbeiten in den kommenden Jahren gestalten möchte.

Ablaufplan für das Entwicklungsgespräch eines 50+-Leistungsträgers

Vorgespräch (1,5 h)
- Kennenlernen von Coach und Coachee
- Situationsbeschreibung
- Auftragsklärung

Standortbestimmung (2 h)
- Reflexion der eigenen Position und Rolle im Unternehmen
- Analyse der Balance zwischen Arbeitszeit und Lebenszeit
- Herausarbeiten der eigenen Wünsche an die Zukunft in beruflicher und privater Hinsicht und Identifizierung von Bedürfnissen, die bislang zu kurz kamen
- Betrachtung und Bewertung der eigenen Lebenszufriedenheit

Alternative Optionen und Szenarien (2 h)
- Untersuchung alternativer beruflicher Rollen oder variabler zeitlicher Präsenz im Unternehmen
- Entwurf verschiedener Handlungsmöglichkeiten und Durchspielen der daraus resultierenden Konsequenzen für den Coachee und sein Umfeld
- Reflexion der eigenen Beharrungs- und Veränderungstendenzen

Zielbestimmung (2 h)
- Priorisierung der Optionen und Erarbeiten der konkreten Zielsetzung
- Reflexion der zur Verwirklichung notwendigen internen oder externen Unterstützung
- Definition der ersten Schritte

Abschlussreflexion zum Prozess und den Ergebnissen (1,5 h)

▶ BEISPIEL: Entwicklungsgespräch für einen 50+-Leistungsträger

Coachee Sieglinde von Pratt gehört zu den Leistungsträgern des Unternehmens. Sie ist 56 Jahre alt und leitet einen wichtigen Geschäftsbereich im Unternehmen. Ihr Vorgesetzter ist zunächst überrascht, als sie ihn um die Teilnahme an den Entwicklungsgesprächen bittet. Er hat keine Kenntnis davon, dass sie seit einem

Jahr ihre kranke Mutter zu versorgen hat und sich zunehmend müde und angestrengt fühlt. Obwohl der Job ihr nach wie vor große Freude macht, zweifelt sie daran, zukünftig noch alles schaffen zu können.

Trotzdem unterstützt der Vorgesetzte gemeinsam mit dem Personalleiter den Wunsch von Frau von Pratt, da sie sie als erfahrene Leistungsträgerin halten wollen. Sie gehen davon aus, dass es offensichtlich Themen gibt, die Frau von Pratt beschäftigen, auch wenn im Unternehmen nichts darüber bekannt ist. Sie gilt als sehr diszipliniert und reserviert und spricht im Büro niemals über ihr Privatleben.

Als Coach wählt der Personalleiter in diesem Fall eine erfahrene Dame über 50 mit Führungserfahrung und psychologischem Hintergrund, weil er hofft, dass es Frau von Pratt möglich ist, sich ihr gegenüber zu öffnen.

Nach Ablauf von sechs Wochen erhält das Unternehmen ein sehr positives Signal und erlebt bei Frau von Pratt eine bislang nicht gekannte Offenheit.

Vorläufige Ergebnisse

Im Coaching findet Frau von Pratt zunächst einen Menschen, der ihr zuhört. In den Entwicklungsgesprächen bricht aus ihr heraus, was sie so lange für sich behalten hat und auch im privaten Kreis niemals offenlegt. Der Coach zeigt ihr auf, dass sie mit diesen Gesprächen schon den ersten Schritt tut, um für sich selbst besser zu sorgen, und dass es nötig sein wird, diese Qualität weiter auszubauen. Anhand eines ausführlichen biografischen Interviews werden die Glaubenssätze von Frau von Pratt herausgearbeitet und die beruflichen und privaten Chancen und Risiken im Zusammenhang mit den daraus folgenden Handlungsmustern reflektiert. Erst danach ist Frau von Pratt in der Lage zu erkennen, dass sie Handlungsspielräume besitzt und ihre berufliche und private Situation beeinflussen kann. Abschließend erarbeitet der Coach gemeinsam mit ihr, welche Szenarien für sie vorstellbar sind und sie bereiten das Gespräch mit ihrem Vorgesetzten und dem Personalleiter vor.

Frau von Pratt hat im Verlauf der Entwicklungsgespräche erkannt, dass der Druck, unter dem sie persönlich so leidet, von ihr selbst aufgebaut wird. Neben der Doppelbelastung in Job und Pflege macht ihr vor allem ihre eigene Überzeugung das Leben sehr schwer, alles allein schaffen zu müssen, nicht um Hilfe bitten zu dürfen und sie auch dann nicht anzunehmen, wenn sie ihr aus freien Stücken angeboten wird. Zum ersten Mal erkennt sie die Ambivalenz ihrer eigenen Stärke und kann ein Verständnis dafür entwickeln, dass dieselben Glaubenssätze und Verhaltensweisen, die ihre Karriere ermöglicht haben, in der aktuellen persönlichen Situation zu einer übergroßen Erschöpfung führen.

Der Vorgesetzte und der Personalleiter von Frau von Pratt reagieren sehr offen, als sie anschließend über ihre persönliche Situation berichtet. Gemeinsam diskutieren die drei Beteiligten mögliche Lösungsansätze wie etwa flexible Präsenzzeiten und den Aufbau eines Stellvertreters und potenziellen späteren Nachfolgers. Um der starken Sicherheitsorientierung von Frau von Pratt entgegenzukommen, besprechen sie ein Gehaltsmodell, das größere Anteile des Bonus in die Altersvorsorge investiert und sie damit besser für die Zukunft absichert.

Zur Qualitätssicherung der Gespräche
Die *Entwicklungsgespräche* bieten ein sehr flexibles, optimal einsetzbares Coachingformat, insbesondere in Zeiten von Fachkräftemangel, hoher Performanceorientierung und verstärkten Bemühungen, junge Potenziale und bewährte Leistungsträger im Unternehmen zu halten. Der vorgesehene Umfang ist mit neun Stunden klar umrissen und für das Unternehmen wird innerhalb von sechs Wochen ein Output sichtbar. Die Kombination mit einem psychologischen Testverfahren erlaubt die Validierung der Ergebnisse auch für den Coachee. Die einzelnen Testverfahren sollten mit dem Unternehmen individuell abgestimmt werden: Oft ist es sinnvoll, auf unternehmensinterne Tools des Auftraggebers zurückzugreifen — gerade im Bereich der Potenzialentwicklung junger Führungskräfte oder High Potentials. Diese Vorgehensweise macht das Instrument auch anschlussfähig für die interne Personalentwicklung.

Die knappe Struktur aus Ist-Situation/Wunschsituation/Zielbestimmung bringt Bewegung in die Denkmuster der Coachees. Obwohl keine Berichterstattung ans Unternehmen erfolgt, wird aus dem abschließenden Feedbackgespräch zwischen Coachee, Vorgesetztem und Personalleitung nach jedem Coaching ein direktes Ergebnis für das Unternehmen erzielt. Dabei bleibt jedoch die Vertraulichkeit vollständig gewahrt, weil *der Coachee selbst* als Überbringer seiner Botschaft ans Unternehmen agiert und damit aktiv die Verantwortung für seine Situation und das weitere Prozedere übernimmt. Der Einsatz des Feedbackbogens, den der Coach dem Coachee aushändigt, gewährleistet gleichzeitig eine Rückmeldung über die vom Coachee erlebte Qualität des Prozesses. Das abschließende Feedbackgespräch zwischen HR-Verantwortlichem und Coach dient der Evaluation der Beratung und der Klärung offener Fragen zum Prozess, berührt aber nicht den *Inhalt* der Gespräche selber.

Bewährte Tools für Entwicklungsgespräche

Die Modelle der Transaktionsanalyse bilden auch für Entwicklungsgespräche eine wichtige Basis. Das in diesem Rahmen relevante Konzept der *Antreiber* mit dem zugehörigen Fragebogen und die *o. k.-Positionen* werden weiter unten noch näher beleuchtet werden. Darüber hinaus haben sich weitere Vorgehensweisen inhaltlich bewährt:

- Fragenkataloge für den Gesprächsablauf
- Biografische Lebenslinie
- Qualification Scorecard
- Veränderungsmatrix
- Zielmatrix
- Systemische Kulturanalyse

Diese Instrumente werden nachfolgend im Einzelnen vorgestellt.

Fragencheckliste für den Beratungsverlauf (Auswahl)

1. Fragen für das erste Beratungsgespräch
   - Wie ist Ihre aktuelle Situation?
   - Warum sind Sie heute hier?
   - Was sind Ihre Erwartungen an unser Gespräch heute?
   - Was ist aus Ihrer Sicht das Ziel unserer Zusammenarbeit?
   - An welchen Themen sollten wir arbeiten, damit diese Gespräche für Sie hilfreich sind?

2. Fragen nach den persönlichen Werten und dem familiären Hintergrund
   - Welche Gegebenheiten in Ihrem Elternhaus haben am meisten zu dem beigetragen, was Sie heute sind? (Beruf, Interessen, Motive, Stärken, Schwächen, Wünsche, Wertvorstellungen usw.)
   - Gab oder gibt es andere Menschen, an denen Sie sich früher orientiert haben bzw. jetzt orientieren? Was imponiert Ihnen an diesen Menschen? Was oder wen bewundern Sie?
   - Gab oder gibt es Menschen, denen Sie ablehnend gegenüberstanden/ -stehen und was hat zu dieser Ablehnung beigetragen?

3. Fragen zur Persönlichkeit
   - Welche Lebensziele haben Sie (abgesehen von Ihren beruflichen Zielen)?
   - Was in Ihrem Leben ist Ihnen besonders wichtig?
   - Welchen Anteil haben Arbeit, Familie und Ihre Zeit für sich selbst in Ihrem Leben? Wie zufrieden sind Sie mit dieser Aufteilung?
   - Was sind Ihre Stärken? Was mögen Sie an sich selbst? Was können Sie gut?
   - Wo liegen Ihre Lernfelder, also Bereiche, in denen Sie sich noch verbessern könnten? Woran merken Sie das?
   - Welche Änderungen an Ihrer Persönlichkeit werden Ihrer Ansicht nach in den nächsten Jahren eintreten?
   - Wie würden Sie Ihren Arbeitsstil und Ihr Entscheidungsverhalten charakterisieren?
   - Mit welchen Menschen arbeiten Sie am liebsten zusammen?
   - Wie kommen Sie mit anderen Menschen in der Freizeit zusammen? (Freunde, Bekannte, Vereine, Mitgliedschaften, Clubs, ehrenamtliches Engagement usw.)
   - Welche Hobbys und Interessen haben Sie?
   - Worauf in Ihrem Berufsleben und/oder in Ihrem Privatleben sind Sie richtig stolz?

4. Fragen zum beruflichen Werdegang
   - Welche Ideen hatten Sie während Ihrer Schulzeit und an deren Ende für Ihre berufliche Zukunft?

- Was wollten Sie gerne werden? Gab es einen „Traumberuf"? Was hat Sie an diesem Beruf fasziniert?
- Welche Bedeutung haben diese Wünsche von damals heute für Sie?
- Wie hat sich Ihr beruflicher Lebensweg tatsächlich entwickelt? (Ausbildung, Berufseinstieg, Arbeitgeber, Dauer der Beschäftigungen, Funktionsbezeichnungen, Führungsverantwortung, Aufgaben, Gehalt usw.)
- Was hat Sie an den verschiedenen beruflichen Stationen gereizt/befriedigt, was hat Ihnen gefallen? Was daran hätten Sie sich anders gewünscht? In welcher Weise?
- Aus welchen Gründen haben Sie Ihre Positionen gewechselt?
- Was erwarten Sie von Ihren nächsten beruflichen Positionen? Was ist Ihnen wichtig, was möchten Sie vermeiden?
- Wie sehen Sie Ihre Wahlmöglichkeiten und wie bewerten Sie diese?
- Welche Rolle spielt der Beruf in Ihrem Leben? Wo möchten Sie in fünf Jahren stehen?
- Wie steht Ihr Partner zu diesem Thema?

5. Fragen zu den persönlichen Wünschen
   - Was möchten Sie erreichen? Wo möchten Sie hin?
   - Was können Sie besonders gut? Was macht Ihnen Freude?
   - Wenn Sie sich etwas wünschen dürften: Was wäre das?
   - Wovon möchten Sie mehr, wovon weniger?
   - Was ist förderlich, was ist hinderlich?
   - Was muss passieren, damit es noch schlimmer wird?
   - Woran würden Sie erkennen, dass Sie Ihr Ziel erreicht haben?
   - Was sind Kriterien für eine gute Lösung?
   - Was darf die Lösung auf keinen Fall enthalten?
   - Woran würde Ihre Umgebung merken, dass Sie Ihre Wünsche verwirklicht haben?
   - Was können wir beide heute tun, damit Sie Ihren Zielen ein Stück näher kommen?
   - Was können Sie selbst dafür tun?

6. Fragen zum Umgang mit Widerständen und Ambivalenz
   - Ist Ihnen klar, dass Sie nicht *nicht entscheiden können?*
   - Was passiert, wenn sich etwas verändert?

- Was passiert, wenn sich nichts verändert?
- Was passiert nicht, wenn sich etwas verändert?
- Was passiert nicht, wenn sich nichts verändert?
- Was wäre, wenn Sie anders/jünger/ungebunden wären?
- Was ist gut für Sie daran, diese Einschränkung zu erleben?
- Was wird verhindert dadurch, dass es scheinbar nicht möglich ist?
- Wie wäre es, wenn Sie es doch tun würden?
- Welche Vorstellung von sich selbst bräuchten Sie, um diese innere Hürde zu überwinden?
- Welche Ihrer Fähigkeiten könnten Sie einsetzen, um etwas Neues zu erleben und zu tun?
- Worauf können Sie sich in herausfordernden Situationen immer verlassen?
- Wer könnte Ihnen dabei helfen?
- Was würde XY in dieser Situation tun?

7. Mögliche Fragen zum Abschluss der Beratung
    - Wo stehen Sie nach diesen Entwicklungsgesprächen?
    - Welche Ressourcen/Kräfte/Potenziale haben Sie im Verlauf der Gespräche bei sich entdeckt?
    - Was hat sich seit unserem ersten Gespräch (noch) verändert?
    - Wie bewerten Sie das?
    - Was können Sie selbst tun?
    - Darf ich Ihnen ein schriftliches Feedback geben? (Anstelle eines Abschlussberichts, aber mit ähnlicher Struktur.)
    - Möchten Sie mir ein Feedback geben? Wie haben Sie unsere Gespräche/unsere Zusammenarbeit erlebt? Haben Sie noch Wünsche an mich?
    - Wie möchten Sie weitermachen?

Biografische Lebenslinie
Diese visualisierende Methode dient vor allem dem Aufdecken von Zusammenhängen zwischen Vergangenheit und Gegenwart. Beim Entwerfen der Lebenslinie ermöglicht die bewusste Betrachtung eine Art „Standortbestimmung" im eigenen Lebenslauf. Ein solches tieferes Verständnis der eigenen Geschichte eröffnet eine neue Perspektive,

die es möglich macht, die ansonsten automatische Fortschreibung von Lebensmustern zu überdenken und neue Wege einzuschlagen.

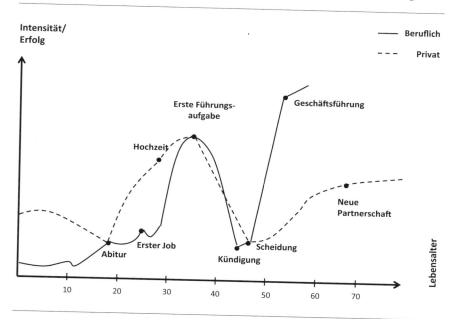

Abb. 5: Biografische Lebenslinie

Das hier abgebildete Modell zeigt auffällig stark korrelierende berufliche und private Höhen und Tiefen. Dieser Umstand könnte dem Coach beispielsweise einen Ansatzpunkt für das Verständnis liefern, wie die einzelnen Krisen entstanden sind und wodurch es dem Coachee jeweils gelang, sie zu überwinden.

„Qualification Scorecard" nach Testverfahren

Die Scorecard ist eine gute Methode zur Erfassung von Entwicklungszielen.

In den einzelnen Quadranten werden die kurzfristigen und langfristigen Ziele festgehalten und konkret formuliert. Dabei bezeichnen

Quick-Wins die schnell realisierbaren Verbesserungsmöglichkeiten der fachlichen wie auch der überfachlichen Performance, während das *langfristige Invest* Maßnahmen beschreibt, die auf längere Sicht umgesetzt werden sollten, um ein fachliches und persönliches Wachstum zu erreichen.

Langfristiges Invest

» Aufbau einer 2. Funktionalkarriere/ Vertiefung Operationsmanagement und Führung Produktionsbereich (Styling, Werdegang, aktuelle Literatur)

» Entwicklung eines unternehmerischen Helicopter-Views und einer visionären Sicht auf Geschäftsmodelle – Literatur und Kongresse, Erfahrungsaustausch erfolgreicher Unternehmer-Typologien

» Optimierung des Problemlöseverhaltens mit Literatur und unterstützendem Training. Analyse- und Konzeptentwicklungs-Komponente

» Erweiterung des kreativen Ideen- und Verhaltensspektrums. Selbststeuerung

» Steigerung der persönlichen Wirksamkeit mit Blick auf Handlungs- und Resultatorientierung, Literatur, Selbststeuerung und Schnittstelle Scorecard/ Zielsysteme und Aktionsplan-Prinzip

» Steigerung von Durchsetzungsvermögen und Konfliktbereitschaft – Reflexion des eigenen Gesprächsverhaltens, Festigung klarer Muss-Ziele, ggf. unterstützende Trainingsmaßnahme

Quick-Win

» Literatur Strategiekonzepte und Strategiemethoden

» Literatur Betriebswirtschaft und kaufmännische Unternehmensführung/Kennzahlenfokus

» Optimierung englische Fremdsprachenkenntnisse auf Master-Level

» Aktionsplan-Management und Konsequenz/ Kritikbereitschaft in der Mitarbeiter- und in der Verhandlungsführung, Literatur und ggf. Einzeltraining

» Styling/Optimierung Körpersprache zur Vermittlung von Begeisterung und Dynamik in der Selbstpräsentation (Bewerbergespräch, Verhandlung, Präsentation und Vorträge). Literatur und unterstützende Trainingsmaßnahme

» Selbststeuerung in der präzisen und ergebnisorientierten Gesprächsführung und Selbstdarstellung

» Klare Steuerung des eigenen Personalentwicklungs-Prozesses auf fachlicher und überfachlicher Ebene – Lernpartner, Qualifikations-Karte

fachliche Performance

überfachliche Performance/ Verhalten und Persönlichkeit

Abb. 6: Qualification Scorecard

Veränderungsmatrix

In dieser Grafik können z. B. alternative berufliche Optionen eingetragen und dabei direkt nach Attraktivität, Veränderungsaufwand und zeitlicher Realisierbarkeit bewertet werden. Sie bietet eine sehr gute Grundlage, um Szenarien zu diskutieren.

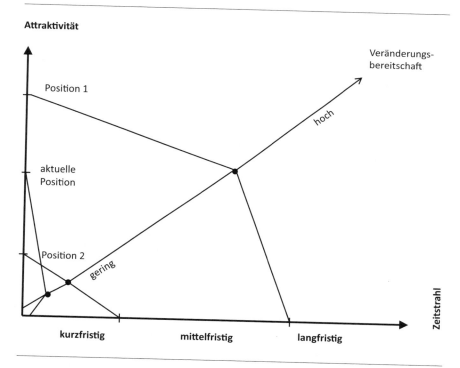

Abb. 7: Veränderungsmatrix

Im abgebildeten Beispiel ist gut zu erkennen, dass die aktuelle Position als durchaus attraktiv erlebt wird und es gleichzeitig nur geringer Veränderungsbereitschaft bedarf, um sie zu behalten. Eine naheliegende Alternative in der gleichen Firma ist zwar relativ kurzfristig realisierbar und würde nur einen geringen Veränderungsaufwand bedeuten, aber die Position ist wenig attraktiv. Eine neue Position außerhalb des Unternehmens ist zwar noch attraktiver als die aktuelle Aufgabe, aber erst mittelfristig zu realisieren — und der Veränderungsaufwand dafür ist hoch. Anhand der Grafik kann nun geklärt werden, welche Eigenschaften eine Stelle für den Coachee attraktiv machen, was als wie hoher Veränderungsaufwand erlebt wird und ob es sich für ihn lohnt, Energie für bestimmte Veränderungsmöglichkeiten einzusetzen.

Zielmatrix
Eine gutes Instrument für die Hinführung auf die Zielsituation und die Definition der geeigneten Maßnahmen ist die Zielmatrix. Feld für Feld führt der Coach bei dieser Vorgehensweise den Coachee von früheren beruflichen Erfolgen und Trends ins Heute und extrapoliert dabei gemeinsam mit ihm die erwünschte Zukunft.

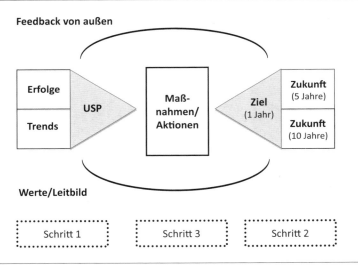

Abb. 8: Zielmatrix

Die einzelnen Schritte sollten dabei folgendermaßen gefüllt werden:

Schritte bei der Verwendung der Zielmatrix		
Schritt	Stichwort	Arbeitsanweisung
1	Erfolge	Bitte notieren Sie Ihre wichtigsten drei Erfolge der letzten Jahre.
	Trends	Bitte definieren Sie die drei wichtigsten Trends in Ihrem beruflichen Umfeld/in Ihrer Branche/bei Ihrer Zielgruppe in den letzten Jahren.
	USP (Unique Selling Proposition)	Bitte notieren Sie Ihre wichtigsten Stärken, Kernkompetenzen und Fähigkeiten.
	Feedback von außen	Bitte notieren Sie möglichst wörtlich die Feedbacks von Kollegen, Vorgesetzten, Mitarbeitern, Kunden, Lieferanten usw. zu Ihrem Arbeitsstil, Ihrer Leistung, Ihren Aufgaben etc.
	Werte/Leitbild	Bitte schreiben Sie Ihre wichtigsten Werte nieder. Nach welchem Leitbild handeln Sie im beruflichen Alltag?
2	Ziel (Ein Jahr)	Bitte notieren Sie, wie Sie sich konkret die Situation in einem Jahr wünschen.
	Zukunft (Fünf Jahre)	Wie soll Ihre Situation in fünf Jahren konkret aussehen?
	Zukunft (Zehn Jahre)	Wie soll Ihre Situation in zehn Jahren konkret aussehen?
3	Maßnahmen/ Aktionen	Bitte definieren Sie konkrete Maßnahmen und Aktionen, die Ihnen ab morgen dabei helfen werden, Ihre Ziele zu verwirklichen.

Systemische Kulturanalyse

Die Analyse der ausgesprochenen und unausgesprochenen Regeln des Unternehmens, in dem der Coachee tätig ist, kann sehr hilfreich sein. Sie bietet eine Möglichkeit, die Organisation gut kennenzulernen und zu verstehen und gemeinsam mit dem Coachee Wege zu finden, auf denen er sich sicher darin bewegen kann. Welches Bild von Organisation, von Führung, von Mitarbeitern, Lieferanten, Kunden usw. herrscht vor? Welche Kooperations- und Kommunikationsregeln gelten? Wie ist der Umgang mit Konflikten? Welche Widersprüche, Ambivalenzen und Spannungsfelder gibt es? Diese Analysen liefern die richtigen Ansatzpunkte für strategische Veränderungen, für die Optimierung von Prozessen und Strukturen, für das Verständnis von Personen und ihrem Verhalten und für die Initiierung passender Maßnahmen.

Relevante Themenfelder für eine Kulturdiagnose

- Vision und die Zukunftsentwürfe der Organisation
- Kernidentität des Unternehmens und grundlegende Werte
- Gelebte und veröffentlichte Führungsprinzipien und grundsätze
- Praktizierte Kommunikation und vorherrschende Kooperations- und Konfliktmuster
- Bedeutung und Integration von Wissensmanagement und Qualitätsanforderungen
- Beziehung zu relevanten Multiplikatoren und Stakeholdern
- Spannungsfelder und Widersprüche in der Organisation

Weiß man erst einmal, wie das Unternehmen „tickt", so kann man ganzheitlich erfassen, nach welchen inoffiziellen, latenten Regeln seine Mitarbeiter und Führungskräfte handeln und welche Normen, Werte und Grundannahmen ihre Entscheidungen bestimmen. Auf diese Weise wird der Coachee im Unternehmen an Orientierung gewinnen und seine eigene Rolle, Funktion und Haltung sowie mögliche Ansatzpunkte zu Strategien, Prozessen, Strukturen sowie Personen und ihrem Verhalten im Unternehmenssystem bewusst gestalten.

3.3 Die Auswahl geeigneter Coachs

Coaching ist natürlich nicht gerade die kostengünstigste aller PE-Maßnahmen. Die Zeiten, in denen nur die obersten Führungskräfte Coaching gewissermaßen als Statussymbol erhalten haben, sind in vielen Unternehmen aber glücklicherweise vorbei. Trotzdem steht die *Auswahl* von Coachs meist noch auf vergleichsweise unsystematischen Beinen.

Hingegen ist die *systematische* Auswahl gekennzeichnet durch einen hohen Professionalisierungsgrad des Auswahlprozesses. Denn genauso wie bei anderen eignungsdiagnostischen Prozessen bilden auch hier reine Empfehlungen oder diffuse Sympathieempfindungen logischerweise keine ausreichende Basis für die Auswahl geeigneten

Personals. Vielmehr ist die Definition einer Reihe von Auswahlkriterien unabdingbar, die dann abgeprüft werden sollten. Hierfür bilden z. B. die Empfehlungen der *DIN 33430 zur berufsbezogenen Eignungsbeurteilung* eine gute Grundlage.

In Kapitel 2 haben wir umfänglich dargestellt, welchen Anforderungen Managern in großen Organisationen begegnen. Dementsprechend müssen auch die zum Einsatz kommenden Coachs „breit aufgestellt" sein. Ganz allgemein gesprochen ist an alle Coachs die Anforderung gerichtet, Führungskräften beim Bestehen in einem immer komplexer werdenden und sich schneller wandelnden Umfeld zu helfen.

Eine detailliertere Betrachtung macht deutlich, dass an Führungskräfte in großen Organisationen durch die Unternehmensleitung, die jeweilige Führungskaskade wie auch durch die HR-Abteilung mannigfaltige Erwartungen gerichtet sind:

- Die Führungskräfte sollen sich klar an übergeordneten Zielsetzungen und Leitlinien orientieren, wollen und müssen aber gleichzeitig individuelle, karriereorientierte Pfade beschreiten.
- Sie sollen ihren eigenen Führungs- und Managementstil kontinuierlich selbstkritisch reflektieren und diesen auf Basis aktueller Führungskonzepte und z. B. interkultureller Spezifika weiterentwickeln.
- Dafür müssen sie fortlaufend und möglichst eigeninitiativ ihre individuellen Stärken, Entwicklungsfelder und Potenziale im Blick haben und überprüfen.
- Sie sind dazu angehalten, möglichst innovativ und Mehrwert stiftend zu agieren.
- Letztendlich sollen sie nicht nur Zielvorgaben erfüllen, sondern dabei auch ihr Team weiterentwickeln und kulturelle und atmosphärische Belange aktiv steuern.

Gerade der letzte Punkt zeigt, dass von Führungskräften — zum Glück — zunehmend differenzierte Teamentwicklungskompetenzen erwartet werden, um

- interne Prozessabläufe zu optimieren und dabei klare Regelungen für Informationswege und Kommunikationsplattformen zu schaffen,
- die Arbeitsfähigkeit ihres Bereichs im Zuge sich verändernder Strukturen und Rahmenbedingungen aufrechtzuerhalten und damit
- strukturiertes, aufeinander abgestimmtes und somit ergebnisorientiertes Handeln sicherzustellen.

Aufgrund dieser Vielzahl von Anforderungen sind die HR-Bereiche vieler großer Organisationen sinnvollerweise bereits dazu übergegangen, die Auswahl von Coachs auf systematische Beine zu stellen und mithilfe validierter eignungsdiagnostischer Instrumente Coachingpools zu bilden.

3.3.1 Bildung von Coachingpools

Die Verwendung des Plurals impliziert es schon: Meist ist die Bildung *mehrerer* Pools sinnvoll. Viele Unternehmen konzentrieren sich dabei auf

- themenspezifische Pools,
- hierarchiespezifische Pools und
- lebensalterspezifische Pools.

Themenspezifische Pools

Je nach Größe der Organisation und entsprechender Anzahl der Führungskräfte kann es sinnvoll sein, die themenspezifischen Pools mit Coachs zu besetzen, die für bestimmte Fachgebiete Experten sind und hier über umfangreiches Erfahrungswissen verfügen. So könnte es Pools geben mit Experten für

- Changemanagement
- Führung
- Selbstmanagement
- Konfliktmanagement
- Teamentwicklung
- ...

Viele Coachs bringen natürlich durchaus Erfahrungen in all diesen Bereichen mit und können daher jedem dieser Pools zugeordnet werden. Wichtig ist jedoch, dass der jeweilige Coach ein fundiertes Tiefenwissen in dem jeweils gefragten Feld nachweisen kann. Seine Qualifikation sollte auf kontinuierlicher Weiterbildung, umfangreichen Praxiserfahrungen (z. B. in der Mitarbeiterführung oder der Steuerung von Veränderungsprojekten) und einer klar definierten Anzahl von geleisteten Coachings in einem gleich gelagerten Feld fußen. Der Coach sollte also idealerweise auf einem bestimmten Themenfeld dem Coachee nicht nur auf Augenhöhe begegnen können, sondern möglichst über noch mehr Erfahrung verfügen als sein Gegenüber.

Hierarchiespezifische Pools

Eine andere Variante der Poolbildung ist die Ausrichtung an Bedarfen unterschiedlicher Hierarchieebenen. In Kapitel 2 haben wir bereits typische hierarchiespezifische Problemstellungen herausgearbeitet, nach denen entsprechende Pools gebildet werden können:

- Je höher seine Stellung in der Hierarchie, desto wichtiger wird die Fähigkeit eines Managers, Beziehungen und Netzwerke zu gestalten. Diese Befähigung spielt insbesondere bei der Initiierung und Strukturierung von Veränderungsprozessen eine ausschlaggebende Rolle.
- Für das mittlere Management stehen aufgrund der „Sandwichposition" der Coachees vielfach Themen wie Konfliktmanagement und Durchsetzungsvermögen im Vordergrund. Zudem benötigt diese Zielgruppe oftmals Unterstützung in ihrer Rolle als *Umsetzer von Veränderungen* und das Thema „Führen von Mitarbeitern in Veränderungsprozessen" wird relevant.
- Im unteren Management spielen meist die Vermittlung von Führungstechniken und Selbstmarketingkonzepten sowie die Unterstützung bei der Organisation und Strukturierung von Aufgaben und Prozessen eine größere Rolle.

Lebensalterspezifische Pools

Die Orientierung am Lebensalter der zu coachenden Manager bezieht sich auf ganz eigene Problemstellungen:

- Für „alte Hasen", d. h. erfahrene Manager, spielt häufig das Thema Delegation und partnerschaftliche Führung eine Rolle. Sie sind es gewohnt, vieles selbst zu machen, können oft schwer persönliche Versäumnisse einräumen und sind aufgrund eines mitunter eher paternalistischen Führungsverständnisses manchmal weniger in der Lage, sich in andere hineinzuversetzen.
- Managern im mittleren Alter sind vielfach von der sprichwörtlichen *Midlife-Crisis* betroffen. Hier tauchen dementsprechend oft Fragen nach dem Sinn ihrer aktuellen Situation, der Gestaltung des weiteren Lebenswegs und der Schwerpunktsetzung innerhalb der beruflichen Laufbahn auf.
- Junge Führungskräfte wissen oftmals noch weniger gut, wie sie sich bei der Übernahme einer ersten Führungsfunktion positionieren sollen. Sie verfügen noch über weniger Techniken für einen zwischen mitarbeiter- und aufgabenorientierten Anteilen ausgewogenen Führungsstil. Auch befinden sie sich häufig in der schwierigen Situation, auf einmal Mitarbeiter führen zu müssen, die kurz zuvor noch ihre Kollegen waren. Das kann leicht zu entsprechenden Unsicherheiten und zur starken Wahrnehmung von Führungsambivalenzen führen (z. B. Nähe vs. Distanz, Fachlichkeit vs. methodische Führung, Gleichbehandlung aller vs. Eingehen auf den Einzelfall).

Die Entscheidung für eine Vorgehensweise
HR ist nun gefordert, differenzierte Anforderungsanalysen bei den unterschiedlichen Zielgruppen durchzuführen und zudem auszuwerten, welche Zielgruppen in der Vergangenheit schwerpunktmäßig um Unterstützung in bestimmten Themenfeldern nachfragt haben. Wenn HR die Steuerung von Coachingprozessen systematisch gestaltet und entsprechend saubere Bedarfs- und Zielklärungen vornimmt, lässt sich eine entsprechende Poolbildung gut realisieren. Hilfreich ist auch eine Evaluation des Verfahrens und der Ergebnisse im Anschluss an den Prozess, um für zukünftige Coaching-Verfahren entsprechende Erkenntnisse zu sichern.

Im Kapitel 3.4, *Kernelemente eines Management-Coachingprozesses*, werden wir detailliertere Informationen zur systematischen Prozessgestaltung und Steuerung liefern und damit auf wesentliche Elemente von Coachingprozessen vertiefend eingehen.

3.3.2 Das Anforderungsprofil für einen Management-Coach

Bei der Auswahl von Coachs sind folgende *Auswahlkriterien* hilfreich, die je nach Art des Pools eine unterschiedliche Gewichtung erfahren sollten:

- Erfüllung formaler Voraussetzungen
- Erfüllung bestimmter Basiskompetenzen
- Erfüllung hinsichtlich festgelegter Erfahrungswerte
- Kulturelle Passung, d. h. Übereinstimmung des Coachs mit dem Leitbild und den Werten oder auch der typischen Arbeitsweise des jeweiligen Unternehmens

Die *formalen Voraussetzungen* könnten typischerweise in folgenden Punkten bestehen, die einander allerdings — je nach Erfüllungsgrad — durchaus kompensieren können:

- Mindestens fünf Jahre Erfahrung als Coach
- Mindestens 200 geleistete Coachingstunden
- Umfangreiche Kenntnisse der betroffenen Branche und relevanter aktueller Entwicklungen
- Ausbildung und Zertifizierung als Coach im Rahmen einer mindestens einjährigen Ausbildung (ca. 150 Ausbildungsstunden)
- Nachweis regelmäßiger Supervision
- Kontinuierliche Weiterbildung im Bereich Coaching innerhalb der letzten fünf Jahre (ca. 16 Stunden/Jahr)

Unter *Basiskompetenzen* sind notwendige Kompetenzen des Coachs zu verstehen, die für eine erfolgreiche Ausübung der Coach-Rolle immer notwendig sind, unabhängig vom spezifischen Anlass oder Ziel des Coachings. Hierzu gehören beispielsweise:

- Fachkompetenzen als Management-Coach (inhaltliches Wissen über Management, Führung, Changeprozesse, Organisation, Kommunikation etc. sowie psychologisches Grundlagenwissen)
- Methodenkompetenzen (Analyse- und Interventionsmethoden und -techniken)
- Persönliche und soziale Kompetenzen (Umgang mit Kritik, Beziehungsgestaltung, angemessenes Auftreten, Empathie, Selbstmanagement etc.)

Unter den *Erfahrungswerten* können die Aspekte subsumiert werden, die weiter oben unter der *themenspezifischen Ausrichtung* von Coachingpools beschrieben wurden. Im Unterschied zu den gerade genannten *Fachkompetenzen* eines Coachs bestehen Erfahrungswerte nicht nur aus konzeptionellem Wissen und Modellwissen für das jeweilige Fachgebiet (z. B. Changemanagement), sondern eben aus eigenen umfangreichen Erfahrungen auf diesem Gebiet. Diese können entweder aus der Ausübung einer entsprechend gelagerten Funktion stammen (so war der Coach beispielsweise selbst zehn Jahre lang Changemanager in einem großen Konzern) oder aus dem langjährigen Coachen von Managern im betroffenen Fachgebiet. Das können z. B. juristische Kenntnisse, spezifische betriebswirtschaftliche Erfahrungen, Verwaltungskenntnisse oder Kompetenzen im Medienauftritt sein. Die Erhebung solcher Erfahrungswerte im Zuge der Auswahl der Coachs für den Pool ist besonders wichtig, um im späteren *Matchingprozess* (siehe Kapitel 3.4, *Kernelemente eines Management-Coachingprozesses*) bei der Zusammenführung von Coach und Coachee eine hohe Übereinstimmung zwischen der Problemstellung des Coachees und den Erfahrungen in der Bearbeitung vergleichbarer Problemstellungen durch den Coach zu erreichen.

Datenerhebung für den Auswahlprozess
Die jeweils relevanten Anforderungen und Kompetenzen sollten sodann in Anforderungsprofile überführt und ihre geforderte Ausprägung in Form von Soll-Profilen abgebildet werden. Alle potenziellen Coachs sollten daraufhin ein Auswahlverfahren durchlaufen, das die Kriterien der Anforderungsprofile systematisch und multimethodal abprüft. Aus diesem Prozess resultieren Ist-Profile, auf deren Basis fun-

dierte Entscheidungen darüber gefällt werden können, ob die jeweiligen Coachs in den Pool aufgenommen werden.

● **TIPP: Basis-Eigenschaften kompetenter Management-Coachs**

Wie auch die Coachingstudie von Kienbaum und dem Harvard Business Manager gezeigt hat, ist die *Klärung und Strukturierung von Rollen und Aufgaben* ein wesentliches Ziel, das Unternehmen mit der Veranlassung von Coaching verbinden. Gerade im Kontext des Management-Coachings sollte der Coach also sehr gut in der Lage sein, Sachverhalte schnell zu durchdringen, sie zu strukturieren und nachfolgend Handlungsstrategien abzuleiten. In einem Verfahren zur Auswahl eines Coachs sollten daher diese Fähigkeiten im Vordergrund stehen. Darüber hinaus sollte jeder Coach, der in großen Organisationen zum Einsatz kommt, folgende Eigenschaften mitbringen:

- Die Fähigkeit zur differenzierten Betrachtung der jeweiligen Problemstellung aus den Perspektiven Organisation, Beziehung und Person,
- ein differenziertes Verständnis von der Funktionsweise von Organisationen,
- ein solides Wissen über aktuelle Führungskonzepte,
- erste eigene Führungserfahrungen (diese können durchaus auch im Projektkontext erworben worden sein),
- ein Grundverständnis der Werte und Leitlinien des jeweiligen Unternehmens,
- gute Kenntnisse über eignungsdiagnostische Verfahren und deren Einsatzbereiche,
- Wissen und Anwendungskompetenz über psychologische Testverfahren,
- fundiertes persönlichkeitspsychologisches Wissen,
- Feedbackkompetenzen,
- eine ausgeprägte Beobachtungsgabe,
- die Fähigkeit, sich schnell auf wechselnde Rahmenbedingungen und unterschiedliche Personen einstellen zu können und
- die Befähigung zur Selbstreflexion und zur persönlichen Zurücknahme in der Interaktion.

3.3.3 Module des Auswahlprozesses für Coachs

Ein qualitativ hochwertiger und standardisierter Auswahlprozess sollte auf folgende Bestandteile nicht verzichten:

1. ein umfassendes Interview mit dem potenziellen Coach,
2. die Simulierung von Coachingsequenzen in einer Rollensimulation sowie
3. die Diskussion bisher durchgeführter Coachingprojekte (Referenzen).

Das Interview
In Rahmen der Befragung bietet sich eine Fokussierung auf folgende Themenkreise an:

- Welches Selbstverständnis hat der Coach?
- Was sind seine Grundprinzipien? Auf welcher Schule beruhen seine Haltung und sein Vorgehen?
- Was zeichnet seiner Meinung nach einen guten Coach aus?
- Welche Methoden bevorzugt er?
- Was würden andere über ihn sagen, die ihn schon früher als Coach erlebt haben?
- Wie würde er bei einer Konfliktklärung vorgehen?
- Wie beurteilt der Coach, ob das Coaching erfolgreich war?
- Hat er schon einmal ein Coaching durchgeführt, das nicht erfolgreich war? Was waren die Ursachen und was hat er daraus gelernt?
- Worauf ist er besonders stolz? Was ist sein größter Erfolg?

Während der Durchführung des Interviews können folgende Beobachtungen hilfreich sein:

- Wie souverän agiert der Coach?
- Stimmt sein Verhalten mit seinen Aussagen überein?
- Inwieweit vermittelt der Coach eine positive und lösungsorientierte Grundhaltung? Auf welche Weise strahlt er diese Haltung aus und wirkt motivierend?
- Kann er sich prägnant ausdrücken und Informationen verdichten?

- Wie gut ist seine Auffassungsgabe?
- Redet der Coach offen über Schwächen und Lernerfahrungen? Wie selbstreflektiert wirkt er?
- Wie aufgeschlossen, neugierig und frageorientiert verhält er sich?

Da der Coach auch im Hinblick auf *emotionale* und *soziale* Kompetenzen immer als Rollenvorbild für den Manager dient und es diesen erfahrungsgemäß gerade daran oft mangelt, ist eine differenzierte Betrachtung dieser Kompetenzen im Zuge des Auswahlprozesses eines Coachs von zentraler Bedeutung:

- Wie gestaltet er die Beziehung zu seinen Gesprächspartnern?
- Unterbricht er?
- Fragt er nach, wenn etwas unklar zu schein scheint, oder scheint er immer alles zu wissen?
- Wie viel Redeanteile nimmt er ein?
- Wie sensibel reagiert er auf nonverbale Signale seiner Gesprächspartner?
- Wirkt er schnell angegriffen, neigt er zur Rechtfertigung? Oder wirkt er gelassen und arbeitet mit Klärungsfragen?
- Zeigt er Verständnis für die Position seiner Gesprächspartner und agiert respektvoll?
- Und letztendlich: Welche Grundhaltung nimmt er im Gespräch ein (*Ich bin o. k. – Du bist o. k.* oder andere Grundhaltungen)?

Außerdem empfehlen wir, im Rahmen des Interviews konkrete Fallbeschreibungen aus der eigenen Unternehmensrealität heranzuziehen: Dem Coach wird hier ein „Klassiker", also eine typische Problemstellung geschildert, auf deren Basis er sein methodisches Vorgehen und vorstellbare Interventionen beschreiben soll. Im Kapitel 5, *Management-Coaching in der Praxis*, werden wir differenziert auf derartige „Klassiker" eingehen und beispielhaft herausarbeiten, welche Methoden und Herangehensweisen wir in den einzelnen Fällen selbst erfolgreich angewendet haben. Diese Fälle eignen sich sehr gut für die Nutzung in Auswahlverfahren für Coachs.

Simulation einer Coachingsequenz

Im Anschluss an das Interview könnte dem potenziellen Coach z. B. die Aufgabe gestellt werden, aufgrund einer kurzen Beschreibung der Ergebnisse einer Führungskräftebewertung durch deren Mitarbeiter ein geeignetes Vorgehen für die betroffene Führungskraft zu entwickeln und diese skizzenhaft darzustellen. Anschließend wird ein Bedarfsklärungsgespräch simuliert, in dem eine Führungskraft — gespielt durch einen der Beobachter — sich und ihr Anliegen vorstellt und der Coach hierfür eine Problemanalyse und Zieldefinition vornehmen muss. Mittels eines solchen Prozesses können zum einen die *methodischen* Kompetenzen des Coachs, zum anderen aber auch die *persönliche* und *kulturelle* Passung überprüft werden.

Erläuterung von Referenzen

Im letzten Schritt kann der potenzielle Coach um eine Selbstpräsentation basierend auf Schwerpunkten seiner bisherigen Erfahrungen gebeten werden:

- In welchen Branchen war er bisher überwiegend tätig?
- Was sind seiner Ansicht nach die aktuellen Herausforderungen in diesen Branchen?
- In welchem Marktumfeld bewegen sie sich?
- Welche typischen Problemstellungen resultieren hieraus für Führungskräfte?
- Wie hält sich der Coach in Hinblick auf Fragestellungen und Entwicklungen dieses Umfelds auf dem Laufenden?
- Über welche Projekterfahrungen verfügt er in Bezug auf die Begleitung von Veränderungsprozessen, Strategieentwicklung, Aufbau neuer Führungsstrukturen, Konfliktmediation etc.?

TIPP: Notwendige Erfahrungen und Kompetenzen des Coachs

Selbstredend sollte jeder Auswahlprozess auf die jeweils zu bearbeitenden Schwerpunkte und die Beherrschung hierfür zentraler Konzepte und Methoden bezogen sein. Hier können wir wieder die oben beschriebenen drei Varianten von Coachingpools zugrunde legen:

● TIPP: Themenspezifischer Pool

Themennachfrage der Coachees (Auswahl)	Hilfreiches Konzeptwissen des Coachs (Auswahl)
Changemanagement	Eisberg-Modell Veränderungskurve Pinguin-Prinzip Systemische Aufstellungstechniken
Führung	Transformationale Führung LMX-Theorie der Führung Dyadische Führung Transaktionale Führung
Selbstmanagement	Antreiber-Test Persönliche Balanced Scorecard Resilienz
Konfliktmanagement	Persönlichkeitspsychologie Eskalationsmodell nach Glasl Harvard-Prinzip

● TIPP: Hierarchiespezifischer Pool

Managementebene der Coachees	Hilfreiches Konzeptwissen des Coachs (Auswahl)
Topmanagement	Mikropolitik Formale und informale Organisation Stakeholdermanagement
Mittleres Management	Mitarbeitertypologien in Veränderungsprozessen Verhandlungstechniken
Unteres Management	Performance-Cue-Effekt Präsentationstechniken Projekt- und Zeitmanagement

● TIPP: Lebensalterspezifischer Pool

Lebensphase der Coachees	Hilfreiches Konzeptwissen des Coachs (Auswahl)
50+	Delegationstechniken Systemische Fragetechniken Gestaltung von Austrittsszenarien
35 – 50	Stress- und Selbstmanagement Persönliche Balanced Scorecard Entscheidungstechniken (z. B. „inneres Team")
25 – 35	Führungstechniken Techniken zur Selbstbehauptung, Teamentwicklung

Eine derart gewissenhafte Etablierung von Coachingpools, die Anlage und Pflege differenzierter Anforderungs- bzw. Soll-Profile für Coachs und die aufwendige Gestaltung multimethodaler Auswahlprozesse lohnen sich sicher nur in einer großen Organisation. Wo Coachings regelmäßig stattfinden, womöglich sogar in mehreren Niederlassungen, ist jedoch ein systematisches Vorgehen von immens hoher Bedeutung, um die Qualität einzelner Coachings sicherzustellen und alle Coachingprozesse übergreifend steuern zu können.

3.4 Kernelemente eines Management-Coachingprozesses

Die nachfolgenden Ausführungen beleuchten die Steuerung und individuelle Durchführung von Coachingprozessen aus zwei Perspektiven: zum einen aus der Perspektive der Personen, die unmittelbar in die Durchführung des Coachings involviert sind. Das sind der Coach, der Manager als Coachee und an bestimmten Punkten die Führungskraft des Coachees. In diesem Zusammenhang werden auch typische Elemente eines Coachingprozesses dargestellt. Zum anderen wird die Perspektive von HR eingenommen, das für die übergeordnete Steuerung mehrerer parallel stattfindender Coachingprozesse verantwortlich ist. Dieser Abschnitt geht also ein auf die *Initiierung* des Coachings selber mit den beteiligten Personen und auf die *Strukturierung* des Verfahrens, aber auch auf Aspekte der Transfersicherung und Evaluation und somit letztendlich der *Qualitätssicherung*.

3.4.1 Aufbau eines klassischen Coachingprozesses

Der Erfolg eines Coachingprozesses hängt neben der Qualität der unmittelbaren Durchführung in erheblichen Maßen von Steuerungsaktivitäten um das eigentliche Coaching herum ab. Dies betrifft sowohl das Vorfeld als auch die Durchführung selbst und die Vorgänge nach Beendigung des Coachings. Die notwendigen Steuerungsaktivitäten können sich dabei durchaus an den üblichen Standards des Projektmanagements orientieren.

Ein professionell aufgebauter Coachingprozess sollte folgende Phasen beinhalten:

1. Feststellung des individuellen Coachingbedarfs/Anlasses
2. Festlegung der Ziele für das geplante Coaching
3. Auswahl des Coachs für den spezifischen Coachingprozess (Matching)
4. Absprache der angestrebten Coachingziele und der Rahmenbedingungen zwischen Coach und Coachee
5. Individueller formaler oder informaler Coachingkontrakt
6. Durchführung des Coachings
7. Parallel verlaufende Qualitäts- und Transfersicherung des Coachings
8. Abschlussevaluation
9. Transfersicherung nach Beendigung des Coachings
10. Follow-up-Review Coach — Coachee

1. Feststellung des Coachingbedarfs

Der individuelle Bedarf und damit der Anlass ergibt sich in großen Organisationen — neben der Selbstnominierung — vielfach Sammelmaßnahmen oder -verfahren, die eine ganze Reihe von Führungskräften betreffen. Im Kapitel 3.2, *Auslöser von Coaching in Organisationen*, haben wir festgestellt, dass der Ausgangspunkt für Coachings oft in Management-Audits/Assessment-Centern, Feedbackverfahren oder auch Management-Development-Programmen (MDP) liegt. Bei den beiden erstgenannten Instrumenten kann man meist den konkreten Bedarf aus den Ergebnisberichten ersehen. Wie oben erläutert, sollte vor einem Coaching stets zunächst ein ausführliches *Feedbackgespräch* stattgefunden haben und ein *Einvernehmen* über den Bedarf hergestellt werden. Im Rahmen eines MDPs wird der Coachingbedarf oft durch die teilnehmenden Führungskräfte selbst definiert. So ist es durchaus Usus, im Vorfeld eines solchen Programms eine Abfrage unter den Teilnehmern vorzunehmen, welche Themen sie in einem begleitenden Coaching gerne bearbeiten würden.

2. Festlegung der Coachingziele

Dieser Schritt sollte unbedingt *vor* einem Coaching zwischen dem Coachee und seinem Vorgesetzten erfolgen. Auf Basis des festgestellten oder benannten Bedarfs sollten in einem persönlichen Gespräch die konkreten Ziele für das Coaching abgestimmt werden — noch bevor überhaupt ein Coach ausgesucht wurde:

- Was genau soll sich geändert haben, wenn das Coaching gelaufen ist?
- In welcher Situation wird sich die Veränderung zeigen?
- Inwieweit wird der geplante Prozess zur erfolgreichen Ausübung der berufsbezogenen Rolle oder auch zum persönlichen Wohlbefinden des Coachees beitragen?

Diese Abstimmung ist von großer Bedeutung, um ein Commitment zwischen Coachee und Vorgesetztem herzustellen und gleichzeitig die Voraussetzungen für einen gelungenen Transfer zu schaffen. Schon an dieser Stelle muss klar sein, dass auch der Vorgesetzte des Coachees eine Verantwortung für das Gelingen des Coachingprozesses trägt: Nur wenn der Vorgesetzte es seinem Mitarbeiter auch *ermöglicht*, bestimmt Dinge in seinem Verhalten zu ändern (und solche Veränderungen nicht etwa sofort sanktioniert), kann der Transfer wirklich erfolgreich sein. Dieser Transfer kann dann im weiteren Verlauf durchaus auch durch regelmäßige Zusammenkünfte von Coachee und Vorgesetztem unterstützt werden, in denen sie den Fortschritt oder auch einzelne Inhalte des Coachings gemeinsam reflektieren. Solche Treffen sollten von der Fragestellung bestimmt sein, ob und inwieweit der Vorgesetzte den Coachee unterstützen oder Rahmenbedingungen für die Lösung relevanter Problemstellungen schaffen kann.

Neben den Zielen des angestrebten Coachingprozesses sollten Vorgesetzter und Coachee zu diesem Zeitpunkt auch die *Anforderungen an einen Coach* festlegen. Hierzu sollten nach Möglichkeit auf einer Vorlage von HR vor allem die gewünschten *Erfahrungswerte* des Coachs angegeben werden. Dies kann z. B. der Wunsch nach fachlicher Passung sein, der gewünschte Erfahrungsschatz des Coachs in bestimmten Branchen oder auch die Führungserfahrung des Coachs.

3. Auswahl des Coachs (Matching)

Sind die Ziele und gewünschten Ergebnisse eines Coachings wie auch die Anforderungen an einen potenziellen Coach einmal definiert, kann die Auswahl eines geeigneten Coachs erfolgen. Dazu wird das ausgefüllte Formblatt an HR weitergeleitet, sodass der *Matchingprozess* — idealerweise mithilfe einer hierfür angelegten internen Datenbank — gestartet werden kann.

Der HR-Verantwortliche wählt dann auf Basis des Formblatts bis zu drei passende Coachs aus der Datenbank aus und schickt deren Profile an den Coachee. Gleichzeitig steht er dem Coachee für Empfehlungen und Beratungen zur Verfügung. Wenn die internen Systeme entsprechend ausgerichtet sind, könnte der Coachee auch direkten Zugriff auf die Coach-Datenbank erhalten und die Profile entlang von Filterfunktionen selbst nach seinen Bedarfen selektieren. Optional könnten die Profile sogar mit Videostreams hinterlegt werden, in denen sich die Coachs vorstellen, und so dem Coachee bzw. dem beratenden HR-Vertreter einen noch besseren, wenn auch ersten Eindruck von der Person des Coachs und dessen Passung zum Coachee vermitteln.

Sind die passenden Profile ausgewählt, werden persönliche Kennenlerntreffen zwischen den potenziellen Coachs und dem Coachee vereinbart. Bei diesen Treffen geht es in der Hauptsache um die persönliche Passung, also letztendlich um die „Chemie" zwischen den Beteiligten. Es genügt an dieser Stelle, sich über Ausgangspunkt und Ziele des Coachings auszutauschen, woraufhin der jeweilige Coach seinen Zugang für eine Bearbeitung der Problemstellung skizzieren kann. Anschließend an die Treffen trifft der Coachee seine Wahl.

4. Absprache der Coachingziele und Rahmenbedingungen

Mitunter erfolgt dieser Schritt schon während des oben geschilderten Kennenlerntreffens, vor allem dann, wenn der Coachee sich bereits auf Basis der Datenbankinformationen auf nur einen Coach festgelegt hat. Ansonsten sollten spätestens jetzt vor allem die *Ziele* des Coachings konkretisiert werden. Hier muss vor allem darauf geachtet werden, dass es sich auch wirklich um Ziele und nicht um „Nicht-Ziele" handelt. So sollte der Coachee also beispielsweise nicht das Ziel verfolgen, *weniger* aufbrausend zu sein oder *nicht mehr* so zurückhaltend, wenn es um seine Belange geht. Derartige Vorsätze geben keine Richtung vor, sondern sind nur darauf ausgerichtet, etwas weniger zu tun. Diese Vorgehensweise ist einer Erreichung der erhofften Ergebnisse jedoch nicht dienlich.

Nicht nur aus der Sportpsychologie ist bekannt, dass eine konkrete gedankliche Simulation des *gewünschten Zustands* wesentlich wirkungsvoller ist als die Vorstellung davon, etwas zu *vermeiden*.

▶ BEISPIEL: Positiv formulierte Ziele

Ein Fußballstürmer zeigt sich immer sehr eigensinnig, wenn er in den Strafraum kommt, und bezieht seine Mitspieler zu wenig in die konkrete Spielsituation mit ein — hier also in das Ziel eines Torschusses. Stattdessen kämpft er sich mit Vorliebe alleine durch, trifft sicherlich auch hier oder da, vergibt aber gleichzeitig viele Chancen und verärgert so seine Mitspieler. Ein weniger guter Trainer und Mentalcoach würde womöglich raten: „Sei nicht mehr so eigensinnig, wenn Du das nächste Mal in den Strafraum kommst! Du spielst bisher viel zu wenig ab und hast Deine Mitspieler nicht im Blick!" Damit weiß der Spieler zwar, was er falsch gemacht hat, kann sich aber noch nicht konkret vorstellen, was genau er anders machen soll. Besser wirkt eine mentale Simulation des gewünschten Zustands: „Wenn Du das nächste Mal in Richtung Strafraum läufst, heb noch mal den Kopf und schau nach rechts. Wenn Bastian dann in die Mitte zieht, spiel in die Gasse und mach Dich bereit für einen Abpraller!"

Es ist also bei der Zielabsprache wichtig, das gewünschte Ergebnis auf eine *konkrete Situation* zu beziehen. Möchte der Coachee beispielsweise durchsetzungsstärker werden, sollte man die in Frage stehende Situation so detailliert wie möglich mit dem zukünftig gewünschten Verhalten ausmalen.

▶ BEISPIEL: Detailliert formuliertes Zielverhalten

„Wenn ich das nächste Mal im Meeting neben Herrn Wozniacki sitze, wird er bei der Besprechung der Budgetverteilung bestimmt wieder versuchen, mir das Wort abzuschneiden und seine Belange

durchzusetzen. Ich werde dann aber ganz ruhig und positiv bleiben. Zunächst werde ich ihn ausreden lassen, dann aber wiederholt
meinen Standpunkt darlegen. Wenn er mich unterbricht, werde ich
ihn bitten, mich meinen Gedanken zu Ende führen zu lassen. Ich
werde meine Ausführungen mit einer klaren Forderung in Sachen
Budgetzuteilung abschließen."

Bei der Zielvereinbarung sollte der Vorgesetzte des Coachees nach
Möglichkeit anwesend sein und auch seine Vorstellungen zu den gewünschten Resultaten mit einbringen. Dieses Dreiergespräch kann
sein Ergebnis in einem *Dreieckskontrakt* finden – dabei sollte vor allem der Coach jedoch darauf achten, dass das Gespräch nicht zu einer „Gerichtsverhandlung" wird. Der Coach sollte also unbedingt eine
neutrale Position einnehmen und auf keinen Fall zum „Verbündeten"
des Vorgesetzten werden. Das lässt sich am besten sicherstellen, indem der Coachee immer wieder aktiv in das Gespräch eingebunden
und nicht als *Objekt* des Vorgangs behandelt wird. Das mag sich selbstverständlich anhören, doch kommt es durchaus öfter vor, dass sich
Coach und Vorgesetzter plötzlich *über den Coachee* in dessen Anwe-
senheit unterhalten. Lässt man sich als Coach auf ein solches Gespräch
ein, wird dies die Beziehung zum Coachee mit Sicherheit nicht stärken.

Wenn die vorher notwendigen Verfahrensschritte sorgfältig durchgeführt worden sind, treten in der Regel zu diesem Zeitpunkt allerdings
nicht mehr viele Zieldiskrepanzen auf. Vielmehr können sich Coach,
Coachee und Vorgesetzter meist gut auf eine gemeinsame Vorgehensweise einigen.

Rahmenbedingungen

Es ist unabdingbar, den *Informationsfluss* im laufenden Coaching klar
zu definieren. Hier gilt zuallererst: Der Coach gibt niemals ungefragt
Inhalte aus dem Coaching preis. Damit würde er seine Integrität und
somit seine Geschäftsgrundlage unweigerlich zerstören. Außerdem
gilt: Alle Spielarten sind erlaubt, sofern sie denn von allen Beteiligten
so gewollt sind. Beispielsweise kann es vorkommen, dass der Vorgesetzte über den Fortschritt des Coachings informiert werden möchte.
Ist dies für den Coachee in Ordnung, gibt es unterschiedliche Möglichkeiten, den Informationsfluss zu realisieren. Günstigerweise vereinba-

ren Coach und Vorgesetzter feste Zeitpunkte, an denen das Coaching gemeinsam reflektiert und besprochen wird, ob der Coachee Unterstützung benötigt. Eine andere Variante ist, dass der Coach nach einzelnen Sitzungen mit dem Vorgesetzten spricht und Empfehlungen dazu abgibt, wie dieser den Coachingerfolg zu verschiedenen Zeitpunkten am besten unterstützen kann — das kann auch bedeuten, dass er sich aktuell besser gar nicht einbringen sollte. Selbstverständlich dürfen hier niemals Inhalte zur Sprache kommen, die dem Coachee in irgendeiner Weise schaden könnten. Der Coach muss also jeweils nach bestem Wissen und Gewissen entscheiden, welche Fakten er preisgibt.

Bisweilen wird aber auch schon vorab deutlich, dass nicht wirklich ein gemeinsames Verständnis des Coachees und seines Vorgesetzten über die Ziele des Coachings erreicht werden kann. So kann im Extremfall gerade die Beziehung zwischen Coachee und Vorgesetztem das Kernproblem für einen Coachee und somit den Anlass des Coachings darstellen. Dieser Umstand wird aber verständlicherweise oftmals nicht offen ausgesprochen, sodass im Zieldefinitionsgespräch (Schritt 2) womöglich andere Themen und Ziele diskutiert werden als die, die dem Coachee eigentlich wichtig sind. Im Verlauf des Coachings wird der Coach dann aller Wahrscheinlichkeit nach bald feststellen, dass die ihm im Vorfeld kommunizierten Coachingziele nicht den tatsächlich anstehenden Problemen entsprechen.

▶ **BEISPIEL: Versteckte Ziele**

Der Vorgesetzte eines Coachees wünscht, dass sein Mitarbeiter an seinen Zeitmanagementfähigkeiten arbeitet. Vielfach kämen die Arbeitsergebnisse etwas zu spät. Im Beisein seines Chefs erklärt sich der Coachee zur Arbeit an diesem Thema bereit. Schon in der ersten Coachingsitzung wird allerdings klar, dass der Coachee das Kernproblem nicht in seinem Zeitmanagement sieht, sondern vielmehr darin, dass sein Chef ihm nicht die notwendigen Befugnisse und Freiräume gewährt, um Dinge entscheiden zu können. Die ständigen Kontrollen durch den Chef und überflüssige Änderungswünsche in Details seien die eigentlichen Auslöser der verspätet eingereichten Arbeitsergebnisse.

In einem solchen Fall ist Fingerspitzengefühl gefragt; dieses Dilemma ist sicherlich nicht durch *die eine richtige* Vorgehensweise zu lösen. Die denkbar schlechteste Vorgehensweise wäre allerdings, den Vorgesetzten im Glauben zu lassen, man würde an dem gewünschten Thema (also Zeitmanagement) arbeiten, obwohl mit dem Coachee tatsächlich Durchsetzungsstrategien gegenüber dem Chef besprochen werden.

Natürlich wird die Zielklärung zwischen Coach und Vorgesetzten immer Interpretationsräume offen lassen und immer werden auch im Laufe des Coachings weitere Aspekte hinzukommen, die die Ursachen von Problemen aus einer anderen Perspektive heraus erklären. Da Coaching kein deterministisch planbarer, sondern ein iterativer und sich ständig anpassender Prozess ist, wird es hier immer wieder zu Zielverschiebungen und -anpassungen kommen. Das ist auch gut so und muss nicht immer 1:1 mit dem Vorgesetzten rückgekoppelt werden. Dies wäre sicher nicht zielführend.

Werden aber schon zu Beginn des Coachings klare Zieldiskrepanzen deutlich, so sollte der Coach versuchen, ein weiteres Zielklärungsgespräch zwischen Coachee und Vorgesetztem herbeizuführen. Er kann dabei die Moderation dieses Gesprächs anbieten, um tatsächlich zu einem Ergebnis zu kommen, mit dem gearbeitet werden kann. An dieser Stelle muss der Coach auch ganz klar machen, dass er den Auftrag nicht *um jeden Preis* annimmt — also egal, ob er damit das tatsächliche Problem löst oder nicht.

5. Der individuelle Coachingkontrakt

Im Rahmen der Aufnahme in den Coachingpool hat der Coach bereits mit HR-Development ausgehandelt, welche Konditionen (Honorar, Reisekosten, Stornoregelungen ...) für sein Coaching gelten. Um diese Dinge geht es bei diesem Schritt also nicht. Vielmehr werden die im letzten Schritt besprochenen Ziele und Rahmenbedingungen verschriftlicht, u. a. als Steuerungsinstrument für HR, um parallel laufende Coachingprozesse begleiten zu können. So wird ein Schriftstück — kein rechtsverbindlicher Vertrag — formuliert, in dem die folgenden Punkte festgehalten werden:

- Wer sind die Prozessbeteiligten?
- Welche Rollen nehmen sie in dem Prozess ein?

- Was ist der Coachinganlass?
- Welche Ziele wurden vereinbart?
- Welche Messkriterien wurden ggf. vereinbart?
- Welche Vertraulichkeitsregelungen wurden getroffen?
- In welchem Abstand finden die Sitzungen statt?
- Wurden Zwischenreviews vereinbart? Zu welchen Terminen?
- Wurde eine feste Anzahl von Sitzungen vereinbart?
- Wurde ein Endpunkt des Prozesses festgelegt?

Messkriterien lassen sich erfahrungsgemäß im Rahmen eines Coachings nur schwer vereinbaren. Anders formuliert: Der Coach würde nicht wirklich seriös agieren, wenn er die Erreichung bestimmter Messgrößen *versprechen* würde. Coaching ist nun einmal kein vollständig plan- und vorhersehbarer Prozess und der Mensch ist keine Maschine, bei der auf einen bestimmten Input ein immer gleicher Output folgt. Die meisten Beteiligten sind sich darüber auch im Klaren, und doch trägt der *Versuch* einer Kriteriendefinition zumindest dem Bedürfnis vieler Personen nach messbarem Zahlenwerk Rechnung. Gerade gegenüber betriebswirtschaftlich orientierten Personen oder auch Personen mit Ingenieurshintergrund argumentiert es sich mit Messgrößen schlichtweg einfacher. Würde man aber als Coach konkrete Zahlen verbindlich versprechen, so wäre der ganze Prozess mit Sicherheit zum Scheitern verurteilt. In manchen Fällen kann es dennoch hilfreich sein, die Ziele des Coachings mit kennzahlenorientierten Bandbreiten zu koppeln.

▶ BEISPIEL: Koppelung der Coachingziele an Kennzahlen

Ein Coachee nimmt ein Coaching auf, weil er in einer Mitarbeiterbefragung eher schlecht abgeschnitten hat. Eine Zielformulierung könnte hier lauten: „Ergebnis des Coachings soll es auch sein, dass der personenbezogene Zufriedenheitsindex im Rahmen der nächsten Mitarbeiterbefragung von derzeit 77 auf über 80 steigt".

Die Kenngrößen werden also tunlichst etwas weicher formuliert, als es sonst üblich ist. So weit kann man als selbstbewusster und gut qualifizierter Coach durchaus gehen.

6. Durchführung des Coachings

Auf das individuelle Coaching selber und auf die klassischen Problemstellungen im Kontext von Management werden wir im Kapitel 5, *Management-Coaching in der Praxis*, differenziert eingehen.

7. Parallele Qualitäts- und Transfersicherung

Hier geht es vor allem um Zwischenreviews und Supervision. So sollte schon bei der Vereinbarung der Rahmenbedingungen festgelegt werden, zu welchen Zeitpunkten sich Vorgesetzter und Coach treffen, um den bisherigen Verlauf des Coachings zu reflektieren und zu besprechen, ob Änderungen in der Vorgehensweise notwendig sind.

Je konkreter Ziele und ggf. auch Inhalte des Coachings vorab definiert wurden, desto besser kann auch eine systematische Zwischen- und Abschlussevaluation des Coachings erfolgen. Erfolgt das Coaching z. B. im Anschluss an ein Management-Audit und soll sich auf einen bestimmten Kompetenzbereich beziehen, in dem der Coachee schlecht abgeschnitten hat, so kann durchaus eine Evaluation designt werden. Angenommen, die Leistungen im Bereich „Mitarbeitersteuerung" werden kritisch gesehen: Für das Coaching könnte der Ausbau dieser Kompetenz als Ziel definiert werden. Zum einen muss sehr wahrscheinlich an persönlichkeitsrelevanten Themen gearbeitet werden, die es dem Coachee eventuell aktuell noch erschweren, Ergebnisse konsequent einzufordern. Zum anderen könnte aber auch die Vermittlung von Wissensaspekten (Konzepte und Methoden der Mitarbeitersteuerung) im Coaching sinnvoll sein. Hierzu ist durchaus schon im Vorfeld die Formulierung von Items möglich, die einer Prä- und Postmessung und somit einer Evaluation dienen.

So kann der Coachee etwa vor dem Coaching einen (kurzen!) Evaluationsbogen ausfüllen, der sich auf Konzepte und Methoden der Mitarbeitersteuerung bezieht, z. B.: „Mir ist bekannt, welche Instrumente ich zum Controlling benutzen kann." (Wissensitem) oder auch „Ich verwende im Arbeitsalltag Controllinginstrumente." (Transferitem). Auf der Basis einer erneuten Befragung kann dann eine Zwischenevaluation zur Vorbereitung eines Zwischenreviews zwischen HR-Development und Coach erfolgen.

Methoden zur Evaluation

Zur Evaluation von Personalentwicklungsmaßnahmen bietet das bewährte Modell von Donald Kirkpatrick eine gute Grundlage. Diese Methode ist als Orientierungsrahmen geeignet und lässt sich bedarfsorientiert pragmatisch weiterentwickeln. Das Modell unterscheidet fünf verschiedene Stufen der Erfolgsmessung: Zufriedenheitserfolg, Lernerfolg, Transfererfolg, Geschäftserfolg und Investitionserfolg.

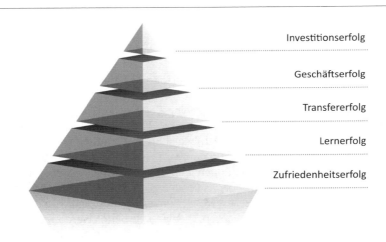

Abb. 9: Modell zur Evaluation von Donald Kirkpatrick

Die ersten beiden Stufen sind relativ einfach zu messen, beispielsweise durch Fragebögen. Daher findet diese Messung in Organisationen größere Verbreitung. Ihre Aussagekraft ist jedoch bedeutend niedriger als die von Messungen des Transfer-, Geschäfts- oder Investitionserfolgs. Im Hinblick auf das Instrument Coaching sind typischerweise die beiden letzten Stufen nicht hinreichend valide zu evaluieren, sodass in diesem Kontext meist eher die ersten drei Stufen erhoben werden. Nachfolgend finden Sie einige beispielhafte Ansätze zur Evaluation dieser Bereiche:

- Zufriedenheitserfolg: Wie zufrieden ist der Coachee bezüglich der Übereinstimmung der vorab definierten Coachingziele mit den im Prozess durch den Coach adressierten Themen? Diese Messung kann gut mithilfe eines Kurzfragebogens im Anschluss an den jeweiligen Coachingprozess vorgenommen werden.

- Kurzfristiger Lernerfolg: Inwieweit hat sich das Wissen des Coachees um Methoden und Instrumente moderner Führungskonzepte erweitert? Die Messung dieses Faktors geht in der Praxis oftmals mit Akzeptanzproblemen seitens der Coachees einher. Je nach Anlass des Coachings kann jedoch durchaus auch hier ein Lernkontrollfragebogen im Vorfeld und im Anschluss an den Coachingprozess (Prä- und Postmessung) verwendet werden. Fragen zur persönlichen Einschätzung des Lernerfolgs können im Anschluss an die oben genannte Zufriedenheitsfrage gestellt werden.

- Transfererfolg: In welchem Ausmaß wendet der Coachee moderne Führungskonzepte (wie etwa die dyadische Führung) in der Praxis an und gestaltet eine partnerschaftliche Beziehungsebene? Hier kann die Messung auch mittels alternativer Methoden erfolgen: Eine Möglichkeit sind stichprobenhafte Interviews mit Vorgesetzten von Coachees auf der Grundlage qualitativer Fragen bezüglich Änderungen im Führungsverhalten der Coachees bzw. nach Abschluss des Coachingprozesses auch stichprobenhafte Interviews mit Coachees zur qualitativen Beurteilung des Transfererfolgs.

Die schematisierte Evaluation von Coaching ist, wie gesagt, vor allem dann möglich, wenn schon im Vorfeld bestimmte Themen identifiziert wurden, die mit allen Coachees in gleicher Weise thematisiert werden sollen. Nur unter diesen Umständen ist überhaupt eine aussagekräftige Vorher- und Nachhermessung durchführbar.

Ein solches Vorgehen kann durchaus Bestandteil moderner Personalentwicklung sein. Es ist aber erfahrungsgemäß nur dann angebracht, wenn Führungskräfte bereits an eine systematische Evaluation ihrer Weiterentwicklungsaktivitäten gewöhnt sind, diese als nutzbringend empfinden und somit dem Prozess positiv gegenüberstehen. Andernfalls könnte die Ankündigung einer Evaluation womöglich den Glauben in die Vertraulichkeit der individuellen Coachingsitzungen erschüttern, was selbstredend kontraproduktiv wäre. Auch hier ist also wieder der Reifegrad der Organisation entscheidend.

In jedem Fall sollte HR jedoch sicherstellen, dass die zum Einsatz kommenden Coachs regelmäßig an einer *Supervision* teilnehmen. Das dient neben der Reflexion des eigenen Vorgehens durchaus auch dem Austausch über kulturelle Aspekte oder Spezifika unterschiedlicher Bereiche/Abteilungen und trägt ebenfalls maßgeblich zur Transfersicherung bei.

8. Abschlussevaluation

In gleicher Weise wie, oben beschrieben, sollte auch die Abschlussevaluation durch HR erfolgen. Es hat sich jedoch bewährt, zusätzlich auch eine kurze *inhaltliche* Evaluation vorzunehmen (also nicht entlang einer Bewertungsskala). Dazu treffen sich Coach, Coachee und idealerweise der Vorgesetzte zu einem Abschlussgespräch und füllen gemeinsam ein Formblatt aus, das anschließend an HR weitergeleitet wird. Hier sollte auf folgende Aspekte Bezug genommen werden:

- Was waren die ursprünglichen Ziele des Coachings?
- Gab es im Laufe des Prozesses Zielanpassungen? Welche?
- Wie ist die heutige Situation? Was hat sich geändert?
- Wurden die Ziele erreicht?
- Welche Verfahrensweisen waren erfolgsentscheidend?
- Wie lange hat der Prozess gedauert?
- Was ist erforderlich, um den besseren Zustand aufrechtzuerhalten?
- Gibt es noch weiteren Entwicklungsbedarf?

Hier muss allerdings nochmals hervorgehoben werden, dass ein solches teilformalisiertes Vorgehen nicht in allen Fällen für Coachingprozesse zu empfehlen ist. Viele Einzelcoachings können mit Sicherheit auch ohne Evaluation sehr erfolgreich gestaltet werden. Um aber in großen Organisationen mit hohen Standards „Wildwuchs" zu vermeiden und halbwegs den Überblick über die Anwendung des „Blackbox-Instruments" Coaching innerhalb des Unternehmens zu behalten, kann diese Vorgehensweise, angepasst an die jeweiligen Verhältnisse, sehr hilfreich sein.

9. Transfersicherung nach Beendigung des Coachings

Die Rolle von HR-Verantwortlichen und vor allem von Vorgesetzten beim *Transfererfolg* wird häufig unterschätzt. Diese Personen gestalten jedoch ganz maßgeblich das *Umfeld*, in dem neue Verhaltensweisen etabliert werden sollen. Als besonders transferhinderlich erweist es sich, wenn HR-Verantwortliche und Vorgesetzte

- Coachings ausschließlich unter dem Gesichtspunkt des Personalentzugs betrachten,
- das Nicht-Funktionieren neuer Verhaltensweisen beim ersten Versuch als „Versagen des Coachings" werten,
- gecoachte und nicht gecoachte Mitarbeiter gegeneinander ausspielen,
- Coaching als eine „Maßnahme für unbegabte Mitarbeiter" darstellen,
- weitere Vernetzungen/kollegiale Fallberatungen infolge des Coachings unterbinden,
- davon ausgehen, dass die Mitarbeiter nach dem Coaching „fertig ausgebildet" sind und keine Weiterbildung mehr benötigen.

Als *transferförderlich* erweist es sich hingegen, wenn HR-Verantwortliche und Vorgesetzte

- dem Wunsch nach regelmäßigen Lern(ziel)gesprächen nachkommen,
- die Möglichkeit geben, neue Verhaltensweisen auszuprobieren,
- dem betroffenen Mitarbeiter ermöglichen, an Coachings teilzunehmen,
- persönliches Interesse an der Weiterentwicklung bekunden,
- sich dazu bereit erklären, in bestimmten Situationen ungewohnte Wege zu beschreiten,
- sich darauf einstellen, dass Mitarbeiter sich künftig in ihrer Rolle selbstbewusster verhalten,
- auch im Nachgang regelmäßig Transferfragen stellen.

Neben diesen generell transferförderlichen Faktoren gibt es eine Reihe sehr nützlicher Methoden und Instrumente, die vor, während oder nach einem Coaching von den verschiedenen Beteiligten des Coachingprozesses (HR, Vorgesetzter, Coachee und Coach) eingesetzt werden können. Diese Methoden und Instrumente werden etwas weiter unten in einem Exkurs noch genauer unter die Lupe genommen.

10. Follow-up-Review

Selbstverständlich ist es ebenfalls sinnvoll — aber naturgemäß eine Frage des Budgets — wenn sich auch Coach und Coachee nach einem Zeitraum von drei bis sechs Monaten nochmals treffen und das Erreichte reflektieren. Eventuell gilt es allerdings auch, die Gründe für Nicht-Erreichtes herauszuarbeiten und weitere Handlungsmöglichkeiten zu besprechen. Nach Möglichkeit sollte der Check-up daher schon von Beginn an Teil des Kontraktes sein und nicht nachträglich nur „nach Bedarf" erfolgen. Denn für den Coachee macht es einen Unterschied, wenn er sich darüber bewusst ist, dass seine Umsetzungserfolge noch einmal mit dem Coach besprochen werden.

Ein solches Follow-up-Review kann durchaus auch telefonisch erfolgen. Dies könnte man dann, ebenso wie die Möglichkeit telefonischer Rückkoppelungen bei „akuten" Fragen im Laufe des Prozesses, als *virtuelles Coaching* begreifen. Diese Vorgehensweise kann allerdings niemals persönliche Begegnungen ersetzen, sondern sie lediglich sinnvoll begleiten. Es gibt heutzutage auch etliche Online-Plattformen, auf denen Coachees ebenfalls Unterstützungsangebote erhalten. Normalerweise erfolgt die Beratung dann aufgrund der Beantwortung einer Reihe von Fragen. Das kann naturgemäß nur bei sehr klar eingegrenzten Problemstellungen hilfreich sein.

Zusammenfassung

Nachfolgend finden Sie die oben dargestellten zehn Phasen noch einmal im Überblick, gemeinsam mit den jeweils zum Einsatz kommenden Instrumenten und den betroffenen Personen. Dabei können natürlich auch mehrere Coachingprozesse parallel ablaufen. Der Prozess zur Steuerung eines individuellen Coachings kann dementsprechend recht komplex sein. Ein Mitarbeiter aus HR ist daher verantwortlich für die effektive Gestaltung der Rahmenbedingungen. Die Steuerung des Coachings selbst liegt dann in der Hand des beauftragten Coachs.

TIPP: Prozessschritte im Überblick

Prozessschritt	Instrumente/Vorgehen	Rollen- und Aufgabenträger
1. Feststellung des Coachingbedarfs	• Kriterienliste zur Indikation von Coaching • Verbindliche Anlässe für Coaching (z. B. erste Führungsaufgabe, Bestandteil eines Management-Development-Programms) • Mitarbeitergespräch • Ergebnis von Development-Verfahren (Management-Audit)	• Coachee • Vorgesetzter • HR-Development • Externe Berater, z. B. im Rahmen eines Management-Audits
2. Festlegung der Coachingziele	• Checkliste zur Klärung und Definition von Coachingthemen und zielen • Anforderungsliste an den Coach	• Coachee • Vorgesetzter
3. Auswahl des Coachs (Matching)	• Coachee erhält durch HR-Development auf Basis der individuellen Anforderungen drei Vorschläge für potenzielle Coachs (im Einzelfall ist ein Beratungsgespräch Coachee/HR-Development möglich) • Alternativ erhält der Coachee Zugang zu einer Coach-Datenbank • Kennenlerngespräche mit bis zu drei potenziellen Coachs	• Coachee • Coach • HR-Development
4. Absprache der Coachingziele und Rahmenbedingungen	• Formale Festlegung der Coachingziele und themen sowie der Rahmenbedingungen zwischen Coachee und Coach	• Coachee • Coach • Vorgesetzter
5. Der individuelle Coachingkontrakt	• Schriftliche Fixierung der Coachingziele, des Vorgehens und der Rahmenbedingungen (Checkliste oder Formblatt) • Kopie an HR-Development und ggf. an Vorgesetzten	• Coachee • Coach • Vorgesetzter • HR-Development
6. Durchführung des Coachings		
7. Parallele Qualitäts- und Transfersicherung	• Zwischenreview Coachee/Vorgesetzter • Regelmäßige Supervision des Coachs • Zwischenreview Coach/HR-Development	• Coachee • Coach • Vorgesetzter • HR-Development • Supervisor (extern)

Prozessschritt	Instrumente/Vorgehen	Rollen- und Aufgabenträger
8. Abschlussevaluation	• Bewertung des Prozesses und des Ergebnisses des individuellen Coachings • Eventuell Abschlussreview Coachee/Coach/Vorgesetzter	• Coachee • Coach • Evtl. Vorgesetzter • HR-Development
9. Transfersicherung nach Beendigung des Coachings	• Planung, wie das im Coaching Gelernte langfristig im Arbeitsalltag des Coachees realisiert und verfestigt werden kann • Evtl. Einbau von spezifischen Zielen in den Zielvereinbarungsprozess, Entwicklung eines Maßnahmenplans, Planung weiterer Reviewmeetings zwischen Vorgesetztem und Coachee	• Coachee • Vorgesetzter
10. Follow-up-Review	• Nach drei bis sechs Monaten Follow-up-Review zwischen Coachee und Coach zur Adjustierung, Revitalisierung oder Verstärkung der im Coaching entwickelten Kompetenzen	• Coachee • Coach

Diese exemplarische Darstellung des gesamten Coachingprozesses können Sie auch für die standardisierte Steuerung von *Teamcoachingprozessen* nutzen.

 TIPP: Darauf sollten Sie als HR-Verantwortlicher besonders achten

- Stellen Sie sicher, dass sich der Coachee und sein Vorgesetzter mithilfe eines Fragenkatalogs darüber auseinandergesetzt haben, welche Erwartungen beide an den Coach haben.
- Sorgen Sie dafür, dass sich beide Parteien explizit über ihre jeweiligen Beiträge zum Gelingen des Coachings ausgetauscht haben.
- Diskutieren Sie bei der Auswahl von Coachs mit dem jeweiligen Coach auch seine Ansätze und Methoden zur Transfersicherung.
- Planen Sie, einer gesamten Zielgruppe mit gleich gelagerten Zielsetzungen einen Coach an die Seite zu stellen (z. B. im Rahmen eines MDP), können Entwicklung und Durchführung einer Evaluation zur Erfolgskontrolle sinnvoll sein. Auf diese Weise kann der Nutzen von Coaching kennzahlenorientiert zum Ausdruck ge-

bracht werden und die Ergebnisse stehen z. B. auch für die interne Vermarktung zur Verfügung.

TIPP: Darauf sollten Sie als Coach besonders achten

- Achten Sie darauf, gemeinsam mit dem Coachee Ziele immer so zu formulieren, dass sie in die Lösungs- und nicht in die Vermeidungsrichtung weisen.
- Machen Sie sich in einem Dreiecksgespräch niemals zum Verbündeten einer der Parteien. Bestehen Sie auf Objektivität und zeigen Sie die Bereitschaft, sich notfalls auch von dem Auftrag zu trennen.
- Klären Sie den Informationsfluss zwischen Ihnen, dem Coachee und dem Vorgesetzten des Coachees.
- Stellen Sie ein Klärungsgespräch zwischen Coachee und dessen Vorgesetzten her, wenn deutlich wird, dass beide von unterschiedlichen Zielsetzungen für das Coaching ausgehen.
- Sollte der Wunsch bestehen, durch ein Coaching bestimmte *kennzahlenorientierte* Ziele zu erreichen, so ist Vorsicht geboten. Arbeiten Sie eher mit Bandbreiten und *inhaltlichen* Entwicklungszielen: Coaching ist kein deterministisch planbarer Prozess und der Mensch ist keine Maschine.

3.4.2 Exkurs: Methoden und Instrumente zur Transfersicherung unter der Lupe

Der Dreieckskontrakt

Beteiligte: Coachee, Coach, Vorgesetzter und/oder HR

Zeitpunkt: Vor dem Coaching

Der oben beschriebene Coachingkontrakt ist auch als Transferinstrument sehr nützlich. Dafür sollte er die Form eines Dreieckskontrakts annehmen, d. h. als Kontrakt zwischen dem Coachee, dessen Führungskraft und dem Coach geschlossen werden. In diesem Kontrakt werden neben den Coachinginhalten und -zielen auch Indikatoren und Instrumente für die Erfolgskontrolle vereinbart. Instrumente können z. B. sein:

- direktes Feedback durch die Führungskraft,
- Aufwärts-Feedback oder auch 270°-/360°-Feedback,
- Selbsteinschätzung des Coachees darüber, was er im Coaching gelernt und wie er das Erlernte in der Praxis umgesetzt hat,
- Fremdeinschätzung des Coachs, z. B. untermauert durch ein „Shadowing" (teilnehmende Beobachtung am Arbeitsplatz).

Im Dreieckskontrakt wird bereits zu Beginn des Coachingprozesses festgelegt, ab wann mit der Erfolgskontrolle gestartet werden soll. Je nach Thema des Coachings kann es sinnvoll sein, bereits im Verlauf des Coachingprozesses Feedbacks einzuholen und diese in den gemeinsamen Sitzungen auszuwerten. Der Coachingkontrakt erhöht für den Coachee von Beginn an die Verbindlichkeit des Coachings, bindet seine Führungskraft in den Transfer mit ein und kann, wie oben beschrieben, auch für HR die Basis für eine Evaluation des Transfererfolgs bilden.

Mission Possible
Beteiligte: Coachee, Coach

Zeitpunkt: Während des Coachings

Ein hilfreiches Instrument zur Transfersicherung ist die folgende Fragesequenz, die von Joachim Hipp und Katja Wengel entwickelt wurde und auf dem Reteaming-Konzept der beiden Finnen Ben Furman und Tapani Ahola basiert. In der Coachingpraxis erweist sich dieses Instrument dann als besonders wertvoll, wenn es wirklich im Sinne eines gelenkten Interviews mit dem Coachee eingesetzt wird. Der Coachee wählt dafür zuerst ein persönliches Vorhaben aus — ein *Umsetzungsprojekt* —, das er in der folgenden Fragesequenz durcharbeitet. Für die Durchführung werden etwa 45 bis 90 Minuten benötigt (die Schritte 9 und 10 werden mit einem gewissen zeitlichen Abstand bearbeitet):

Der Fragenkatalog der Mission Possible

1. Projekt/Ziel
- Auswahl *eines* Projekts oder Ziels. (Fokussetzung sorgt für Zugkraft! Und das hat meist auch positive Auswirkungen auf andere Ziele.)

- Welches Projekt möchte ich in den nächsten ___ Monaten/Jahren verwirklichen?
2. Name und/oder Symbol
- Welchen Namen möchte ich meinem Projekt geben? Womit verbinde ich etwas Besonderes?
- Welches Symbol möchte ich für das Projekt auswählen? (Z. B. Gegenstand, Foto, Bild, Form, innere Vorstellung von attraktivem Zielzustand etc.)
3. Nutzen und Gewinn: Welchen Nutzen erwarte ich ...
- für mich?
- für andere: Familie, Organisation, Kunden, Kollegen, Vorgesetzte etc.?
4. Meilensteinplanung
- Planen in „Babysteps": Je detaillierter — gerade zu Beginn des Projekts — desto Erfolg versprechender! (Nehmen Sie z. B. das SMART-Prinzip zuhilfe.)
- Morgen werde ich:
- Nächste Woche werde ich:
- Nächsten Monat werde ich:
- Nächstes Jahr werde ich:
5. Möglichkeitswaage
- Frage an meinen inneren Zweifler: Was spricht dagegen, dass ich mein Projekt erfolgreich abschließe?
- Frage an meinen inneren Helden: Was spricht dafür, dass ich mein Projekt erfolgreich abschließe? (Nennen Sie mindestens drei gute Gründe, warum es klappen wird!)
6. Unterstützung/Ressourcen
- Wen werde ich bei der Durchführung um Unterstützung bitten? (Freunde, Kollegen, Experten, Ehepartner, Kinder etc.)
- Welche weiteren Ressourcen stehen mir darüber hinaus zur erfolgreichen Zielverfolgung zur Verfügung? (Kurse, Internet, Bücher etc.)
- Wie werde ich diese Möglichkeiten ergreifen und für mein Projekt nutzen?
7. Frühere Erfolge
- Wo war ich früher schon in einem ähnlichen Projekt erfolgreich?
- Was habe ich da gemacht?

8. Jüngste positive Entwicklung
- Welche Schritte habe ich möglicherweise bereits auf meinem Weg zum Ziel gemacht?
9. Fortschritte vorantreiben
- Vorbereitung eines „Fortschrittstagebuchs".
- Eintragen aller Fortschritte in das Tagebuch.
10. Erfolge feiern!
- Welche Erfolge habe ich erzielt?
- Wie werde ich diese Erfolge feiern und mich und meine Unterstützer belohnen?

Einbeziehung des (privaten) Umfelds
Beteiligte: Coachee, Coach

Zeitpunkt: Während des Coachings und danach

Ein Transfer ist dann erfolgreich, wenn sich eine Verhaltensänderung im alltäglichen Umfeld dauerhaft aufrechterhalten lässt. Der erfolgreiche Transfer hängt also nicht vom Coachee allein ab: Je nach Umfeld kann es leichter oder schwerer sein, etwas zu verändern. Der Coach hat dabei die Aufgabe, ein Bewusstsein für das Umfeld und dessen Bedeutung für das Veränderungsvorhaben zu schaffen. In vielen Fällen kann der Coachee Einfluss auf sein Umfeld nehmen, um es auf die anstehende Veränderung vorzubereiten. Folgende Fragen können bei dieser Vorbereitung helfen:

- Wie wird mein Umfeld auf die Veränderung reagieren? Sind Widerstände zu erwarten?
- Gibt es Personen, die mich bei der Veränderung unterstützen können? Kann ich Unterstützer aktivieren/Unterstützung einfordern?
- Sind die notwendigen Ressourcen (Zeit, Arbeitsmittel, etc.) vorhanden, um die Veränderung umzusetzen und aufrechtzuerhalten? Kann ich Einfluss auf die Verfügbarkeit dieser Ressourcen nehmen?

Transfertagebuch

Beteiligter: Coachee

Zeitpunkt: Während des Coachings und danach

Transfertagebücher verfolgen gezielt das Anliegen, den Coachee in einen Selbstcoachingprozess zu überführen. Diese Tagebücher können Coachs anlassbezogen zusammenstellen. Mögliche Fragen für ein Transfertagebuch sind z. B.:

- Wie werde ich in Zukunft mit ... umgehen?
- Welche Stärken bringe ich mit, um künftig ...?
- Woran möchte ich noch arbeiten, um künftig ... ?
- Wie transferiere ich meine Strategie in Bezug auf ... in meinen Arbeitsalltag/mein Führungshandeln etc.?

Das Transfertagebuch dient im Wesentlichen dem Coachee dazu, Erkenntnisse zu sichern und Vorhaben durch den Prozess des Niederschreibens zu festigen. Der Coach sollte den Coachee nichtsdestotrotz immer wieder zur Nutzung des Tagebuchs anhalten und regelmäßig nachfragen, ob der Coachee über bestimmte Eintragungen sprechen möchte.

Kollegiale Fallberatung

Beteiligte: Coachee, kollegiales Umfeld, eventuell HR

Zeitpunkt: Nach dem Coaching, ergänzend zum Coaching

Die kollegiale Fallberatung ist eine schnell erlernbare und leicht einzusetzende Methode für eine pragmatische und lösungsorientierte gegenseitige Beratung. Durch die Einbeziehung des unmittelbaren beruflichen Umfelds ist eine kontinuierliche Supervision der Transferleistung möglich. Vorgesetzte und HR-Verantwortliche sollten der Implementierung kollegialer Fallberatungen daher aufgeschlossen gegenüberstehen, auch wenn diese in vielen Fällen nicht als Ersatz zum Coaching verstanden werden sollte, sondern dieses eher ergänzen kann. Thomas Saller, Johannes Sattler und Lars Förster beschreiben das Instrument in ihrem Buch *Beraten, Trainieren, Coachen*:

Kollegiale Fallberatung

Nutzen der Methode

Durch kollegiale Fallberatung können:

- knifflige professionelle Fragestellungen gemeinsam mit Kollegen strukturiert durchdacht und neue Perspektiven gewonnen werden,
- konkrete, situative Problemlösungsstrategien und Praxislösungen vor Ort mit Ressourcen und spezifischem Wissen aus der eigenen Organisation entwickelt werden,
- durch selbst gesteuertes, kooperatives Lösen praktischer Probleme und schwieriger Projektsituationen die gegenseitige Unterstützung und die Bildung von Netzwerken gefördert werden,
- einzelne Personen in Bezug auf eine konkrete Problemstellung gezielt weiterentwickelt werden,
- langfristige Lern- und Entwicklungsprozesse in einer Organisation gefördert werden,
- der effiziente Wissensaustausch unterstützt werden.

Varianten der Methode

Tatsächlich ist der Begriff *Kollegiale Fallberatung* eher eine Sammelbezeichnung für viele verschiedene Varianten dieser Methode. Gemein ist all diesen Varianten jedoch, dass es einen *Falleinbringer* gibt. Dieser wird in Bezug auf eine Problemstellung, ein Anliegen, eine Herausforderung etc. beraten. Als Berater fungieren in der Regel Kollegen auf gleicher Hierarchieebene oder Personal anderer Unternehmen, das sich durch eine ähnlich gelagerte eigene Arbeitsumgebung gut in die Situation des Falleinbringers hineinversetzen kann.

Wir möchten Ihnen hier eine Variante dieser Methode an die Hand geben, die relativ einfach durchzuführen ist und sich gleichzeitig als für den Falleinbringer sehr effizient herausgestellt hat. Die einzelnen Schritte lauten:

1. Fallschilderung
2. Verständnisfragen
3. Hypothesenbildung
4. Hypothesenauswahl
5. Lösungsentwicklung
6. Lösungsauswahl

Voraussetzungen

Wichtig bei der Durchführung ist die strikte Einhaltung folgender Regeln:

- Methodendisziplin: Die einzelnen Phasen werden strikt getrennt voneinander abgewickelt.
- Zeitdisziplin: Für jede Phase ist ein Zeitfenster vorgegeben, das eingehalten wird. Ausufernde Diskussionen liefern keinen Mehrwert und werden daher wertschätzend abgebrochen.
- Rollendisziplin: Die Teilnehmer konzentrieren sich auf die von ihnen gewählte und vorab definierte Rolle.
- Visualisierung und Dokumentation: Die Ergebnisse der einzelnen Phasen werden gut sichtbar festgehalten.
- Offenheit und Vertrauen: Neue und ungewohnte Sichtweisen und Eindrücke führen zu neuen Perspektiven auf ein Problem. Ihre Entwicklung setzt einen hohen Grad an Offenheit und Vertrauen unter den Teilnehmern voraus. Emotionen dürfen und sollen thematisiert werden.
- Vertraulichkeit: Alle Themen werden ausschließlich innerhalb der Gruppe geteilt und in keinem Fall nach außen getragen.

Die Aufgaben des Moderators

Neben dem schon erwähnten Falleinbringer und den Beratern nimmt eine Person die Rolle des Moderators ein. Dieser ist für das Einhalten der Regeln verantwortlich. Führt der Moderator das Verfahren mit unerfahrenen Personen durch, so erklärt er vorab die gesamte Methode. Vor Inangriffnahme jedes einzelnen Schritts hebt er noch einmal die wesentlichen Aspekte hervor, um einen regelkonformen Ablauf zu gewährleisten. Erfahrene Moderatoren können gleichzeitig auch beratend auftreten, weniger erfahrene Moderatoren sollten sich dagegen zunächst voll und ganz auf die Moderation beschränken. Unter Umständen ist es sogar sinnvoll, einen oder zwei der übrigen Berater um die Übernahme der Rollen des Schreibers und/oder Zeitnehmers zu bitten.

Anleitung
Schritt 1: Fallschilderung (zehn Minuten)
Zunächst schildert der Falleinbringer seinen Fall so detailliert, wie es ihm möglich ist und er es für nötig hält. Dabei gilt: Lieber eine Information zu viel als zu wenig geben!

Der Moderator achtet darauf, dass die Schilderung möglichst sachlich bleibt und nicht in Selbstmitleid oder sogar Selbstbeschimpfungen ausartet. Gleichzeitig achtet er darauf, dass die Berater zunächst nur zuhören und keine Zwischenfragen stellen oder die Schilderungen kommentieren. Zum Ende der Schilderungen hat es sich als hilfreich erwiesen, wenn der Moderator den Falleinbringer noch einmal fragt: „Glauben Sie, uns alle wichtigen Informationen geschildert zu haben oder fehlt noch etwas?" In Einzelfällen kann es außerdem vorteilhaft sein, den Falleinbringer noch einmal explizit nach seinem Beratungsanliegen zu fragen.

Durch die Notwendigkeit, das Problem gedanklich zu strukturieren, stellt der Falleinbringer häufig schon selbst fest, wo das Problem liegen könnte. Die strukturierte Wiedergabe der eigenen Gedanken und Gefühle liefert vielen Falleinbringern auf diese Weise schon einen ersten Mehrwert.

Schritt 2: Verständnisfragen (max. zehn Minuten)
Anschließend an die Schilderung des Falleinbringers stellen die Berater Verständnisfragen. Diese werden jeweils direkt vom Falleinbringer beantwortet. Erlaubt sind alle Fragen, die dem Verständnis dienen, auch wenn der Falleinbringer oder die anderen Berater den erfragten Aspekt nicht für wichtig halten.

Der Moderator und nach Möglichkeit auch die Berater selbst achten in diesem Schritt darauf, dass noch keine Hypothesen zur Ursache des Problems oder Lösungsvorschläge geäußert werden. Manchmal ist es schwierig, Hypothesen und Verständnisfragen voneinander abzugrenzen. Mit zunehmender Erfahrung wird diese Trennung dem Moderator jedoch leichter fallen.

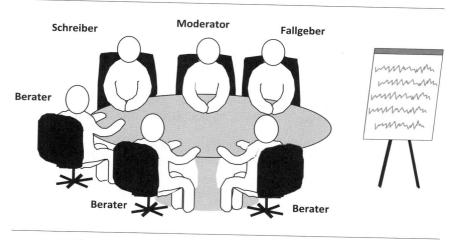

Abb. 10: Kollegiale Fallberatung

Schritt 3: Hypothesenbildung (max. zehn Minuten)
In dieser Phase äußern die einzelnen Berater Hypothesen, wie es zu
dem geschilderten Problemzustand kommen konnte. Da es hier darum geht, möglichst viele Möglichkeiten aufzuzeigen und verschiedene Perspektiven auf das Problem zu eröffnen, ist zunächst jede
Hypothese erlaubt. Der Falleinbringer hört zu, greift aber weder
verbal noch nonverbal in das Geschehen ein. In extremen Varianten der kollegialen Fallberatung verlässt der Falleinbringer in dieser
Phase sogar den Raum oder dreht sich mit dem Rücken zu den Beratern. Von diesen Varianten raten wir jedoch ab, da das Verfolgen
der Diskussion zwischen den Beratern für den Falleinbringer wertvolle Informationen (z. B. in Form von spontan erlebten innerlichen
Zustimmungs- oder Ablehnungsreaktionen) liefern kann.
Der Moderator notiert die Hypothesen stichpunktartig auf einem
Flipchart. Gleichzeitig achtet er ähnlich wie oben darauf, dass der
Falleinbringer die geäußerten Hypothesen nicht kommentiert. Er
unterbindet Diskussionen unter den Beratern zu verschiedenen
Hypothesen (etwa: „Ich glaube aber nicht, dass Deine Hypothese
zutrifft, weil ...“). Weiterhin verhindert er, dass bereits jetzt Lö-
sungsansätze durch die Berater geäußert werden. Zehn Minuten
reichen erfahrungsgemäß für die Bildung von etwa fünfzehn bis

zwanzig Hypothesen aus, mit denen in der nächsten Phase weitergearbeitet werden kann.

In dieser Phase wird also zum ersten Mal intensiv am Problem gearbeitet. In der Regel hat der Falleinbringer diverse mögliche Ursachen bereits unzählige Male reflektiert. Durch das nun stattfindende Brainstorming erhält er jedoch von außen neue Denkanstöße. Viele Teilnehmer berichten, dass in dieser Phase erste Erkenntnisprozesse einsetzen und eigene Denkblockaden gelöst werden.

Schritt 4: Hypothesenauswahl (ca. fünf Minuten)

Nachdem der Falleinbringer in Phase 3 die Hypothesenbildung nur gedanklich verfolgt hat, tritt er nun an den Flipchart mit den Hypothesen und kommentiert diese. Er lässt die Berater an seinen Gedanken darüber teilhaben, welche Hypothesen zutreffend sind und welche nicht. Gleichzeitig verdeutlicht er, zwischen welchen Hypothesen er Zusammenhänge erkennt.

Ziel dieser Phase ist es, mit der Hypothese bzw. dem Hypothesencluster weiterzuarbeiten, welches dem Falleinbringer in Bezug auf sein Problem am wichtigsten oder zutreffendsten erscheint. Dabei hat es sich als hilfreich erwiesen, passende Hypothesen mit grüner und nicht bzw. weniger passende Hypothesen mit roter Farbe zu kennzeichnen.

Der Moderator achtet in dieser Phase darauf, dass sich der Falleinbringer auf eine bzw. einige wenige Hypothesen beschränkt, mit denen weitergearbeitet werden soll. Mehrere Hypothesen auszuwählen ist nur dann erlaubt, wenn diese in einem direkten Zusammenhang miteinander stehen. Mehr als drei zusammenhängende Hypothesen sollten jedoch in keinem Fall ausgewählt werden. Dies würde die Fokussierung während des Prozesses der Lösungsentwicklung erschweren.

Schritt 5: Lösungsentwicklung (max. zehn Minuten)

Diese Phase hat Ähnlichkeit mit Schritt 3. Nun werden jedoch keine Hypothesen, sondern Lösungsansätze generiert, die sich ausschließlich auf die ausgewählte Hypothese bzw. das Hypothesencluster beziehen. An dieser Stelle wird deutlich, warum die Auswahl voneinander unabhängiger Hypothesen in Schritt 4 kontraproduktiv wäre. Die Berater müssten jetzt an mehreren Szenarien gleich-

zeitig arbeiten, die unter Umständen sogar gegensätzliche Lösungen erforderten.
Auch hier sollen wieder möglichst viele Ideen gesammelt werden. Der Moderator hat dementsprechend dieselben Aufgaben wie in Schritt 3. Auch die Lösungsansätze werden wiederum auf dem Flipchart fixiert.

Schritt 6: Lösungsauswahl (ca. fünf Minuten)
Diese letzte Phase ähnelt Schritt 4. Der Falleinbringer kommentiert erneut die zusammengetragenen Aspekte. In dieser Phase darf er jedoch mehrere Lösungsvorschläge als hilfreich kennzeichnen. Abschließend sollte er sein auf Basis der Beratung geplantes Vorgehen möglichst detailliert schildern.
Abschließend sollte der Moderator den Falleinbringer fragen, ob die Beratung ihm weitergeholfen hat und sich neue Gedankenanstöße ergeben haben — wenn dies nicht ohnehin schon deutlich geworden ist. Den Beratern dankt er noch einmal für die Unterstützung. Da in der Fallberatung häufig sehr sensible Themen diskutiert werden, die oft auch eine gewisse „Sprengkraft" besitzen, sollten die Mitschriften nicht in ein Fotoprotokoll oder eine vergleichbare Dokumentation überführt werden. Dies wäre ohnehin überflüssig, da nur der Falleinbringer selbst einen Nutzen von den Mitschriften hat.
Hilfreich und gleichzeitig eine schöne Geste ist es jedoch, dem Falleinbringer die Flipcharts mit den Hypothesen und Lösungsmöglichkeiten zu übergeben. Dies hat den zusätzlichen Vorteil, dass der Falleinbringer bei Scheitern des geplanten Lösungsvorhabens alternative Lösungen ausprobieren oder aber anhand alternativer Hypothesen neue Lösungsmöglichkeiten generieren kann.

Wer entscheidet über den Erfolg der Fallberatung?
Es kommt zwar nicht sehr oft, aber doch immer wieder vor, dass einzelne „kollegiale" Berater mit der gefundenen Lösung unzufrieden sind. Dies ist im Konzept der kollegialen Fallberatung jedoch irrelevant: Die Fallberatung stellt eine reine *Dienstleistung* dar. So bedeutet es auch keinen persönlichen Affront dem Berater gegenüber, wenn der Falleinbringer dessen Hypothese oder Lösungsansatz als unpassend kennzeichnet. Beschleicht den Moderator das

Gefühl, dass unter den einzelnen Beteiligten derartige Verstimmungen aufkommen, sollte er dies unbedingt ansprechen.

Welche Fälle eignen sich nicht für die kollegiale Fallberatung?
Die Methode ist so offen angelegt, dass sie sich tatsächlich für fast jedes Problem eignet. Zwei Einschränkungen sollte man jedoch beachten: Zum einen sollte der Fall normalerweise aktuell und noch nicht abgeschlossen sein. Es kommt immer wieder vor, dass Falleinbringer am Ende einer Beratung sagen: „Danke für die Beratung, genauso habe ich es damals dann auch gemacht. Gut gelöst!" Dies ist für die Berater unschön, da sie den Eindruck erhalten, man hätte sich den Aufwand ersparen können. Falls der Falleinbringer also einen bereits abgeschlossenen Fall behandeln möchte, sollten die Berater dies vorher wissen. Für den Falleinbringer kann eine Verifikation bzw. Legitimierung des eigenen Verhaltens mitunter hilfreich sein. Zum anderen muss der Falleinbringer Einfluss auf das Geschehen haben, denn es geht ja um die Frage: „Was kann er selbst tun, um die Situation zu verbessern?" In der Regel kann er aber zumindest einen geringfügigen Einfluss ausüben, sodass er die Chance hat, aktiv zu reagieren.
Weiterführende Informationen zu dieser Methode finden Sie bei Schmidt, Veith und Weidner (2010) sowie bei Franz und Kopp (2003).

Symbole, Priming
Beteiligte: Coachee, Coach

Zeitpunkt: Während des Coachings und danach

Alte Gewohnheiten im Alltag durch neues Verhalten zu ersetzen, ist nicht einfach: Das neue Verhalten ist noch nicht eingeübt. Um es wirklich zu einer Routine zu machen, müssen die entsprechenden „neuen Muster" im Gehirn zunächst aktiviert werden. Dabei kann es hilfreich sein, das neue Verhalten mit Dingen bzw. Symbolen aus der Umgebung des Coachees zu verknüpfen, die ihn daran erinnern, diese Muster zu aktivieren. Als Symbole eignen sich beispielsweise Gegenstände (ein spezieller Stift, ein Steinchen in der Hosentasche, ein Bild an der Wand) oder auch Gesten (ein Klopfen auf das Handgelenk o. Ä.).

BEISPIEL: Symbole zur Erinnerung an Veränderungsvorhaben

Der Coachee Peter Strom möchte in seinem Coaching das Problem behandeln, dass er sich oftmals sehr ungeduldig und sogar cholerisch zeigt – so die Rückmeldungen aus seinem Umfeld. Vor allem in Abteilungsmeetings fällt er in dieser Hinsicht negativ auf. Dort mache er andere teilweise „richtig fertig" und könne bei der Langatmigkeit und dem „Geschwafel" der anderen manchmal geradezu aus der Haut fahren. Mittlerweile hat Herr Strom eingesehen, dass er anderen und auch sich (man denke nur an seinen Blutdruck) mit diesem Verhalten schadet. Gemeinsam mit seinem Coach hat er nun im Coachingprozess an den Themen Gelassenheit, Toleranz, Persönlichkeitspsychologie und Perspektivenwechsel gearbeitet und dabei die zukünftig erwünschten Verhaltensweisen mit einem Symbol verbunden, das ihn an Gelassenheit, Ausgeglichenheit, Ruhe und inneren Frieden erinnert. Mit Blick auf diese Attribute fiel Herrn Strom eine schöne kleine Muschel ein, die ihm seine Frau beim letzten gemeinsamen Thailandurlaub geschenkt hatte. Seine Frau und er hatten sich zunächst ziemlich in den Haaren gelegen – denn auch im Privatleben neigt Peter Strom zur Explosivität –, konnten dann aber bei einem ausgiebigen Strandspaziergang ihre Streitigkeiten beilegen und ihre Schwierigkeiten in Ruhe besprechen. In dieser Situation hatte ihm seine Frau die besagte Muschel geschenkt. Herr Strom hat nun mit seinem Coach herausgearbeitet, dass er sich in den kommenden Abteilungssitzungen nicht mehr so schnell aufregen möchte. Vielmehr will er den anderen genau zuhören, akzeptieren, dass es Leute gibt, die anders „ticken" als er und seine Gedanken eher auf die Argumente lenken, die er wählen muss, um seine Gegenüber noch besser zu erreichen. Zur Unterstützung nimmt er nun immer die besagte Muschel – versteckt in seiner Hosentasche – mit in die Abteilungssitzungen. Sobald er merkt, dass er sich wieder aufregen möchte, greift er in ebendiese Tasche. Und allein dieser Griff nach seiner Muschel erinnert ihn schon an die ruhige und konstruktive Situation mit seiner Frau wie auch an die Ausarbeitungen mit seinem Coach und hilft ihm dabei, Ruhe und Gelassenheit wiederzufinden.

Durch diese Verknüpfung des eigenen Veränderungsvorhabens mit einem Symbol wird ein sogenannter *Trigger* geschaffen, der ein bestimmtes Verhaltensmuster aktiviert. Die Aktivierung nicht nur der kognitiven, sondern auch der affektiven Ebene des Coachees begünstigt den Transfer. Bei der Anwendung dieser Methode ist es hilfreich, wenn der Coach seinen Coachee dabei unterstützt, sich ganz genau in den *Zielzustand* des gewünschten Verhaltens hineinzuversetzen und dabei sein neues Reaktionsmuster Schritt für Schritt durchzugehen. Anschließend wird dann nach einem Symbol gesucht, das idealerweise beim Coachee genau die positiven Assoziationen hervorruft, die er in der als kritisch erlebten Situation am meisten benötigt. Der Coachee nimmt nun während des Coachings dieses Symbol in die Hand und ruft bewusst intensiv die positiven Gefühle hervor, die er mit dem Symbol verbindet. Im nächsten Arbeitsschritt versetzt sich der Coachee nun erneut in die problematische Situation hinein (also in unserem obigen Beispiel in das Abteilungsmeeting) und stellt sich sein zukünftig gewünschtes Denken und Verhalten genau vor — *während* er das Symbol in der Hand hält. Nach mehrmaligem Einüben dieser Abläufe stellen sich beim Ausprobieren in der Realsituation meist sehr gute Erfolge ein.

Konstruktiver Umgang mit Rückfällen
Beteiligte: Coachee, Coach

Zeitpunkt: Während des Coachings und danach

„Die Kunst ist, einmal mehr aufzustehen, als man umgeworfen wird."
Winston Churchill

Was immer auch das Ziel eines Coachings ist: Bei jedweder angestrebten Änderung im eigenen Denken und Handeln sind Rückfälle in alte gewohnte Muster eine nicht zu leugnende Realität. Während eines Coachingprozesses ist der Umgang mit diesen Vorkommnissen meist keine allzu große Herausforderung: In der nächsten Coachingsitzung kann der Rückfall mit dem Coach ausgewertet und ein optimiertes Probehandeln geplant werden. Häufig haben Rückfälle *nach Abschluss* eines Coachings aber einen anderen Effekt. Gerade anfängliche Erfolge — so wichtig diese für die Motivation auch sind — verleiten dazu, die

Aufmerksamkeit verfrüht von den eigenen Reaktionsmustern abzuziehen. Dann braucht es häufig nur noch einen unerwarteten Auslöser, eine zusätzliche Belastung, und die noch immer vorhandenen alten Muster treten wieder in den Vordergrund. Die Gefahr des innerlichen Aufgebens ist dann hoch. Leicht zieht der Coachee in solchen Situationen wenig hilfreiche Schlussfolgerungen wie etwa:

- „Ich scheine es einfach nicht besser zu können: Wenn selbst meine ganzen Mühen und das Coaching nicht verhindern konnten, dass …"
- „Ich bin halt wohl doch ein unverbesserlicher …"
- „Dagegen kann man dann wohl nichts machen …"

Damit er also sein Ziel nicht doch noch verfehlt, nachdem er bereits immens viel Arbeit und Zeit investiert hat, sollte während des Coachings unbedingt eine *mentale Vorbereitung* auf Rückschläge erfolgen. Spätestens in der letzten Coachingsitzung und vor einem möglichen Follow-up-Termin sollte die Wahrscheinlichkeit von Rückfällen thematisiert werden. Folgende Grundsätze sollte der Coach dem Coachee dabei vermitteln:

- Selbst wenn man „alles richtig macht", bedeutet das nicht, dass es keine Rückschläge geben wird.
- Wenn es gelingt, das neue Verhalten zunehmend häufig zu zeigen, ist man in jedem Fall auf dem richtigen Weg.
- Jeder Rückfall bietet die Gelegenheit, sich mental mit der Situation und den gelernten Methoden auseinanderzusetzen.
- Ausnahmen und Rückfälle sind erlaubt. Ziel ist es, das neue Verhalten immer öfter anzuwenden, es zu „routinisieren".
- Veränderungen brauchen Zeit.

Follow-up-Gespräch mit Vorgesetzten
Beteiligte: Coachee, Vorgesetzter, eventuell Coach

Zeitpunkt: Nach dem Coaching

Wenn der Vorgesetzte mit in den oben beschriebenen *Dreieckskontrakt* einbezogen ist, sollte zum Abschluss des Vertragsverhältnisses auch ein Follow-up-Gespräch mit ihm geführt werden. Ob in diesem Gespräch nur methodische Faktoren oder auch Inhalte besprochen werden, hängt von dem abgeschlossenen Kontrakt ab. Grundsätzlich darf aber der *Coach* keinerlei Inhalte aus dem Coaching weitergeben. Es obliegt also dem Coachee, welche Inhalte er seinem Vorgesetzten gegenüber offenlegt.

Selbstverständnis und Rolle des Management-Coachs

4   Selbstverständnis und Rolle des Management-Coachs

Auf die Frage nach dem Selbstverständnis und der Rolle des Coachs in einem Coachingprozess gibt es mannigfaltige Antworten. In diesem Kapitel werden wir daher vielfältige gesammelte Praxiserfahrungen auf wesentliche Empfehlungen reduzieren. Dabei spielen sowohl die grundsätzliche Haltung des Coachs als auch die Gestaltung der Beziehungsebene zum Coachee eine Rolle. Ebenso werden wir diskutieren, wie man als Coach die eigenen Wahrnehmungen und Emotionen — ganz im Sinne einer professionellen Eignungsdiagnostik — kontrollieren und damit eine möglichst objektive, systemische „Bestandsaufnahme" durchführen kann. Wir sprechen hier also vornehmlich *Coachs* an.

Wie der Coach sein und was er tun sollte
Der Coach sollte:

- partnerschaftlich und lösungsorientiert agieren,
- eine gute Auftragsklärung vornehmen können,
- in der Lage sein, Wertschätzung aufzubauen,
- wertfrei agieren,
- nicht zu gefällig sein und auch konfrontieren können.

Diese Aspekte werden wir nachfolgend näher beleuchten.

4.1   Partnerschaftliches und lösungsorientiertes Agieren

Vermeidung von Überlegenheitsgefühlen
Um besser zu erkennen, wie der Coach *sein* sollte, betrachten wir kurz, wie er *nicht* sein sollte. Schlecht ist es, wenn im Auftreten des Coachs und seinem Umgang mit dem Gegenüber ein „hierarchisches Gefälle" oder in irgendeiner Form ein Überlegenheitsgefühl deutlich werden. Das kann durchaus leicht passieren, denn schließlich ist man ja vor Ort,

um jemanden „auf die Sprünge zu helfen", man weiß aus Hintergrundgesprächen womöglich mehr als der Gegenüber und vielfach steht für den Coachee noch die — hoffentlich nicht gerechtfertigte! — nebulöse Frage im Raum, ob vielleicht *doch* Inhalte aus dem Coaching durch den Coach (an den Vorgesetzten?) weitergegeben werden. Spielt man diese Karten als Coach jedoch aus, so wird einem der Coachee im Extremfall entweder mit Unterordnung oder aber mit Aggression und Reaktanz begegnen. Denn wenn der Eindruck entsteht, dass der Coach derjenige ist, der es besser weiß oder vielleicht sogar „der Handlanger des Chefs", dann wird keine tragfähige Beziehungsebene entstehen können und letztendlich kein nutzbringender Coachingprozess stattfinden.

Der väterliche Freund

Auch nicht besonders konstruktiv sind das Selbstverständnis und das Verhalten eines „väterlichen Freunds". Dieser Typus zeichnet sich durch wohlwollende Ratschläge, moralische Überlegenheit und schlichtweg gepachtete Weisheit aus. Der väterliche Freund versäumt es vielfach, Fragen zu stellen, da er die Situation schon vollends zu verstehen glaubt. Ebenso neigt er dazu, die Verantwortung für das Lösen des Problems zu übernehmen. Solche Haltungen wissen einige Coachees — teils bewusst, teils unbewusst — zu nutzen. Vor allem Coachees, denen es schwerfällt, Verantwortung zu übernehmen oder auch Entscheidungen zu treffen, sind gerne selbst daran interessiert, eine Beziehungskonstellation mit einem „väterlichen Freund" im Coaching herzustellen bzw. zu stärken. In solchen Fällen vermittelt der Coachee dem Coach dann seinerseits das Gefühl der Bewunderung und suggeriert, dass nur noch der weise Coach in dieser aussichtslosen Situation helfen könne. Damit schiebt er die Verantwortung zum Gelingen des Coachings auf den Coach, der sie bei entsprechender Rollenverteilung auch gerne annimmt. Zwar ist eine solche Beziehung wahrscheinlich für beide Beteiligten recht komfortabel. Sie führt aber in aller Regel gerade *nicht* zu einer Weiterentwicklung des Coachees, sondern *stabilisiert* im Gegenteil die Problemmuster des Coachees. Schnell kann sich hier eine unerwünschte „Retter-Opfer"-Konstellation herausbilden.

Der Coach als Sparringspartner und Spiegel

Am *erfolgversprechendsten* ist ein Coaching dann, wenn man als Coach dem Coachee mit dem Selbstverständnis von Partnerschaftlichkeit begegnet (siehe hierzu auch das *o. k.-Modell* im Kapitel 5.2, *Das Modell der Transaktionsanalyse*). Man zeigt sich also gerade nicht überlegen, muss sich aber auch nicht unterlegen fühlen, weil man möglicherweise weniger lebenserfahren oder fachlich im Themengebiet des Coachees nicht bewandert ist.

An dieser Stelle sei nochmals deutlich gesagt: Die Verantwortung für das Gelingen des Coachings liegt nicht beim Coach, sondern beim Coachee. Der Coach trägt die Verantwortung für ein fundiertes und professionelles Vorgehen. Er dient als Sparringspartner und Verstärker, Prozessbegleiter und Spiegel. Er verfügt über ein umfangreiches methodisches Repertoire, macht Angebote und zeigt denkbare Wege auf. Keinesfalls moralisiert er aber, spricht in Imperativen oder positioniert sich als „Lehrmeister".

Der Coach darf allerdings durchaus auch konkrete Lösungsangebote machen und muss seinen Coachee nicht in allen Fällen durch ausdauerndes Fragen und Anleitung zur Reflexion dazu anleiten, selbst zur Erkenntnis zu gelangen. Die Anleitung zur Eigenentwicklung von Lösungsvorschlägen sollte aber in einer ausgewogenen Balance zur Bildung von Hypothesen stehen: Der Coach sollte immer darauf achten, nicht vorschnell zu agieren. Die beste Methode, das sicherzustellen, ist schlicht und ergreifend, Fragen zu stellen. Und das heißt: noch keine Antworten zu geben! Das mag banal klingen, ist aber für viele Coachs gar nicht so einfach, zumal sie sich gerne als Lösungsgeber verstehen und so schnell wie möglich mit Antworten aufwarten möchten. Beschreibt ein Coachee in einem solchen Fall ein Problem, das dem Coach bekannt vorkommt (vielleicht hatte er vor Kurzem einen Coachee mit einem ähnlich gelagerten Problem), könnte er geneigt sein zu sagen: „Sie brauchen gar nicht weiter zu sprechen, ich weiß genau, wo Ihr Problem liegt." Hierdurch läuft man als Coach jedoch Gefahr, andere mögliche Ursachen des Problems gar nicht an die Oberfläche kommen zu lassen.

Vorschnelle Lösungsansätze vermeiden

So sollte der Coach sich auch niemals schon im Vorfeld Lösungsangebote zurechtgelegt haben, sondern möglichst „leer" und offen in eine Coachingsitzung gehen. Das bedeutet also, selber nichts Bestimmtes zu *wollen*, sondern die Dinge vielmehr auf sich zukommen zu lassen und immer bereit zu sein, alle Möglichkeiten in Betracht zu ziehen. In gleicher Weise ist es ungünstig, sich zu früh auf eine Hypothese festzulegen, von der der Coach glaubt, sie beschreibe die Problemursache treffend.

Das bedeutet also: *Erst* zuhören und Fragen stellen, *dann* gedanklich Hypothesen (möglichst mehrere) über die Problemursache ableiten, *dann* diese Hypothesen im Gespräch überprüfen und erst *anschließend* Lösungsangebote unterbreiten. Und auch hier heißt es, offen zu bleiben, also nicht etwa zu sagen: „Ich verstehe nicht, warum Sie nicht schon längst dieses oder jenes getan haben, das liegt doch auf der Hand", sondern vielmehr Angebote zu machen. Angebote unterscheiden sich von Imperativen primär dadurch, dass die Entscheidung *beim Coachee* liegt. Damit erfordert die Annahme von Angeboten die Übernahme von Verantwortung und setzt nicht nur Gehorsam voraus. Und genau dies ist eine Voraussetzung für ein gelungenes Coaching. Solch ein Angebot könnte etwa lauten: „Neulich habe ich mit einer Führungskraft gearbeitet, die sich in einer ganz ähnlichen Situation befunden hat wie Sie jetzt. Diese Person hat dann Folgendes versucht: ... Überlegen Sie doch mal, ob Teile dieses Vorgehens auch für Sie hilfreich sein könnten."

Ein solches Selbstverständnis und das daraus resultierende Vorgehen machen es möglich, den Coachee partnerschaftlich und lösungsorientiert durch ein Coaching zu begleiten.

4.2   Systemische Auftragsklärung

Wenn der Coachee sein Problem schildert, fehlen ihm naturgemäß oft andere Blickwinkel auf seine Situation und letztendlich Vorgehensalternativen. (Übrigens spricht nichts dagegen, mit dem Begriff „Problem" zu arbeiten, sofern dies von dem *Coachee* eingeführt worden ist. Es erscheint wenig sinnvoll, hieraus reflexartig eine „Herausforderung" zu machen, wenn der Coachee einen bestimmten Zustand als problematisch empfindet. Gerade zu Beginn der gemeinsamen Zusammenarbeit erzeugt das Eintauchen in die Sprachwelt des Coachees Nähe und stärkt die Beziehungsebene. Wenn also ein „Problem" benannt wird, so kann zunächst mit diesem Begriff gearbeitet werden, solange trotzdem eine ressourcen- und lösungsorientierte Herangehensweise gesichert ist.)

Systemische Fragen stellen
Der Coach muss im ersten Schritt sehr genau verstehen, wie der Coachee sein Problem sieht und was genau er ändern will. In der initialen Auftragsklärung ist es von daher hilfreich, den Gegenstand des Coachings mithilfe systemischer Fragen einzukreisen:

- Warum sprechen wir heute über das Problem und nicht erst morgen? Was ist heute anders als gestern?
- Was würde passieren, wenn Sie untätig blieben? Wer würde davon etwas merken? Nur Sie selbst oder auch andere?
- Wer profitiert von dem Problem? Gibt es jemanden, der an einer Aufrechterhaltung des aktuellen Zustands interessiert ist?
- Was wäre morgen anders, wenn das Problem nicht mehr da wäre? Woran könnte ich — als Unbeteiligter — dies von außen konkret feststellen?
- Wenn ich Ihnen in Ihrem Alltag über die Schulter schauen würde: Woran würde ich merken, dass das Problem existiert?
- Gibt es Situationen, in denen das Problem nicht existiert?
- Was an diesen Situationen ist anders?
- Wenn das Problem nicht da ist, was ist dann besser?
- Was ist an der aktuellen Situation eigentlich so schlimm? Wen stört das?
- Wenn Sie einen Wunsch frei hätten: Was wäre dann morgen anders als heute?
- Würden das nur Sie oder auch andere merken?
- Wenn es eine Sache gäbe, die Sie an sich selbst ändern könnten, was wäre das dann, Ihrem Wunsch nach?

- Was hat Sie bislang daran gehindert, das zu ändern?
- Wie sorgen Sie denn dauerhaft dafür, dass das Problem weiter existiert? Was tun Sie dafür?
- Gab es schon früher Situationen, in denen das Problem aufgetaucht ist?
- Welche Rahmenbedingungen waren damals ähnlich, welche anders?
- Ist Ihnen das Problem schon damals aufgefallen?
- Warum sind Sie es damals noch nicht angegangen?

Die Umfeldanalyse

Um sich einen Überblick über die Gesamtlage zu verschaffen, kann die Erstellung einer Umfeldanalyse/eines Soziogramms sinnvoll sein. Diese Methode ist sehr gut dazu geeignet, den Coachee selbst und das ihn umgebende System greifbar zu visualisieren. Allein dies führt — ohne weitere Interventionen — oft schon zu hilfreichen Erkenntnissen beim Coachee. Manchmal ist es dabei hilfreich, eine Ist- und eine Soll-Situation zu entwickeln. Als Methode der Problemanalyse und Auftragsklärung bildet die Umfeldanalyse dann den Ausgangspunkt für den weiteren Prozess. (In den Kapiteln 5.7, *Rollenreflexion zur Optimierung des Selbstmarketings*, und 5.10, *Stärkere Positionierung durch Präzisierung und Differenzierung*, werden wir einige systemische Visualisierungstechniken im Zusammenhang mit klassischen Problemen im Managementkontext näher erläutern.)

Begriffsklärung

Die Fragen sollten auch dazu dienen, die Begriffswelt des Coachees genau zu verstehen. Zwar benutzen wir für die Beschreibung von Dingen oder Umständen oft dieselben Wörter, doch ist die *Interpretation* dieser Begriffe oft bei jeder Person anders.

▶ **BEISPIEL: Unterschiedliche Begriffsinterpretationen**

Ein Coachee schildert den Wunsch, zukünftig noch „offener" sein zu wollen. Schnell könnte man sich als Coach zufriedengeben, die eigene Interpretation, also den eigenen Bezugsrahmen für das Wort „offen" anlegen und entsprechende Handlungsmöglichkeiten vorschlagen. Man könnte also z. B. annehmen, der Coachee wolle zukünftig mehr auf Menschen zugehen und mehr Persönliches preisgeben. Möglicherweise meinte der Coachee aber eigentlich etwas ganz anderes: dass er sich mehr durchzusetzen, sich weniger gefallen lassen und somit jedem „offen" ins Gesicht sagen wolle, was ihm nicht gefällt.

In unserer alltäglichen Kommunikation sind wir ständig damit konfrontiert, die Wortwahl des anderen interpretieren zu müssen. Jeder weiß, wie schnell Missverständnisse aufgrund eines individuell unterschiedlichen Begriffsverständnisses auftreten können. Da sagt einer: „Wir müssen das Problem *zeitnah* lösen." Der andere versteht darunter *in den nächsten Wochen*, gemeint war aber *in den nächsten 24 Stunden* — der nächste Konflikt ist vorprogrammiert. Nicht immer kann man im Alltag jedes einzelne Wort auf die Goldwaage legen und sicherstellen, dass man genau das Gleiche meint. Im Coaching kann und muss man sich aber diesen Luxus sehr wohl leisten — vor allem bei der Auftragsklärung und Problemanalyse. Im oben genannten Beispiel müsste der Coach also nachfragen:

- Woran würde ich erkennen, dass Sie offener wären? Welches Verhalten würden Sie zeigen?
- In welcher Situation gegenüber welcher Person würde ich das sehen?
- Woran würde die andere Person merken, dass Sie jetzt offener sind?
- Was wäre daran besser?
- Was würde passieren, wenn Sie noch verschlossener wären?

Es geht bei dieser Art zu fragen also darum, so zu tun, als käme man vom Mars und hätte absolut keine Ahnung, wovon der andere redet und was die Vor- und Nachteile des aktuellen und des gewünschten Verhaltens sind. Auf diese Weise bekommt man ein tiefes Verständnis davon, welche konkreten Denk- und Verhaltensweisen erzielt werden sollen und wie der Auftrag letztendlich gelagert ist.

4.3 Aufbau gegenseitiger Wertschätzung

Die unabdingbare Basis jeder Coachingtätigkeit ist eine profunde und positive Beziehung zwischen Coach und Coachee. Nur diese ermöglicht die Öffnung des Coachees und damit die Bearbeitung persönlichkeitsrelevanter Aspekte. In der Gestaltung einer guten Beziehungsebene liegt daher eine wesentliche Herausforderung für den Coach: Innerhalb kürzester Zeit sollte er es schaffen, von seinem Gegenüber akzeptiert und respektiert zu werden. Einige Coachs sorgen sich darum, ob dies überhaupt möglich ist, in Anbetracht der Tatsache, dass man als Coach seinem Gegenüber fachlich, und mitunter auch im Hinblick auf dessen Führungserfahrung, nicht „das Wasser reichen" kann. Gerade lebensältere Führungskräfte erwarten tatsächlich des Öfteren, der Coach müsse fachlich bewandert sein und gleichzeitig über mindestens ebenso viele Jahre Führungserfahrung verfügen wie sie selbst, um bestimmte Problemstellungen seriös bearbeiten zu können.

Meist ist diese Sorge aber doch übertrieben und fehlende Akzeptanz oftmals nur eine selbsterfüllende Prophezeiung. Denn für den Coachingerfolg sind Aspekte wie fachliche Augenhöhe und gleichgewichtige Führungserfahrung meist nicht maßgeblich. Geht man aber als Coach regelmäßig mit der Sorge in ein Coaching, ob fehlender diesbezüglicher Erfahrungen „entlarvt" zu werden, so wird sich das auf die Selbstsicherheit und damit natürlich auch auf die Akzeptanz negativ auswirken. Geht man das Coaching hingegen mit einem Selbstverständnis der Gleichwertigkeit und Partnerschaftlichkeit an, unbeeindruckt von Titeln und Namen, so spielen solche Sorgen schnell keine Rolle mehr — sofern man denn seinerseits seinem Gegenüber mit Respekt begegnet und vor allem: die richtigen Fragen stellt. Wird man durch Perspektivenwechsel, unerwartete und neuartige Fragen, aber auch durch objektive Spiegelung des Coachees für diesen *bedeutsam* (hierzu gleich mehr), so ist eine gute Ausgangsbasis geschaffen.

Wie im Fußball, so gilt auch hier: Der Trainer muss nicht der bessere Spieler sein und der Coach nicht die bessere Führungskraft. Ist allerdings ein *fachliches* Coaching gewünscht und vereinbart, dann ist fachliche Augenhöhe eine selbstverständliche Voraussetzung. In aller Regel behandeln Coachings jedoch *überfachliche* Fragestellungen, meist sind dies Führungs- oder Persönlichkeitsthemen.

Eigene Emotionen steuern

Die Beziehung zum Coachee kann natürlich auch aus anderen Gründen noch auf wackeligen Beinen stehen. Möglicherweise empfindet der Coach selber keine unmittelbare Sympathie und Wertschätzung für den Coachee und fragt sich deshalb, wie eine partnerschaftliche Gestaltung der Beziehung gelingen kann. Wie im „normalen Leben" auch, sitzt man auch in der Coachingsituation bisweilen einem Menschen gegenüber, der einem unsympathisch ist und dessen Werte und Vorgehensweisen den eigenen im ungünstigsten Fall diametral entgegengesetzt sind.

In einem solchen Fall sollte der Coach unbedingt sehr bewusst zwei Diagnoseebenen einnehmen:

1. Was sagen mir seine Äußerungen und Verhaltensweisen über den Coachee?
2. Warum reagiere ich gut/schlecht bzw. wohlwollend/gereizt auf den Coachee? Was hat das mit mir zu tun?

Eigenanteile des Coachs

Immer dann, wenn man als Coach auf ein bestimmtes Verhalten oder berichtete Inhalte des Coachees besonders stark reagiert und merkt, dass einen daran etwas stört oder ärgert, sollte man sich fragen, was diese Gefühle mit einem selbst zu tun haben. Dieselbe Frage sollte man sich stellen, wenn man an einem bestimmten Punkt des Coachings unbedingt möchte, dass der Coachee etwas Bestimmtes tut oder unterlässt. Warum kann man als Coach bei fast allen Themen sehr gelassen und ruhig auf die geschilderten Vorfälle schauen, selbst wenn diese grundsätzlich auch „falsches" oder verwerfliches Verhalten beinhalten, und in bestimmten Fällen reagiert man plötzlich extrem empfindlich?

In den Schilderungen des Coachees finden sich selbstredend immer Bestandteile, die man selbst auch schon erlebt und daraufhin positiv oder auch negativ besetzt gespeichert hat, sei es in der Rolle als Coach oder als Mitarbeiter, Kollege, Freund, Jugendlicher, Kind usw. Manchmal reagiert man auf einen bestimmten Tonfall, eine besondere Formulierung, auf ein auffallendes Äußeres oder eine spezielle Situation. Entscheidend ist dann immer: Gelingt es einem als Coach, dem Coachee wertschätzend und neutral zu begegnen und die Gesamtlage aus einer Meta-Perspektive heraus zu betrachten, oder reagiert man *als Person* auf bestimmte Reize und bringt somit eigene Probleme mit in das Coaching ein?

Selbstkontrolle durch Notizen

Zur Selbstkontrolle kann man hier folgendermaßen vorgehen: In der Coachingsituation ist es ohnehin immer angezeigt, sich einige Notizen über die eigenen Beobachtungen zu machen. Im hier problematisierten Fall kann man sich nun auf der linken Seite seines Blattes die Dinge notieren, die sich *auf den Coachee* beziehen: In welcher Lage befindet er sich? Was fällt mir an ihm auf? Welche Hypothesen im Hinblick auf mögliche Problemursachen leite ich ab? Was für ein Persönlichkeitstyp ist er? Auf der rechten Seite des Blatts kann man die Wirkung der Beobachtungen *auf die eigene Person* notieren: „… ist mir sympathisch/unsympathisch", „… erinnert mich an meinen Mathelehrer", „… unterbricht mich ständig, das nervt mich!" usw. Die getrennte Aufzeichnung der Beobachtungen und der eigenen Emotionen gleicht quasi einem kontinuierlichen Monitoring. Diese Notizen können helfen, die Sachlage zwischendurch, aber auch in der Nachreflexion einer Coachingsession zu überprüfen: Haben meine Sympathie/Antipathie oder auch mein Verständnis/Unverständnis für das Vorgehen des Coachees wirklich etwas mit ihm und ggf. seinem Fehlverhalten zu tun oder habe ich lediglich selbst aus irgendwelchen Gründen „Aktien" in bestimmten Sachverhalten oder Verhaltensweisen, die mich veranlassen, bestimmte Reaktionen zu zeigen oder Ratschläge zu geben? Helfe ich mit meinem Lösungsvorschlag also wirklich dem Coachee oder bin ich womöglich dabei, mich selbst zu „therapieren"? An dieser Stelle zeigt sich ein weiterer Grund, aus dem jeder Coach in regelmäßigen Abständen seine Fälle in einer Supervision besprechen sollte — dort können derartige Fragen hervorragend behandelt werden.

Wie auch in der Eignungsdiagnostik kann auch in solchen Situationen die Auseinandersetzung mit klassischen Wahrnehmungsverzerrungen und Beobachtungsfehlern hilfreich sein (z. B. Sympathieeffekt, Halo-Effekt, Kontrasteffekt, Effekt impliziter Persönlichkeitstheorien), um zu einer objektiven Betrachtung der Person und der Situation zu gelangen. Ansonsten läuft man als Coach leicht Gefahr, aufgrund subjektiver Erfahrungen und Stimmungslagen die neutrale Helferrolle zu verlassen.

4.4 Wertfreies Agieren

Da der Coach grundsätzlich jedem Coachee mit Wertschätzung zu begegnen hat, sollte in aller Regel auch die Art und Weise, wie der Coachee sich *bisher* verhalten hat, nicht durch den Coach bewertet werden (sofern denn keine Gesetze gebrochen wurden). Vielmehr sollte man jedem Coachee mit Respekt auch bezüglich seines bisherigen Verhaltens begegnen, selbst wenn sich der Eindruck aufdrängt, es liege moralisch oder sozial zu bewertendes Verhalten vor.

In einem solchen Fall kann es helfen, sich Folgendes vor Augen zu führen: Jeder hat gute Gründe dafür, so zu handeln, wie er es tut. Aufgrund ihrer individuellen Erlebnisse haben sich bei jeder Person Verhaltensweisen und Einstellungen entwickelt, die zu einem bestimmten Zeitpunkt, verstärkt durch bestimmte Rahmenbedingungen und Beziehungskonstellationen, richtig, sinnvoll oder zumindest notwendig waren. Wenn sich Rahmenbedingungen und Beziehungskonstellationen ändern, kann es durchaus sinnvoll oder sogar erforderlich sein, eingefahrene Verhaltensweisen oder auch Einstellungen zu ändern bzw. anzupassen. Dies heißt aber nicht, dass man in der Vergangenheit bisher falsch gehandelt hat, sondern lediglich, dass neue Konstellationen neuartiges Denken und Handeln erfordern. — Wenn es dem Coach gelingt, dem Coachee gegenüber diese Haltung einzunehmen, wird es ihm wesentlich leichter fallen, das bisherige Verhalten des Coachees nicht in irgendeiner Weise zu bewerten.

▶ **BEISPIEL: Negatives Erleben früheren Verhaltens**

In einem Gespräch mit einem Coachee — einem Maschinenbauingenieur — stellte sich heraus, dass dieser sowohl im Berufsleben als auch im Privatleben nie nach den Emotionen anderer gefragt oder diese bewusst in seinem Handeln berücksichtigt hatte. Als dem Coachee diese Tatsache im Anschluss an ein Führungskräftefeedback und verstärkt durch die Aussage seiner Frau (dass sie ihn in der Ehe genauso erlebe) im Coachingprozess plötzlich klar wurde, brach er zunächst erschüttert zusammen. Offensichtlich, so sein Gefühl, hatte er bisher alles falsch gemacht, da er es nie als notwendig erachtet hatte, mit anderen über Gefühle und Befindlichkeiten zu sprechen.

In einem solchen Fall sollte dem Coachee unbedingt nachträglich eine „Erlaubnis" für sein bisheriges Verhalten gegeben werden:

„Sie werden sich aus guten Gründen bisher so verhalten haben, wie Sie es getan haben. Und die Tatsache, dass Sie einen guten Job und eine Familie haben, kann ja nur bedeuten, dass Sie auch eine ganze Menge richtig gemacht haben. Die Frage ist nur: Wie können Sie Ihr Verhaltensspektrum zukünftig so erweitern, dass Sie auch auf die sich verändernde Situation gut reagieren können? Keiner verlangt, dass Sie sich und Ihre ganze Persönlichkeit einmal komplett umkrempeln sollen. Probieren Sie doch einfach mal neue Verhaltensweisen aus und betrachten Sie das Ganze als Experiment: Wie reagiert Ihre Umwelt, wenn Sie sich in bestimmten Situationen anders verhalten? Und wie fühlen Sie selbst sich damit? Was wird dadurch besser/einfacher und in welchen Situationen fühlen Sie sich noch unwohl?"

Ein derartiges Vorgehen gibt dem Coachee meist das Gefühl, nicht völlig hilflos zu sein und vermeidet, dass sein Selbstbild stark angegriffen wird. Zudem ist es für den Coach niemals angezeigt, dem Coachee Vorhaltungen zu machen und sein bisheriges Verhalten zu kritisieren („Wie konnten Sie sich denn nur so verhalten? Das ist doch klar, dass das nichts bringt!"), selbst, wenn man persönlich der Ansicht ist, dass die Vorgehensweise des Coachees nicht adäquat war. Ansonsten würde mit Sicherheit die Beziehungsebene empfindlich gestört und vermutlich auch Reaktanz beim Coachee ausgelöst.

4.5 Konfrontationsfähigkeit

Wie wir gesehen haben, erlangt man als Coach für den Coachee *Bedeutung*, indem man darauf achtet, partnerschaftlich und wertschätzend zu agieren und die richtigen Fragen stellt. Das Bedürfnis des Coachees, sich weiter auszutauschen und offen einzubringen, wird in aller Regel hierdurch steigen. Manchmal hat ein Coachee jedoch gar kein Bedürfnis, auf die Fragen des Coachs einzugehen, hört nicht richtig zu und kommt womöglich die ganze Zeit „vom Hölzchen aufs Stöckchen". Hier hat der Coach also zunächst gar keine Chance, sich weiter zu profilieren. (Grundsätzliche Bedeutung hat man natürlich bereits dadurch gewonnen, dass das eigene Coachprofil ausgewählt wurde und daher augenscheinlich die *formalen Rahmenbedingungen* passen.)

Konfrontation durch Provokation
In schwierigen Fällen kann man durchaus auch einmal zu stärkeren Mitteln greifen — und damit bereits sinnvoll intervenieren —, indem man erste Beobachtungen über den Coachee relativ unverblümt anspricht. Man wird damit möglicherweise verblüffende Ergebnisse erzielen, da ein solches Vorgehen in der Arbeitswelt (erst recht von Seiten der Mitarbeiter) eher unüblich ist:

- Passiert es Ihnen eigentlich öfter, dass Sie anderen, so wie heute mir, ständig ins Wort fallen?
- Schauen Sie andere immer so kritisch an, wenn sie mit Ihnen sprechen, oder stört Sie gerade etwas?
- Wenn ich Ihnen so zuhöre, fällt mir auf, dass Sie nur über sich und nie über andere oder Ihre Wirkung auf andere sprechen.
- Schieben Sie eigentlich auch im Arbeitsalltag immer die Schuld auf andere oder ist das nur gerade jetzt so?

Diese Art der Konfrontation, teilweise sogar der Provokation, ist selbstverständlich nicht ganz ungefährlich, zumal der Coachee sich durch derartige Fragen und Feststellungen natürlich angegriffen fühlen kann — aber auch soll. Eine Führungskraft, der sonst nur selten offen ins Gesicht gesagt wird, wie sie wirkt, kann es geradezu als Offenbarung empfinden, in einem geschützten Raum unter vier Augen von einem Fremden solche Dinge zu hören und quasi den Spiegel vorgehalten zu bekommen. Auf diese Weise erlangt man als Coach jedenfalls ein Alleinstellungsmerkmal, das den Coachee im günstigen Fall sogar besonders für die weitere Zusammenarbeit motiviert.

Man sollte zu diesem Mittel allerdings nur bei robust wirkenden und dominant auftretenden Führungskräften greifen, die offenbar mit einem klaren Wort umgehen können. Zudem darf der Coach dabei in keinem Fall angegriffen oder gar verärgert wirken (z. B. wegen der Unterbrechungen); er sollte die jeweilige Aussage als neutrale, ihn persönlich nicht angreifende Beobachtung kommunizieren. Um die Beziehungsebene dabei nicht zu stark zu gefährden, kann die Formulierungstechnik der *aufgezeigten Aussagen* dem Coach dabei helfen, seine Meinung etwas diplomatischer auszudrücken, aber gleichzeitig die Ebene der Provokation nicht zu verlassen. Bezüglich des ständigen Unterbrechens könnte der Coach beispielsweise sagen: „Ich habe neulich mit einer Führungskraft gearbeitet, die diese ständigen Unterbrechungen als unhöflich und unzumutbar empfinden würde. Ich persönlich sehe das nicht so eng, kann aber seine Haltung auch verstehen." Auf diese Weise ist die beabsichtigte Botschaft klar formuliert, aber gleichzeitig als Aussage „objektiver Dritter" positioniert, sodass die wertschätzende Beziehungsebene nicht direkt betroffen ist.

● TIPP: So agieren Sie als Management-Coach erfolgreich

- Positionieren Sie sich als Coach partnerschaftlich und stellen Sie — vor allem gegenüber Ihrem Coachee —Transparenz bezüglich Ihres Vorgehens und Ihrer Methoden sicher.
- Der Coach trägt nicht die Verantwortung dafür, dass der Coachee bestimmte Probleme löst. Vielmehr trägt er die Verantwortung für einen professionellen, an Methoden variantenreichen Prozess, der Angebote für den Coachee hervorbringt. Welche der Angebote der Coachee nutzt, bleibt ihm überlassen.
- Achten Sie als Coach auf Ihre eigenen Motive und Gefühle im Coachingprozess. Nutzen Sie regelmäßig Supervision für eine Reflexion, ob das von Ihnen gewählte Vorgehen konstruktiv auf die Anliegen des Coachees eingeht oder vielmehr auf Ihre persönlichen Reaktionen bezogen ist.
- Setzen Sie sich für die Selbstbeobachtung auch mit typischen psychologischen Phänomenen auseinander, wie etwa mit den in

der Eignungsdiagnostik als *Beobachtungsfehler* oder *Wahrnehmungsverzerrungen* bekannten Erscheinungen (siehe hierzu auch DIN 33430).

- Nehmen Sie sich für die Problemanalyse ausreichend Zeit, arbeiten Sie differenziert mit systemischen Fragetechniken und bilden Sie immer *mindestens zwei* Hypothesen für den wahrscheinlichen Ursprung der Probleme des Coachees.

- Lassen Sie sich von Ihrem Coachee detailliert erläutern, was er mit bestimmten Zielbegriffen (z. B. „durchsetzungsstärker sein") meint. Dabei sollten Sie durch gezielte Fragen dafür sorgen, dass seine Interpretation des jeweiligen Begriffs entlang konkreter Situationsbeschreibungen genau nachvollziehbar wird.

- Kritisieren und bewerten Sie nie das *bisherige* Verhalten des Coachees. Besser ist es hier zu hinterfragen, welche Rahmenbedingungen und Beziehungskonstellationen zu seinem bisherigen Verhalten geführt haben und ob er die Fortführung seines bisherigen Verhaltens unter den aktuellen Bedingungen weiterhin als erfolgversprechend einschätzt.

- Achten Sie als Coach darauf, die Beziehungsebene zu Ihrem Coachee stabil zu halten: Wenn Sie mit Konfrontationen und Provokationen arbeiten, formulieren Sie diese aus der Perspektive einer dritten Person und kommentieren Sie sie dann aus Ihrer eigenen Perspektive.

Management-Coaching in der Praxis

5 Management-Coaching in der Praxis

In diesem Kapitel stellen wir Ihnen zehn klassische Coachingfälle vor, wie wir sie in unserer Coachingpraxis häufig erleben. Jeder einzelne Fall wird dabei zunächst konkret beschrieben und das bzw. die thematisierten Probleme dargestellt.[1] Im Anschluss stellen wir ein oder mehrere nützliche Lösungsansätze bzw. Instrumente vor, mit denen der Coach in vergleichbaren Fällen gut arbeiten kann. Die hier geschilderten Instrumente wurden auch in der Praxis den jeweiligen Coachees angeboten und von ihnen als sehr unterstützend bei der Lösungserarbeitung bewertet. Die allgemeine Beschreibung des Lösungsansatzes wird jeweils durch eine Darstellung der Anwendung des Instruments im konkreten Praxisfall ergänzt.

Für den *Coach* enthält dieses Kapitel damit einen umfangreichen Fundus praxiserprobter Tools und bietet gleichzeitig exemplarische Anregungen für die Durchführung eigener Coaching-Sequenzen. Der *Manager* findet sich möglicherweise in der einen oder anderen klassischen Situation selbst wieder und kann so eine Vorstellung davon entwickeln, was ihn in einem ähnlichen Coachingprozess erwarten könnte. Die *HR-Profis* unter den Lesern werden ihnen bekannte klassische Coachinganlässe und -instrumente wiederfinden und gleichzeitig einen vertieften Einblick in Coaching-Sequenzen erhalten, der ihnen im beruflichen Alltag ja verwehrt bleibt.

---

[1] Die Namen aller Coachees wurden geändert. Die Praxisfälle wurden entweder von den jeweiligen Coachees freigegeben oder so weit verfremdet, dass keine Rückführung auf real existierende Personen möglich ist.

5.1 „Im Tunnel": Durch systemische Fragen den Blick erweitern

▶ | **BEISPIEL: Verstecktes Ziel**

Sören Berger, von Hause aus Elektroingenieur, ist Teamleiter in der Abteilung Anlagenelektronik in einem fossilen Kraftwerk eines der vier großen deutschen Energieunternehmen. Anlass für das Coaching waren die Ergebnisse aus einem Assessment-Verfahren, in dem ihm u. a. eine ausbaufähige Durchsetzungskraft attestiert wurde. Bereits in der ersten Sitzung wurde allerdings im Rahmen der Zielklärung deutlich, dass das Problem in diesem Fall nicht nur auf der kommunikativen Verhaltensebene, sondern vor allem auf der tiefer liegenden Ebene der Einstellungen und Glaubenssätze angesiedelt ist.

Herr Berger wollte zunächst nur an seinem Konfliktstil arbeiten und war sehr fixiert auf Rollenspiele mit Videofeedback: Diese Vorgehensweise habe ihm sein Chef nahegelegt. Da könne man sein Verhalten richtig gut reflektieren und dann auch andere Verhaltensweisen ausprobieren – z. B. eben auch mal auf den Tisch hauen oder zumindest klare Ansagen machen.

Eine erste Intervention des Coachs in so einer vermeintlich „klaren" Situation kann darin bestehen, die geäußerten Erwartungen zu hinterfragen und das „Problem hinter dem Problem" zu erkunden. Der Coach fragte den Coachee also: „Tun Sie immer das, war Ihnen Ihr Chef sagt?" Herr Berger war zwar etwas verblüfft, antwortete aber prompt: „Eigentlich schon. Aber obwohl ich das tue, komme ich nicht so richtig weiter. Auch im AC hat es ja nicht wirklich geklappt." Und schon nahm das Gespräch eine andere Wendung und Sören Berger erzählte, dass ihm sein Chef schon seit zwei Jahren einen Abteilungsleiterposten verspreche, den der Chef selbst – als Bereichsleiter – in Personalunion schon ebenso lange mitbesetze. Aber was er auch tue, er werde nicht befördert. Dabei sei sein Chef doch mit den beiden Funktionen wirklich überfordert und äußere selbst immer wieder, dass er nicht beiden gerecht werden könne. Er als Teamleiter habe sich nun angewöhnt, die Dinge möglichst ebenso zu erledigen, wie auch sein Chef es tue, damit dieser sein Potenzial für die Abteilungsleitung erkenne.

Der Coachee hat, bezogen auf sein Verhalten als Führungskraft, eine Art *Tunnelblick* entwickelt. Er schaut nicht mehr nach links oder rechts, sondern bewertet sein Verhalten nur noch unter dem Aspekt der vermeintlichen Passung zum Verhalten bzw. zu den Erwartungen seines Chefs. Mit diesem Tunnelblick übersieht er allerdings, dass er durch sein Verhalten das Problem nicht löst, sondern es nur noch verstärkt. In einer solchen Situation kann das Coaching dabei helfen, andere Perspektiven auf das Problem zu entwickeln und damit auch den Raum für alternative Lösungen zu öffnen. Der Coach entscheidet sich hier dafür, verstärkt mit *systemischen Fragen* zu arbeiten. Mithilfe *lösungsorientierter Fragetechniken* kann er den Coachee dabei unterstützen, sich selbst und die Situation aus neuen Perspektiven zu betrachten und dabei neue Lösungswege zu finden. Ressourcen, die der Coachee bisher zur *Aufrechterhaltung* des Problems genutzt hat, werden damit für die *Lösungsentwicklung* und -umsetzung eingesetzt werden. Der ursprüngliche Coachinganlass, die auszubauende Durchsetzungskraft von Sören Berger, bleibt nach wie vor ein Thema, kann aber im Coachingprozess unter einer differenzierten Perspektive betrachtet werden.

5.1.1 Systemische Fragen

Im Coaching kann eine ganze Reihe von systemischen Fragen sinnvoll eingesetzt werden. Je nach der Phase des Coachingprozesses dienen diese Fragen der vertieften Problemanalyse, der Lösungsfindung, der Beseitigung von Blockaden oder der Aktivierung von Ressourcen. Nachfolgend finden Sie beispielhafte Fragen für verschiedene Coaching-Situationen.

Fragen zum Zuweisungskontext
Betrachtung des möglicherweise indirekt wirksamen Umfelds

- Sind Sie von sich aus gekommen? Wer ist noch an den Ergebnissen interessiert, die wir hier erzielen? Nehmen wir einmal an, ich frage Herrn X (z. B. den Kollegen), was er sich von dem Gespräch hier wünscht, was würde er sagen?
- Was müsste hier geschehen, damit der Überweiser (z. B. der Vorgesetzte) mit diesem Gespräch zufrieden ist? Wollen Sie dasselbe?

Fragen zur Problemdefinition
Definition des Anliegens und Klärung der bisherigen (Problem-)Stabilität

- Was steht für Sie im Vordergrund: von etwas Ungutem weg- oder zu etwas hoffentlich Besserem hinzukommen?
- Sie sagen, Herr X sei oft ... Was genau tut Herr X (wann, wo, wie, mit wem), wenn Sie sein Verhalten so bezeichnen? Wie sehen das andere? Wer sieht das anders? Welche Erklärungen gibt es dafür?
- Wann sind Sie das letzte Mal gut miteinander klargekommen? War das eine Ausnahme? Welcher Unterschied besteht zwischen jetzt und der Ausnahmesituation?

Fragen zum Lösungskontext
Entwicklung verschiedener Lösungsszenarien

- Woran würden Sie erkennen, dass das Problem gelöst ist?
- Wenn wir uns in einem halben Jahr noch einmal zu einem Gespräch über diese Maßnahme hier treffen, was werden Sie mir dann vermutlich erzählen?
- Was müsste sich ändern, damit Ihr Problem gelöst wäre?
- Was wäre das erste Anzeichen dafür, dass sich etwas positiv verändert?
- Wer müsste was tun, damit sich etwas ändert?
- Wenn Sie schon Erfolg gehabt hätten, wer oder was hätte dazu beigetragen?
- Angenommen, Ihr Problem wäre bereits gelöst, wer wäre froh darüber? Wer würde das vielleicht auch bedauern?

Zielorientierte Fragen
Klärung von Zielen und angestrebten Zwischenergebnissen des Prozesses

- Was wäre für Sie ein gutes Ergebnis des heutigen Gesprächs? Nehmen wir an, das Gespräch ist beendet und Sie haben den Eindruck: „Das war ein hilfreiches Gespräch!" — Woran werden Sie/andere das merken? Was müsste hier geschehen sein?

- Was wäre für Sie/für andere ein erstes Anzeichen für eine positive Entwicklung? Was könnte hier und heute dazu beigetragen werden?
- Was sind die wichtigsten Ziele? Sind sie miteinander kompatibel? Welche Rangfolge bzw. welche Prioritäten gibt es? Was sind die Ziele (Werte) hinter den Zielen?
- Betreffen die Ziele primär harte oder weiche Wirklichkeiten?
- Was hat die Erreichung der Ziele für sonstige Auswirkungen? Wie kann der erreichte Zustand aufrechterhalten werden? Muss dafür überhaupt etwas getan werden oder organisiert es sich dann von selbst?

Skalierungsfragen
Fragen zur Festlegung eines Maßstabs für die Messung von Veränderungen

- Nehmen wir an, 0 ist der Zustand vor der Beratung, 10 heißt, das Problem ist gelöst: Wo befinden Sie sich heute? Wer würde das auch so einstufen, wer anders?
- Skalierung kleiner Schritte: Was genau müsste passieren, um von einer 3 auf eine 4 zu kommen? (Genaueres dazu siehe unten.)

Wunderfragen
Konkretisierung der Zielbedingungen und Aktivierung von Ressourcen

- Angenommen, heute Nacht geschieht ein Wunder und morgen, wenn Sie aufwachen, ist Ihr Problem gelöst. Woran werden Sie merken, dass dieses Wunder geschehen ist? Wer erkennt es sonst noch, und woran? Gab es vergleichbare Situationen schon vorher?
- Nehmen wir an, 10 ist der erwünschte Zustand (der Tag nach dem Wunder), 0 ist die Situation vor der Beratung. Wo stehen Sie jetzt? Woran würden Sie/andere merken, dass Sie auf der Skala *zwei* Punkte weitergekommen sind? Was wäre ein Fortschritt um *einen* Punkt?
- Wenn Sie ein Kamerateam engagiert hätten, um das Wunder zu filmen, was wäre auf dem Film zu sehen?

Ausnahmefragen
Verdeutlichung von kontextabhängigen Unterschieden

- Wann war es das letzte Mal ein wenig anders/besser/schlechter/ weniger schlecht? Was war da anders?
- Wann war der Wert auf der Skala das letzte Mal höher als zurzeit? Wer hat da was wie anders gemacht? Was war noch anders? Welche Auswirkungen hatte das?
- Woran können andere die Veränderung erkennen? Was tun andere Beteiligte dann, auf welche Weise tun sie es? Welche Auswirkungen hat das? Wer müsste was tun, damit es öfters geschieht? Welchen Unterschied würde das machen?

Hypothetische lösungsorientierte Fragen
Thematisierung der Ungewissheit von Erfahrungen in der Zukunft

- Nehmen wir einmal an, Sie würden sich entscheiden, das nächste Mal anders zu reagieren: Welche Auswirkungen hätte das?
- Was müsste passieren, damit Herr X bereit wäre, anders zu reagieren? Was würde er dann tun/sagen/denken? Wer würde das am ehesten bemerken?

Überlebensfragen
Suche nach dem „Guten im Schlechten", also nach den verdeckten Vorteilen der Ist-Situation

- Wie haben Sie das bisher ausgehalten? Wie sind Sie bis jetzt mit dem Problem umgegangen? Was war dabei hilfreich? Was nicht? Wie haben Sie dafür gesorgt, dass das Problem nicht schon viel schlimmer ist? Welche der Kraftquellen, die Ihnen geholfen haben, könnten Ihnen auch in Zukunft am besten helfen?
- Was ist möglicherweise sogar gut daran, dass es das Problem gibt? Was wäre anders, wenn das Problem gelöst wäre? Welchen Unterschied würde das machen?

Ressourcenorientierte Fragen
Fragen zur Identifizierung vorhandener Fähigkeiten, die zur Lösung genutzt werden können

- Was können Sie gut? Was sind Ihre Hobbys? Welche Inhalte oder Lösungsmuster können Sie übertragen? Wie können Sie das ausbauen?
- Was soll so bleiben, wie es ist? Was möchten Sie bewahren? Welche Ihrer vorhandenen Fähigkeiten könnten Sie nutzen?

Verschlimmerungsfragen/Status-quo-Fragen

Fragen nach den Auslösern für eine Eskalation der Situation zur Verdeutlichung der eigenen Einflussmöglichkeiten als Teil des stabilisierenden Rückkopplungszirkels

- Was müssten Sie/müsste Herr X tun, damit die Situation sich verschlimmert? Nehmen wir an, die Situation bliebe so, wie sie jetzt ist, wie wäre das dann in fünf Jahren?
- Was müssten Sie/müsste Herr X nach einer Verbesserung der Situation tun, um den alten Zustand wieder herzustellen? (Vgl. Saller et al. 2011, S. 263 ff.)

▶ **BEISPIEL: Der Einsatz systemischer Fragen**

Um den Tunnelblick des Coachees Sören Berger zu erweitern, stellt der Coach ihm zunächst folgende hypothetische Frage: „Angenommen, Sie würden ein Problem mal ganz anders lösen als Ihr Chef, eine Entscheidung ganz anders fällen oder auch mal etwas nicht tun — was würde Ihr Chef dazu sagen?" „Hm — ich glaube, das würde ihm nicht gefallen", antwortet der Coachee. „Können Sie sich an irgendeine Situation in den letzten beiden Jahren erinnern, in der Sie sich — bewusst oder unbewusst — anders verhalten haben, als Sie glauben, dass es Ihr Chef von Ihnen erwartet hätte?", fragt der Coach weiter. Nach längerem Überlegen fällt Herrn Berger etwas dazu ein: „Ja, ich kann mich erinnern: Es ging damals darum, einen Mitarbeiter der Instandhaltung aus dem Urlaub zu holen, da wir einen ungeplanten Stillstand hatten. Mein Chef gab mir den Auftrag, dies zu tun. Ich habe aber dann eine andere Lösung mit einem Kollegen aus der Produktion gefunden. Dieser musste zwar dafür Überstunden einlegen und auch am Wochenende durcharbeiten, aber das schien mir im Endeffekt das kleinere Problem zu sein." „Wenn Sie nun diese Situation mit anderen Situationen vergleichen, in denen Sie Ihr Verhalten an den vermeintlichen Erwartungen Ihres

Chefs ausrichten", fragt der Coach weiter, „worin unterscheiden sich diese Situationen voneinander?" „Ich glaube", sagt der Coachee, „dass ich mich in diesem Fall in die Situation unseres Mitarbeiters hineinversetzt habe und mir ausgemalt habe, wie es für ihn ist, wenn ich ihn aus dem Urlaub zurückhole. Normalerweise gehe ich eher von mir selbst aus und frage mich, was mein Chef jetzt wohl gut finden würde." „Bleiben wir bei diesem Beispiel", so der Coach weiter, „gibt es vergleichbare Situationen, in denen Sie stärker aus der Sicht Ihrer Mitarbeiter oder einer anderen, dritten Person hätten reagieren können, es aber nicht getan haben?" Auf diese Frage fällt dem Coachee eine Reihe von Situationen ein, in denen er sich anders hätte verhalten können, wenn er eine andere Perspektive eingenommen hätte. Es sind auch Sachlagen dabei, in denen es nicht um Mitarbeiter, sondern um Kollegen, Mitarbeiter von Fremdfirmen oder Kunden ging.

Im weiteren Verlauf stellt der Coach nun die unterschiedlichen Herangehensweisen idealtypisch nebeneinander: Einen Teamleiter, der sich ganz an den (vermuteten) Erwartungen seines Vorgesetzten ausrichtet und einen Teamleiter, der eigene Entscheidungen fällt, in der Organisation auch schon mal aneckt, sich nach oben wie nach unten hin abgrenzt und unter Umständen sogar Entscheidungen seines Vorgesetzten hinterfragt. Auf die Frage des Coachs: „Was glauben Sie — welchen Typ Führungskraft möchte Ihr Chef auf dem Abteilungsleitungsposten sehen?", kommt erst gar keine Antwort und dann stattdessen ganz zögerlich die Gegenfrage: „Meinen Sie, mein Chef will vielleicht gar nicht immer meine Zustimmung? Mache ich etwas falsch, wenn ich ihn selbst als Vorbild nehme?" Mit diesen Fragen gibt sich der Coachee schon selbst die Antwort. Und er merkt anhand der reflektierten Situationen, dass er durchaus die Ressourcen besitzt, sich anders, weniger angepasst zu verhalten.

Sein ‚angepasstes' Verhalten hat seinen Chef nicht motiviert, sondern vielmehr daran *gehindert*, die Abteilungsleitung wirklich in die Hände von Herrn Berger zu legen. Mit seinem Verhalten hat der Coachee also den negativen Zustand, den er bemängelt, selbst verstärkt. Erst im Coaching-Gespräch wird ihm deutlich, dass sein Chef — und nicht nur seiner — nur solche Führungskräfte zur Beförderung empfiehlt, die ihre eigene Position vertreten und auch nach oben hin klar Stellung beziehen. Betrachtet er nun die Situation des ungeplanten Stillstands, so kann er erkennen: Sein Bereichsleiter hat von ihm lediglich eine Lösung für das Problem erwartet, und die hat er ja dann auch gefunden.

Nachdem nun — vor allem durch die Anwendung systemischer Fragen — ein erster Lösungsraum abgesteckt ist, können Coach und Coachee an der inneren Haltung von Sören Berger arbeiten, an Themen wie „Was treibt mich als Führungskraft an?", „Welche Glaubenssätze habe ich über gute Führung?" oder „Wie gehe ich mit meiner Sandwichrolle um?" Im nächsten Schritt klären sie dann auch auf der *Verhaltensebene* die Positionierung des Coachees, arbeiten an seiner Durchsetzungsfähigkeit und ermitteln die Möglichkeiten für eine breitere Verhaltensvarianz in Konfliktfällen. So ist oft erst nach der Klärung vorher verdeckter Ziele die Bearbeitung offen zutage liegender Probleme oder Mankos möglich.

5.2 „*Angst vor Autoritätsverlust*": Das Modell der Transaktionsanalyse

BEISPIEL: Der schwierige Übergang vom Kollegen zur Führungskraft

In einem großen Produktionsunternehmen aus dem Bereich Maschinen- und Anlagenbau wird der Abteilungsleiter Dr. Stefan Türmer zum Werkleiter befördert. Er soll zukünftig die gesamte Verantwortung übernehmen und seinen Chef ablösen, der in den Ruhestand geht. Herr Dr. Türmer bringt alle fachlichen und menschlichen Voraussetzungen für diese Führungsaufgabe mit. Ein halbes Jahr lang haben ihn die HR-Verantwortliche Silke Maier und der scheidende Vorgesetzte vorbereitet und eingearbeitet. Trotzdem fühlt sich Herr Dr. Türmer nach einigen Monaten unwohl in seiner Rolle als Werkleiter und kontaktiert Frau Maier, zu der er während der Einarbeitungs- und Übergangszeit einen vertrauensvollen Kontakt hergestellt hat. Sein Thema ist die Disziplin in Projektbesprechungen und Meetings mit seinen Abteilungsleitern, die er als nicht mehr stimmig empfindet. Die Abteilungsleiter kommen zu spät, telefonieren während der Meetings und delegieren Aufgaben des Öfteren an ihn zurück. In Einzelgesprächen hat er versucht, an seine Führungskräfte zu appellieren, aber die Situation ließ sich dadurch nicht verbessern. Nun fürchtet er einen Autoritätsverlust, wenn er nichts unternimmt, und sucht Rat bei Frau Maier.

Silke Maier ist nicht nur die Personalverantwortliche für das Werk, sondern auch die Coachingbeauftragte des Unternehmens. In einem ersten Gespräch macht sie sich ein Bild von den Themen, die Herrn Dr. Türmer bedrücken und sondiert, ob sie das Coaching selbst übernehmen sollte oder besser einen externen Coach mit der Beratung beauftragt. Zwar kennt sie Herrn Dr. Türmer und seine Abteilungsleiter gut, aber es ist im Unternehmen nicht üblich, interne Coachings über längere Zeit fortzusetzen. Wenn sie nun also nach dem halben Jahr Übergangsberatung erneut in die Rolle des Coachs schlüpft, fürchtet sie um ihre Neutralität als Personalleiterin. Daher bespricht sie mit Herrn Dr. Türmer die Option eines externen Coachings. Dieser reagiert erfreut, weil er die ganze Situation gerne mal „von außen" reflektieren möchte, und willigt in einen Kennenlerntermin mit einem externen Coach ein.

Frau Maier geht nun auf einen Coach in ihrem Coachingpool zu, den sie schon länger kennt und der mit den Konzepten der *Transaktionsanalyse* arbeitet. Dieses Modell hält sie bei Herrn Dr. Türmer für einen sinnvollen Ansatz. Sie selber hat bereits gemeinsam mit ihm alle Führungsthemen kognitiv beleuchtet und ist davon überzeugt, dass es Herrn Dr. Türmer weder an Wissen noch am Wollen zur Ausgestaltung seiner Rolle als Führungskraft mangelt. Eher vermutet sie bei ihm eine unbewusste und daher kognitiv nicht zugängliche Blockade, die ihn daran hindert, seine Rolle kompetent wahrzunehmen. Daher ist Frau Maier überzeugt, dass das Modell der Transaktionsanalyse die passende Grundlage für eine Beratung in dieser Situation bildet. Sie vermittelt den Coach an Herrn Dr. Türmer und dieser entscheidet sich für eine Zusammenarbeit. Es wird ein Dreieckskontrakt mit konkreten Zeitvorgaben, einem klaren Budget und einem gemeinsam verabredeten Ziel abgeschlossen, an dem Frau Maier den Erfolg der Maßnahme messen möchte.

Schon in der ersten Coachingsitzung wird Dr. Stefan Türmer, wie von Frau Maier vermutet, klar, dass er theoretisch sehr genau weiß, was seine Aufgaben als Führungskraft wären, aber diese dennoch nicht umsetzen kann. Es wirken also zwei verschiedene Kräfte in ihm: der Wunsch, sich als Führungskraft durchzusetzen und gleichzeitig das diametral gegensätzliche Verlangen, genau dies nicht zu tun.

5.2.1 Die Transaktionsanalyse

Erst, wenn wir eine Vorstellung von der Organisation der menschlichen Psyche entwickeln, ein Verständnis für die Dynamiken sowohl in der Innenwelt als auch im Kontakt von Innenwelt und Außenwelt haben, können wir solche widersprüchlichen Bedürfnisse von Führungskräften verstehen und sinnvoll mit ihnen interagieren. Im oben genannten Beispiel wird mit einer von vielen Coachs und Beratern sehr geschätzten, Mitte des 20. Jahrhunderts von Eric Berne begründeten Theorie der menschlichen Persönlichkeit gearbeitet: der *Transaktionsanalyse*. Diese Theorie beschreibt leicht verständlich, aber gleichzeitig sehr differenziert die psychologische Beschaffenheit von Menschen. Zunächst könnte ihre Dreiteilung an das psychoanalytische Modell des *Über-Ich, Ich und Es* von Sigmund Freud erinnern, der aufgrund seiner Theorie Behandlungsmethoden für seine Patienten entwickelte. Berne ging jedoch den umgekehrten Weg und entwickelte *seine Theorie* aus dem im therapeutischen Kontext beobachteten Verhalten seiner Gesprächspartner. Die Theorie der Transaktionsanalyse hilft nun im Beratungskontext dabei, menschliche Erlebens- und Verhaltensweisen zu verstehen, Kommunikation zu reflektieren und aus den gewonnenen Erkenntnissen neue Verhaltensoptionen abzuleiten. Gleichzeitig ist sie als *Entwicklungstheorie* zu verstehen, weil sie mit dem sogenannten *Lebensskript*-Konzept nachweist, dass die von uns zur Lebensbewältigung eingesetzten alltäglichen Erlebens- und Verhaltensmuster meist schon in unserer Kindheit entstanden sind. Auch im Erwachsenenalter setzen wir diese Muster noch sehr oft ein, selbst wenn daraus Schmerzen für uns resultieren und wir der Verwirklichung unserer Bedürfnisse dadurch nicht näher kommen.

Durch die Transaktionsanalyse (TA) werden Fragen auf verschiedenen Ebenen beantwortet:

- *Persönlichkeitsmodell*
  Was passiert in der Psyche eines Menschen?
  Wie hat er sich innerlich organisiert?
- *Kommunikationsmodell*
  Was passiert in der Interaktion zwischen Menschen?
  Weshalb kommt es zu Störungen?

- *Entwicklungsmodell*
  Wie beeinflusst die Vergangenheit das heutige Denken, Verhalten und Fühlen?
- *Systemisches Modell*
  Wie finden wir in komplexen Geschehen Orientierung?[2]

Wir konzentrieren uns hier anhand des Beispiels von Dr. Türmer, der vom Kollegen zur Führungskraft befördert wird, bewusst auf das Persönlichkeitsmodell der TA und auf einzelne Bausteine, die im Coaching helfen können, die Anliegen der Coachees besser zu verstehen.[3]

Grundlagen der Transaktionsanalyse
Im Verständnis der TA gibt es drei strukturelle Ich-Zustände:

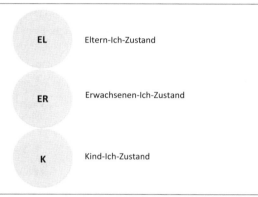

EL Eltern-Ich-Zustand

ER Erwachsenen-Ich-Zustand

K Kind-Ich-Zustand

Abb. 1: Strukturdiagramm erster Ordnung: Das Ich-Zustands-Modell.
(Stewart & Joines 2007, S. 34)

---

[2] Nicht zuletzt ist die Transaktionsanalyse, kurz auch TA genannt, eine moderne Methode der Psychotherapie. Dieser Aspekt spielt aber in unserem Kontext keine Rolle. Weitere Informationen dazu erhalten Sie bei der Deutschen Gesellschaft für Transaktionsanalyse (DGTA) unter www.dgta.de oder beim europäischen (EATA) bzw. internationalen Zweig (ITAA) der Gesellschaft.

[3] Für einen kompletten Überblick über die Transaktionsanalyse empfehlen wir das Standardwerk von Ian Stewart und Vann Joines: Die Transaktionsanalyse. Eine Einführung.

Strukturmodell (intrapsychischer Aspekt)
„*Eltern-Ich-Zustand:* Verhalten, Denken und Fühlen, das von den Eltern oder Elternfiguren übernommen wurde

Erwachsenen-Ich-Zustand: Verhalten, Denken und Fühlen, das eine direkte Reaktion auf das Hier und Jetzt ist

Kind-Ich-Zustand: Verhalten, Denken und Fühlen, das aus der Kindheit stammt und jetzt wieder abläuft" (Stewart & Joines 2007, S. 34).

Die drei verschiedenen Ich-Zustände verdeutlichen inhaltlich, welche *innerpsychischen* Unterscheidungen uns beim Verständnis verschiedener Erlebens- und Verhaltensweisen helfen können. Im nächsten Schritt geht es darum, die Interaktion sowohl innerpsychisch als auch in der *Kommunikation von innen und außen* besser zu verstehen. Hier ist das *Funktionsmodell* der TA hilfreich. Es beleuchtet den Prozess des psychischen Geschehens im Kontakt mit anderen.

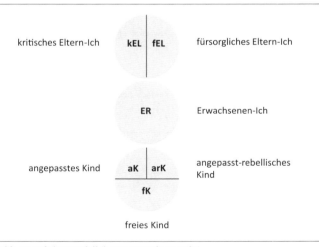

Abb. 2: Funktionsmodell (interpersonaler Aspekt)

Funktionsmodell (interpersonaler Aspekt)
In jedem Erwachsenen sind grundsätzlich alle Ich-Zustände verfügbar. Mit welchem Energielevel die einzelnen Zustände jedoch tatsächlich

besetzt sind und wie wir sie im inneren Dialog und in der Außenkommunikation nutzen, das wird durch die persönliche Geschichte und die persönlichen biografischen Erfahrungen definiert.

Das kritische Eltern-Ich

Im kritischen Eltern-Ich speichern wir die vielen Ge- und Verbote, die wir als Kind von unseren Eltern gehört haben. Auch in unserem Erwachsenenleben sind diese Kommentare in uns präsent: Wir haben die elterlichen Stimmen inzwischen zu unseren eigenen gemacht. Damit werten wir uns selbst oft genug für unser Verhalten oder Erleben ab, so wie es damals unsere Eltern zu tun pflegten. Einige Beispiele: „Nun stell Dich nicht so an!", „Mach gefälligst kein solches Gesicht!", „Zieh Dich mal ordentlich an!" usw. Wir hören in diesem Zustand also oft ein „Du bist nicht o. k." von uns selbst.

Das fürsorgliche Eltern-Ich

Der fürsorgliche Zustand hat alle die Momente und Ereignisse im Erleben gespeichert, in denen uns unsere Eltern oder andere Autoritätspersonen Schutz, Trost, Fürsorge und Wohlwollen entgegengebracht haben: wenn wir also als Kind traurig waren, uns verletzt hatten oder uns ausgeschlossen fühlten und die Mutter oder der Vater uns in den Arm nahm, die Tränen trocknete und uns eindeutig zu verstehen gab: „Du bist o. k. und ich hab Dich lieb, so wie Du bist!"

Im Rahmen der TA ist an dieser Stelle eine weitere Differenzierung in einen positiven und negativen Anteil der jeweiligen Eltern-Ich-Zustände sinnvoll. Wenn wir beispielsweise als Kind erlebt haben, dass unsere Eltern uns mit scharfen Worten vor etwas schützen wollten, basiert die Ermahnung des kritischen Eltern-Ichs auf einer förderlichen, schützenden Haltung. Wenn wir im Gegenzug als Kind erlebt haben, wie unsere Eltern uns aus überbordender Fürsorge alles abnahmen und wir keinerlei Freiraum mehr hatten, so ist dies eindeutig ein negativer Aspekt des fürsorglichen Eltern-Ichs.

Das Erwachsenen-Ich

In diesem Ich-Zustand reagieren wir in unserem Erleben und Verhalten auf all das, was im Hier und Jetzt passiert. Wir beziehen uns also klar auf die Gegenwart und generieren eine authentische Reaktion passend zu unserem tatsächlichen Lebensalter. Als Führungskraft nutzen wir diesen Zustand oft, um im Vorfeld von Handlungen besonnen abzuwägen, um sachliche Botschaften zu transportieren und um professionell auf anstehende Aufgaben zu reagieren.

Das angepasste Kind

Im Zustand des angepassten Kinds gehen wir mit unserem Verhalten auf die *Erwartungen anderer* ein. Wir passen uns an, auch wenn wir andere Wünsche haben, weil wir schon früh die Erfahrung gemacht haben, dass unsere Eltern uns dann womöglich lieber mochten. In diesem Modus greifen wir zurück auf uralte Muster, die wir seit unserer frühen Kindheit gut kennen. Wir reagieren also nicht unserem tatsächlichen Lebensalter entsprechend, sondern eher so, als wären wir wieder die Kinder von damals. Ein solches Erleben spiegelt sich in dem Satz: „Ich bin nur dann o. k., wenn ich das tue, was Mutter oder Vater sich von mir wünschen."

Das angepasst-rebellische Kind

Neben dem angepassten Erleben und Verhalten besteht in diesem Zustand gleichzeitig ein Hang zur Auflehnung gegen die Anforderungen und der starke, oft wütende Impuls, das eigene Verlangen unbedingt gegen die Erwartungen anderer durchzusetzen. Trotz, Wut, und Ärger sind gemeinsam mit den dazugehörigen Ereignissen der Kindheit in diesem Ich-Zustand gespeichert. Als Satz passt dazu: „Dir wird ich's zeigen …"

Das freie Kind

Schließlich gibt es noch einen Kindheitszustand, der völlig unbeeinflusst von Anpassung oder Rebellion ist, sondern ganz aus dem freien und unabhängigen eigenen Impuls heraus entsteht. Auch dieser Zustand kann noch weiter differenziert werden in negativ frei und positiv frei. So gibt ein Kind, das ein Tier quält, zwar vielleicht seinen freien Impulsen nach, offenbart aber auch gleichzeitig einen starken Hang zur Grausamkeit. Als positiv frei empfinden wir dagegen eher Verhaltensweisen, die weder dem Kind noch anderen einen Schaden zufügen, wie etwa fröhlich mit Gummistiefeln in Pfützen springen, voller Freude im Wasser planschen, eine Höhle entdecken usw.

● TIPP: Einbeziehung aller Ich-Zustände

Als Coach nehmen wir bei der Arbeit mit der Transaktionsanalyse in der Regel Kontakt mit allen Ich-Zuständen auf, um das Energielevel zu bestimmen, mit dem sie jeweils besetzt sind. Dabei sind die Zustände selbst weder als gut noch als schlecht zu bewerten: Es ist die *Energie*, die möglicherweise ungleich verteilt ist, sodass einzelne Stimmen ein Übergewicht bekommen und andere eher unterrepräsentiert sind.

So sollte der Coach sich unbedingt im Klaren darüber sein, dass die einzelnen Ich-Zustände keine objektiven Gegebenheiten sind, sondern nur *Elemente eines Konzepts*, mit dessen Hilfe wir uns das Verhalten und Erleben von Menschen erklären. Im Coaching lässt sich dieses Konzept gut zur Orientierung und Hypothesenbildung wie auch zur Auswahl passender Interventionen heranziehen. Woran erkenne ich als Coach jedoch, welche Ich-Zustände der Coachee gerade aktiviert hat? In einer Person sind die Ich-Zustände erlebte Wirklichkeit, gekoppelt an unterschiedliche Anlässe in verschiedenen Entwicklungsphasen. Ein Ich-Zustand ist immer ein komplexes System aus Einstellungen, Gedanken, Gefühlen und Verhalten. In jedem Ich-Zustand fühlen Menschen auf eine ganz bestimmte Art und Weise, die mit einer spezifischen Art der verbalen, nonverbalen und transverbalen Kommunikation verbunden ist. Die einzelnen Ich-Zustände sind damit gut voneinander abgrenzbar — nicht nur heuristisch, sondern ganz konkret in ihren jeweiligen Erscheinungsbildern.

Zur Diagnose der verschiedenen Ich-Zustände können wir vier unterschiedliche Zugangsweisen nutzen:

Verhaltensdiagnose

- Mimik
- Gestik
- Körperhaltung
- Stimme, Wortwahl, Tonalität

Interaktive Diagnose

- Nutzen der eigenen inneren Wahrnehmung
- Schließen auf den Ich-Zustand des Gegenübers
- Beobachtung der Dynamik im Beziehungsgeschehen

Phänomenologische Diagnose

- Unterstützung der Wahrnehmung der eigenen inneren Gefühle/ Ich-Zustände beim Coachee durch die Beschreibung äußerer Merkmale

Historische Diagnose

- Rekapitulieren der Lebensgeschichte, um Verhaltens- und Erlebensmuster zu verstehen

Alle vier Zugänge ergänzen einander und sind in der Kombination besonders hilfreich. Ein weiterer Zugang zu den Ich-Zuständen führt über Fragen, die der Coach an den Coachee richtet:

Fragen zum Eltern-Ich-Zustand

- An welche Botschaften Ihres Vaters/Ihrer Mutter erinnern Sie sich?
- Welche Gebote und Verbote haben Ihre Kindheit geprägt?
- Welches Verhalten Ihres Vaters/Ihrer Mutter haben Sie sich zum Vorbild genommen?
- Welches Verhalten Ihres Vaters/Ihrer Mutter haben Sie innerlich abgelehnt?
- In welchen beruflichen Situationen sind diese inneren Leitbilder präsent?

Fragen zum Kind-Ich-Zustand

- Wie haben Sie als Kind das durchgesetzt, was Sie wollten?
- Wie haben Sie sich gefühlt, wenn es zu Hause Probleme gab?
- Erleben Sie heute ähnliche Gefühle, wenn Probleme auftreten?
- Was denken und fühlen Sie, wie verhalten Sie sich, wenn jemand Dinge von Ihnen möchte, die Sie nicht tun möchten?
- Wie reagieren Sie, wenn Sie eine unangenehme Arbeit erledigen müssen?
- Wie gut können Sie Freude zeigen?

Fragen zum Erwachsenen-Ich-Zustand

Bitte denken Sie an einige Entscheidungen, die Sie in letzter Zeit beruflich getroffen haben.

- Waren Ihr Denken, Ihr Fühlen und Ihre Verhaltensweisen in der Reaktion auf die jeweilige Situation angemessen?
- Wie leicht oder wie schwer ist Ihnen dieses Verhalten gefallen?[4]

▶ BEISPIEL: Der Zustand des angepassten Kinds

Im Coaching von Dr. Stefan Türmer wird anhand der Fragen zum Erwachsenen-Ich-Zustand schnell deutlich, dass sich in seine Reaktionen auf das respektlose Verhalten seiner Abteilungsleiter in den Sitzungen Anteile mischen, die nicht zu seiner Rolle als Vorgesetzter passen. Bisher hat er die Vorkommnisse einfach totgeschwiegen, seinen innerlich deutlich verspürten Ärger darüber einfach hinuntergeschluckt und die Sitzungen geleitet, als wäre nichts Ungewöhnliches vorgefallen. In den anschließend geführten Einzelgesprächen haben die Betroffenen zwar Einsicht gezeigt, aber ihr Verhalten danach in keiner Weise geändert. Herr Dr. Türmer ist mit sich als Führungskraft unzufrieden und leidet darunter, dass er mit seinem Ärger nicht konstruktiver umgehen kann. Gleichzeitig wächst seine Sorge, als Autoritätsperson und Werkleiter nicht adäquat wahrgenommen zu werden und langfristig an Einfluss zu verlieren.

---

[4] Die Fragen stammen aus dem TA 101-Kurs, einer international anerkannten Einführung in die Transaktionsanalyse.

Bereits an dieser Stelle äußert der Coach die Vermutung, dass das Verhalten von Herrn Dr. Türmer zu einem großen Teil vom Zustand eines *angepassten Kinds* beeinflusst ist und die rebellische Seite in ihm nicht sehr viel Raum hat. Dadurch fällt es ihm schwer, seiner Rolle als Führungskraft gerecht zu werden und adäquat auf die Situationen zu reagieren. Sein Abgrenzungswille und seine Fähigkeit, eigenen Bedürfnissen und Rollenerfordernissen denselben Rang einzuräumen wie den Bedürfnissen anderer, scheinen nicht besonders stark ausgeprägt zu sein. In diesem Kontext kann die TA eine konstruktive Basis dafür liefern, an der Problematik zu arbeiten. Ein Verhaltenstraining oder eine Unterweisung bezüglich seiner Aufgaben als Führungskraft wären hingegen völlig sinnlos und kränkend, da Herr Dr. Türmer sehr genau weiß, dass er nicht so reagiert, wie er selbst es von sich als Führungskraft erwartet. Es fehlt ihm also nicht an Wissen, Können oder Wollen, sondern eine innere „Bremse" hindert ihn daran, seine Rolle so auszufüllen, wie er selber es als richtig erachtet. Die Erkenntnis, dass es einen guten Grund für seine Handlungsweise gibt, erleichtert Herrn Dr. Türmer sehr. Der Coach unterstreicht, dass sein Verhalten in vielen Situationen für ihn offensichtlich die beste Lösung dargestellt hat: Als der starke Chef noch präsent war, hat ihm seine Haltung viele Auseinandersetzungen erspart und ihn letztendlich zu seiner Rolle als Nachfolger geführt. Jetzt, da der starke Vorgänger weg ist, passt diese Herangehensweise allerdings nicht mehr. Herr Dr. Türmer lässt sich interessiert auf das Modell der TA ein und ist neugierig darauf zu verstehen, welche frühen Erlebens- und Verhaltensweisen ihn in den aktuellen Situationen innerlich leiten und ihn daran hindern, seine neue Rolle als Werkleiter vollständig auszufüllen.

Das Egogramm

Ein leicht handhabbares Tool zur Verifizierung solcher Hypothesen in einem Coaching ist das Egogramm. Es ermöglicht die bildliche, intuitive Darstellung der Ich-Zustände des Coachees in einem Säulendiagramm. Es gibt zwei Varianten, den Coachee bei der Erstellung anzuleiten.

1. Der Coach gibt eine Einteilung vor und bittet den Coachee, die Verteilung, also die Höhe je nach Ausprägung der jeweils beobachteten Ich-Zustände intuitiv einzuzeichnen.
2. Der Coach bittet den Coachee, eine absteigende Verteilung vorzunehmen: Er soll also mit dem Zustand beginnen, der bei ihm am stärksten ausgeprägt ist, gefolgt von dem am zweitstärksten ausgeprägten usw. Das Resultat ist dann nicht nur eine Rangfolge der Ich-Zustände, sondern zusätzlich auch eine sichtbare und bewusst reflektierte Gewichtung des Coachees.

Wenn das Thema des Coachings von konkreten Situationen bestimmt ist, kann auch die Erstellung eines Egogramms hinsichtlich einer aktuellen Situation zweckdienlich sein. Zunächst benötigt der Coachee jedoch eine Bewusstheit seines inneren Erlebens und ein grundsätzliches Verständnis für sein Verhalten. In der bildlichen Darstellung und der Auseinandersetzung mit diesem Bild erlangen diese inneren Vorgänge dann eine neue Bedeutung für ihn. *Bewusstheit* und *Bedeutung* sind Voraussetzungen dafür, dass der Coachee sein bevorzugtes Erlebens- und Verhaltensmuster erkennt und sich in der Zusammenarbeit mit dem Coach die Wahl erarbeiten kann, auch anders zu handeln.

Antreiber: *Mach's recht!*
Einschärfung: *Sei kein Kind!*

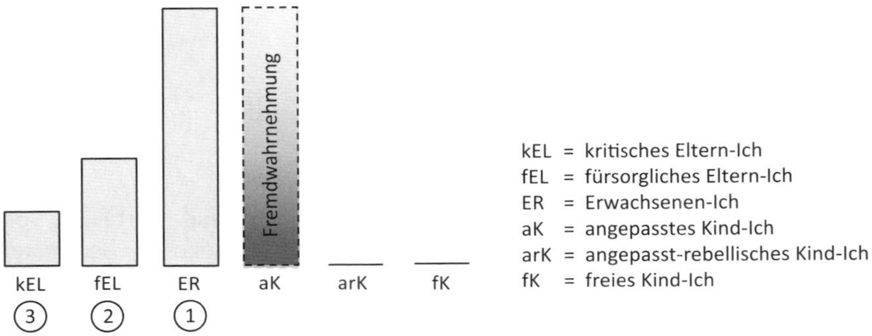

kEL = kritisches Eltern-Ich
fEL = fürsorgliches Eltern-Ich
ER = Erwachsenen-Ich
aK = angepasstes Kind-Ich
arK = angepasst-rebellisches Kind-Ich
fK = freies Kind-Ich

Abb. 4: Das Egogramm von Herrn Dr. Türmer (Selbsteinschätzung)

▶ BEISPIEL: Erstellung des Egogramms

Im Egogramm fällt zunächst auf, dass Herr Dr. Türmer — passend zu seiner Profession als Ingenieur — seinen Erwachsenen-Ich-Zustand als höchste Säule darstellt. Auffällig ist auch die zweite Säule mit der starken Gewichtung des fürsorglichen Ich-Zustands. Auf Nachfrage erklärt Herr Dr. Türmer, dass einer seiner Abteilungsleiter eine schwangere Ehefrau hatte, bei der es Komplikationen gab, und er diesem Mitarbeiter zugebilligt hatte, das Handy auch in Sitzungen eingeschaltet zu lassen, um im Notfall erreichbar zu sein. Er fühlt sich verantwortlich für das Wohl und Wehe seiner Mitarbeiter und nimmt großen Anteil auch an privaten Sorgen. In der Kommentierung des Egogramms macht der Coach ihn darauf aufmerksam, dass das nicht verwunderlich ist, weil er als früherer Kollege einen guten Zugang und ein Vertrauensverhältnis zu den verschiedenen Abteilungsleitern hat. Die dritte Säule ist der Zustand des kritischen-Eltern-Ichs, der damit als drittstärkste Kraft erlebt wird. Aus Gründen der besseren Erkennbarkeit und Erlebbarkeit für den Coachee wurden der vollkommen angepasste und der angepasst-rebellische Kind-Ich-Zustand getrennt dargestellt. Herrn Dr. Türmer fällt dabei sehr auf, wie gering sein rebellisches Empfinden und sein Ärger ausgeprägt sind. Auch seine angepasste Seite erlebt er in den professionellen Situationen als wenig spürbar. Den letzten Platz nimmt schließlich das freie Kind ein.

Die Außenwirkung, die durch das Egogramm dargestellt wird, und das innere Erleben können also durchaus differieren. In einem solchen Fall ist es hilfreich, das Egogramm mit dem *Psychogramm*, das die innere Wahrnehmung abbildet, zu kombinieren.

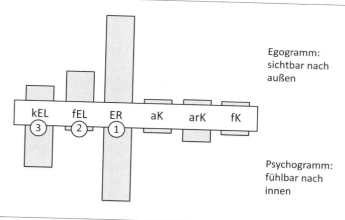

Egogramm:
sichtbar nach
außen

kEL   fEL   ER   aK   arK   fK

Psychogramm:
fühlbar nach
innen

Abb. 5: Kombination von Egogramm und Psychogramm von Herrn Dr. Türmer

▶ **BEISPIEL: Die Analyse der Kombination aus Ego- und Psychogramm**

Das nun entstandene Bild zeigt, dass Herr Dr. Türmer seinen Führungskräften gegenüber viel Fürsorge zeigt, diese Zuwendung aber für sich selbst nicht aktivieren kann. Er ist mit sich sehr viel kritischer als seinen Führungskräften gegenüber und vermittelt nach außen wenig Orientierung. Seinen Ärger spürt er selber deutlich, kann ihn aber nicht nach außen kommunizieren. Die bildlich dargestellten Differenzen zwischen Innen- und Außenwahrnehmung liefern wichtige Anhaltspunkte für die gemeinsame Arbeit zwischen dem Coach und Herrn Dr. Türmer, weil sich daraus Erklärungen für die Störungen ableiten lassen, die der Werkleiter im Alltag mit seinen Abteilungsleitern erlebt. Es wird nun klar, dass Herr Dr. Türmer sich selbst in bestimmten beruflichen Situationen weniger wichtig nimmt als andere.

Zur Erklärung der Reaktionen, die ein Coachee in unternehmerischen Stresssituationen zeigt, sind eine Analyse seiner *Grundhaltung* und eine *Skriptanalyse* sinnvoll.

Die vier Grundhaltungen in der Transaktionsanalyse

In der Theorie der TA gibt es vier grundsätzliche Einstellungen oder Positionen, wie ein Mensch sich selbst und andere um ihn herum betrachten kann:

- *Ich bin o. k. – Du bist o. k.*
- *Ich bin o. k. – Du bist nicht o. k.*
- *Ich bin nicht o. k. – Du bist o. k.*
- *Ich bin nicht o. k. – Du bist nicht o. k.*

Die Grundhaltung *Ich bin o. k. – Du bist o. k.* kann man auch als +/+ ausdrücken. Anders als bei den drei folgenden Haltungen entscheiden wir uns für diese Haltung als Erwachsene *bewusst*. Sie beruht nicht auf Gefühlen, sondern ist die Folge von rationalen Überlegungen, Überzeugungen und Engagement. In dieser Haltung drückt sich aus, dass ich und ein Gegenüber gleichberechtigt auf dieser Welt sind und beide das Recht haben, ihre Anschauungen zu vertreten. Deshalb muss ich nicht etwa mit allem einverstanden sein, was mein Gegenüber denkt, tut und sagt. Sehr wohl bin ich aber bereit, abweichendem, nicht schädigendem Denken, Fühlen und Verhalten respektvoll gegenüberzutreten und es nicht abzuwerten.

Die zweite Position, *Ich bin o. k. – Du bist nicht o. k.* oder +/–, enthält ein Ungleichgewicht. In dieser Haltung ist das Ich in Ordnung, aber mit dem Gegenüber stimmt etwas nicht. Die grundlegende Haltung gegenüber anderen um einen herum ist, dass sie dem *Ich* „nicht das Wasser reichen" können. Das *Ich* bleibt mit dieser Haltung ohne echtes Gegenüber und de facto immer allein. Die dritte Grundhaltung, *Ich bin nicht o. k. – Du bist o. k.* oder –/+, verschiebt die Gewichte in genau die andere Richtung. Das *Ich* sieht sich anderen gegenüber stets in der Defensive und in der unterlegenen Position. Und in der vierten

Grundhaltung, *Ich bin nicht o. k. – Du bist nicht o. k.* oder *–/–*, haben offensichtlich beide Parteien von vorneherein verloren.

Diese vier Grundhaltungen sind keine fixen Größen. Als Menschen kennen wir sie alle und können sie blitzschnell verändern. In Stress-situationen jedoch greifen wir häufig auf eine geliebte Grundposition zurück, die uns am vertrautesten ist und die wir im Verlauf unserer Lebensgeschichte als *Musterposition* verankert haben.

In der Kommunikation mit anderen Menschen führen die verschiedenen Grundhaltungen häufig zu typischen Verhaltensweisen.

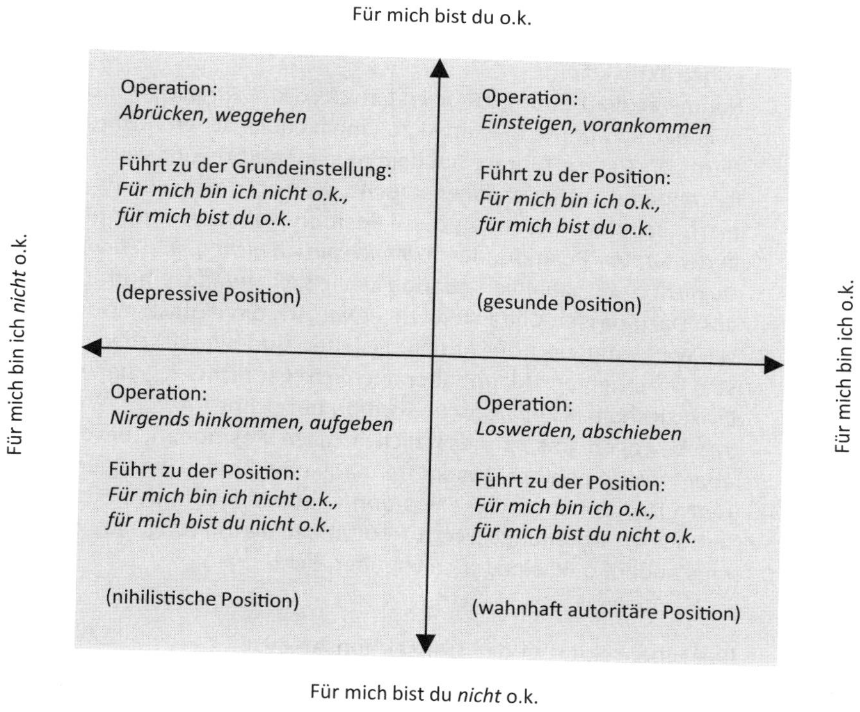

Für mich bist du o.k.

Operation:
Abrücken, weggehen

Führt zu der Grundeinstellung:
Für mich bin ich nicht o.k.,
für mich bist du o.k.

(depressive Position)

Operation:
Einsteigen, vorankommen

Führt zu der Position:
Für mich bin ich o.k.,
für mich bist du o.k.

(gesunde Position)

Für mich bin ich *nicht* o.k.

Für mich bin ich o.k.

Operation:
Nirgends hinkommen, aufgeben

Führt zu der Position:
Für mich bin ich nicht o.k.,
für mich bist du nicht o.k.

(nihilistische Position)

Operation:
Loswerden, abschieben

Führt zu der Position:
Für mich bin ich o.k.,
für mich bist du nicht o.k.

(wahnhaft autoritäre Position)

Für mich bist du *nicht* o.k.

Abb. 6: Das o. k.-Geviert nach Franklin Ernst (Stewart & Joines 2007, S. 181)

▶ **BEISPIEL: Die vier o. k.-Positionen im konkreten Fall**

Herrn Dr. Stefan Türmers Verhalten in der beschriebenen Situation entspricht der *Für mich bin ich nicht o. k. – Für mich bist Du o. k.-*Position: Er vermeidet es, die störenden Vorfälle anzusprechen, übergeht die Aktionen der Führungskräfte und zieht sich in eine vermeintliche Handlungsunfähigkeit zurück – die *depressive Position.* Die dazugehörige Aussage könnte z. B. heißen: „Gegen meinen Abteilungsleiter und dessen Verhalten in der Sitzung kann ich ja doch nichts ausrichten ..."

Stünde Herrn Dr. Türmer die Position *Für mich bin ich o. k. – Für mich bist Du o. k.* zur Verfügung, könnte er entsprechend seiner Stellung und Rolle als Führungskraft die Vorfälle thematisieren und deutlich machen, welche Regeln er in Sitzungen etablieren möchte. Aus dieser *gesunden Position* heraus ließen sich solche Themen direkt und konstruktiv klären.

Nähme er die Haltung *Für mich bin ich o. k. – Für mich bist Du nicht o. k.* ein, so könnte dies etwa zu einem cholerischen Ausbruch von Herrn Dr. Türmer führen, bei dem er seinen Abteilungsleiter vor allen anderen laut zusammenstaucht, weil er in der Sitzung telefoniert. Franklin Ernst nennt diese Position *wahnhaft-autoritär.*

In der letzten Position, dem *Für mich bin ich nicht o. k. – Für mich bist Du nicht o. k.,* sähe die Situation schließlich geradezu hoffnungslos aus. Dazu passen Gedanken wie etwa: „Ich bin einfach ein schlechter Werkleiter und die Abteilungsleiter sind alle Flaschen. In diesem Unternehmen klappt aber auch rein gar nichts ..." Sie wird von Ernst deshalb als *nihilistische Position* bezeichnet.

Wir bewegen uns grundsätzlich in allen Positionen, bevorzugen aber meist einen der Quadranten, aus dem heraus wir agieren. Bei Herrn Dr. Türmer ist diese Position – zumindest in den Sitzungen mit seinen Abteilungsleitern – offenbar die Haltung, aus der heraus andere o. k. sind, er selbst aber nicht.

Das Lebensskript in der Transaktionsanalyse

Wie kommt es, dass Herr Dr. Türmer in seinen Sitzungen so offensichtlich wehrlos agiert, obwohl er sich massiv gestört fühlt, als Werkleiter alle Kompetenzen und in seiner Rolle als Sitzungsleiter sogar die Verpflichtung hätte, das destruktive Verhalten anderer zumindest anzusprechen? Schließlich hat er diverse Schulungen zu Führungsverhalten besucht und deren Lehrsätze verinnerlicht. Wie ist es möglich, dass er weiß, wie er handeln sollte, auch gerne so handeln würde, aber es dennoch nicht tun kann?

Die Transaktionsanalyse geht davon aus, dass jeder Mensch schon in Kindheitstagen ein „Lebensdrehbuch" für sich verfasst hat. Jeder Mensch besitzt also einen unbewussten, persönlichen Lebensplan, der auf viel früheren Entscheidungen fußt, aber laufend gültig bleibt. Diesem *Lebensskript* folgen wir in weiten Teilen und verwirklichen damit die früh ersonnene Geschichte in unserem Erwachsenenleben. Das ist besonders dann der Fall, wenn wir unsere Entscheidungen nicht reflektieren und die Umwelt uns in unseren „Skripterfahrungen" auch noch bestätigt. In der TA sprechen wir daher davon, dass jemand „in seinem Skript" agiert, wenn er ein bevorzugtes Muster aus früheren Lebensphasen wiederholt. Aber dadurch, dass wir die Autoren unseres eigenen Skripts sind, ist dieses Skript auch ein Leben lang veränderbar. Neue, positive Lebenserfahrungen können zu neuen Entscheidungen führen und alte Verhaltensmuster, die früher nützlich waren, überflüssig machen. Coaching, professionelle Beratung und Psychotherapie können diesen Prozess des Individuums hin zu mehr Freiheit in seinen Entscheidungen unterstützen.

Die TA unterscheidet zwischen *Inhalt* und *Prozess* eines Skripts. Es hat sich herausgestellt, dass zwar jedes Drehbuch einzigartig ist, aber die niedergelegten *Prozesse* sich in immer wieder gleiche *Muster* zusammenfassen lassen. Die TA unterscheidet hier

- Gewinnerskripts,
- Verliererskripts (hamartische Skripts) und
- Nicht-Gewinnerskripts oder banale Skripts.

Das *Gewinnerskript* ist eigentlich kein Skript im engeren Sinne: Menschen mit dieser Lebenshaltung sind in der Lage, ihre Talente zu nutzen, engen sich selbst nicht destruktiv ein und erreichen ihre Ziele im Leben meist leicht, glücklich und unversehrt. Menschen mit diesem Drehbuch sind „Stehaufmännchen" und finden sich auch dann zurecht, wenn ein bestimmtes Ziel nicht zu erreichen ist — sie suchen und finden ein neues Ziel, das sie mit unvermindert positiver Grundhaltung anstreben. Gewinner sind also nicht unbedingt Menschen mit vielen materiellen Gütern, sondern solche, die im Leben das erreichen, was sie sich wünschen und dann damit zufrieden sind.

Der *Verlierer* dagegen ist ein Mensch, der seine selbst gesetzten Ziele immer wieder verfehlt und mit dem im Leben Geschaffenen grundsätzlich unzufrieden ist. Sein Lebensdrehbuch sieht das Scheitern von vornherein explizit vor; und dieses Scheitern wird dann im Erwachsenendasein — manchmal sogar dramatisch — verwirklicht. Der Verlierer folgt also seinen eigenen selbstdestruktiven Tendenzen bis zum bitteren Ende und geht verbittert, einsam und mit selbst inszenierten Verlusterlebnissen durchs Leben. Die TA teilt die Verliererskripts ein in Skripts *ersten, zweiten und dritten Grads* — je nach Schwere der Verlusterlebnisse. Ein Verliererskript ersten Grads zeichnet sich aus durch Misserfolge mit geringer Tragik, wie z. B. Schulabbruch, Scheitern in der Ausbildung, ständige Streitereien am Arbeitsplatz usw. Das Verliererskript zweiten Grads zieht Misserfolge von noch größerem Ausmaß nach sich, wie etwa mehrfache Scheidungen, mehrfacher Verlust des Arbeitsplatzes, schwere Depression mit stationärem Klinikaufenthalt usw. Die schlimmsten Auswirkungen erleben die Verlierer mit dem Skript dritten Grades, das irreparable Schäden der Person nach sich zieht, wie beispielsweise dauerhafte schwere Erkrankung, Verletzungen oder schlussendlich den Tod.

Ein *Nicht-Gewinner* dagegen kommt einigermaßen gut durchs Leben und ist in der Lage, sich seinen Lebensunterhalt zu verdienen. Er riskiert nicht viel, gewinnt nicht viel und laviert sich durch. Deshalb wird dieses Skript auch als *banal* bezeichnet.

Antiskript wird eine *Umkehrung der Skriptbotschaft* genannt. Der betroffene Mensch verkehrt also seine Haltung ins Gegenteil, z. B. hat er als Kind unauffällig-brav und angepasst agiert, um dann als Jugendlicher ins Rebellische zu wechseln. Die TA-Theorie geht dabei davon aus, dass jeder Mensch in verschiedenen Lebensphasen als Reaktion auf jede beliebige Skriptbotschaft in das Antiskript wechseln kann und wieder zurück.

An dieser Stelle soll noch einmal hervorgehoben werden, dass die TA die Menschen als *Autoren* sieht, die Einfluss auf ihr Lebensdrehbuch haben. Viele Menschen verwenden zudem unterschiedliche Drehbücher in den verschiedenen Lebensbereichen: So kann jemand in seiner Ehe mit dem Gewinnerskript unterwegs sein, beruflich aber eher mit einem Nicht-Gewinner-Skript. Auch Mischformen sind möglich und immer wieder veränderbar. Im Coaching machen wir uns diese Drehbücher bewusst. Der Coach unterstützt den Coachee dabei, sich immer wieder neu zu entscheiden, wie das Drehbuch aussehen soll, und nicht in das alte Skriptmuster zu verfallen, mit dem er nur unproduktive Wiederholungen generiert.

Die Skriptanalyse

Eric Berne erläutert in seinen Werken die vier Faktoren, die unser Leben wechselseitig beeinflussen:

- genetische Anlagen,
- Lebensereignisse,
- das Skript und
- unsere freien Entscheidungen darüber.

Um sich frei entscheiden zu können, müssen Menschen verstehen, wann sie mit welchem Skript durchs Leben gehen. Es gibt verschiedene Möglichkeiten, gemeinsam mit dem Coachee eine *Skriptanalyse* durchzuführen. Eine bildhafte Variante, die auf einen Blick die individuellen „Drehbuchentscheidungen" deutlich macht, ist das *Corralogramm*.

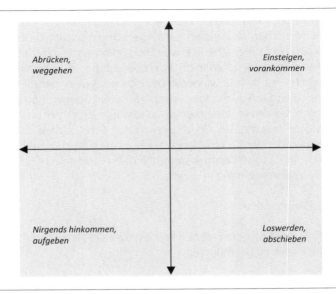

Abb. 7: Das Corralogramm (angelehnt an Stewart & Joines 2007, S. 187)

Der Coachee wird gebeten einzuzeichnen, wie viel Zeit er durchschnittlich pro Tag in jedem Quadranten verbringt. Das Bild kann anschließend kommentiert und dabei die einzelnen Situationen, die der Coachee den Quadranten zugeordnet hat, näher beleuchtet werden.

▶ BEISPIEL: Anwendung des Corralogramms

Mit Herrn Dr. Türmer erarbeitet der Coach, wie viel Zeit er in seiner Rolle als Werkleiter in welchem Geviert verbringt. Das Ergebnis überrascht den Coachee und er äußert spontan, dass er in dieser Weise noch nie über sein Verhalten und seine innere Haltung nachgedacht hat. Diese Übung macht ihm noch einmal sehr deutlich, in welche Richtung er seine Skriptentscheidungen verschieben möchte.

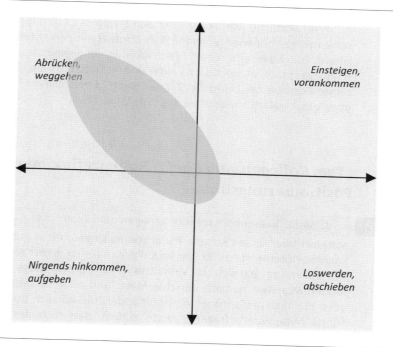

Abb. 8: Das Corralogramm von Herrn Dr. Türmer

In der Abbildung wird sichtbar, dass er sich zwar immer wieder in der *o. k.- o. k.-Position* aufhält und seinen Standpunkt gegenüber seinen Abteilungsleitern vor allem fachlich klar vertreten kann, dass aber der Anteil deutlich überwiegt, in dem er sich in der *Ich bin nicht o. k. – Du bist o. k.*-Haltung befindet. In dieser Position agiert nicht der Werkleiter Herr Dr. Türmer, sondern Herr Dr. Türmer in seinem *alten* Skript, das für ihn früher eine adäquate Problemlösung darstellte, heute aber kontraproduktiv wirkt.

In den nächsten Sitzungen arbeitet Dr. Stefan Türmer mit seinem Coach erfolgreich an neuen Möglichkeiten, für sich selbst und seine Führungskräfte Klarheit bezüglich seiner Rolle herzustellen. Mithilfe der drei *Fs* der Führungskultur — Fördern, Fordern, Feedback — kann er sich neu positionieren, ohne seine Zugewandtheit dabei aufzugeben.

Nach Abschluss des Coachings informiert Herr Dr. Türmer die Personalverantwortliche Frau Maier über den Erfolg des Coachings und seine neu gewonnene Souveränität im Kontakt mit den Abteilungsleitern. Frau Maier gibt dieses Feedback in ihrem gemeinsamen Abschlussgespräch an den Coach weiter und ist froh, dass die Klärung seiner Position bei Herrn Dr. Türmer seine „Erreichbarkeit" nicht etwa geschmälert, sondern sie sogar gefördert hat.

5.3 „Vom Kollegen zum Chef": Rollenreflexion und Positionierungsübung

▶ **BEISPIEL: Rollenwechsel vom Kollegen zum Teamleiter**

Markus Huber ist seit kurzem Teamleiter im Einkauf eines größeren Logistik-Unternehmens. Er war im Kollegium bisher immer sehr beliebt. Allerdings hat sich das Verhältnis innerhalb des Teams in den letzten Monaten ziemlich verschlechtert, und zwar so sehr, dass auch die Teamperformance darunter leidet. Die kürzlich durchgeführte Mitarbeiterbefragung zeigte zudem, dass sich das Team mehr Führung wünscht und dass der Teamleiter insbesondere bei schlechter Leistung mehr durchgreifen sollte. Sein Abteilungsleiter legt dem Teamleiter in dieser Situation ein Coaching nahe. Dem Coach gegenüber äußert Herr Huber, dass er sich die Situation nicht recht erklären könne. Im Rahmen des von ihm absolvierten Talentprogramms habe er sich eingehend mit Führungstechniken wie Delegation, Kommunikation, Entscheidung und Feedback beschäftigt und sei von den Teammitgliedern bisher auch immer respektiert worden. Er habe immer einen sehr guten Kontakt zu den Teammitgliedern gehabt, sei früher oft noch mit auf ein Bier gegangen und in der Regel derjenige gewesen, der in Gesprächen gut Konflikte lösen und auch fachliche Probleme klären konnte. Dass er trotz dieser guten Beziehungen zu seinen Mitarbeitern in der Mitarbeiterbefragung so schlecht abgeschnitten habe, sei für ihn ein Schock. Der Coach hebt zunächst hervor, dass Herr Huber mit seinen Konfliktlösungsfähigkeiten und der positiven Beziehung zu seinen Mitarbeitern über sehr gute und wichtige Grundlagen für eine erfolgreiche Führungsarbeit verfüge. Auf die Frage, ob Herr Huber selbst denn eine Idee habe, was seine Mitarbeiter darüber hinaus von ihm erwarten könnten, äußert dieser die Besorgnis, dass er vielleicht Konflikte übersehe oder sich noch mehr Mühe bei der Kommunikation geben müsse. Diese Antwort führt den Coach zu der Hypothese, sein Coachee habe möglicherweise die Erwartungen, die seine Mitarbeiter an ihn als Führungskraft richten, noch nicht genügend verinnerlicht. Er möchte Herrn Huber daher in die Lage versetzen, seine eigene Rolle und Position stärker von außen, aus der Sicht seiner Mitarbeiter zu betrachten. Zur Erleichterung des Perspektivenwechsels bietet der Coach dem Coachee eine *Positionierungsübung* an, mittels derer er die Unterschiede zwischen den Erwartungen an ihn als Führungskraft und den Erwartungen an ihn als Teammitglied reflektieren und klären kann.

5.3.1 Positionierungsübung mit dem Meta-Spiegel

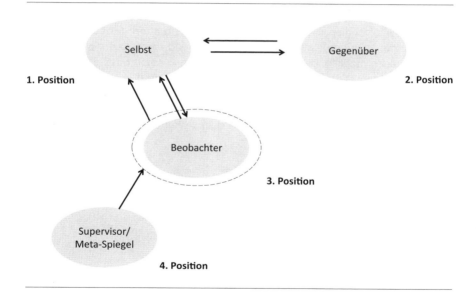

Abb. 9: Positionen des Meta-Spiegels

Der Einstieg in die abgebildeten Positionen erfolgt entweder über Fragen des Coachs oder wird als Rollenspiel gestaltet.

1. Position: Selbst

Der Coachee vergegenwärtigt sich den Konflikt oder die Situation, um die es geht. Wenn der Einstieg nicht über ein Rollenspiel erfolgt (bei dem der Coach die Position des Gegenübers einnimmt), kann der Coach folgende Fragen stellen:

- Was fühlen Sie in dieser Situation?
- Welche Bedürfnisse/Erwartungen haben Sie in dieser Situation?
- Was ist aus Ihrer Sicht für ein adäquates Handling der Situation zu beachten?

2. Position: Gegenüber

Erfolgt der Einstieg über ein Rollenspiel, kann der Coach diese Position übernehmen. Wenn im Vorgespräch die Situation des Coachees, also die Position des Selbst bereits hinreichend thematisiert wurde, ist es auch möglich, den Coachee direkt in die Position des Gegenübers zu setzen. Die einzelnen Positionswechsel sollten durch den Coach sehr deutlich etabliert und auch über eine räumliche Markierung der anderen Position — z. B. mittels verschiedener Stühle — gekennzeichnet werden. Mögliche Fragen des Coachs orientieren sich an denen der vorhergehenden Position:

- Was fühlen Sie, wenn Sie sich mit Position 1 unterhalten?
- Welche Bedürfnisse/Erwartungen haben Sie aus dieser Position an die Situation/an Ihr Gegenüber?
- Was wäre aus Ihrer Sicht beim adäquaten Handling der Situation zu beachten?

3. Position: Beobachter

Häufig verhilft schon das Einnehmen der zweiten Position des Gegenübers dem Coachee zu einer Erweiterung des Situationsverständnisses. Das Instrument kann dementsprechend anlass- und situationsbezogen variiert und gegebenenfalls verkürzt angewendet werden. Die dritte Position des Beobachters bietet dem Coachee aber zusätzlich die Möglichkeit, die Interaktionen zwischen seinem Selbst und dem Gegenüber neutral zu betrachten. Eine Einführung des Coachees in diese Position könnte lauten: „Stellen Sie sich vor, Sie haben die Situation zwischen den beiden Akteuren von hier aus beobachtet und haben selbst keine eigenen Interessen am Ausgang der Situation." Hat der Coachee dann die Position des Beobachters eingenommen, bieten sich folgende Fragen an:

- Wie nehmen Sie die Situation aus diesem Blickwinkel wahr?
- Welche Emotionen/Bedürfnisse/Vorannahmen von Position 1/Position 2 nehmen Sie wahr?
- Wie nehmen Sie die Beziehung der beiden Positionen zueinander wahr?

4. Position: Supervisor/Meta-Spiegel

Hier wird der Coachee gebeten, noch einen weiteren Schritt zurückzutreten und dem Beobachter sozusagen über die Schulter zu schauen. Auch jetzt soll er wieder seine Wahrnehmungen schildern. Die Fragen beziehen in diesem Fall die Position des Beobachters mit ein. Der Coachee wird also praktisch gebeten, „über Bande" einen Blick auf sich selbst zu werfen. Diesen Blickwinkel verdeutlicht beispielsweise die Frage: „Was glauben Sie, wie der Beobachter die Haltung/den Kommunikationsstil/das Verhalten von Position 1 wahrnimmt?" In dieser Position hat der Coachee die größte Distanz zu seiner eigenen Rolle. Je nach Ergebnis der vorherigen Positionen sind z. B. folgende Fragen möglich:

- Was nehmen Sie wahr?
- Sehen Sie Zusammenhänge zwischen dem Verhalten von Position 1 und Position 2? Welche Auslöser oder Verstärkungsmechanismen sehen Sie?
- Welche anderen Verhaltensweisen könnten in dieser Situation möglich sein? Welche Reaktionen würden Sie erwarten?

Die Positionen können anschließend noch wiederholt gewechselt werden. Möglicherweise ist es sinnvoll, die Erkenntnisse der vierten Position noch einmal aus der ersten Position nachzuvollziehen oder gemeinsam mit dem Coach ein Rollenspiel wieder aufzunehmen. Das Instrument ist hervorragend zur Erschließung und zum besseren Verständnis neuer/anderer Perspektiven geeignet, wie es beispielsweise bei der Einnahme neuer (Führungs-)Rollen notwendig ist. Es eignet sich zudem auch für die Analyse und lösungsorientierte Bearbeitung von Konflikten.

> ### BEISPIEL: Anwendung der Positionierungsübung

Herr Huber erzählt, dass er bei seinem Mitarbeiter Herrn Müller die größte Unzufriedenheit mit seinen Leistungen als Führungskraft vermutet. Dieser gehöre zwar zu seinen besten Mitarbeitern, habe aber wenig Gespür für das Team. Nachdem die Situation von Herrn Huber näher beleuchtet wurde, übernimmt der Coach dessen Rolle und tauscht mit Herrn Huber den Platz, der sich in die Rolle seines Mitarbeiters Herr Müller begibt.

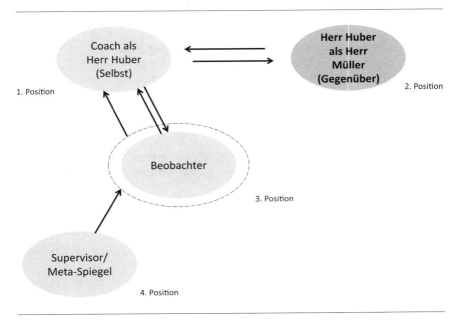

Abb. 10: Herr Huber als Herr Müller

Herr Huber beschwert sich in seiner Rolle als Herr Müller darüber, dass er zwar selbst für seine Leistungen stets viel Lob erhält, aber gleichzeitig seinerseits sehr unzufrieden mit den Leistungen und der Motivation einiger Kollegen ist. Er wünsche sich von Herrn Huber als Teamleiter, dass er da auch mal durchgreife. Der Coach antwortet in der Rolle des Herrn Huber, dass er sehr wohl wisse, welch gute Arbeit Herr Müller leiste, dass er aber die Verantwortung für das ganze Team und das Wohlbefinden aller Teammitglieder habe und eine positive Stimmung im Team für sehr wichtig halte. Anschließend bittet der Coach Herrn Huber aufzustehen, sich vor die beiden Stühle zu stellen und seine Beobachtungen von hier aus zu beschreiben.

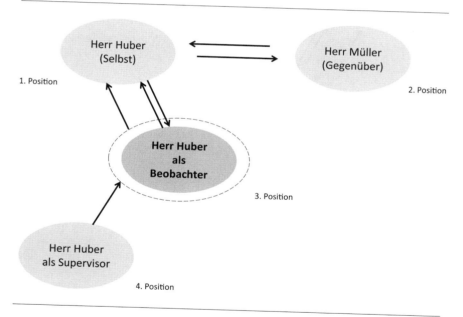

Abb. 11: Herr Huber als Beobachter

Herr Huber beschreibt nun aus der Position des Beobachters, dass Herr Müller sehr leistungsorientiert ist, gute Ergebnisse erzielen will und sich wünscht, dass diese Werte und Ziele von den anderen Teammitgliedern in gleicher Weise verfolgt werden. Herrn Huber beschreibt er aus der Beobachterposition als einen Vorgesetzten, dem sehr an der guten Stimmung des Teams gelegen ist und der bemüht ist, die unterschiedliche Leistungsstärke seiner Mitarbeiter zu akzeptieren. Der Coach bitte Herrn Huber nun, noch einen weiteren Schritt zurückzutreten und etabliert damit die Position des Supervisors, des Beobachters 2. Ordnung auf das Geschehen.

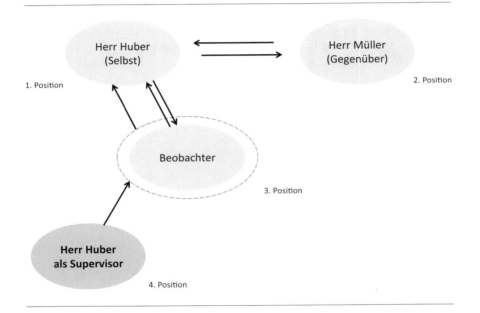

Abb. 12: Herr Huber als Supervisor

Der Coach fragt Herrn Huber nun nach seiner Meinung über die Sichtweise des vorgeblich vor ihm stehenden Beobachters: wie dieser Herrn Müllers Situation einschätze, wie er wohl die Führungskraft auf Position 1 sehe und welche Erwartungen er Herrn Müller zuschreibe. Aus dieser noch größeren Distanz zu seiner eigenen Position äußert Herr Huber die Ansicht, dass Herr Müller unzufrieden damit sei, für seine Leistungen nicht mehr als ein paar warme Worte zu bekommen, während die anderen mit deutlich weniger Einsatz ähnlich viel Zuwendung erhalten. Herr Müller verliere wahrscheinlich nach und nach den Respekt vor einer Führungskraft, die Leistungsdefizite nicht nachhalte. Daher sei Herr Müller inzwischen der Meinung, er selber müsse entweder auch den „bequemen Weg" suchen und sich weniger engagieren oder das Thema bei seiner Führungskraft auf den Tisch bringen. Die mit dieser Situation verbundenen Erwartungen an ihn als Führungskraft werden Herrn Huber aus dieser Perspektive deutlich sichtbar. Coach und Coachee beenden die Positionierungsübung und erörtern gemeinsam, welche dieser „neu entdeckten" Erwartungen Herr Huber für sinnvoll hält und wie er ihnen künftig in seinem Führungsverhalten begegnen möchte.

In den folgenden Coachingsitzungen wird das Thema noch vertieft behandelt. Herr Huber setzt sich dabei ausführlich mit Führungsambivalenzen wie z. B. „Nähe vs. Distanz gegenüber Mitarbeitern" auseinander. Während dieser Arbeit an seiner Führungsrolle stellt der Coach Herrn Huber zur besseren Verankerung des Themas auch das *Modell der logischen Ebenen* vor, mit dem ein schärferes Verständnis für die eigene Rolle entwickelt werden kann.

5.3.2   Die logischen Ebenen (nach Robert Dilts)

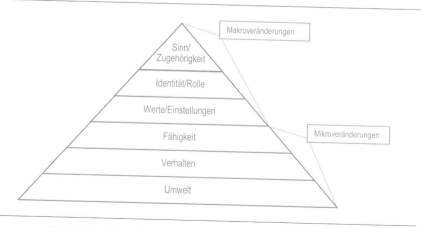

Abb. 13: Die logischen Ebenen

Dieses Modell eignet sich besonders als „Landkarte" zur Verortung von Themen. Im Fall von Herrn Huber wird beispielsweise schnell klar, dass es sich hier nicht primär um ein Verhaltensproblem oder eine reine Fähigkeitsfrage handelt: Mit gängigen Führungstechniken wie Delegation und Kommunikation hat er sich laut seinen eigenen Angaben ausgiebig auseinandergesetzt und praktiziert diese auch. Der Coach bietet seinem Coachee daher eine Methode an, um seine noch neue Rolle mehr zu schärfen.

Die Darstellung in Form von Ebenen in einer Pyramide veranschaulicht den hierarchischen Charakter der Thematik. Tiefer liegende Ebenen können einen Einfluss auf höher liegende Ebenen haben, müssen es aber nicht. Beispielsweise kann eine Veränderung auf der Verhaltensebene zu Fähigkeitsänderungen führen, natürlich ist das aber nicht zwangsläufig der Fall (daher sprechen wir hier von *Mikroveränderungen*). Höher liegende Ebenen bilden aber stets eine *Organisations- und Steuerungsinstanz* für die Elemente tiefer liegender Ebenen: So enstehen durch neu erworbene Fähigkeiten Verhaltenspotenziale (wir bezeichnen das als *Makroveränderungen*). Wenn Sie etwa Mandarin lernen, also eine neue Fähigkeit entwickeln, so haben Sie künftig das Potenzial, Mandarin zu sprechen, verfügen also über eine neue Möglichkeit für ein Verhalten. Zur Unterbreitung sinnvoller Angebote für die gemeinsame Arbeit kann im Coaching ein Modell der Veränderungsebenen sehr hilfreich sein. Je nach Anlass und Coachee kann es sich als zweckmäßig erweisen, gemeinsam mit dem Coachee auf diese „Landkarte" zu schauen und damit Interventionsvorschläge des Coachs nachvollziehbar zu machen. In unserem Beispiel könnte der Coach Herrn Huber mit Blick auf das pyramidale Modell der logischen Ebenen seine Hypothese darlegen, dass hier eher eine Veränderung seines Rollenverständnisses als eine Erweiterung seiner Fähigkeiten zielführend ist.

In der Praxis ist es nicht selten, dass Coachinganlässe zunächst auf Verhaltens- oder Fähigkeitsebene beschrieben werden, dann aber eher eine Arbeit an Werten oder Rollen zu nachhaltigen Lösungen führt. Das Modell der logischen Ebenen hilft dem Coach, Veränderungsmöglichkeiten auch auf anderen Ebenen zu erkennen und seinem Coachee anzubieten. Dabei sollte der Coach allerdings in jedem

Fall im Hinterkopf behalten, dass die Einteilung in die logischen Ebenen nur als Grobstruktur zu verstehen ist, die sich zur Orientierung und Interventionsauswahl sehr gut eignet. Unangebracht wäre es jedoch, jede Veränderung streng nach diesem Modell zu planen. In der Praxis lassen sich niemals alle Probleme, Themen und Herausforderungen eines Coachees eindeutig einer der Ebenen zuordnen. Weiterführende Informationen zu dem Modell der logischen Ebenen finden Sie bei Dilts (2006).

TIPP: Coachingfragen für Führungskräfte zur Rollenreflexion anhand der logischen Ebenen

Sinn/Zugehörigkeit

- Was ist der Sinn Ihrer Führungstätigkeit im Gesamtrahmen des Unternehmens?
- Was ist Ihre Mission/Ihr Auftrag als Führungskraft auf Ihrer Führungsebene?

Identität/Rolle

- Wenn Sie Ihren Auftrag umsetzen, was oder wer sind Sie dann?
- Wer wollen Sie als Führungskraft sein?
- Welche Rolle entspricht am besten Ihrer Identität, Ihrer Mission/ Ihrem Auftrag? Bitte versuchen Sie ein Bild, eine Metapher dafür zu finden.

Werte/Einstellungen

- Warum ist Ihnen diese Rolle/Identität wichtig?
- Warum wollen Sie eine solche Führungskraft sein?
- Was sind Werte und Einstellungen einer solchen Person?
- Welche Aspekte dieser Rolle/Identität sind Ihnen besonders wichtig?

Fähigkeiten

- Welche (insbesondere kommunikativen) Fähigkeiten brauchen Sie, wenn Sie diese Mission/Identität/Werte leben wollen?

- Welche Fähigkeiten haben Sie, welche möchten Sie noch erwerben?

Verhalten

- Wie verhalten Sie sich als eine solche Führungskraft, wie führen Sie?
- Wie kommunizieren Sie mit Mitarbeitern, Vorgesetzten und Kunden?
- Welche der von Ihnen vorausgesetzten Verhaltensweisen (z. B. Führungsstil) haben Sie, welche möchten Sie noch erwerben?

Umwelt

- Mit welchen Auswirkungen in Ihrem beruflichen und privaten Umfeld müssen Sie rechnen, wenn Sie sich als Führungskraft so verhalten/so handeln, wie Sie es tun?
- Wie gehen Sie mit auftretenden Problemen/Widerständen um?

5.4 „*Ich kann mich nicht entscheiden!*": Das innere Team kennen und steuern lernen

 BEISPIEL: Die Schwierigkeit der Entscheidung zwischen unterschiedlichen Lebensentwürfen

Die Führungskraft Melanie Tanner, Ende 30, beschreibt dem Coach folgende Situation: Sie arbeitet bei einem Telekommunikationsunternehmen als Abteilungsleiterin im Marketing. Bis dato hat sie erfolgreich die Karriereleiter erstiegen und sich kontinuierlich weiterentwickelt. In ihrem Freundeskreis und ihrer Familie wird sie dafür bewundert, denn für ihr Alter hat sie es schon sehr weit gebracht. Nun hat Frau Tanner das Angebot bekommen, in das Mutterhaus in einem anderen europäischen Land zu wechseln, um dort die Leitung des weltweiten Marketings zu übernehmen. Dies ist natürlich ein tolles Angebot und würde einen weiteren Karriereschub bedeuten. Eigentlich wundert sie sich darüber, dass sie es überhaupt so weit gebracht hat, denn insgeheim ist sie der Meinung, dass sie gar nicht so viel kann, wie alle denken. Ihre Stärke sei eher ihre kumpelhafte Art und die damit verbundene Fähigkeit, schnell Beziehungen zu knüpfen und Leute für ihre Zwecke einzuspannen. Das sei schon im Studium so gewesen, wo sie immer die Kurse besucht habe, die auch ihr befreundete Kommilitonen bevorzugten. Letztere hätten dann auch wesentliche Teile der Arbeit für sie übernommen und sie durch die Klausuren geschleust.

Auch in der Arbeitswelt habe sie dann immer schnell einen väterlichen Freund und Mentor für sich gewinnen können, der ihr stets eine Richtung der Weiterentwicklung aufgezeigt und ihr den Weg in gute Positionen geebnet habe. Sie hätte dabei allerdings nie so recht gewusst, was sie selbst wirklich wolle und habe sich einfach treiben lassen — das habe dann ja auch immer irgendwie geklappt. Wenn sie so auf ihre Entwicklung zurückschaue, erscheine ihr diese auch deshalb besonders erstaunlich, da sie früher eigentlich mal etwas ganz anderes machen wollte.

Wenn es nach ihr gegangen wäre, wäre sie nach der Schule am liebsten in die Gastronomie gegangen, hätte eine Ausbildung zur Köchin absolviert und später vielleicht mal ein eigenes Restaurant eröffnet. Ihr großer Bruder sei allerdings damals dagegen gewesen. Er hätte immer argumentiert: „Du willst doch nicht Dein Leben lang anderen Leuten das Essen machen! Und gut verdienende Spitzenköche sind eh immer nur Männer! Für Dich ist eine Unternehmenslaufbahn viel besser!" Und da ihr Bruder auch für ihren Vater gesprochen habe, sei ihr dieser Wunsch dann auch Befehl gewesen. Auch heute noch ist ihr Bruder zur Stelle und rät Frau Tanner zu, das tolle Angebot anzunehmen und den Schritt ins Ausland zu wagen.

Da gibt es nur ein mögliches Hindernis: Mit Ende 30 verspürt sie den immer stärkeren Wunsch, eine eigene Familie zu gründen. Und nicht nur das: Eigentlich sei sie ja ein Mädchen vom Lande und würde sich viel wohler damit fühlen, in einer Kleinstadt zu leben, dort eine Familie zu haben und dann vielleicht doch irgendwann noch in die Gastronomie zu gehen. Auf der anderen Seite sei die Karrieremöglichkeit aber auch sehr verlockend und neugierig und unternehmungslustig war sie ja schon immer. Vielleicht fügen sich die Dinge ja auch im Ausland im Sinne ihrer Familienplanung. Außerdem sei es ja heutzutage auch normal, mit Anfang 40 noch Kinder zu kriegen, sodass sie vielleicht auch noch ein bisschen warten könne ... Wie soll sie sich nun entscheiden? Dieses Anliegen möchte Melanie Tanner im Coaching klären.

5.4.1 Das Konzept des inneren Teams (Friedemann Schulz von Thun)

Solche oder ähnliche Fälle sind in der Unternehmenspraxis keine Seltenheit. Im Kern geht es dabei immer um ein *Entscheidungsproblem*: Karriere oder Familie? Weite Welt oder kleines Dorf? In unserem Beispiel wird deutlich, dass die betroffene Dame es bisher in ihrem Leben erfolgreich vermieden hat (bewusst oder unbewusst), irgendeine relevante Lebensentscheidung selbst zu treffen: Immer hat sie die Entscheidungsgewalt an andere delegiert. Was sie tun und in welche Richtung sie gehen soll, haben bisher Familie, Kommilitonen oder Mentoren für sie entschieden. In der Mitte ihres Lebens hat sie nun jedoch endlich das Bedürfnis, die nun anstehende Entscheidung selbst zu treffen.

In ihrem Inneren hört sie — wie auch in der Außenwelt — augenscheinlich verschiedene Stimmen, die ihr unterschiedliche Dinge sagen. All diese Stimmen verursachen ein großes Chaos in ihr und sie hat nun keine Ahnung, wie sie Ordnung in ihre eigenen widerstrebenden Wünsche bringen soll. In einer solchen Situation sollte der Coach tunlichst über Modelle zur Systematisierung der verschiedenen Aspekte und letztendlich zur Entscheidungsfindung verfügen.

Das hier geschilderte Modell des *inneren Teams* bietet hier ein pragmatisches und in der Praxis gut anwendbares Instrument. Das Modell basiert auf der schlichten Tatsache, dass es in *jedem von uns* mit Blick auf einzelne Situationen verschiedene Stimmen gibt, die unterschiedliche Meinungen vertreten. Wie auch in einem realen Team aus mehreren Individuen äußern also in jedem von uns immer wieder einzelne „Teammitglieder" ihre Meinung und wollen Beachtung finden. In Melanie Tanner melden sich z. B. folgende Teammitglieder zu Wort:

- Zweiflerin: „Bisher hast Du nur Glück gehabt, eigentlich kannst Du gar nichts!"
- Optimistin: „Bisher bist Du immer gut damit gefahren, Dir einen Mentor zu suchen, der Dich fördert — warum sollte es nicht dieses Mal auch wieder klappen? Der Coach wird Dir schon sagen, was Du tun sollst!"
- Familienmensch: „Eigentlich willst Du doch gar nicht die große Konzernwelt in einem anderen Land! Du gehörst in ein kleines Dorf und solltest endlich eine Familie gründen!"
- Karrierefrau: „Willst Du wirklich Deine ganzen Karriereträume und -möglichkeiten in den Wind schlagen und ab jetzt nur noch Windeln wechseln?"
- Trotziges Kind: „Egal, was Dir Dein Bruder sagt, diesmal machst Du genau das Gegenteil! Du hast schon viel zu oft auf ihn gehört!"
- Angepasstes Kind: „Hör auf Deinen Bruder! Schau, wie weit Du es durch seine Ratschläge schon gebracht hast! Außerdem würde es Dein Vater genauso wollen!"

Sicherlich ließen sich hier noch etliche weitere „Teammitglieder" aufspüren. Unsere Beispiele genügen jedoch, um klarzustellen, dass jede denkbare Entscheidungsvariante ihre inneren Unterstützer, aber auch ihre Widersacher findet. Das Modell des inneren Teams fußt auf der Tatsache, dass ein solcher innerer Stimmenwirrwarr nichts mit Schizophrenie oder sonstigen geistigen Störungen zu tun hat. Vielmehr zeigt das Modell ganz plakativ und für jeden gut nachvollziehbar auf, dass jeder Mensch auf Basis seiner Persönlichkeit, seiner Erfahrungswerte, seiner Erziehung und Sozialisation ganz verschiedene Stimmen in sich trägt, die je nach Situation und Verfassung lauter oder leiser werden. Und das bringt nahezu jeden Menschen mal in Entscheidungsschwierigkeiten. Nur wenn man dann in der Lage ist, wirklich genau hinzuhören und jeder dieser inneren Stimmen Aufmerksamkeit zu schenken, kann es gelingen, eine wohl fundierte Entscheidung zu treffen.

Anwendung des Modells im Coaching

In der Coachingpraxis ist es also ganz besonders zu empfehlen, jeder Stimme Raum zu geben und genau zuzuhören. Zunächst erläutert der Coach also das Konzept des *inneren Teams* und arbeitet gemeinsam mit dem Coachee heraus, welche unterschiedlichen Meinungen und inneren Stimmen dieser bei sich zu dem anstehenden Thema identifizieren kann. Dieser Schritt bringt den Coachee in eine Meta-Perspektive — in gewisser Weise in die Rolle des „Teamleiters". Von hier aus kann er sich zunächst einen Überblick über die unterschiedlichen Positionen verschaffen. Alleine dieser Schritt ermöglicht es dem Coachee meist schon, sich von Emotionalitäten und Irrationalitäten bewusst zu lösen und sich eine objektivere Meinung zu bilden.

Auflistung der Argumente

An dieser Stelle sollte sich der Coachee Ruhe und Zeit dafür nehmen, die Meinungen aller seiner Stimmen aufzuschreiben und eine Liste der verschiedenen Argumente zu erstellen. Da er hierfür etwas Zeit benötigt, eignet sich dieser Arbeitsschritt gut als „Hausaufgabe", sodass in der nächsten Sitzung mit dem Ergebnis weitergearbeitet werden kann. Alternativ kann der Coach auch für 20 Minuten den Raum verlassen, um dem Coachee die notwendige Ruhe zur Auseinandersetzung mit sich selbst zu lassen.

Die „Teamsitzung"

Wenn die Argumente aller Teammitglieder schriftlich vorliegen, wird im Coaching folgendermaßen verfahren: Coach und Coachee tun einfach so, als stünde nun eine Teamsitzung an. Dafür müssen natürlich um den Tisch herum genügend Stühle stehen, nämlich so viele, wie es „Teammitglieder" gibt. Nun setzt sich der Coachee reihum auf die einzelnen Stühle und trägt aus der Perspektive der dort sitzenden „Person" deren schriftlich vorbereitete Argumente vor.

So sagt z. B. die *Karrieristin*:

„Nun sei doch nicht blöd! Kinder kriegen und aufs Land gehen hört sich ja ganz romantisch an, aber wie wird es Dir erst nach zwei bis drei

Jahren gehen? Ich kann Dir das ganz genau sagen: Dir wird die Decke auf den Kopf fallen und Du wirst es immer bereuen, nicht für Dich selbst, sondern nur für andere gesorgt zu haben! Und was werden Deine Freunde und erst recht Deine Familie sagen!? Die wären doch total überrascht und auch enttäuscht von Dir, wenn Du Dir diese Chance entgehen lässt! Du weißt doch, wie hart Dein Vater immer gearbeitet hat und wie wichtig es ihm war, dass auch aus Dir was wird!"

Der *Familienmensch* würde vielleicht entgegnen:

„Du bist mittlerweile 39 und wolltest immer Kinder haben. Aber immer gab es irgendwie etwas Wichtigeres und immer hast Du auf diejenigen gehört, die Dir gesagt haben, was Du tun sollst! Wenn Du tief in Dich hineinhorchst, weißt Du doch ganz genau, dass Du diese blöden Machtspielchen im Konzern gar nicht mehr willst und dass das alles viel zu anstrengend für Dich ist. Glaubst Du, das wird im Ausland besser werden? Wie oft hast Du Dir schon vorgestellt, Du hättest ein schönes Häuschen in Deiner kleinen Heimatgemeinde, wo Du jeden kennst und jeder Dich kennst, wo Du Deine Kinder großziehst und die Ruhe findest, die Du brauchst!"

Jedes Teammitglied darf nun also seine Meinung vortragen. Der Coach kann an dieser Stelle unterschiedliche Rollen einnehmen: Entweder er ist während des Vortrags der Argumente zunächst still und beobachtet nur. Oder er nimmt in jedem Einzelfall die Gegenposition des Vortragenden ein (dafür lässt er sich vorher die aufgeschriebenen Argumente geben), bringt also Gegenargumente vor. Trägt z. B. die Karrieristin vor, so begegnet der Coach ihr mit den Argumenten des Familienmenschen. Trägt die Zweiflerin vor, so entgegnet er aus der Rolle der Optimistin.

Auf diese Weise kann man sehr gut ergründen, hinter welchen Argumenten die meiste Kraft, Leidenschaft, Überzeugungsstärke, Emotionalität und Authentizität steckt. Welche Argumentation wird eher sachlich vorgetragen? Welche eher halbherzig? Welche verebbt am schnellsten bei Gegenargumenten? Diese Aspekte beobachtet der Coach und meldet sie dem Coachee zurück. Dabei muss auch der Reflexion durch den Coachee genügend Raum gegeben werden:

- Wie hat er sich in den unterschiedlichen Rollen der Teammitglieder gefühlt?
- Wo hat er sich am wohlsten gefühlt?
- Wo hat er wirklich aus seinem Inneren gesprochen und wo nur die Meinung anderer wiedergegeben?
- Welche Vorteile hätte es, den Meinungen anderer zu folgen?
- Welche Nachteile?

Tiefenschärfe durch Wiederholung

Eine solche Teamsitzung kann man durchaus mehrfach durchführen, zumal dem Coachee im Laufe der „Diskussion" und auch im Nachgang vermutlich immer wieder Argumente einfallen werden, die er noch nicht vorgebracht hat. Führt man zwei bis drei Runden derartiger Teamsitzungen in ebenso vielen Coachingsitzungen durch — zwischen denen idealerweise einige Wochen liegen sollten —, so wird sich in aller Regel eine Stimme herauskristallisieren, die am überzeugendsten klingt.

Der Coach muss dann gar nicht formulieren: „Also, wenn ich mir das so anhöre, finde ich, Sie sollten Folgendes machen: …" Tatsächlich würde man damit genau das Muster bedienen und verstärken, das dem Coachee mit einer solchen Problemstellung ohnehin häufig in die Quere kommt: ihm nämlich letztendlich wieder die Entscheidung abnehmen. Günstiger ist eine Aussage wie: „Meiner Ansicht nach hat sich durch die Diskussion ein guter Konsens gebildet, und wie empfinden Sie das? Welchen Lösungsweg sehen Sie als „Teamleiter"? Das weist die Verantwortung für die Formulierung des weiteren Vorgehens ganz klar dem Coachee zu.

An dieser Stelle zeigt sich noch ein weiterer wesentlicher Aspekt: Es kann hier nicht Ziel sein, dass ein „Teammitglied" gewinnt und die anderen in ihre Schranken verwiesen werden. Ein Entweder-oder kann niemals allen Anteilen in der betroffenen Person gerecht werden. Jedes Teammitglied muss seinen Raum bekommen und der Coachee sollte in die Lage versetzt werden, die verschiedenen „Seelen in seiner Brust" als positiv und nutzbringend wahrzunehmen. Vielleicht gibt es ja die Möglichkeit, auf die Wünsche mehrerer Teammitglieder einzugehen, auch wenn letztendlich die wesentliche Entscheidung in eine bestimmte Richtung getroffen wird.

Das Modell des *inneren Teams* systematisiert also die *Pluralität der Stimmen* und wirbt dafür, jeder Stimme ihren Raum zu geben. Denn setzt man sich nicht mit jeder einzelnen Stimme auseinander, so wird die ausgegrenzte Position sich über kurz oder lang doch wieder zu Wort melden und die getroffene Entscheidung womöglich später „boykottieren“. Arbeitet man auf der anderen Seite systematisch die Meinung jedes „Teammitglieds“ heraus, so trägt dies zu einer wirklich ausgewogenen und weisen Entscheidung bei. Als Grundvoraussetzung dafür muss man jedoch die unterschiedlichen Meinungen erkennen. Dazu versetzt sich der Coachee in die Meta-Perspektive des inneren „Teamleiters“ und wird damit zum Moderator des Entscheidungsfindungsprozesses zwischen den einzelnen Teammitgliedern. Der körperliche Wechsel zwischen unterschiedlichen Positionen durch das tatsächliche Einnehmen verschiedener Stühle ist dabei sehr wichtig, da er die Fähigkeit zum Perspektivenwechsel befördert und im wahrsten Sinne *Bewegung* in die Entscheidungsfindung bringt.

Melanie Tanner hat sich übrigens letztendlich dafür entschieden, ihre Stelle in der deutschen Niederlassung zunächst zu behalten, aber trotzdem schon jetzt eine Schwangerschaft anzustreben. Nach Rücksprache mit ihrer HR-Abteilung und ihrem Vorgesetzten besteht die Möglichkeit, ihre Arbeitszeit zu reduzieren und das Kind schon nach dem ersten Lebensjahr in einer unternehmensinternen KITA mit sehr gut qualifiziertem Personal betreuen zu lassen. Diese Entscheidung fühlte sich für sie sehr richtig an, da sie ihr einerseits Raum für ihre familiäre Entwicklung gibt, sie aber andererseits den Schritt von der Beruflichkeit ins Mutter-Dasein nicht in aller Ausschließlichkeit wagen muss.

5.5 „*Streng Dich an und sei perfekt*": Lebensskript und Antreiberanalyse

▶ **BEISPIEL: Leistungsabfall durch übermäßige Bemühungen**

Dr. Anneliese Leimgraf ist 48 Jahre alt, alleinstehend und als Abteilungsleiterin im Controlling einer großen Rückversicherung tätig. Seit Jahren wartet sie darauf, dass ihr Vorgesetzter in den Ruhestand geht, um dessen Position einzunehmen. Endlich ist es so weit und Frau Dr. Leimgraf erwartet gespannt ihre „Berufung". Sie hat immer sorgfältig gearbeitet und ist sicher, dass das im Hause nicht unbemerkt geblieben ist. Umso größer ist ihre Enttäuschung, als plötzlich von außen ein jüngerer, 39-jähriger CFO ohne Promotion den Posten ihres bisherigen Chefs erhält und sie sich als dessen Mitarbeiterin wiederfindet. Frau Dr. Leimgraf beschließt instinktiv, nun mit noch mehr Leistung, deutlich längerer Arbeitszeit und doppelter Kontrolle aller ihrer Arbeitsvorgänge zu zeigen, was in ihr steckt. Sie ist sicher, dass auch der Neue dann erkennen wird, dass eigentlich sie die bessere Wahl für den Posten gewesen wäre. Auch wenn der CEO sie bisher noch nicht richtig wahrgenommen hat — jetzt wird er sein „blaues Wunder" erleben. Frau Dr. Leimgraf nimmt dem jungen CFO also von Anfang an alle schwierigen Projekte ab, storniert ihren gesamten Urlaub und richtet sich täglich zwischen 8.00 und 22.00 Uhr im Büro ein. Die Wochenenden nutzt sie für die Korrekturschleifen, die sie braucht und zu denen sie unter der Woche vor lauter akutem Arbeitsanfall nicht kommt. Und zunächst scheint auch alles zu funktionieren: Ihr Vorgesetzter ist voll des Lobes und bewilligt eine Prämie für außerordentliche Leistungen, aber Frau Dr. Leimgraf spürt, dass sie ihrem Ziel, selbst CFO zu werden, dadurch nicht näher kommt. Durch die hohe Arbeitsbelastung und ihr akribisches Programm vernachlässigt sie ihre Freundschaften und sozialen Kontakte. Mit der Zeit wird sie müde und unzufrieden und es schleichen sich Fehler ein, die Frau Dr. Leimgraf durch weitere Nachtschichten zu kompensieren versucht — aber ohne Erfolg. Das Mehr an Disziplin führt nur zu noch mehr Erschöpfung und immer neuen Fehlern. Schließlich interveniert die Personalchefin des Hauses und bittet Frau Dr. Leimgraf in dieser ernsten Situation, die ihren Arbeitsplatz gefährdet, das Gespräch mit einem professionellen Coach aufzunehmen.

Der Hintergrund dieser Problematik ist ziemlich leicht zu erkennen: Der gesamte Selbstwert von Frau Dr. Leimgraf ist von externer Anerkennung und Bestätigung abhängig. Sie selbst akzeptiert sich als Persönlichkeit nur dann, wenn sie leistungsfähig und möglichst perfekt ist und dies auch von außen gespiegelt bekommt. Sie kann nicht wahrnehmen, dass ihre Reaktionen auf die Verweigerung der Beförderung nicht etwa förderlich sind, sondern ihre Lage nur noch verschlimmern. Um diese Hypothese zu überprüfen und dem spezifischen Muster auf die Spur zu kommen, das Dr. Anneliese Leimgraf im wahrsten Sinne des Wortes „gefangen hält", ist das *Konzept der Antreiber und Skriptbotschaften* aus der *Transaktionsanalyse* ein geeignetes Instrument. Denn im schlimmsten Fall führen diese Formen der Überbelastung bis in das Burnout hinein.

EXKURS: Burnout

Ein Burnout ist ein Erschöpfungszustand in gesundheitlich bedenklichem Ausmaß. Sein Auftreten hängt zum einen von äußeren Einflüssen, zum anderen von der persönlichen Disposition des Betroffenen ab. Frau Dr. Leimgraf mit ihrem ausgeprägten *Sei-perfekt-Antreiber* ist hier eindeutig gefährdet. Ein Burnout ist in der Regel das Ergebnis eines längeren Überlastungsprozesses, der in mehreren Phasen eine negative Dynamik entwickelt und schließlich zur völligen Erschöpfung führen kann. Herbert Freudenberger und Gail North unterscheiden zwölf Stadien, die aufeinander aufbauend zum Burnout führen:

Phasen des Burnout
(Angelehnt an Freudenberger & North 1992)

Stadium 1	▪ Zwang sich zu beweisen, überhöhter Leistungszwang ▪ Bereitschaft, eigene Grenzen zu akzeptieren, sinkt
Stadium 2	▪ Verstärkter Einsatz ▪ Gefühl, alles selbst machen zu müssen, um sich zu beweisen, wird stärker ▪ Delegieren wird als Bedrohung der eigenen Unentbehrlichkeit empfunden
Stadium 3	▪ Vernachlässigung eigener Bedürfnisse ▪ Wunsch nach Entspannung tritt in den Hintergrund, Hobbies verlieren an Bedeutung ▪ Oft vermehrter Alkohol-, Kaffee-, aber auch Schlafmittelgenuss

Stadium 4	<ul><li>Missverhältnis von inneren Bedürfnissen und äußeren Erfordernissen, führt zu Energiemangel</li><li>Fehlleistungen, wie Unpünktlichkeit, Verwechslung von Terminen und Ähnliches häufen sich</li></ul>
Stadium 5	<ul><li>Umdeutung von Werten, Prioritäten verschieben sich</li><li>Soziale Kontakte werden als belastend erlebt, frühere wichtige Ziele entwertet</li><li>Reaktivierung alter Freunde kann helfen, solche Veränderungen rückgängig zu machen</li></ul>
Stadium 6	<ul><li>Auftretende Probleme werden verdrängt</li><li>Abkapseln von der Umwelt, Zynismus, aggressive Abwertung, Ungeduld, Intoleranz</li><li>Deutliche Leistungseinbußen und körperliche Beschwerden</li></ul>
Stadium 7	<ul><li>Soziales Netz, das hilft und unterstützt, wird als feindlich, fordernd und überfordernd erlebt</li><li>Orientierungs- und Hoffnungslosigkeit sowie Entfremdung prägen das Bild</li></ul>
Stadium 8	<ul><li>Rückzug nimmt zu</li><li>Jede Zuwendung der Umwelt wird als Angriff verstanden</li><li>Paranoide Reaktionen möglich</li></ul>
Stadium 9	<ul><li>Verlust des Gefühls für die eigene Persönlichkeit</li><li>Gefühl, nicht mehr autonom zu sein, entsteht</li><li>Gefühl, automatisch zu funktionieren, dominiert</li></ul>
Stadium 10	<ul><li>Innere Leere</li><li>Man fühlt sich ausgehöhlt, mutlos und leer</li><li>Panikattacken und Angstzustände, Furcht vor Menschenansammlungen</li></ul>
Stadium 11	<ul><li>Verzweiflung und Erschöpfung werden übermächtig</li><li>Innere schmerzhafte Gefühle wechseln sich mit dem Gefühl des Abgestorbenseins ab</li><li>Suizidgedanken</li></ul>
Stadium 12	<ul><li>Völlige Burnout — Erschöpfung</li><li>Geistige, körperliche und emotionale Erschöpfung</li></ul>

Ein ausgeprägter *Sei-perfekt-Antreiber* kann schnell in die ersten beiden oder auch die ersten drei Stadien einer solchen Burnout-Dynamik führen. Coaching bietet die Chance, diese negative Dynamik in einem frühen Stadium zu unterbrechen, indem der Coachee seine eigenen Antreiber bewusst reflektiert, sodass andere Lebensbereiche wieder in den Vordergrund rücken können. Ein fortgeschrittenes Burnout ist dagegen eine ernstzunehmende Gefahr für die körperliche und psychische Gesundheit und bedarf entsprechender medizinischer und/oder psychotherapeutischer Abklärung/Therapie. Ein Coaching kann hier als Ergänzung sinnvoll sein, reicht aber als singuläre Maßnahme keinesfalls aus. Um entscheiden zu können, wann medizinische Hilfe notwendig ist, sollte der Coach über ein Grundverständnis der Burnout-Dynamiken verfügen und die möglichen Krankheitsverläufe sowie ihre Symptomatik kennen.

5.5.1 Skriptbotschaften

Da das „Lebensdrehbuch" bereits im Kindesalter geschrieben wird, kommt den verbalen und nonverbalen Botschaften unserer Eltern die allerhöchste Bedeutung zu. Die TA bezeichnet die einzelnen Elemente aus diesen Botschaften als *Prägungen*. Im Kindesalter nehmen wir das Gesagte wie auch das Unausgesprochene sehr fein wahr und leiten daraus ab, ob wir uns geliebt und angenommen oder im Gegenteil abgelehnt fühlen. Außerdem vermittelt uns das Vorbild, das unsere Eltern uns in der Interaktion mit uns und anderen geben, bestimmte Strategien des Überlebens. Die elterlichen Botschaften, aus denen wir als Kind unsere Lebens- und Überlebensmuster generieren, nennt die TA *Wegweiser*. Im Coaching spielen vor allem diese Botschaften und die negativ geprägten *Bannbotschaften* eine große Rolle, weil ihre Verinnerlichung noch beim Erwachsenen zu Beeinträchtigungen im Leben und Arbeiten führen kann und sie dem Bewusstsein und der Reflexion nicht immer ohne Unterstützung zugänglich sind.

Wegweiser, auch Antreiber-Botschaften genannt
Wegweiser sind Botschaften und Gebote aus dem Eltern-Ich der Eltern wie etwa *Streng Dich an!* In Form verbaler Programmbotschaften erreicht uns all das, was wir aus dem Erwachsenen-Ich der Eltern in unser eigenes Erwachsenen-Ich aufnehmen und lernen, z. B.: „Das macht man so ..." oder vom Verhaltensmodell der Eltern übernehmen. Die TA hat fünf Gebote oder Wegweiser identifiziert, die oft auch als *Antreiber* bezeichnet werden. Sie heißen:

- Sei perfekt!
- Sei stark!
- Streng Dich an!
- Sei (anderen) gefällig!
- Beeil Dich!

Die Bezeichnung Antreiber signalisiert, dass die von ihnen gesteuerten Menschen nicht die Freiheit haben, die Antreiber anzuwenden oder nicht: Diese erzeugen einen starken Druck, da das Antreiberverhalten direkt mit dem Selbstwertgefühl gekoppelt ist. Antreiber sind *Überlebensstrategien*: Die Position des „Nicht-o. k.-Seins" wird durch das Antreiberverhalten nur noch gedämpft wahrgenommen und manchmal sogar scheinbar aufgelöst. Ein passender Satz dazu wäre: „Du bist nur o. k., wenn Du … (das Antreiberverhalten einnimmst)." Gelingt die Einnahme des Antreiberverhaltens, so ist die innere Stimme scheinbar zufrieden. Gelingt sie dagegen nicht, greift sofort die passende *Bannbotschaft* mit einem vernichtenden Tenor.

Bannbotschaften
Bannbotschaften oder *Einschärfungen* sind meist nicht sprachlich formuliert, sondern werden aus dem Kind-Ich unserer Eltern direkt präverbal in unser Kind-Ich transportiert. Ihr Inhalt ist durch eine ablehnende Haltung geprägt, bis hin zum Wunsch, das Objekt der Botschaft möge gar nicht existieren. *Erlaubnisse* sind dagegen die präverbalen positiven Botschaften aus dem Kind-Ich der Eltern wie etwa Zuwendung, Nah-sein-dürfen usw.

Beispiele für Bannbotschaften (vgl. Stewart & Joines 2007, S. 200—209):

- Sei nicht! (Existiere nicht!)
- Sei nicht Du selbst!
- Sei kein Kind!
- Werde nicht erwachsen!
- Schaff's nicht!
- Lass das! (Tu überhaupt nichts!)
- Sei nicht wichtig!
- Sei nicht zugehörig!
- Sei nicht nahe!
- Sei nicht gesund (Sei nicht normal!)
- Denke nicht!
- Fühle nicht!

● **TIPP: Anzeichen für Antreiberverhalten im Coaching**

Achten Sie als Coach nicht nur auf einzelne Gesten oder Formulierungen, um Antreiberverhalten zu identifizieren, sondern nehmen Sie die *Gesamtinszenierung* Ihres Coachees in sich auf. Erst über die Zusammenschau sind diese Verhaltensweisen tatsächlich eindeutig zu verifizieren.

▶ **BEISPIEL: Die Identifizierung der Antreiber**

Kehren wir zu Frau Dr. Leimgraf zurück. Sie ist in ihren eigenen Augen nur dann o. k., wenn sie sich über die Maßen anstrengt, wenn sie immer perfekt und leistungsfähig ist. Ohne dieses Verhalten erlebt sie sich als ungenügend, minderwertig, nicht achtenswert. Ihre Antreiber heißen *Streng Dich an!* und *Sei perfekt!* Die Bannbotschaft, die sie erhält, wenn sie nicht perfekt ist und sich in ihrer eigenen Wahrnehmung „noch nicht genug angestrengt hat, um Erfolg zu haben", arbeitet der Coach nun im persönlichen Gespräch mit ihr heraus.

Die verschiedenen Antreiber, die in seinem Klientel typischerweise auftreten können, sollte der Coach kennen, um sie in der Coachingsituation leicht und sicher zu identifizieren.

Antreiber: Sei perfekt!

Dieser Antreiber lässt sich nicht nur — wie alle anderen Antreiber — an typischen Merkmalen erkennen, sondern geradezu atmosphärisch *fühlen*. Menschen mit diesem Antreiber arbeiten extrem überdetailliert und werden vor lauter Streben nach Perfektion nie fertig. Ihre Grundhaltung ist, dass sie vollkommen fehlerlos sein müssen, um in Ordnung zu sein. Für Fehler, die ihnen dennoch unterlaufen, schämen sie sich. Der dazugehörige Glaubenssatz, die feste Überzeugung, die sie leitet, heißt: *Ich bin nicht gut genug!*

Antreiber: Sei stark!

Menschen mit diesem Antreiber werden von dem Bewusstsein geleitet, dass ihre Stärke Unabhängigkeit bedeute und sie sich weder schwach zeigen noch schwach fühlen und schon gar nicht um Hilfe bitten oder sie annehmen dürften. Man erkennt sie an ihrem unbedingten Willen, alles selbst zu schaffen und ohne echte Beziehung zu anderen auszukommen. Ihr Glaubenssatz heißt: *Ich darf nicht schwach sein!*

Antreiber: Mach es recht!

Dieser Antreiber bringt Menschen dazu, sich in spezifischen Situationen immer an der Zustimmung anderer zu orientieren. Das Vertreten einer eigenen Meinung erleben sie als gefährlich, da es zu Ablehnung führen könnte. Nein zu sagen fällt diesen Menschen grundsätzlich schwer oder ist ihnen gar völlig unmöglich, weil sie glauben, die Zuwendung anderer einzubüßen, wenn sie ihnen nicht gefällig sind. Sie leben nach dem Credo: *Ich muss andere immer zufriedenstellen!*

Antreiber: Streng Dich an!

In Situationen, die durch diesen Antreiber geprägt sind, wirkt alles sehr mühsam und schwer. Die erwartete Leistung darf und wird den Betroffenen keinesfalls leicht fallen. Sie erkennen bei sich selbst eher die eigene Mühe als das Ergebnis an. Ihre feste Überzeugung heißt: *Ohne Anstrengung ist Erfolg wertlos!*

Antreiber: Beeil Dich!

Der Beeil-Dich-Antreiber führt die betroffenen Menschen zu dem Glauben, sie seien nur dann o. k., wenn sie im Sprechen und Handeln vor allem *schnell* sind. Man merkt ihnen eine erhöhte Aufgeregtheit und Hektik an, die aus dem Grundgefühl herrührt, in einem Ruhezustand Wesentliches zu verpassen. Ihre oft enorme Sprechgeschwindigkeit und die abgehackte Sprechweise machen es anstrengend, ihnen länger zuzuhören. Sie sind der Meinung: *Ich muss alles, viel und schnell!*

5.5.2 Antreiber-Fragebogen

In unserer Arbeit hat sich zur Antreiberanalyse der Einsatz eines Fragebogens bewährt: Der Coachee füllt den Bogen aus, der Coach wertet ihn aus und bespricht anschließend die Ergebnisse mit dem Coachee. Da jedem Coachee potenziell ein Mix aus den fünf verschiedenen Antreiberverhalten zur Verfügung steht, kann die Auswertung des Fragebogens sehr gut die jeweiligen Präferenzen sichtbar machen. Auch bildet der Fragebogen ein handfestes Instrument, das dem Coachee schwarz auf weiß seine Antreiber aufzeigt. Für manche Menschen kann das sehr hilfreich sein.

Test: Was sind Ihre Antreiber?

Tragen Sie bitte für jede Aussage die Kennzahl in das zugehörige Kästchen ein, die nach Ihrer momentanen Einschätzung zutrifft.			
Die Aussage … trifft auf mich zu: voll = 5 ziemlich = 4 etwas = 3 kaum = 2 gar nicht = 1			
1.	Wann immer ich eine Arbeit mache, mache ich sie gründlich.		
2.	Ich fühle mich verantwortlich dafür, dass diejenigen, die mit mir zu tun haben, sich wohlfühlen.		
3.	Ich bin ständig auf Trab.		
4.	Anderen gegenüber zeige ich meine Schwächen nicht gern.		
5.	Wenn ich raste, roste ich.		
6.	Häufig gebrauche ich den Satz: „Es ist schwierig, etwas so genau zu sagen."		
7.	Ich sage oft mehr, als eigentlich nötig wäre.		
8.	Ich habe Mühe, Leute zu akzeptieren, die nicht genau sind.		
9.	Es fällt mir schwer, Gefühle zu zeigen.		
10.	„Nur nicht locker lassen" ist meine Devise.		
11.	Wenn ich eine Meinung äußere, begründe ich sie auch.		
12.	Wenn ich einen Wunsch habe, erfülle ich ihn mir schnell.		

13.	Ich liefere einen Bericht erst ab, wenn ich ihn mehrere Male überarbeitet habe.	
14.	Leute, die „herumtrödeln", regen mich auf.	
15.	Es ist für mich wichtig, von den anderen akzeptiert zu werden.	
16.	Ich habe eher eine harte Schale als einen weichen Kern.	
17.	Ich versuche oft, herauszufinden, was andere von mir erwarten, um mich danach zu richten.	
18.	Leute, die unbekümmert in den Tag hinein leben, kann ich nur schwer verstehen.	
19.	Bei Diskussionen unterbreche ich die anderen oft.	
20.	Ich löse meine Probleme selbst.	
21.	Aufgaben erledige ich möglichst rasch.	
22.	Im Umgang mit anderen bin ich auf Distanz bedacht.	
23.	Ich sollte viele Aufgaben noch besser erledigen.	
24.	Ich kümmere mich persönlich auch um nebensächliche Dinge.	
25.	Erfolge fallen nicht vom Himmel; ich muss sie hart erarbeiten.	
26.	Für dumme Fehler habe ich wenig Verständnis.	
27.	Ich schätze es, wenn andere auf meine Fragen rasch und bündig antworten.	
28.	Es ist mir wichtig, von anderen zu erfahren, ob ich meine Sache gut gemacht habe.	
29.	Wenn ich eine Aufgabe einmal begonnen habe, führe ich sie auch zu Ende.	
30.	Ich stelle meine Wünsche und Bedürfnisse zugunsten derjenigen anderer Personen zurück.	
31.	Ich bin anderen gegenüber oft hart, um von ihnen nicht verletzt zu werden.	
32.	Ich trommle oft ungeduldig mit den Fingern auf den Tisch.	
33.	Beim Erklären von Sachverhalten verwende ich gerne die klare Aufzählung: Erstens ..., zweitens ..., drittens ...	
34.	Ich glaube, dass die meisten Dinge nicht so einfach sind, wie viele meinen.	
35.	Es ist mir unangenehm, andere Leute zu kritisieren.	

36.	Bei Diskussionen nicke ich häufig mit dem Kopf.	
37.	Ich strenge mich an, um meine Ziele zu erreichen.	
38.	Mein Gesichtsausdruck ist eher ernst.	
39.	Ich bin nervös.	
40.	So schnell kann mich nichts erschüttern.	
41.	Meine Probleme gehen die anderen nichts an.	
42.	Ich sage oft: „Macht mal vorwärts."	
43.	Ich sage oft: "Genau", "exakt", "klar", "logisch".	
44.	Ich sage oft: „Das verstehe ich."	
45.	Ich sage eher: „Könnten Sie es nicht einmal versuchen?" als „Versuchen Sie es einmal."	
46.	Ich bin diplomatisch.	
47.	Ich versuche, die an mich gestellten Erwartungen zu übertreffen.	
48.	Beim Telefonieren bearbeite ich nebenbei oft noch Akten.	
49.	„Auf die Zähne beißen" heißt meine Devise.	
50.	Trotz enormer Anstrengung will mir vieles einfach nicht gelingen.	

Bitte nehmen Sie jetzt den Auswertungsbogen zur Hand.

Sei perfekt!		Sei gefällig!		Streng Dich an!		Beeil Dich!		Sei stark!	
1		2		6		3		4	
7		14		10		5		9	
8		16		17		13		15	
11		26		23		19		18	
12		27		28		25		20	
21		29		30		32		31	
22		36		35		34		33	
24		37		40		38		39	
Summe		Summe		Summe		Summe		Summe	

Antreiber-Diagramm

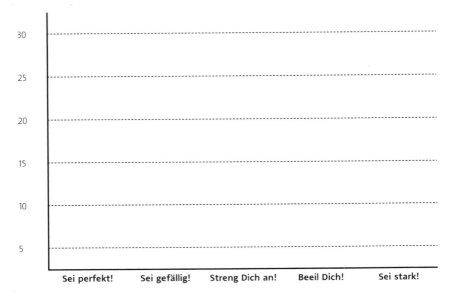

| | Sei perfekt! | Sei gefällig! | Streng Dich an! | Beeil Dich! | Sei stark! |

Der Umgang mit Antreibern im Coaching

Jeder einzelne Antreiber kann nur in der Zusammenschau mit der Persönlichkeit des Coachees verstanden werden. Er weist auf ein Bedürfnis hin, das nicht gelebt werden kann und daher für Frustration sorgt — im Beispiel von Frau Dr. Leimgraf ist das die Enttäuschung, übergangen worden zu sein. Über den Umweg des Antreiberverhaltens versucht sie nun, ihr Selbstwertgefühl zu erhalten und sich o. k. zu fühlen. Findet sie im Dialog mit einem einfühlsamen und zugewandten Coach einen bewussten Zugang zu ihrem frustrierten Bedürfnis, dann kann sie auch das schmerzliche Erleben ihrer Frustration zulassen — und in der Folge verliert der Antreiber an Kraft.

Den einzelnen Antreibern kann man typische, zu ihnen passende Bedürfnisse zuordnen:

- Sei perfekt!: frustriertes Bedürfnis nach Spontaneität, persönlichem Stil, individueller Entfaltung

- Sei stark!: frustriertes Bedürfnis nach Schutz und Sicherheit im Kontakt mit anderen
- Mach es recht!: frustriertes Bedürfnis nach Nähe, Zugehörigkeit und Einzigartigkeit
- Streng Dich an!: frustriertes Bedürfnis nach Nützlichkeit und Wirksamkeit
- Beeil Dich!: frustriertes Bedürfnis nach Fülle im Erleben

▶ **BEISPIEL: Das frustrierte Bedürfnis erkennen**

Im Coaching von Dr. Anneliese Leimgraf geht es zunächst darum, ihr selbst das Bedürfnis zugänglich zu machen, das sie mithilfe ihres Antreiberverhaltens abwehrt. Sie hat in ihrem Beruf auf Anerkennung durch eine Beförderung gehofft, und diese blieb aus. Das beeinträchtigt ihr Selbstwertgefühl stark, was sie durch ihr selbstschädigendes Verhalten zu kompensieren versucht. In den Sitzungen weint Frau Dr. Leimgraf oft: Sie spürt deutlich den Schmerz darüber, übergangen worden zu sein und zu erkennen, dass sie mit all ihrer Anstrengung ihr Ziel auf diese Weise nicht erreichen wird. Sie ist jedoch sehr erleichtert, als ihr klar wird, dass sie selbst die Wahl hat, anders zu handeln und ihre Ziele neu zu definieren.

Wenn das frustrierte Bedürfnis einmal verstanden wurde, können im Coaching weitere Interventionen dabei helfen, das dagegen eingesetzte Antreiberverhalten zu verändern.

Für Menschen im Sei-perfekt-Modus

- Das Experiment, jeden Tag einen kleinen Fehler zu machen
- Als Coach selbst Fehler machen und diese thematisieren
- Geschichten und Metaphern über die Nützlichkeit von Fehlern erzählen

Für Menschen im Sei-stark-Modus

- Körpersignale für Überforderung herausarbeiten
- Ansprechen und Würdigung der Signale
- Reframing: Auch starke Menschen können Hilfe annehmen

Für Menschen im Mach-es-recht-Modus

- *Nein* sagen können im Dialog in der Beratung erarbeiten
- Wenn der Coachee Nein sagt, das Nein als Coach annehmen
- Dem Eigenen des Coachees Raum geben

Für Menschen im Streng-Dich-an-Modus

- Anerkennung für alles, was leicht von der Hand geht
- Spiegeln, wenn die Übertragung der Anstrengung auf den Coach spürbar wird
- Geschichten und Gedichte über Leichtigkeit vortragen

Für Menschen im Beeil-Dich-Modus

- Erarbeiten der Bedeutung des schnellen Sprechens
- Beleuchtung von Situationen, in denen das besonders stark auffällt
- Bewusste Betonung durch den Coach, dass er gerne zuhört und Raum und Zeit dafür hat

▶ **BEISPIEL: Die Aufdeckung der Bannbotschaft**

Bei Frau Dr. Leimgraf führt nicht nur der Inhalt ihrer Äußerungen, sondern vor allem auch der Duktus, also Tonfall, Sprachmelodie, Bewegungen des Gesichts und des Körpers, Körperhaltung, Atemmuster, Muskelanspannungen gemeinsam mit dem offengelegten Schmerz auf die Spur eines hindernden lebensgeschichtlichen Musters, das in der Bannbotschaft *Schaff's nicht!* gipfelt. Durch die Anwendung dieses Musters verwehrt sie sich selbst auf einer unbewussten Ebene die Befriedigung ihrer Bedürfnisse. Im gemeinsamen Prozess des Coachings erwirbt sie die kognitive und emotionale Bewusstheit, ihre bis dahin unbewussten Entscheidungen zu reflektieren und in Frage zu stellen. Sie kommt ihren eigenen vitalen Impulsen wesentlich näher, als sie sich selbst bewusst erlaubt, aus eigener Kraft etwas zu erreichen und für die Erfüllung ihrer beruflichen Wünsche engagiert eigene Wege zu entwickeln.

Bannbotschaften und ihre Entstehung

Während Antreiber auf der *verbalen Ebene* schon im frühen Kindesalter vom Eltern-Ich von Vater und Mutter an das Eltern-Ich des Kinds kommuniziert wurden, liegen die Bannbotschaften im *präverbalen* Bereich und richteten sich vom Kind-Ich der Eltern an das Kind-Ich des Kinds. Das Kind hat dann aus diesen Bannbotschaften Überlebensschlussfolgerungen gezogen und diese seinem weiteren Überleben zugrunde gelegt. Das macht die Botschaften so schwer zugänglich für die Bearbeitung. Die TA hat zwölf dieser Bannbotschaften identifiziert, die wir oben aufgelistet haben. Der Coach muss wissen, woran er diese Bannbotschaften erkennen und wie er sie gemeinsam mit dem Coachee bearbeiten kann. Im folgenden Überblick haben wir einige Hinweise dafür zusammengestellt.

Schaff's nicht!

Diagnostik

Die Bannbotschaft aus unserem Beispiel: Diese Menschen zeigen ein zunächst erfolgreiches Verhalten, das an irgendeinem Punkt durch einen eigenen (in diesem Moment nicht bewussten) Entschluss sabotiert wird. Hintergrund ist oft die Eifersucht der eigenen Eltern auf die Leistungen des Kinds, die die elterlichen zu übertreffen drohen.

Interventionen

Hat man diese Bannbotschaft erst einmal bewusst wahrgenommen, so ist die Frage nach den Voraussetzungen für eine innere Erlaubnis für Erfolg angebracht. Was bedeutet Erfolg für den Coachee und woran erkennt er, dass er erfolgreich ist? Der wichtigste Fokus sollte jedoch auf der Arbeit daran liegen, dass der Coachee sich selbst anerkennen kann und von den Zuschreibungen der Eltern unabhängig macht. Eigene Erfolge können im weiteren Verlauf der Arbeit gut in einem Erfolgstagebuch festgehalten werden.

Sei nicht! (existiere nicht!)

Diagnostik

Menschen mit dieser Bannbotschaft sind tief in ihrem Inneren der Überzeugung, keinen Platz auf dieser Welt zu haben. Eine Neigung zur Depression ist vorhanden, wird aber häufig mit sehr hoher Leistungs- und Arbeitsbereitschaft abgewehrt (Workaholic). Leistung ist also ein existenzielles Hilfsmittel, um eine Daseinsberechtigung zu „verdienen". Eine andere Form der „Rettung" ist ein übersteigertes Engagement für andere, bei dem der Betroffene sich in Hilfsbereitschaft verausgabt.

Interventionen

Hier ist eine liebevoll-zugewandte Haltung dem Coachee gegenüber hilfreich. Er sollte deutlich wahrnehmen können, dass er willkommen ist, einen Platz beim Coach hat und stets seine volle Aufmerksamkeit genießt, auch und gerade dann, wenn er gar nichts tut oder leistet. Diese Haltung kann der Coach nonverbal und verbal transportieren, allerdings nie als reine, „aufgesetzte" Technik einsetzen: Die Haltung und die Zugewandtheit müssen im Kontakt mit dem Coachee echt und authentisch sein, um ihre Wirkung entfalten zu können.

Sei nicht du selbst!

Diagnostik

Voraussetzung für die Identifikation dieser Bannbotschaft ist eine sehr gute Kenntnis der Person des Coachees. Oft sind hier die Geschlechtsrollen betroffen und der Mann hat *Sei kein Junge!* oder die Frau *Sei kein Mädchen!* gespeichert. Das kann man oft noch verhältnismäßig einfach an der Ausstrahlung und dem Habitus der betreffenden Person erkennen. Der Coachee kann allerdings auch die umfassende Botschaft verinnerlicht haben: *Sei nicht der, der du bist. Sei ein anderes Kind!* Er wird dann in einem „So-als-ob"-Modus agieren und die eigenen Impulse verbergen.

Interventionen

Hier sollte der Coachee dazu ermutigt werden, eigenen Impulsen zu folgen. Eine Voraussetzung dafür ist, die Impulse und Identitätskonstruktionen, die mit der anderen/fremden Person gekoppelt sind, sichtbar zu machen und zu reflektieren. Als Vorbild kann der Coach auch *seine* Eigenheiten deutlich zeigen, indem er sich gerade diesem Coachee gegenüber erlaubt, der zu sein, der er persönlich ist.

Sei kein Kind!

Diagnostik

Die betroffenen Coachees verhalten sich stets sehr erwachsen und vernünftig. Sie übernehmen bereitwillig die Führung und die Verantwortung für andere, treffen überlegte, rationale Entscheidungen und wehren kindliche Gefühle in sich ab. Spaß zu machen, verrückte Dinge zu tun oder auch einmal albern zu sein, kommt ihnen gar nicht in den Sinn.

Interventionen

Der Coach sollte in einem solchen Fall seinem Coachee gegenüber Verständnis für seine Art der Problemlösung signalisieren und gleichzeitig ein gemeinsames Entdecken der freien Kind-Anteile im Coachingprozess anregen. Humor und das Experimentieren mit Themen und Aktivitäten, die dem Coachee Freude machen, bieten hier eine sinnvolle Strategie. Als Vorbild zeigt auch der Coach, wobei er selbst Freude und Spaß erlebt.

Werde nicht erwachsen!

Diagnostik

Ein eher kindliches Verhalten und die Weigerung, Verantwortung zu übernehmen und in die Rolle eines Erwachsenen hineinzufinden, kennzeichnen diese Coachees. Nick Hornby hat uns mit dem Helden seines Romans *About a boy* diesen Typus erfolgreich nahegebracht.

Interventionen

Für Menschen unter diesem Bann ist es zunächst wichtig, selbst zu verstehen, warum es für sie als Kind eine sinnvolle Problemlösung war, quasi wie Oskar Matzerath aus Günter Grass' *Blechtrommel* „nicht mehr zu wachsen" und Kind bzw. kindlich zu bleiben. Parallel dazu sollte der Coachee die Gedanken und Assoziationen reflektieren, die er selbst mit Erwachsenwerden und Erwachsensein assoziiert. Dort, wo es angenehme und wünschenswerte Kopplungen gibt, kann dann während des Coachings angeknüpft und die entsprechenden Assoziationen weiterentwickelt werden.

Lass das! (Tu überhaupt nichts!)

Diagnostik

Auffällig ist die Ängstlichkeit der betroffenen Personen. Aufgrund der elterlichen Einschärfungen vermuten sie hinter allen Aktivitäten Gefahr und neigen daher dazu, sich möglichst eher „gar nicht zu verhalten". Die Vorteile verschiedener Alternativen werden von ihnen stets nur theoretisch erwogen, aber nie eine Möglichkeit in die Tat umgesetzt. Was vordergründig wie Entscheidungsschwäche aussieht, ist in ihrem Fall tatsächlich eine große Angst vor der Realität und den Folgen des eigenen Handelns.

Interventionen

Zunächst sollte der Coach einem solchen Coachee versichern, dass Angst bei manchen Vorhaben ein positives Signal ist — wenn es nämlich gilt, das *Risiko* abzuschätzen. Im nächsten Schritt unterstützt der Coach dann das „Was würde passieren, wenn ..." des Coachees durch die kreative Entwicklung einer individuellen *Risikoskalierung* mit breiter Messlatte. Auf diese Weise werden Abstufungen messbar, die für den Coachee bis dato nicht wahrnehmbar waren. Angestrebt wird also die Entwicklung eines echten eigenen Gefühls für Gefahr anstelle des von den Eltern „geliehenen".

Sei nicht wichtig!

Diagnostik

Menschen, die diese Bannbotschaft verinnerlicht haben, geben sich sehr angepasst und zurückhaltend. Für andere können sie durchaus etwas durchsetzen, aber sich für ihre eigenen Interessen starkzumachen, gelingt ihnen nicht. Ihre Wünsche und Bedürfnisse erachten sie selbst als nicht wichtig. Wenn überhaupt, sollten andere ihre Wünsche erfüllen, ohne dass sie darüber sprechen oder darum bitten müssen.

Interventionen

Nach der bewussten Reflexion der emotionalen Situation des Coachees gilt es hier an erster Stelle, die Selbstfürsorge zu aktivieren und mit dem Betroffenen zu üben, seine eigenen Wünsche und Bedürfnisse wahrzunehmen. Erst, wenn diese Bedürfnisse bekannt sind, können Coach und Coachee gemeinsam nach Wegen suchen, um sie zu realisieren. Als Voraussetzung dafür muss der Coachee lernen, sich besser von anderen abzugrenzen.

Sei nicht zugehörig!

Diagnostik

In diesem Fall sind die Betroffenen eher typische Einzelgänger, die sich nicht an Gruppenaktivitäten beteiligen. Mit ihrem Verhalten bestärken sie die Gruppenmitglieder darin, sie links liegen zu lassen und auszuschließen.

Interventionen

Hier kann schon die deutliche Benennung der Bannbotschaft hilfreich sein, weil dem Coachee dadurch klar wird, dass er a) sein Verhalten aus gutem Grund zeigt und b) die Möglichkeit hat, es zu verändern. Gemeinsam können nun die Verhaltensaspekte betrachtet werden, die zum Gruppenausschluss führen. Danach gilt es herauszufinden, zu welchen Gruppen der Coachee zugehörig sein möchte und zu welchen nicht. Mit dieser konkreten Erkenntnis kann er dann entscheiden, mit welchen alternativen Verhaltensweisen er sich neu ausprobieren möchte.

Sei nicht nahe!

Diagnostik

Diese Botschaft betrifft das körperliche wie auch das emotionale Nahesein — beide Möglichkeiten sind den Betroffenen „verboten". So neigen diese Menschen dazu, *Spiele zu spielen*, wenn Nähe droht, um sich nicht auf sie einlassen zu müssen (mehr dazu bei Eric Berne, Die Spiele der Erwachsenen, 2007).

Interventionen

Einem solchen Menschen sollte der Coach Raum lassen und mit ihm explorieren, was genau es bei ihm auslöst, wenn Nähe droht. Welche Wege hat der Coachee gefunden, um Nähe zu vermeiden? Das Gespräch im Coaching kann einen guten geschützten Raum bieten, um mit Nähe und Distanz zu experimentieren und die Gedanken dazu bewusst werden zu lassen, bevor die neu gewonnene Sicherheit im Kontakt mit anderen ausprobiert wird.

Sei nicht gesund! (Sei nicht normal!)

Diagnostik

Häufig sind hier hypochondrische Personen betroffen, die sich ihre Zuwendung über Krankheiten „abholen" und infolgedessen eine Krankheit nach der anderen entwickeln. Die Klagen über ihre Krankheiten klingen bei diesen Menschen immer seltsam zufrieden.

Interventionen

Im Gespräch gilt es zu erarbeiten, welches Bedürfnis der Coachee über seine Krankheiten befriedigt. Erst, wenn der Coachee gespürt hat und bewusst wahrnehmen kann, dass er eigentlich *Zuwendung* sucht, kann er neue Verhaltensweisen einüben, um die Erfüllung dieses Bedürfnisses auf andere Weise zu erlangen.

Denke nicht!

Diagnostik

Diese Personen sind daran zu erkennen, dass sie das Nachdenken verweigern und sich stattdessen „dumm stellen". Ihre Fragen zeigen das oft sehr deutlich, weil die Antworten auf der Hand liegen.

Interventionen

Im Dialog gilt es zu erarbeiten, welche Wünsche der Coachee sich durch sein Verhalten erfüllt und worauf er andererseits verzichtet. Der Coach sollte hier tunlichst vermeiden, Antworten zu geben, sondern vielmehr Fragen stellen und das Erwachsenen-Ich seines Coachees stimulieren.

Fühle nicht!

Diagnostik

Menschen mit dieser Bannbotschaft treten eher analytisch-kühl auf, vermeiden emotional geprägte Situationen und sind sehr im Erwachsenen-Ich präsent.

Interventionen

Im Coaching können hier gemeinsam mit dem Coachee seine Gefühle erforscht werden, was ihm dabei helfen wird, den Kontakt zu seinem eigenen Körper und seinem eigenen Inneren herzustellen. Wie erlebt der Coachee emotional aufgeladene Situationen? Was daran ist unangenehm? Was fühlt sich angenehm an? Wann hat er das letzte Mal etwas gefühlt? Wie war das? So gehen Coach und Coachee auf eine gemeinsame *Forschungsreise nach innen* und zeigen und benennen ihre jeweiligen Gefühle im Dialog.

> ▶ **BEISPIEL: Die Ablösung von der persönlichen Bannbotschaft**

Frau Dr. Leimgraf hat sich im Coachingprozess dazu entschlossen, außerhalb ihres Unternehmens nach einer adäquaten Position zu suchen. In ihrer Entscheidung, eine Karriereberatung aufzunehmen und in der Umsetzung in Bewerbungen und Vorstellungsgesprächen kann sie ihre eigene Tatkraft deutlich spüren. Als sie sich energisch auf den Weg macht, sich zu verändern, wird ihr neuer Chef plötzlich auf ihre Fähigkeiten und Verdienste aufmerksam. Er bietet ihr seine Stellvertretung an und bittet sie, offen ihre Bedingungen für einen Verbleib im Unternehmen zu nennen. Frau Dr. Leimgraf entscheidet sich dennoch dafür, die Rückversicherung zu verlassen und eine CFO-Position in einem kleineren Unternehmen anzunehmen. Die späte Anerkennung tut ihr jedoch gut.

5.6 „Ich weiß, was ich tun sollte, komme aber nicht dazu": Die Überwindung von Verhaltenslücken

> ▶ **BEISPIEL: Unerklärliche Handlungsblockaden**

Dr. Andreas Scholl ist 54 Jahre alt, studierter Ingenieur und arbeitet als Abteilungsleiter in einem Energieunternehmen. Der Bereich von Herrn Dr. Scholl gehörte ursprünglich zu den regionalen Stadtwerken, wurde dann aber von einem privaten Energiedienstleister übernommen, der wiederum vor vier Jahren mit einem amerikanischen Unternehmen fusioniert hat. Diese organisatorischen Veränderungen haben die Karriereentwicklung von Dr. Scholl sehr begünstigt. Die damit einhergehenden kulturellen Veränderungen, zu denen auch längere Arbeitszeiten gehören, haben ihm bisher keinerlei Schwierigkeiten bereitet. In den letzten drei Jahren ist es allerdings immer häufiger vorgekommen, dass Meetings und Präsentationen in englischer Sprache gehalten sind. Dr. Scholl besitzt zwar Kenntnisse der englischen Sprache, fühlt sich darin allerdings wenig sicher. Ein souveränes Auftreten — in deutschsprachigen Kontexten eine seiner Stärken — ist ihm im Englischen nicht möglich. In Diskussionen hält er sich mit Beiträgen zurück, weil er befürchtet, auf Nachfragen nicht treffsicher eingehen zu können und teilweise auch unsicher ist, ob er mit seinen Beiträgen überhaupt den Kern der Sache treffen würde.

Daher hat er sich fest vorgenommen, sein Englisch so weit aufzubessern, dass er vor seinen internationalen Kollegen souverän agieren kann. Zu diesem Zweck hat er mehrere Bücher, Audio-CDs und einen Multimediasprachkurs für den Computer erstanden. Konsequent genutzt hat er all diese Materialen in den letzten Jahren aber nicht. Vielmehr befindet er selbst, er habe diese Instrumente alle nur „ausprobiert". Vergangenen Monat wurde Herrn Dr. Scholl nun auch im Management-Appraisal für Abteilungsleiter ein Entwicklungsbedarf in seiner englischen Sprachfähigkeit attestiert. Dieser Bedarf wird nun ganz offiziell an seinen Vorgesetzten kommuniziert. Herr Dr. Scholl macht sich Vorwürfe, wie er sehenden Auges so ins offene Messer habe laufen können. Er hatte genug Zeit, diesen Makel zu beheben, und es gibt kaum vernünftige Erklärungen dafür, dass er diese nicht genutzt hat. Mit dem Ziel, in einem erneuten Anlauf seine Englischkenntnisse erfolgreicher aufzubessern, berät er sich mit seinem Coach.

Der Coach lässt sich zunächst schildern, wie sein Coachee im Verlauf der letzten zwei Jahre versucht hat, sein Ziel zu erreichen. Herr Dr. Scholl berichtet, dass er geplant hatte, an jedem Wochenende mindestens einen halben Tag auf die Verbesserung seiner Englischkenntnisse zu verwenden. Dazu habe er sich dann auch regelmäßig in sein Arbeitszimmer zurückgezogen und den Multimediasprachkurs gestartet. „Irgendwie" sei er dann aber fortwährend mit anderen Dingen beschäftigt gewesen. An vielleicht zwei oder drei Wochenenden sei es ihm gelungen, ernsthaft Englisch zu lernen. Meist habe er sich auch an den folgenden Wochenenden weiterhin einen halben Tag im Arbeitszimmer eingeschlossen. Schließlich habe er seiner Frau gegenüber immer klargemacht, wie wichtig die souveräne Beherrschung der englischen Sprache für ihn sei. Herr Dr. Scholl beendet seine Schilderung mit der Bilanz, dass der Plan ihm auch jetzt noch gut und realistisch erscheine, er ihn aber schlicht nicht umgesetzt habe.

Coach und Coachee stimmen in der Ansicht überein, dass ein fester Vorsatz und ein realistischer Plan zwar zwei entscheidende Komponenten bei der Verfolgung eines Ziels darstellen, dies häufig aber noch nicht ausreicht. Zwischen dem Plan und dem tatsächlichen Verhalten kann eine *Lücke* bestehen, die es zu überbrücken gilt.

Auf die Frage des Coachs, mit welchen Werkzeugen er diese Brücke bauen könne, antwortet Herr Dr. Scholl: „Disziplin und Entschlossenheit." Im weiteren Gesprächsverlauf wird klar, dass der Coachee über diese beiden wichtigen Werkzeuge eigentlich verfügt, sie sogar zu seinen Stärken zählt. Allerdings präferiert er damit einen stark rationalen Zugang und unterschätzt die Bedeutung von *Emotionen* bei der Umsetzung bzw. Nicht-Umsetzung seiner Vorsätze. Der Coach bietet Dr. Andreas Scholl deshalb eine differenziertere Sondierung weiterer geeigneter Maßnahmen an. Er hebt dabei hervor, dass ihm insbesondere auch emotionsbasierte Instrumente für das Überwinden dieser „Verhaltenslücke" hilfreich erscheinen.

Emotionalisierte Ziele

Um Ziele zu erreichen, sollten sowohl die *bewussten*, planerischen Prozesse einer Person als auch ihre *unbewussten* Prozesse auf diese Ziele ausgerichtet werden. Zur Ausrichtung unterbewusster Prozesse, Emotionen und auch körperlicher Empfindungen auf das Ziel kann man verschiedene Hilfsmittel einsetzen.[5] Insbesondere ist es förderlich,

- sich das Ziel bildhaft vorzustellen,
- sich die positiven Konsequenzen der Zielerreichung vorzustellen,
- sich vorzustellen, wie es sich anfühlen wird, das Ziel erreicht zu haben.

Diese inneren Bilder sollten möglichst plastisch sein und sich über die verschiedenen Sinnesebenen erstrecken. Die positive, emotionale Vorstellung des Ziels wirkt sich auf die Motivation aus und fördert die Handlungen zur Zielerreichung. In gleicher Weise lässt sich die Vorstellungskraft auch auf die Handlungen selber richten, die zur Zielerreichung notwendig sind. Hier kann es helfen

- sich bildhaft vorzustellen, wie man einen Plan/eine notwendige Handlung ausführt,
- sich vorzustellen, wie es sich anfühlt, diese Handlungen auszuführen.

---

[5] Diese Aussagen gründen auf dem Konzept der *somatischen Marker* und auf dem *Rubikon-Modell*. Vertiefende Darstellungen dieser Konzepte finden sich in Storch und Krause 2011.

Je intensiver und häufiger man sich eine Handlung vorstellt, desto leichter fällt einem nachfolgend die Ausführung. Gerade in Situationen, in denen es gilt, den inneren Widerstand zu überwinden, kann diese Vorgehensweise Wunder wirken. In der Regel fällt es einem dann um vieles leichter, seinen Plan wirklich in die Tat umzusetzen. Unter Umständen gelingt es einem sogar, die Handlungsausführung dadurch nahezu automatisch zu aktivieren. Besonders effektiv ist es, auch mögliche Hindernisse mit in solche Vorstellungen zu integrieren. Die Handlungen können dann in Form von *Wenn-dann-Plänen* imaginiert werden.

Wenn-dann-Pläne

Es ist immer leichter, mit Widerständen umzugehen, wenn man auf sie vorbereitet ist. Auf dieser einfachen Einsicht basiert die Methode der Wenn-dann-Pläne. Studien belegen, dass Vorsätze bis zu dreimal erfolgreicher umgesetzt werden, wenn die Zielvorstellung möglichst konkret ist und zu erwartende Widerstände hier bereits mitberücksichtigt werden. Ein Vorsatz wie „Ich will in Zukunft ruhiger bleiben!" ist zu wenig spezifisch und berücksichtigt nicht die Auslöser, die einen an diesem Verhalten hindern können. Eine solche Konkretisierung seiner Vorstellung sollte der Coach gemeinsam mit dem Coachee erarbeiten und dabei gezielt nach möglichen Widerständen fragen. Daraus können dann Pläne mit folgender Form abgeleitet werden: Wenn X geschieht, dann werde ich Y machen. Ähnlich wie beim Imaginieren der Handlungen entsteht allein dadurch schon vor der tatsächlichen Umsetzung eine neuronale Verbindung zwischen den Auslösern und dem neuen Verhalten. Zudem setzt sich der Coachee viel intensiver mit dem geplanten Verhalten auseinander, wodurch in ihm ein konkretes Bild des neuen eigenen Verhaltens entsteht. Das Ausarbeiten und Durchspielen solcher Pläne wirkt sich auf das Gehirn ähnlich aus, wie es das reale Üben der neuen Verhaltensweisen tun würde. Vertiefende Informationen zu Wenn-dann-Plänen finden Sie bei Gollwitzer und Oettingen (2011).

▶ **BEISPIEL: Überwindung von Verhaltenslücken durch positive Bilder und Wenn-dann-Pläne**

Im weiteren Verlauf des Coachings wird klar, dass das Thema *Englisch aufbessern* für Herrn Dr. Scholl vor allem im Licht einer „Problembehebung" erscheint, die allerdings nur durch harte Arbeit zu erreichen ist. Schnell stellt er aber fest, wie sehr ihm die Vorstellung, wie er in englischsprachigen Meetings seine Persönlichkeit voll entfalten kann, Inhalte treffend auf den Punkt bringt und dabei auch noch einen intelligenten Humor erkennen lässt, gefällt. Die Bilder, die er sich dazu ausmalt, lösen in ihm eine Vielzahl von Emotionen mit beinahe berauschender Wirkung aus.

Anfänglich hat Herr Dr. Scholl noch Bedenken, ob ihm solche „tagträumerischen Vorstellungen" wirklich helfen können. Schon bei der nächsten Coachingsitzung berichtet er aber, dass ihm das Ausmalen der positiven Konsequenzen seines Engagements eine ganze andere Energie verliehen habe und er sich am letzten Wochenende kaum noch vom Englischlernen habe ablenken lassen. Coach und Coachee arbeiten daraufhin diese positiven Zielvorstellungen weiter aus, um das disziplinierte und gut geplante Vorgehen von Herrn Dr. Scholl emotional motivierend zu begleiten. Ergänzend entwickeln sie nun Wenn-dann-Pläne für mögliche Ablenkungen und Hindernisse.

Bisher waren es neben E-Mails oder Anrufen vor allem seine eigenen Gedanken, die Herrn Dr. Scholl veranlassten, „noch kurz" dieses oder jenes zu erledigen, anstatt fokussiert die Lektionen seines Sprachkurses durchzuarbeiten. Im Gespräch erarbeiten Coach und Coachee als Lösung für dieses Störverhalten, solche Gedanken kurz aufzuschreiben und im Anschluss an seine Englischlernzeit zu erledigen. Diese Vorstellung nach dem Muster „*Wenn* ich während des Englischlernens denke, noch etwas erledigen zu müssen, *dann* notiere ich mir dieses Vorhaben kurz und halte meine Konzentration auf den Englischkurs fokussiert ...", verinnerlicht Herr Dr. Scholl wiederholt. Während der folgenden Coachingsitzungen identifizieren Coach und Coachee weitere innere und äußere Hindernisse und entwickeln entsprechende Wenn-dann-Pläne, die Dr. Scholl über Vorstellungen verinnerlicht. Bereits in der vierten Coachingsitzung berichtet er begeistert, dass er inzwischen deutliche Fortschritte gemacht habe, die ihn zusätzlich motivierten. Auch wenn er noch nicht ganz so souverän wie in seiner Zielvorstellung agiert, bringt er sich schon jetzt in englischsprachige Meetings deutlich aktiver ein.

5.7 *„In der Sackgasse – keiner sieht mich“:* Rollenreflexion zur Optimierung des Selbstmarketings

▶ **BEISPIEL: Erfolgloses Selbstmarketing**

Simone Laroche ist Teamleiterin im Competence Center HR eines Telekommunikationskonzerns. Obwohl sie bereits über 15 Jahre Berufserfahrung mitbringt, das Management-AC vor drei Jahren erfolgreich bestanden hat, gerade jetzt mit ihrem Projekt *Neue Rekrutierungschancen durch Social Media* sehr erfolgreich in der Organisation agiert und mit überdurchschnittlich positiven Ergebnissen in der letzten Mitarbeiterbefragung aufwarten kann, hat sie nun bereits die dritte Absage auf eine Bewerbung als Abteilungsleiterin erhalten. Sie kommt ins Coaching mit der Hypothese, die Häufung der Absagen hinge zu einem großen Teil mit ihrem suboptimalen Selbstmarketing zusammen. Vom Coach erwartet sie „Tipps und Tricks“ zur Verbesserung ihrer persönlichen Verkaufsstrategie. In der ersten Coachingsitzung schildert Frau Laroche ihr Problem mit Sätzen wie: „Ich komme einfach in diesem Unternehmen nicht weiter!“, „Keiner nimmt mich wahr, trotz all meiner Projekterfolge …“ oder „Irgendetwas mache ich falsch in meinem Selbstmarketing, aber ich weiß nicht, was.“ Daraufhin erwartet sie nun einen Rat ihres Coachs. Dieser hält sich jedoch zurück und schlägt Frau Laroche vor, zunächst einmal ihr persönliches Umfeld zu beleuchten — ihren Vorgesetzten, ihre Mitarbeiter, ihre internen Kunden, weitere wichtige Führungskräfte der Managementebene etc.

Die Beschreibung des Problems erscheint dem Coach an dieser Stelle einfach nicht differenziert genug. Frau Laroche blendet ihr Umfeld nahezu völlig aus und beschreibt das Problem vergleichsweise eindimensional. Durch eine differenziertere Umfeldanalyse kann es dagegen gelingen, das Problem aus unterschiedlichen Perspektiven zu betrachten. Dazu bietet der Coach Frau Laroche die Methode des *systemischen Porträts* an, das sich gut für eine persönliche Umfeldanalyse nutzen lässt.

5.7.1 Systemisches Porträt

Dieses Instrument ermöglicht dem Coachee eine Analyse seines persönlichen Umfeldes auf einem Blatt Papier oder am Flipchart. Im Unterschied zum Soziogramm, bei dem die Beziehungen aller Akteure *untereinander* — auch unabhängig vom Coachee selbst — dargestellt werden, werden hier primär die Beziehungen dargestellt, die der Coachee zu seinem Umfeld hat. Er kann mit dieser vergleichsweise einfachen Methode eine persönliche Standortbestimmung in einem systemischen Gesamtkontext durchführen, die an ihn gerichteten Erwartungen reflektieren und, für sich selbst bezogen, auf die verschiedenen Akteure des Systems eine Bewertung zwischen dem gewünschten Soll-Zustand und dem aktuell erlebten Ist-Zustand vornehmen.

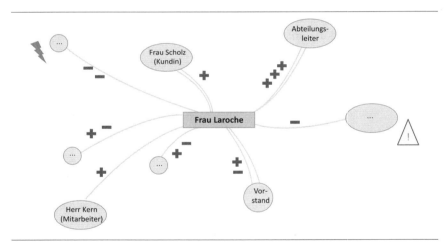

Abb. 14: Systemisches Portrait von Frau Laroche

ANLEITUNG für die Erstellung eines systemischen Portraits

Nehmen Sie sich ein weißes Blatt Papier.

1. *Platzieren Sie sich selbst mit einem eckigen Kasten in der Mitte des Blatts.*
2. *Zeichnen Sie nun alle im Arbeitskontext für Sie relevanten Stakeholder (Kollegen, Mitarbeiter, Vorgesetzte, Kunden, weitere an Ihrer Arbeit Interessierte/auf Ihre Arbeit Einfluss nehmende Personen und auch*

das private Umfeld) als Kreise oder Ovale auf das Blatt. Beachten Sie hierbei:

- *Die Größe eines Kreises gibt die Wichtigkeit der jeweiligen Person für Sie an. Je größer der Kreis, desto wichtiger die Person.*
- *Die Entfernung eines Kreises zu Ihnen selbst gibt Ihre Kontakthäufigkeit zu dieser Person an. Je dichter ein Kreis an Ihrem Rechteck liegt, desto häufiger haben Sie Kontakt mit der betreffenden Person.*

3. *Ziehen Sie anschließend Verbindungslinien zwischen sich selbst und den anderen Personen/Stakeholdern. Beachten Sie hierbei:*

- *Die Anzahl der Linien spiegelt die Effizienz der Beziehung zwischen Ihnen und der jeweiligen Person wider. Je mehr Linien, desto effizienter und nützlicher ist der Austausch zwischen Ihnen.*

4. *Tragen Sie als Nächstes die Qualität Ihrer sozialen Beziehungen an den Verbindungslinien ein. Positive erlebte Beziehungen kennzeichnen Sie mit ein bis drei Pluszeichen (je mehr Pluszeichen, desto positiver die Beziehung). Negative Beziehungen kennzeichnen Sie entsprechend mit einem oder mehreren Minuszeichen.*

5. *Fügen Sie nun abschließend entsprechend Ihrer Beziehungen gegebenenfalls weitere Zeichen an den einzelnen Linien hinzu:*

- *Ein Warndreieck bedeutet, dass in dieser Beziehung ein mögliches Konfliktpotenzial besteht oder Sie davon ausgehen, dass hier demnächst Dinge geklärt werden müssen.*
- *Ein Blitzzeichen bedeutet, dass Sie diese Beziehung aktuell als konfliktbeladen erleben.*

Bei der Bewertung der einzelnen Beziehungen (der Linien auf dem Blatt) sollten Sie sich an einem gewünschten Soll-Zustand orientieren. Möglicherweise fallen Ihnen dabei auch Veränderungen oder Lücken in ihrem Beziehungsumfeld auf. Diese können Sie mit einer anderen Farbe markieren.

Das fertiggestellte systemische Porträt kann der Coach gemeinsam mit dem Coachee vor dem Hintergrund der jeweiligen Fragestellung auswerten. Dabei können folgende, teilweise systemisch orientierte Fragen gut helfen:

- Was beschäftigt Sie in Ihrer Rolle als Führungskraft, wenn Sie das Bild betrachten?

- Was glauben Sie, wie die jeweils dargestellten Personen die Beziehung bewerten würden? Wie möchten Sie, dass diese die Beziehung bewerten?
- Was möchten Sie an den existierenden Kontextbedingungen verändern, was möchten Sie beibehalten?
- Was müsste sich ändern, damit Ihr Problem gelöst wäre?
- Was wäre das erste Anzeichen dafür, dass sich etwas positiv verändert?
- Wer müsste was tun, damit sich etwas ändert?
- Was müsste passieren, damit Herr X bereit wäre, anders zu reagieren? Was würde er dann tun/sagen/denken? Wer würde das am ehesten bemerken?
- Was möchten Sie selbst nun als Erstes tun?

▶ **BEISPIEL: Arbeit mit dem systemischen Porträt**

Der Coach bietet Simone Laroche die Arbeit mit einem systemischen Porträt an, was sie gerne aufgreift. Auf der fertigen Darstellung finden sich etliche Akteure wieder: Neben den Kollegen und Mitarbeitern sind das ihr Vorgesetzter, dessen Vorgesetzter (also ihr Chefchef), weitere für sie wichtige Personen auf Abteilungsleiterebene, die Geschäftsführung, einige Projektleiter, interne Kunden, sonstige relevante Personen und nicht zuletzt auch ihr Mann sowie ihre Herkunftsfamilie. Sofort fällt in der Abbildung auf, dass die Bewertung der Beziehungen zu Personen umso negativer ausfällt, je höher diese in der Hierarchie stehen. Auf Nachfrage des Coachs wird klar, dass die Bewertungen hier nicht so sehr von den jeweiligen Personen selbst, sondern vielmehr von ihren Funktionen und ihrem Zusammenspiel im Management abhängen. Auf die Frage des Coachs: „Was geht Ihnen durch den Kopf, wenn Sie Ihr Arrangement hier so sehen, insbesondere die zahlreichen negativen Bewertungen auf den Managementebenen über Ihnen?", antwortet Frau Laroche: „Das ist mir alles zu politisch. Ich hasse Politik, dafür bin ich viel zu ehrlich."

Anhand dieses Satzes kann der Coach nun ein wichtiges *Problem hinter dem Problem* thematisieren (wir erinnern uns, sie geht davon aus, das Problem sei ihr schlechtes Selbstmarketing): Frau Laroche weigert sich, als Führungskraft im unternehmerischen Kontext „politisches" Verhalten zu zeigen, da sie diesen Begriff negativ besetzt hat und ihn verbindet mit Eigenschaften wie opportunistisch, bestechlich, machtgetrieben etc. Durch die Visualisierungsübung lernt sie in der Coachingsitzung, Vernetzungen und Interaktionen wahrzunehmen, die um sie herum geschehen und die ganz unterschiedlich bewertet werden können. Damit können Coach und Coachee die Ebene des Selbstmarketing zunächst verlassen und das übergeordnete Thema *Macht und Umgang mit „psychologischen Spielen"* innerhalb der Organisation bearbeiten. Der systemische Blick hilft ihnen also dabei, zunächst das „Spielfeld" zu analysieren, auf dem Frau Laroche unterwegs ist, und an verschiedenen Taktiken jenseits einer allzu negativen Bewertung von „Machtspielen" zu arbeiten. Durch den Perspektivenwechsel und die Betrachtung ihrer Position aus anderen Blickwinkeln heraus kann Frau Laroche ein differenzierteres Verständnis für die Bedeutung von Macht in Organisationen entwickeln. Sie reflektiert ihre Position und die bisher erfolglosen Bewerbungen nun unter einem anderen Gesichtspunkt als bisher und versteht besser, wie wichtig es ist, sich in den für sie relevanten Beziehungsnetzwerken *positiv sichtbar* zu machen.

In der nächsten Coachingsitzung erarbeiten der Coach und Simone Laroche Möglichkeiten für eine positive Selbstdarstellung in der Organisation. Die Basis hierfür liefert ihnen das Modell des *Performance-Cue-Effekts*.

5.7.2 Performance-Cue-Effekt

Der Performance-Cue-Effekt besteht darin, dass Personen, die eine Führungskraft wenig direkt erleben (z. B. Geschäftsführung, Chefchef, Kollegen anderer Abteilungen etc.) diese zu einem großen Teil nach den *Leistungen* aus ihrem Verantwortungsbereich beurteilen.

Ein weiteres wesentliches Bewertungskriterium, das insbesondere direkte Mitarbeiter anwenden, sind sogenannte *implizite Führungstheorien*. Jeder Mitarbeiter hat ein Bild davon im Kopf, wie gute Führungsarbeit aussieht. Wer z. B. im sozialen Bereich arbeitet und primär sozial engagierte Führungskräfte kennengelernt hat, besitzt andere Führungsbilder als eine Person, die in einer stark profitorientierten Unternehmenskultur arbeitet. Die Forschung in diesem Bereich geht sogar so weit zu behaupten, dass das tatsächliche Führungsverhalten einer Person einen geringeren Einfluss auf deren Außenwahrnehmung hat als die Übereinstimmung mit der eigenen impliziten Führungstheorie (vgl. Neuberger 2002).

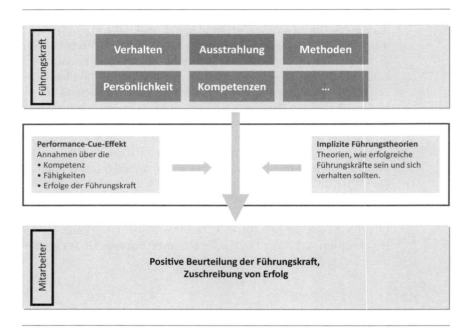

Abb. 15: Herausforderungen der Führung – was macht Führungspersonen erfolgreich? Den Führungserfolg beeinflussen neben der tatsächlichen Leistung auch implizite Theorien der Mitarbeiter sowie der Performance-Cue-Effekt.

▶ BEISPIEL: Analyse des Performance-Cue-Effekts

Frau Laroche hat eine ganz gute Vorstellung davon, welche Führungsbilder *ihre Mitarbeiter* im Kopf haben und wie diese ihr reales Führungsverhalten erleben. Sie holt sich regelmäßig Feedback, sowohl in strukturierten Einzelgesprächen als auch nach bestimmten Teammeetings. Die negativen Rückmeldungen in der vorletzten Mitarbeiterbefragung hinsichtlich ihrer Konfliktfähigkeit hatte sie zudem zum Anlass genommen, insbesondere an ihrer Durchsetzungskraft und ihrem Konfliktverhalten zu arbeiten. In der letzten Mitarbeiterbefragung wurde ihr dann auch prompt eine höhere Varianz und verbesserte Konfliktlösungskompetenz attestiert.

Bisher nahezu völlig ausgeblendet hatte sie allerdings die Wahrnehmung ihres Führungsverhaltens durch die Managementebenen *über ihr* sowie auch innerhalb ihrer *eigenen Peergroup*. Sie ließ sich in dieser Hinsicht von der Hypothese leiten, die Organisation habe ihr gutes Führungsverhalten durch die Beförderung zur Teamleiterin und nicht zuletzt auch durch die großzügig ausgefallene Gehaltserhöhung belohnt. Zudem gehören Bescheidenheit und Fleiß zu ihren Grundwerten. Umso größer ist jetzt die Enttäuschung, dass das offenbar niemanden auf den oberen Rängen interessiert.

Der Coach erläutert Frau Laroche die Kernaussagen des Performance-Cue-Effekts. Das macht es möglich, die Arbeit am Thema Selbstmarketing aus dem rein machtpolitischen Kontext herauszuholen, in den sie das Thema gestellt hat. Stattdessen kann Frau Laroche nun erkennen, welche Wahrnehmungsmodalitäten bezogen auf Führung in Unternehmen auf den verschiedenen Ebenen vorherrschen. Das bedeutet nicht, dass Macht und politisches Verhalten keine Rolle spielen, das Gegenteil ist der Fall. Aber für Frau Laroche ist es ein persönlicher Entwicklungsschritt, das Thema Selbstmarketing *positiv* zu besetzen und die „Spielregeln" zu durchschauen. Jetzt kann sie sich jeweils situativ entscheiden, ob sie mitspielen will oder nicht — und falls ja, in welcher Weise sie es tun möchte.

Um Frau Laroche bei ihrer positiven Selbstdarstellung zu unterstützen, arbeitet der Coach im nächsten Schritt gemeinsam mit ihr erfolgskritische Situationen heraus, in denen erfolgreiches Führungsverhalten deutlich sichtbar wird: Einzelgespräche mit Mitarbeitern und Vorgesetzten, Teammeetings, Reviewtermine mit Projektsponsoren, Präsentationen vor dem Vorstand. Darüber hinaus reflektieren sie die möglichen medialen Wege des Selbstmarketings: die Darstellung eigener Erfolge in der Mitarbeiterzeitung, im Intranet, in Blogs etc. Mit dem veränderten Blickwinkel fallen Simone Laroche nun eine ganze Reihe von Situationen ein, die sie zur positiven Selbstdarstellung nutzen kann. Solche Situationen hat sie bislang ungenutzt an sich vorbeiziehen lassen: Ihre Projekterfolge beispielsweise hat sie zwar immer mit dem Projektteam gefeiert, aber nie wurde eine Success-Story in der monatlichen Mitarbeiterzeitschrift veröffentlicht. Ihre guten Quartalszahlen hat in der Regel ihr Vorgesetzter der Geschäftsführung gegenüber präsentiert, obwohl das in anderen Abteilungen ganz anders gehandhabt wird. Umgekehrt ließ sie auch gerne ihren Mitarbeitern den Vortritt, wenn es galt, wichtige Projektmeilensteine vor Projektsponsoren zu präsentieren.

Zusammen mit dem Coach entwickelt Frau Laroche nun einen ganz persönlichen *Leadership-Performance-Plan*, in dem sie für sich selbst Situationen und Medien definiert, die sie künftig regelmäßig für eine positive Selbstdarstellung nutzen will. Erste positive Reaktionen darauf hat sie schon erhalten. Als weiteres Instrument erarbeitet sie ein griffiges *Leadership-Statement*, in dem sie ihre Rolle, ihr Führungsverständnis, ihre strategischen Ziele und ihre Erwartungen an ihre Mitarbeiter formuliert. Dieses Statement wird sie beim nächsten Jour fixe mit ihrem Vorgesetzten spiegeln und in der nächsten Teamklausur ihren Mitarbeitern vorstellen.

In Abstimmung mit ihrem Vorgesetzten sucht Simone Laroche sich zudem einen Mentor, mit dem sie sich in regelmäßigen Abständen in einem geschützten Raum über konkrete Führungsthemen und über ihre persönliche Weiterentwicklung austauschen kann. Mithilfe dieser verschiedenen Interventionen erhöht sie in den folgenden Monaten ihre Sichtbarkeit in der Organisation sehr erfolgreich.

5.8 „Mein Mitarbeiter tut nicht, was er soll!": Aufbau und Stärkung individueller Handlungskompetenz

▶ BEISPIEL: Die Einführung neuer Aufgaben

Birgit Theisen ist Leiterin eines telefonischen Kundencenters einer Reisebürokette, die eine ganze Palette von Reisen und Urlaubsformaten anbietet: Pauschalreisen, Städtetouren, Kreuzfahrten, aber auch Kultur- und Bildungsreisen. Bisher war es Aufgabe der Callcenter, Aufträge und Buchungen der Reiseinteressenten entgegenzunehmen oder auch organisatorische Fragen der Kunden zu ihrer Reise zu beantworten bzw. zu bearbeiten. Ergänzend zu diesen Aufgaben hat die Vertriebsleitung des Unternehmens nun entschieden, dass die Kundenberater die Anrufer auch über weitere Produkte oder mögliche Produktergänzungen beraten und diese offensiv verkaufen sollen. Das erweitert die Aufgabe der Kundenberater am Telefon um eine Verkaufs- bzw. Vertriebskomponente. Die Vertriebsleitung hat Frau Theisen selbst, aber auch ihren zehn Kundenberatern, hierfür konkrete Verkaufsziele vorgegeben.

Allerdings — so berichtet Frau Theisen im Coaching — kommt die neue Regelung nicht bei allen Kundenbetreuern gut an. Obwohl die Vertriebsleistungen der einzelnen Kundenberater durch eine Prämie gesondert vergütet würden, also den Beratern nichts „weggenommen" würde, seien vor allem zwei Kundenberater unzufrieden und zögen nicht mit. Die neue Regelung gilt nun bereits seit drei Monaten. Vorab hat Frau Theisen ihr Team in die neuen Produkte und in das nun anzuwendende ergänzende System eingewiesen. Dennoch zeigten weder Herr Baum noch Frau Leistner jedweden Erfolg. Sie haben laut Frau Theisen nie aufgemuckt oder sich offiziell verweigert. Dennoch zeigten die wöchentlichen Auswertungen eindeutig: Weder Herr Baum noch Frau Leistner haben in den drei Monaten ein einziges Produkt oder eine Produktergänzung verkauft. Dabei zeigten andere Kundenberater durchaus, dass das neue System greift: Vor allem drei Kundenberater waren sehr erfolgreich. Aber auch die anderen fünf haben zwar keine hervorragenden, aber dennoch für diese erste Zeit akzeptable Ergebnisse gezeigt. Zudem haben sich in der Zwischenzeit bereits einige Kundenberater bei Frau Theisen über Herrn Baum und Frau Leistner beschwert, da die Prämie der einzelnen Kundenberater zu einem — wenn auch geringen — Teil an die Gesamtleistung des Teams gekoppelt ist.

Frau Theisen hat mit beiden Beratern bereits mehrere Gespräche geführt. Beide haben dabei versprochen, ab nun aktiv zu verkaufen — aber nichts ist geschehen. Frau Theisen hat sogar schon darüber nachgedacht, ob sie sich von beiden Beratern trennen soll. Diese Option zieht sie auch immer noch in Betracht. Andererseits aber haben beide Berater doch ihre ursprünglichen Aufgaben immer sehr gut erfüllt. Sie sind sehr freundlich zu den Anrufern und bearbeiten alle Anfragen und Buchungsaufträge sehr schnell und gewissenhaft. Es gibt keinerlei Reklamationen oder Beschwerden — im Gegenteil. Birgit Theisen ist ratlos. Die klassische Problemsituation einer Führungskraft ist nun auch bei ihr eingetreten: Der Mitarbeiter tut nicht, was er soll!

Führen in der Zwickmühle

Eine solche Problematik ist als Thema im Coaching keine Seltenheit. Die betroffenen Führungskräfte fühlen sich ohnmächtig und ratlos, weil sie bereits so vieles ausprobiert haben. Und gleichzeitig spüren sie ihre eigene Abhängigkeit, insbesondere wenn sie als Führungskräfte der mittleren oder unteren Führungsebene angehören: Einerseits gibt es Anordnungen von „oben" — Regelungen, Programme, Erwartungen. Im Fall von Frau Theisen ist dies die Anordnung der Vertriebsleitung, dass das telefonische Kundencenter und die Kundenberater nun auch Vertriebsaufgaben übernehmen sollen. Andererseits ist die Führungskraft davon abhängig, dass ihre Mitarbeiter mitziehen. Gerne kommt dann von oben der Spruch: „Das ist Führungsaufgabe, das müssen Sie schon schaffen!" Diese Art von Druck macht allerdings die Sache für Führungskräfte nicht einfacher — nicht selten fühlen sie sich von „oben" ziemlich alleingelassen.

An das Coaching haben sie dann oft die Erwartung, der Coach möge ein Patentrezept, eine Technik, eine Methode — quasi einen Knopf anbieten, den die Führungskraft beim Mitarbeiter drücken kann, um diesen zum „Funktionieren" zu bringen. Diesen Knopf oder diese Technik kann aber kein seriöser Coach versprechen. Was das Coaching bieten kann, ist die Erkundung von Handlungsmöglichkeiten und -räumen. Manchmal führt eine solche Erkundung aber auch zu der Erkenntnis, dass es eben einen solchen Knopf oder Hebel nicht gibt und dass man dies als Tatsache akzeptieren lernen muss.

Möglicherweise gelangt der Coachee dabei auch zu der Erkenntnis, dass bestimmte organisatorische Regelungen oder die Art und Weise, wie diese Regelungen ins Leben gerufen wurden, nicht sehr funktional und realistisch sind. Hat die betroffene Führungskraft selbst diese Regelungen erdacht und eingeführt, so kann sie sie natürlich auf der Grundlage der im Coaching gewonnenen Erkenntnisse über Menschen und organisationale Zusammenhänge ändern. In diesem Fall ist sie — in der Sprache der Organisationstheorie gesprochen — autonom gegenüber diesen Regelungen. Gerade Führungskräfte der mittleren und unteren Führungsebene haben oft aber genau diese Entscheidungs- und Gestaltungsräume nicht. Sie erleben die organisationalen Regelungen — wie in unserem Beispiel Birgit Theisen — als *heteronom*, also als fremdbestimmte Vorgaben von oben. Diese Vorgaben engen zunächst den Handlungsraum der Führungskraft ein: Auch diese Erkenntnis kann ein wichtiger Schritt im Coaching sein. Daher wäre es vollkommen unseriös und sogar schädlich, würde der Coach dem Coachee eine „Alles ist möglich und machbar!"-Sichtweise vermitteln.

Andererseits werden Führungskräfte in einer solchen Situation aber auch oft durch einen Tunnelblick eingeengt, der ihren potenziellen Handlungsspielraum zusätzlich beschneidet. In solchen Fällen sollte das Coaching zunächst einmal die grundsätzliche Frage klären: Was ist möglich? Die vorhandenen Möglichkeiten liegen nämlich meist nicht von vornherein klar zutage: Es gilt also, sich ein vertieftes Bild zu machen, Hypothesen zu bilden, aber auch, die so entwickelten Handlungsstrategien in den Zeiträumen zwischen den einzelnen Coachingsitzungen auszuprobieren und somit den „Möglichkeitsraum" zu testen. *Testing the limits*, nennen das die Psychologen. Man könnte auch sagen: *Testing possibilities*.

Den Mitarbeiter verstehen lernen

Zunächst ist es notwendig, einerseits die Organisation mit ihren Macht- und Entscheidungsverhältnissen zu verstehen, andererseits aber auch — bezogen auf die konkrete Führungssituation — nachzuvollziehen, warum ein Mensch ein bestimmtes Verhalten zeigt. Im Fall von Frau Theisen lautet die Frage also: Warum ziehen Herr Baum und Frau Leistner nicht mit? Führungskräften fällt es in solchen Situationen nicht selten schwer, sich in den Mitarbeiter hineinzuversetzen. Sie sehen ihn ja gerade als Störenfried, als „Nicht-Mitmacher", als jemand, der Probleme verursacht. Nein, die Beweggründe einer solchen Person nachzuvollziehen, ist nicht einfach. Es setzt zunächst einmal voraus, dass die Führungskraft in der Lage ist, einen distanzierten Blickwinkel auf ihre eigenen Anliegen, Ziele und Interessen einzunehmen. Dieser Perspektivenwechsel kann im Coaching durch verschiedene Methoden unterstützt werden. Hilfreich ist hier z. B. das Instrument aus dem Kapitel 5.3, *Rollenreflexion und Positionierungsübung*.

Auch Modelle über den Menschen können dem Coachee als Arbeitsgrundlage bei der Orientierung helfen. Diese Modelle liefern nicht die „Wahrheit", aber sie geben dem Such- und Verständnisprozess eine

Struktur. In unserem Beispiel bietet der Coach Frau Theisen das Modell der *individuellen Handlungskompetenz* an.

Individuelle Handlungskompetenz als Basis für erfolgreiches Handeln

Die Suche nach dem „Hebel" zeigt sich bei Führungskräften oft verdeckt. Anstatt zu fragen: „Wo ist der Knopf?", äußern sie etwa: „Ich muss meinen Mitarbeiter motivieren!" Der Begriff *Motivation* wird im Führungsalltag wie auch in der Ratgeberliteratur sehr gerne verwendet — kein anderer Begriff ist so schillernd, wurde mit so viel Bedeutung belegt, aber auch so massiv missbraucht. Auch die Medien sind bereits dazu übergegangen, landauf, landab alle möglichen Schwierigkeiten zu „Motivationsproblemen" zu erklären. Und Führungskräften wird stets suggeriert, es sei ihre Aufgabe, die Mitarbeiter zu „motivieren". Wo also ist der Knopf, auf den ich dazu drücken muss?

Tatsächlich spielt Motivation in Organisationen eine große Rolle. Letztendlich ist sie unabdingbar dafür, dass Menschen aktiv sind und handeln — sei es in oder außerhalb von Organisationen. Ohne Motivation keine Handlungen, also auch keine Leistungen, keine Ergebnisse, keine erfüllten Aufgaben. Das lässt aber nicht den Umkehrschluss zu, Motivation sei die einzige Komponente der sogenannten *Handlungskompetenz*. Weit gefehlt: Wissen, Erfahrungen, Fachkompetenzen, methodische Fähigkeiten und eine angemessene Infrastruktur sind mindestens genauso wichtige Grundbedingungen. Außerdem lassen sich Menschen nicht „einfach so" von außen motivieren. Ansonsten bedürfte es tatsächlich nur der „richtigen Technik" und schon liefe die Maschine.

Menschen sind Personen, Subjekte — in der Fachsprache ausgedrückt: *autonome Systeme.* Dies bedeutet nicht, dass Führungskräfte oder Organisationen die Motivation von Mitarbeitern nicht fördern oder auch — wie sich leider oft zeigt — massiv beeinträchtigen können. Aber sie können sie nicht unmittelbar und von außen mechanisch beeinflussen. Deshalb sind auch sogenannte *standardisierte Anreize* in Organisationen nur unter einer Voraussetzung motivationsfördernd: dass alle Menschen in der Organisation sich in Bezug auf die eingesetzten Anreize sehr ähnlich sind und daher auf gleiche Weise reagieren. Wer sich mit Führung und Menschen in Organisationen auskennt, weiß: Das ist meist nur sehr begrenzt der Fall. Die *persönliche Motivation* von Mitarbeitern hat dagegen viel mit ihren individuellen Bedürfnissen, Werten, Interessen und auch mit ihrem Selbstvertrauen zu tun. Zudem müssen sie als Grundbedingung über die notwendigen Fähigkeiten und Fertigkeiten verfügen und auch die organisatorischen Rahmenbedingungen — wie etwa Arbeitsmittel und Ressourcen — müssen gegeben sein. Diese vielen weiteren Voraussetzungen werden von den betroffenen Führungskräften oft nicht genügend beachtet. Das Coaching bietet dafür eine hervorragende Gelegenheit.

▶ **BEISPIEL: Individuelle Handlungskompetenz erkennen**

Birgit Theisen und ihr Coach beschließen, sich einmal ausgiebiger mit dem Modell der *individuellen Handlungskompetenz* zu beschäftigen. So kann Frau Theisen herausfinden, ob bei Frau Leistner und bei Herrn Baum die individuelle Handlungskompetenz für die neuen Aufgaben überhaupt vorliegt. Sollte das nicht der Fall sein, so würde ihr leicht nachvollziehbar, warum sich beide so ablehnend verhalten. Und vielleicht kann sie auf dieser Basis dann ganz neue Handlungsmöglichkeiten und strategien für sich selbst entwickeln.

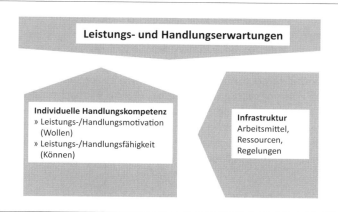

Abb. 16: Die Realisierung von Leistungserwartungen braucht Handlungskompetenz

Frau Theisen wird im Coaching nachdenklich: Sie kann nun erkennen, dass das mit dem Handeln gar nicht immer so einfach ist: Die Leistungs- und Handlungs*erwartungen* sind Frau Leistner und Herrn Baum durchaus mehrfach von ihr mitgeteilt worden. Aber wie steht es mit der Leistungs*motivation* der beiden? Und wie sieht es mit der Handlungs*fähigkeit* aus? Darüber hat sie bisher tatsächlich noch nicht wirklich nachgedacht. Was könnte sie nun tun, um die individuelle Handlungskompetenz ihrer beiden Berater zu fördern? Diese Überlegungen machen ihr also deutlich, dass es durchaus notwendig und sinnvoll ist, das *Wollen* und das *Können* ihrer beiden Mitarbeiter zu fördern. Sie muss aber auch erkennen, dass der Förderung und Entwicklung von individueller Handlungskompetenz Grenzen gesetzt sind — hier letztlich bestimmt durch die persönlichen Motivations- und Fähigkeitspotenziale von Frau Leistner und Herrn Baum.

Außerdem wird ihr im Gespräch mit dem Coach sehr deutlich: Um die Sachlage tatsächlich einschätzen zu können, braucht sie Informationen über Werte, Interessen und Bedürfnisse, aber auch über Befürchtungen und Ängste, über Fähigkeiten und Fertigkeiten, über Motivations- und Fähigkeitspotenziale von Frau Leistner und Herrn Baum. Hier fehlen ihr also noch wesentliche Kenntnisse — und die kann sie nur durch eine vertiefte Beschäftigung mit Frau Leistner und Herrn Baum bekommen. Ihr wird klar: Führungskräfte müssen ihre Mitarbeiter wirklich gut kennen!

Dabei kann es im Rahmen des Coachings durchaus sinnvoll sein, zunächst Annahmen über diese Themenfelder als sogenannte *Hypothesen* zu formulieren. Letztlich ist aber die Informationssuche im Führungsalltag unabdingbar: eigene Beobachtungen und Wahrnehmungen, die Rückmeldungen Dritter (z. B. anderer Vorgesetzter), vor allem aber das Gespräch mit Frau Leistner und Herrn Baum über deren Sichtweise, über deren eigene Interessen und Einschätzungen ihrer individuellen Handlungskompetenz.

„Die Trauben sind mir zu sauer"

Bei der Frage, wie Motivation zustande kommt — warum Menschen also handeln oder auch nicht handeln — spielen etliche Faktoren eine Rolle: zunächst also die eigenen Bedürfnisse, Interessen und Werte, die Freude an der gestellten Aufgabe. Auch versprochene Belohnungen oder angedrohte oder befürchtete Sanktionen oder Nachteile, wenn jemand nicht handelt, können Wirkung zeigen. Nicht zu vernachlässigen ist darüber hinaus die Einschätzung der Betroffenen selber, ob sie tatsächlich erfolgreich handeln *können*, also eine Chance haben, ihre Ziele zu erreichen und gestellte Aufgaben erfolgreich zu realisieren. Der Fuchs, dem die hoch hängenden Trauben zu sauer sind, ist ein hervorragendes Bild für jemanden, der im Grunde Trauben sehr gern mag, das Essen von Trauben also für sehr erstrebenswert hält. Aber die Trauben hängen eben zu hoch: Er betrachtet es als unmöglich, durch eigenes Handeln die Trauben zu ernten. Also wertet er die Trauben ab, er blendet sie aus seinem Bewusstsein und aus seinen Wünschen aus. So nehmen die fehlenden Fertigkeiten und Fähigkeiten dem Fuchs die Motivation, seine Ziele zu verfolgen und letztendlich zu erreichen.

▶ **BEISPIEL: Motivierende und ermutigende Einflussfaktoren**

„Trauen es sich Herr Baum und Frau Leistner denn zu, einem Kunden am Telefon ein Produkt oder Produktergänzungen verkaufen zu können?", fragt der Coach Frau Theisen. Daraufhin muss sie ehrlich zugestehen: Sie weiß es nicht. Sie ist zwar immer davon ausgegangen, aber nun wird sie unsicher. So stellt sich ihr gleich die nächste Frage: „Unter welchen Umständen würden sich beide Kundenberater zutrauen, die neue Aufgabe erfolgreich zu bewältigen?"

Unter Anleitung des Coachs führt Frau Theisen daraufhin ein Brainstorming durch, in dem sie zunächst einmal ganz unsystematisch und ohne Wertungen alle Faktoren auflistet, die aus ihrer Sicht Menschen im Allgemeinen dazu verhelfen, sich die Erledigung einer Aufgabe oder die Erreichung von Zielen zuzutrauen.

Beispiele für positive Einflussfaktoren auf das persönliche Vertrauen, durch eigenes Handeln Ziele erreichen zu können

- Zuspruch durch andere — Kollegen, Vorgesetzte oder auch Kunden
- Zuspruch durch Personen, die gleich gelagerte Aufgaben selbst sehr gut meistern
- Eine klare Vorstellung davon, durch welche Schritte man zum Ziel kommt
- Vorerfahrungen in der erfolgreichen Realisierung dieser oder ähnlicher Aufgaben

- Jemanden kennen, der diese Aufgabe erfolgreich realisiert hat
- Die Erfahrung, schon des Öfteren neue Aufgaben angenommen und erfolgreich bewältigt zu haben
- Personen zu kennen, die einen unterstützen, wenn man eine Frage hat oder nicht mehr weiter weiß
- Das Wissen, dass man Fehler machen darf und dafür nicht bestraft wird
- Das Bewusstsein, experimentieren zu dürfen
- Schnelle Sichtbarkeit erster Erfolge
- Realistisches Vertrauen in die eigenen Fähigkeiten und Fertigkeiten, um die Aufgabe zu realisieren
- Selbstsicherheit als Schutzschild vor Misserfolg und Blamage
- Die Sicherheit, von anderen nicht ausgelacht zu werden, wenn es nicht klappen sollte

Beim Anblick ihrer Liste lassen Frau Theisen die letzten beiden Punkte nicht mehr los. Intuitiv spürt sie: Da ist was dran! Und über solche Faktoren hat sie noch überhaupt nicht nachgedacht — sie war überhaupt nicht auf so eine Idee gekommen. Frau Leistner und Herr Baum haben bisher zu ihren besten Beratern gehört! Beide sind lange dabei und waren im Team bisher als Autoritäten anerkannt: erfahren und erfolgreich. Viele jüngere Kollegen haben von den beiden gelernt, wie man mit Kunden umgeht und diese berät. Daher hat Frau Theisen geglaubt, dass den beiden neue Vertriebsaufgabe doch recht leicht fallen müssten. Aber es ist genau andersherum: Zwar haben beide — wie Frau Theisen beim Nachdenken über mögliche Motive und Bedürfnisse von Frau Leistner und Herrn Baum erkannt hat — eine starke intrinsische Aufgabemotivation: Das Beraten und der Umgang mit Kunden machen Frau Leistner und Herrn Baum wirklich Freude. Ihnen geht es weniger um etwaige Prämien. Jetzt wird Birgit Theisen klar: Deshalb konnte auch der Hinweis, dass die zusätzliche Prämie gefährdet sei, nicht zu einer Verhaltensänderung führen.

Im Gesamtüberblick bildet sich bei Frau Theisen folgende Vermutung heraus: Einerseits haben Frau Leistner und Herr Baum den starken Wunsch, bei den Kollegen als erfahren und erfolgreich zu gelten. Sie haben sich im Team einen entsprechenden Status erworben. Es gibt eine Menge Beispiele dafür, wie sehr beide in der Vergangenheit engagiert neue Kollegen unterstützt und ihnen quasi als Mentoren geholfen haben. Genau dieses Motiv aber ist durch die neue Aufgabe nun gefährdet. Denn hier sind sie Anfänger — im Unterschied zu einigen neuen Kollegen, die aus anderen Unternehmen Erfahrung im Vertrieb mitbringen. Gleichzeitig — so die Hypothese von Frau Theisen — könnte es sein, dass sich Frau Leistner und Herr Baum nicht trauen, diese Kollegen um Unterstützung zu bitten. Dazu kommt vermutlich noch die Angst vor Blamage und Misserfolg. Eines passt allerdings nicht in dieses Bild: Die jungen Kollegen beschweren sich ja zunehmend über die beiden, d. h., je weniger sie tun, desto offenkundiger wird der Misserfolg für die anderen. Warum handeln sie also nicht? Im Gespräch mit dem Coach findet sich hierfür schnell eine Erklärung: Die Kollegen beschweren sich zwar bei Frau Theisen, aber nicht etwa bei Frau Leistner und Herrn Baum selber: Sie haben immer noch sehr viel Respekt vor den beiden, deshalb wollen sie — so zitiert Frau Theisen die Kollegen — die beiden nicht direkt auf den Missstand ansprechen, sondern ihn „nur mal bei der Führungskraft anmerken".

Das persönliche Mitarbeitergespräch

Wie schon in der Einleitung deutlich wurde, habe Manager im Rahmen ihrer Führungstätigkeit ganz unterschiedliche Rollen und Aufgaben. Als Vorgesetzte sind sie Vertreter der Organisation bzw. des Unternehmens: Sie fordern Leistungen, sie geben Ziele vor — und sie haben das sogenannte *Direktions- und Beurteilungsrecht*. Die Vorgesetztenrolle und -aufgabe bedingt damit eine starke Asymmetrie in der Beziehung zwischen Führungskraft und Geführtem. Die Vorgesetztenrolle als fester Bestandteil der Führungsaufgabe und rolle hat aus Sicht der Organisation viele Vorteile. Aber sie kann auch hinderlich sein: Das wird gerade dann deutlich, wenn offene Gespräche über Interessen, Werte, Bedürfnisse, über Fehler, Schwierigkeiten und Schwächen, über Hinderungsgründe und Blockaden geführt werden sollen. In jüngster Zeit hat sich daraufhin — fast wie ein Kontrapunkt zur Vorgesetztenrolle — in der Ratgeberliteratur, aber auch in vielen Unternehmen, als neue Aufgabe und Rollenbeschreibung die *Führungskraft als Coach* etabliert. Dieser anspruchsgeladene Begriff hat seitdem allerdings schon viele Führungskräfte in einen Rollenkonflikt getrieben. Das haben die Erfinder, die in dieser Weise die Rollen *Führungskraft* und *Coach* miteinander verbunden haben, sicherlich nicht vorausgesehen.

Der Begriff *Führungskraft als Coach* ist wenig hilfreich, denn Führungskräfte können im Kontext von Organisationen und Unternehmen in
herkömmlicher Struktur niemals *Coach* im eigentlichen Sinne sein. Dies
würde ja gerade bedeuten, dass sie ihre Vorgesetztenrolle aufgeben:
Ein Coach ist genau dadurch gekennzeichnet, dass er keine Ziele oder
Aufgaben vorgibt, Leistungen fordert, bewertet und beurteilt, sanktioniert oder im schlimmsten Fall sogar die Kündigung ausspricht. Daher ist es unseres Erachtens äußerst ungünstig, die Führungskraft als
Coach zu bezeichnen.

Andererseits kann es tatsächlich sehr sinnvoll sein, wenn eine Führungskraft Elemente des Coachings in ihre Aufgabe und Rolle als Führungskraft übernimmt: mehr zuhört, mehr auf die persönlichen Interessen und Motive ihrer Mitarbeiter eingeht, ein offenes Klima bietet,
um auch über Schwächen und Fehler, über Hindernisse und Barrieren
zu sprechen. Sie dämmt damit die rollenimmanente Asymmetrie ein,
darf und kann sie aber niemals wirklich auflösen. Zur Wahrung der
Fairness und Transparenz sollten sich sowohl Führungskraft als auch
Geführter immer darüber klar sein, dass Offenheit und Vertraulichkeit
Grenzen haben, die durch die Vorgesetztenrolle der Führungskraft definiert sind.

▶ BEISPIEL: Klärende und motivierende Mitarbeitergespräche

Birgit Theisen ist sich inzwischen klar darüber, dass sie an einem
möglichst offenen Gespräch mit Frau Leistner und Herrn Baum über
deren Motive, deren Befürchtungen und Ängste, aber auch deren
Selbstvertrauen, die neue Aufgabe erfüllen zu können, nicht vorbei
kommt. Im Coaching reflektiert sie vorab ausführlich ihr Rollenver-
ständnis bezüglich dieser Situation. Wie weit kann sie ihren Mitarbeitern wirklich als „Coach" dienen? Wo ist die Grenze dieser Rolle?
Wie weit werden sich Frau Leistner und Herr Baum im Gespräch
öffnen? Was kann sie dafür tun? Letztlich darf und kann sie ja an
ihrer Forderung, dass die Aufgabe zu erfüllen ist, keinerlei Abstri-
che machen. Sie ist eben auch Teamleiterin und Vorgesetzte, die
Leistungen einfordert — und fehlende Leistungen gegebenenfalls
sanktionieren muss.
Mit Unterstützung des Coachs entwickelt Frau Theisen eine Ge-
sprächsstrategie für die beiden Einzelgespräche mit Herrn Baum

und Frau Leistner. Im Mittelpunkt soll die *individuelle Handlungs-kompetenz* ihres Gesprächspartners stehen; gleichzeitig will sie aber auch die Notwendigkeit noch einmal ganz klar herausstellen, die neue Aufgabe als künftigen Bestandteil der Kundenberaterfunktion zu akzeptieren und zu erfüllen. Gemeinsam mit dem Coach überlegt sie, welche Unterstützung sie den beiden anbieten kann, falls sich ihre Hypothesen bestätigen. Auch dafür legte Frau Theisen eine Liste mit möglichen Maßnahmen und Aktionen an, um die Handlungsmotivation der beiden zu fördern. Hierzu gehört zum einen, die Angst vor Misserfolg oder Blamage infolge der neuen Aktivitäten zu reduzieren. Zum anderen will sie den beiden aber auch die Auswirkungen mangelnder Aktivität anhand der jetzt schon spürbaren Missstimmung der Kollegen aufzeigen. Schließlich möchte sie mit beiden ihre Handlungsfähigkeit und das eigene Vertrauen darin, die neue Aufgabe erfolgreich realisieren zu können, stärken. Dafür will sie konkrete Beispiele mit ihnen bearbeiten, beispielsweise Anruf- und Verkaufssituationen strukturieren und einzelne Verhaltensbausteine trainieren („Was mache ich, wenn ..."). Außerdem möchte sie die beiden dazu ermutigen, für diese spezifische Teilaufgabe auch Unterstützung von Kollegen einzufordern, ohne Angst, damit könnte ihr Ansehen als „erfahrene Berater" im Hinblick auf die Gesamtaufgabe als Kundenberater verloren gehen. An dieser Stelle hat Birgit Theisen die Idee, ergänzend zu den beiden Einzelgesprächen auch einen Teamworkshop für alle Berater abzuhalten: Hier sollte thematisiert werden, dass alle Mitarbeiter einander in verschiedenen Feldern Unterstützung geben können und dass die Einforderung von Unterstützung bei speziellen Teilaufgaben nicht zu einer Beeinträchtigung von Ansehen und Status in anderen Feldern führen sollte.

„Was aber, wenn das alles nicht funktioniert?", fragt Frau Theisen ihren Coach. Und nach einer kurzen Pause gibt sie sich selbst die Antwort: „Vielleicht müssen wir dann andere organisatorische Regelungen oder eine flexiblere Aufgabenverteilung zwischen den Kundenberatern schaffen — ich müsste dazu dann mal ausführlich mit meinem Vorgesetzten sprechen. Wie kann ich ihm das gegebenenfalls beibringen?" Frau Theisen spricht an dieser Stelle weniger ihre Rolle als Führungskraft, sondern eher die als Mitarbeiterin ihres Vorgesetzten an — ein mögliches und unter Umständen notwendiges Thema für den weiteren Verlauf des Management-Coachings.

5.9 „Konflikt mit Kollegen": Soziogramm und Rollenspielsequenzen

> **BEISPIEL: Konkurrenz-Konflikt im Team**

Rüdiger Kovac ist Leiter der Marketingabteilung in einem norddeutschen LKW-Zulieferunternehmen. Er ist 40 Jahre alt, hat Betriebswirtschaft studiert und ist seit sechs Jahren im Unternehmen beschäftigt. Vor seinem Studium hatte er hier bereits eine Lehre als Außenhandelskaufmann absolviert, ging dann aber nach Beendigung seines Studiums nach Süddeutschland zu einem renommierten schwäbischen Automobilzulieferer. Dort wurde er bereits nach zwei Jahren Teamleiter, bevor sich zu seiner Überraschung die Chance auf eine Abteilungsleiterposition in seinem alten Unternehmen bot, die er gerne annahm.

Ins Coaching kommt Herr Kovac auf Anraten seines Geschäftsführers, der sich im letzten Jahresgespräch von ihm ein anderes Konfliktverhalten im Team der Abteilungsleiter gewünscht hat. Er habe den Eindruck gewonnen, dass zwischen Herrn Kovac und seinen Abteilungsleiterkollegen deutlich mehr Spannungen bestünden als früher, aber Herr Kovac sei nicht offen, spreche die Konflikte nicht direkt an und trage zu wenig zur Konfliktlösung bei. – Der Hintergrund der Geschichte: Nach einer Umstrukturierung hat Herr Kovac vor einem Jahr neben der Marketingabteilung auch den gesamten Vertrieb übernommen. Damit hat er den starken Unmut seiner beiden Kollegen aus den Abteilungen Einkauf und Produktion auf sich gezogen, hat doch seine eigene Abteilung dadurch deutlich an Gewicht zugenommen.

Zur Abteilungsleiterebene gehören neben den drei oben genannten Abteilungsleitern noch der Leiter IT/Controlling sowie die Personalleiterin. Rüdiger Kovac führt drei ihm direkt unterstellte Teamleiter (Marketing – Vertriebsinnendienst – Vertriebsaußendienst) und insgesamt 37 Mitarbeiter. Der Vertriebsaußendienst steht derzeit vor besonderen Herausforderungen, da die Absatzzahlen im letzten Jahr trotz ansteigender Konjunktur eher stabil geblieben sind. Herr Kovac hat deshalb zum einen das Bonussystem für die Außendienstmitarbeiter deutlich zugunsten variabler, zielgebundener Anteile angepasst und zum anderen die Vertriebsorganisation von einem regionalen Prinzip auf eine kundenorientierte Prozessstruktur umgebaut. Im Zuge dieser Umgestaltung, die er unter das Motto „Fit for Future" gestellt hat, wurden neue Funktionen wie Key-Account-Manager eingeführt und ein nachhaltiges CRM-System aufgebaut.

So weit, so gut. In den letzten Monaten haben sich allerdings die wöchentlichen Meetings des Managementteams (bestehend aus dem Geschäftsführer, dessen persönlicher Assistentin, dem Leiter QS und den fünf Abteilungsleitern) im Ton deutlich heftiger als früher gestaltet. Insbesondere Herr Kovac und der Produktionsleiter Martin Laumann haben sich öfters längere Wortgefechte geliefert. In der Regel ging es darum, dass die Mitarbeiter von Herrn Kovac den Kunden Versprechungen machen, die die Produktion nicht einhalten kann. Wenn sich dann noch der Leiter QS einmischt, endet das Gespräch meistens mit einer Verschiebung des Agendapunkts auf den nächsten Jour fixe.

Auf den ersten Blick scheint es sich hier um einen klassischen strukturellen Konflikt zwischen Vertrieb und Produktion zu handeln, der durch verstärkten Marktdruck einerseits und die eingeleiteten Maßnahmen zur Vertriebsdynamisierung andererseits stärker hervortritt als in der Vergangenheit. Dies ist auch die Hypothese von Rüdiger Kovac, als er nun im Coaching neue Verhaltensweisen im Umgang mit Konfliktsituationen lernen will. Der Coach reagiert allerdings zunächst zurückhaltend: Die Situation scheint ihm so, wie der Coachee sie referiert, zu einseitig beschrieben zu sein. Als erste Intervention bietet er daher eine Analyse aller am Konflikt beteiligten Stakeholder mittels eines *Soziogramms* an.

Soziogramm

Das Soziogramm dient dazu, Strukturen und Beziehungen des Coachees innerhalb eines bestimmten Beziehungsgeflechts abzubilden. Die grafische Abbildung erleichtert es dem Coachee, sein Beziehungsgeflecht zu reflektieren und sein Anliegen und mögliche Lösungen vor diesem Hintergrund zu betrachten. Diese Methode bietet sich zur Reflexion konkreter, in der Regel konfliktgeladener Situationen ebenso an wie zur Analyse von Beziehungskonstellationen in Management- oder Projektteams.

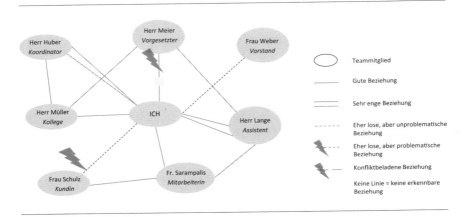

Abb. 17: Soziogramm als Methode der Teamanalyse

ANLEITUNG für die Erstellung eines Soziogramms

Erstellen Sie das Kommunikations- und Beziehungsnetz der an der Situation/am Konflikt beteiligten Stakeholder, so wie Sie es sehen. Schwächen Sie nichts ab, sondern machen Sie Unterschiede deutlich. Gehen Sie in folgenden Schritten vor:

1. *Positionieren Sie alle Stakeholder in Form von Kreisen bzw. Ovalen auf dem Blatt. Beachten Sie bereits beim Zeichnen der Kreise, wie (und in welchem Abstand) die einzelnen Personen Ihrer Wahrnehmung nach zueinander stehen.*

2. *Zeichnen Sie Verbindungen zwischen den Personen so ein, wie Sie deren Beziehungen wahrnehmen. Sie können dabei folgende Visualisierungen nutzen:*

   - *Einfache Linie = gute Beziehung*
   - *Doppelte Linie = sehr enge Beziehung*
   - *Gestrichelte Linie = eher lose, aber unproblematische Beziehung*
   - *Gestrichelte Linie mit einem Blitz-Symbol = eher lose Beziehung mit potenziellen Reibungsverlusten, möglicher Konflikt*
   - *Unterbrochene Linie mit Blitzsymbol = konfliktbeladene Beziehung*
   - *Keine Linie = keine erkennbare Beziehung*

3. *Sie können den einzelnen Personen auch unterschiedliche Rollen zuschreiben, so wie Sie sie im Beziehungsgeflecht untereinander erleben (z. B. Koordinator, Vermittler, informeller Chef, Kritiker, Innovator ...)*

4. *Wenn das Bild fertig ist, beantworten Sie bitte die folgenden Fragen:*
  - *Wie interpretieren Sie das dargestellte Beziehungsgeflecht? Welche Empfindungen löst es bei Ihnen aus?*
  - *Was sagt die Aufstellung über die Situation/den Konflikt aus?*
  - *Wo sehen Sie Lösungsansätze?*

Soziogramm mit Aufstellungsarbeit

Eine noch stärker visualisierende und auch haptisch erfahrbare Form des Soziogramms kann durch eine *Aufstellungsarbeit* erreicht werden. Der Coachee stellt hierbei das aktuelle Beziehungsgeflecht mittels Figuren (z. B. aus Pappe oder Holz) auf einem Tisch nach. Dabei werden Figuren unterschiedlicher Größe eingesetzt, sodass der Coachee bereits bei der Aufstellung die Möglichkeit hat, das „Gewicht" einzelner Personen, so wie er es wahrnimmt, durch die Größe der Figuren darzustellen. Bei dieser Aufstellungsarbeit sollte der Coachee unbedingt intuitiv und spontan vorgehen und die Stakeholder so aufstellen, wie er sie erlebt. Erst in einem zweiten Schritt eröffnet dann der Coach die Reflexionsphase, beispielsweise mit den Fragen aus der obigen Anleitung. Der Vorteil der Aufstellungsarbeit besteht zum einen darin, dass der Coachee die Figuren aus unterschiedlichen Blickrichtungen betrachten kann (etwa, indem er auf die andere Seite des Tisches geht) und zum anderen darin, dass er das Bild im Laufe der Arbeit variieren kann, z. B. kann er eine Figur wegnehmen, eine dazustellen oder einer Figur eine ganz andere Position geben. Durch dieses Eingreifen in die Situation erfährt der Coachee eine Perspektiverweiterung und hat gleichzeitig die Möglichkeit, verschiedene Lösungsansätze auszuprobieren.

Konfliktanalyse und Lösungsszenarien

BEISPIEL: Unterschiedliche Blickwinkel durch Aufstellungsarbeit

Der Coach bietet Rüdiger Kovac an, die am Konflikt beteiligen Personen in Form mitgebrachter Holzfiguren auf dem Tisch aufzustellen. Zunächst stellt Herr Kovac sich selbst und den Produktionsleiter als zentrale Achse einander gegenüber auf und dann die anderen Mitglieder des Managementteams verstreut darum herum. Er visualisiert damit spontan seine These, dass es sich primär um einen strukturellen und persönlichen Konflikt zwischen ihm und dem Produktionsleiter handle. Nach dieser ersten Aufstellung fragt der Coach: „Wie interpretieren Sie dieses Bild und was geht in Ihnen jetzt vor?" Herr Kovac bestätigt, dass er die Situation so wahrnehme, weiß aber nicht so recht, was er jetzt mit den Figuren anfangen soll.

Der Coach fragt weiter: „Wie stehen denn die anderen Personen, die Sie aufgestellt haben, zueinander, zu Ihnen und zum Produktionsleiter?" Damit lenkt er den Blick des Coachees von dessen ursprünglicher Betrachtung weg in Richtung auf das gesamte Umfeld. Herr Kovac beginnt nun, die Figuren so aufzustellen, wie er die Beziehungen und Dynamiken im Managementteam insgesamt erlebt. Auf einmal stehen er und der Geschäftsführer weiter weg vom Rest des Managementteams. Dadurch gerät die Beziehung zwischen ihm und dem Geschäftsführer ins Blickfeld. Der Coachee erzählt nun, dass er sich in der aktuell schwierigen Marktlage und insbesondere beim Umbau seiner Vertriebsabteilung (Projekt „Fit for Future") von diesem ziemlich alleingelassen fühle. Er führe z. B. die Gespräche mit den Kunden wie auch mit den Mitarbeitern bezüglich der Einführung von Key-Account-Managern ganz alleine. Dabei sei er davon ausgegangen, dass der Geschäftsführer die Gesamtsituation und auch die sich aus der Vertriebsdynamisierung ergebenden Konsequenzen ausführlich mit dem Produktionsleiter und den anderen Kollegen besprochen habe. Dem sei aber offensichtlich nicht so gewesen, und zudem sei der Geschäftsführer aktuell in zwei große, internationale M&A-Projekte eingebunden und gerade jetzt stehe die Due-Diligence-Phase an.

Der Coach fragt noch einmal nach: „Stehen alle relevanten Personen hier oder fehlen noch welche?" Der Coachee bemerkt, dass im Grunde genommen seine drei Teamleiter noch fehlen, denn zwischen ihnen und den Abteilungsleitern bestehen auch direkte Beziehungen. Die komplette Aufstellung wird im weiteren Verlauf der Coachingsitzung in unterschiedlichen Arrangements dargestellt und der Coachee hat die Möglichkeit, selbst verschiedene alternative Positionen einzunehmen. Je nach Aufstellung geraten unterschiedliche Beziehungen ins Blickfeld und Herrn Kovac gelangt so zu einer vertieften, mehrdimensionalen Betrachtung der aktuellen Konfliktsituation.

Im Ergebnis wird ihm deutlich, dass er seine Themen zu wenig mit dem Geschäftsführer bespricht und von diesem nicht genug Engagement in Sachen Vertriebsdynamisierung einfordert. Dadurch hat er sich im Managementteam ein Stück weit isoliert, vieles auf eigene Faust gemacht und auch die Abstimmung mit seinen Abteilungsleiterkollegen an wichtigen Entscheidungspunkten nicht genügend gesucht. Außerdem sieht er nun, dass neben dem strukturellen Spannungsverhältnis zwischen Vertrieb und Produktion offenbar ein nicht bearbeiteter Beziehungskonflikt zwischen einem seiner Teamleiter und dem Produktionsleiter besteht, da sich der Teamleiter vor Jahren ebenfalls auf die Produktionsleiterstelle beworben, diese aber nicht erhalten hatte. Diese latente Konkurrenzsituation belastet offenbar nach wie vor die Zusammenarbeit. Dem Coachee wird klar, dass er hier als möglicher Konfliktmediator intervenieren muss und den beiden dazu ein Sechs-Augen-Gespräch anbieten sollte.

Bezogen auf den Konflikt mit dem Produktionsleiter erkennt Herr Kovac in einer Phase, als er sich und ihn einmal austauscht und die Figuren auf die jeweils andere Position stellt, wie wenig er selbst eigentlich von der aktuellen Situation in der Produktion weiß. Umgekehrt hat sich auch der Produktionsleiter nie wirklich mit dem aktuellen Projekt „Fit for Future" beschäftigt. So nimmt der Coachee sich vor, bis zur nächsten Sitzung ein Vier-Augen-Gespräch mit dem Produktionsleiter zu führen, um sich über dessen aktuelle Herausforderungen vertieft zu informieren und ihm seinerseits das Vertriebsprojekt ausführlich vorzustellen. Er möchte ihm anbieten, gemeinsam nach Ansatzpunkten für Synergien zu suchen und Lösungen zur Optimierung der aktuell kritischen Situation zu erarbeiten. Diese Lösungsansätze will er dann zusammen mit dem Produktionsleiter auf einem der nächsten Jours fixes im Managementteam vorstellen.

Rollenspiel

Nach einer gründlichen Analyse bestehender Konflikte und einer ersten Erarbeitung von Lösungsszenarien ist es oft möglich, ganz konkrete Klärungsbedarfe zu definieren und entsprechende Gesprächssituationen zu simulieren. Dafür kann man sehr gut *Rollenspielsequenzen* nutzen. Für die Durchführung von Rollenspielen im Coaching bestehen mehrere Möglichkeiten:

- *Rollenspiel anhand vorgefertigter Instruktionen:* Es werden vorab Anweisungen für beide Rollen verabredet. Diese Methode ist sinnvoll, um klassische Gesprächssituationen zu trainieren, z. B. Mitarbeitergespräche, Kritikgespräche, Konfliktgespräche, Entwicklungsgespräche etc.

- *Rollenspiel anhand konkreter Personen aus der aktuellen Situation des Coachees:* Der Coachee beschreibt dem Coach sein Gegenüber und die konkrete Situation. Das kann eine zurückliegende, eine in der nahen Zukunft liegende oder auch eine hypothetische Gesprächssituation sein. Der Coach übernimmt dann die Rolle des Gegenübers (inkl. Gesprächsverhalten und Körpersprache) und gibt dem Coachee die Gelegenheit, sich auszuprobieren.

- *Situatives Rollenspiel:* Der Coach leitet situativ Rollenspielsequenzen ein, die sich aus den konkreten Schilderungen des Coachees ergeben. Dabei nimmt er unterschiedliche Rollen und Gesprächsstile ein, um die Varianz in der Reaktion des Coachees zu erhöhen.

Am Ende jedes Rollenspiels wird der Verlauf von Coach und Coachee reflektiert. Der Coachee beschreibt, wie er sein Gesprächsverhalten erlebt hat, was er als zielführend empfunden hat und was er besser machen könnte; der Coach gibt dem Coachee Feedback und Hinweise zur Optimierung seines Gesprächsverhaltens. Gemeinsam werden dann konkrete Verbesserungsmöglichkeiten gesucht, wobei es häufig darum geht, klassische Kommunikationsinstrumente wie fragen, aktiv zuhören oder den Perspektivenwechsel bewusster und konsequenter einzusetzen. Im Fall eines Konflikts ist das Ziel in der Regel eine Erweiterung der Verhaltensvarianz. Der Coachee kann sich in verschiedenen Konfliktstilen üben und z. B. auch mal „härter durchgreifen", wenn er grundsätzlich eher nachgiebig ist oder zur Konfliktvermeidung neigt.

Sehr hilfreich kann bei der Inszenierung von Rollenspielen auch der Einsatz von *Videofeedback* sein. Zu Beginn für den Coachee oft eher ungewohnt, erkennt er in der Regel sehr rasch den Nutzen: Zusammen mit dem Coach kann er damit einzelne Gesprächssequenzen sehr genau analysieren, die eigene Stimmlage sowie nonverbale Signale (Körpersprache, Mimik, Gestik) deutlich erkennen und gut weiterentwickeln und z. B. Übergänge zwischen Gesprächssequenzen mehrmals anschauen, um auch feinere Nuancen wahrzunehmen.

Konfliktstilanalyse

Bei der Analyse des eigenen Konfliktstils kann ein Fragebogen dienlich sein. Im Ergebnis erhält der Coachee eine Rückmeldung, wie stark er jeweils zu den klassischen fünf Konfliktstilen neigt:

- Kampf
- Nachgeben
- Vermeidung
- Kompromiss
- Win-win

Im Coaching kann der Coachee dann an der Ausweitung seiner Verhaltensvarianz arbeiten, indem er auch diejenigen Konfliktstile ausprobiert, die bei ihm normalerweise schwächer ausgeprägt sind. Das Ausprobieren unterschiedlicher Konfliktstile und die Erkenntnis, dass unterschiedliche Konfliktsituationen und Konfliktpartner auch unterschiedliche Konfliktstile erfordern können, löst bei vielen Coachees einen Aha-Effekt aus. Mit diesem Wissen können sie lernen, sich in ihrer Rolle als Manager und Führungskraft noch situationsadäquater und adressatengerechter zu verhalten.

▶ **BEISPIEL: Konfliktstilanalyse und Rollenspiel**

Der Coach bietet Rüdiger Kovac die Erstellung einer Konfliktstilanalyse an, was dieser gerne annimmt. Das Resultat zeigt *Konfliktvermeidung* und *Kompromiss* als stärkste Ausprägungen von Herrn Kovac. Der Coachee erkennt, dass ihn diese Verhaltensdominanz sowohl in seinem Umgang mit dem Geschäftsführer als auch im Verhalten gegenüber dem Produktionsleiter Martin Laumann bestimmt hat. In seinem Unternehmen herrscht offenbar ohnehin eine stark konsensorientierte Kultur vor, was es den Führungskräften erschwert, Konflikte offen anzusprechen, sich klar zu positionieren und gleichzeitig an gemeinsamen Win-win-Lösungen zu arbeiten. Als Nächstes gehen Coach und Coachee in ein Rollenspiel, wobei sich Rüdiger Kovac aussucht, welche Situation er mit welchem Gesprächspartner spielen möchte. Er entscheidet sich dafür, das geplante Gespräch mit dem Produktionsleiter Martin Laumann durchzuspielen. In diesem Gespräch geht es zum einen um die während der Teamsitzungen zwischen ihnen beiden immer wieder aufkommenden Spannungen, zum anderen aber auch um den latenten Konflikt zwischen Martin Laumann und einem seiner Teamleiter. Im Rollenspiel möchte der Coachee üben, die kritischen Themen offen anzusprechen und gemeinsam mit seinem Gegenüber Lösungen zu entwickeln.

Der Coach lässt sich zunächst die Person und typische Verhaltensmuster des Produktionsleiters schildern und nimmt in der Gesprächssimulation dessen Rolle ein. Im ersten mit der Digicam aufgezeichneten Rollenspiel gelingt es Rüdiger Kovac zwar, sein Projekt ausführlich zu beschreiben und auch seine persönliche Situation im Managementteam darzustellen. Es ist ihm aber noch nicht möglich, die unterschiedlichen Interessen zwischen ihm und dem Projektleiter sowie den latenten Konflikt mit dem Teamleiter offen anzusprechen. Coach und Coachee sehen sich daraufhin gemeinsam die Aufzeichnung an. In der Reflexion der einzelnen Szenen besprechen sie mögliche Gesprächstechniken und Taktiken, sodass Herr Kovac im zweiten Gesprächsversuch auch die Themen offen adressieren kann, bei denen ihm dies schwerer fällt. Dies gelingt ihm auch, insbesondere aufgrund der Sensibilisierung für sein meist eher angepasstes Konfliktverhalten. Er spricht nun die kritischen Themen offen und lösungsorientiert an, vermeidet einen zu frühen Kompromiss und positioniert sich auch mit seinem Projekt „Fit for Future" klar gegenüber dem Kollegen, wobei er gleichzeitig mit ihm erste Möglichkeiten für Synergien zwischen Produktion und Vertrieb austauscht. Zur Problematik des latenten Konflikts mit dem Teamleiter vereinbart er mit dem „Produktionsleiter" einen weiteren Termin für ein Dreiergespräch.

5.10 „Der Bauchladen": Stärkere Positionierung durch Präzisierung und Differenzierung

▶ **BEISPIEL: Unzufriedenheit auf allen Linien**

Jörg Rensing, 50 Jahre alt, ist seit 15 Jahren Personalleiter eines mittelgroßen Unternehmens in der Textilherstellung im Rhein-Main-Gebiet. Sein Anliegen und seine Themen für das Management-Coaching sind vielfältig. Er berichtet, dass er einerseits bei seinen

Mitarbeitern zunehmend Unzufriedenheit erlebe, was er schlecht ertragen könne. Gleichzeitig habe er selbst immer weniger Zeit für seine Familie. Ihm wachse alles über den Kopf. Oft sitze er sogar am Samstag im Büro. Er fühle sich ausgelaugt, oft auch gereizt, was sowohl bei seiner Familie als auch bei den Mitarbeitern zu verständlichem Unmut führe. Während seine Partnerin und auch seine Kinder ihm das sehr deutlich sagen, zeigen es ihm die Mitarbeiter hingegen nur indirekt. Selbstverständlich entschuldige er sich bei den Mitarbeitern, wenn er mal wieder in die Luft gegangen sei — aber er habe das Gefühl, dass er damit nicht alles wiedergutmache. Er müsse sich einfach mehr in den Griff bekommen und gleichzeitig müsse er etwas tun, um selbst wieder zufriedener zu werden. Andererseits wolle er aber auch dringend die Mitarbeiterzufriedenheit erhöhen. Hinzu käme auch noch, dass zunehmend Unmut über ihn und seine Abteilung im Unternehmen laut würde, insbesondere bei Linienführungskräften und beim Geschäftsführer. Seine Ziele für das Coaching seien eine bessere Work-Life-Balance, ein besseres Zeitmanagement und eine bessere Kontrolle seines Ärgers. Außerdem wolle er — wie gesagt — seine Mitarbeiter besser motivieren, wofür er vom Coach einige Impulse erwarte.

Beim Erstgespräch gibt Herr Rensing folgenden Einblick in seine Abteilung: Das Abteilung Personal ist vor zwei Jahren von zehn auf 15 Mitarbeiter gewachsen. Dies liegt daran, dass das Unternehmen einen Wettbewerber akquiriert und in das Unternehmen integriert hat. Infolgedessen sind die beiden Personalabteilungen zusammengelegt worden. Die Mitarbeiter der Personalabteilung des aufgekauften Unternehmens sind allerdings weiterhin an dessen ca. 50 km entfernten Standort angesiedelt, sodass Herr Rensing eine auf zwei Standorte verteilte Abteilung zu leiten hat. Alle anderen Zentralfunktionen — wie Controlling oder Einkauf — befinden sich am Hauptstandort. Die Produktion selber findet allerdings auch an zwei Standorten statt.

Vom „persönlichen Problem" zum Führungsthema

Die in diesem Coaching verwendeten Methoden und Techniken und ihre jeweilige Zielsetzung können hier nur ausschnittweise dargestellt werden. Anhand dieses Falls wird jedoch deutlich, wie sich ein zunächst „persönliches" Thema — Unzufriedenheit und mangelnde

Work-Life-Balance — im Verlauf des Management-Coachings im Zusammenspiel mit dem Thema der Mitarbeiterzufriedenheit zunehmend als ein Führungsthema und ein (auch) organisationales Thema entpuppt. Im Folgenden gehen wir daher vor allem auf jene Ausschnitte aus dem Coaching ein, die sich schwerpunktmäßig mit der Führungs- und Organisationsseite des Problems von Herrn Rensing beschäftigen. In diesem Zusammenhang werden verschiedene Methoden und Techniken vorgestellt:

- Präzisierungstechnik
- Stakeholderanalyse mittels Perspektivenwechsel
- Arbeiten mit Metaphern
- Skalierungsmethode
- Symbole als Erinnerungshilfe
- Visualisierungsübung

▶ **BEISPIEL: „Alle wollen etwas von mir! Und meinen Mitarbeitern geht es auch nicht anders!"**

Im Gespräch mit dem Coach führt Jörg Rensing seine enorme Arbeitsbelastung auf die vielfältigen Anforderungen an sich selbst und an die Personalabteilung zurück. Der Druck sei enorm; jeder wolle etwas von ihm und seinen Leuten; das Unternehmen fordere sehr viel; alle wollten bedient werden: Herrn Rensing tut es sichtlich gut, sich beim Coach einmal so richtig auszuschütten. Während er erzählt, sieht der Coach förmlich, wie die Last auf den Schultern von Herrn Rensing liegt und auch, wenn dieser von der Überlastung seiner Mitarbeiter spricht, blickt der Coach in ein ernstes und sorgenvolles Gesicht. Allerdings fällt dem Coach auf, dass ihm trotz seinem aufmerksamen Zuhörens unklar bleibt, wer genau etwas von seinem Coachee bzw. von der Personalabteilung will; was genau diese Personen oder Gruppen wollen; wie sich die Anforderungen äußern; welche Verbindlichkeiten diese Erwartungen oder Äußerungen jeweils haben. Herr Rensing spricht sehr oft von „dem Unternehmen", von „denen" etc.

5.10.1 Die Präzisierungstechnik

Nicht selten verwenden Führungskräfte und Manager eine recht abstrakte und allgemeine Sprache. Oft sind Sätze zu hören, wie: „Das *Unternehmen* will ...", „Das *Management* hat entschieden ...", „*Wir wollen* doch alle *erfolgreich* sein ..." oder „Man erwartet von mir ...". Diese abstrahierende Sprache kann durchaus hilfreich sein, wenn es um die Übermittlung von groben Informationen geht: So ist es dem Sprecher möglich, kurz und bündig eine allgemeine Orientierung zu geben, die für Routineaufgaben und bekanntes Terrain durchaus ausreicht. Würden wir immer ganz präzise und konkret sprechen, kämen wir in bestimmten Beziehungen nie weiter. In manchen Kontexten *verhindert* diese Sprache aber ein genaues Verständnis für einen Sachverhalt und damit auch die Entwicklung effektiver Handlungsstrategien und die Entdeckung von Handlungsmöglichkeiten. In solchen Fällen bietet sich die *Präzisierungstechnik* an. Durch gezielte Fragen fordert der Coach den Coachee dabei zur Präzisierung und Konkretisierung seiner Aussagen und Beobachtungen auf.

Beispielhafte Fragen für die Präzisierungstechnik

- *Wer genau* hat entschieden? *Wer genau* will etwas? *Wer genau* hat etwas gesagt?
- *Was genau* ist z. B. mit „Erfolg" gemeint? Was genau verbinden Sie oder der Geschäftsführer mit Erfolg?
- *Woran genau* machen Sie Ihre Aussage, die Führungskräfte stünden nicht hinter Ihnen, fest? *Worin genau* äußert sich das?
- *Wann genau* soll das Projekt abgeschlossen sein?
- *Seit wann* äußert sich diese Unzufriedenheit?
- *Wie viele* Abteilungsleiter sind aus Ihrer Sicht gegen die Entscheidung?

Solche Fragen regen zur Differenzierung von Meinungen, Sichtweisen und Standpunkten an. So kann auf die Aussage „Das Unternehmen hat entschieden ..." die Frage „Wer genau hat entschieden?" eine starke Differenzierung des Sachverhalts erlauben, die erhebliche Konsequenzen für die Auswahl von Handlungsstrategien hat. Plötzlich wird etwa

deutlich, dass der Geschäftsführer entschieden hat, die Abteilungsleiter aber eher dagegen sind.

Nicht selten erkennt der Coachee bei der Anwendung dieser Methode, dass ihm die Präzisierung und Konkretisierung eher schwerfällt,
in manchen Fällen sogar unmöglich ist. Auch das ist eine wichtige Erkenntnis, die Anlass für eine Suche nach mehr und detaillierteren Informationen sein sollte.

 BEISPIEL: Präzisierung von Aussagen

Im Coaching von Jörg Rensing führt die Präzisierungstechnik anhand seiner Aussage „Alle wollen etwas von mir!" beispielsweise
zu folgenden Differenzierungen und Konkretisierungen, die er anschließend mit Unterstützung des Coachs in einer Tabelle nieder-
legt:

Präzisierungsfrage	Differenzierung/Konkretisierung (Beispiele)
Wer genau will etwas von Ihnen?	▪ Der Geschäftsführer ▪ Die Linienführungskräfte ▪ Der Controllingleiter ▪ Die Mitarbeiter in meiner Abteilung ▪ Meine Familie ▪ Der Betriebsrat ▪ Externe Trainer
Was genau wollen diese Personen oder Gruppen von Ihnen?	▪ Dass ich dafür sorge, dass die Löhne pünktlich ausgezahlt werden ▪ Dass ich Trennungsgespräche mit Führungskräften und Mitarbeitern führe ▪ Dass ich für zufriedene Mitarbeiter sorge ▪ Dass ich Betriebsratsverhandlungen führe ▪ Was meine Mitarbeiter wollen, weiß ich eigentlich gar nicht genau.
Wie genau äußern sich die Erwartungen und Anforderungen?	▪ Von meinem Chef erhalte ich immer sehr kurzfristige Anweisungen. Ich habe dann kaum Planungsvorlauf. Dann kommen zwischendurch noch Anforderungen von Führungskräften aus der Linie, die kann ich manchmal gar nicht bearbeiten. Das sage ich dann auch. Die anderen beschweren sich dann beim Chef. Dann ruft der mich wieder an …

| Was genau sind Ihre Aufgaben als Personalleiter? Was genau sind die Aufgaben Ihrer Abteilung? | ▪ Ehrlich gesagt, bin ich das Mädchen für alles. Ich habe im Moment gar kein klares Bild davon, was meine Aufgaben sind. Ich müsste einfach mal Zeit zum Sortieren haben.
▪ Meine Abteilung hatte früher die Aufgabe der Personaladministration. Jetzt ist noch Personalentwicklung dazugekommen. Da sollen wir Konzepte schreiben, Mitarbeitergespräche führen, zu denen die Führungskräfte keine Lust haben. Jetzt sollen wir auch noch auf Personalmessen gehen. Und die Controllingabteilung will Zahlen haben. Teilweise sind wir parallel auch Seelsorger für junge Führungskräfte. Und, und, und. |
| Welche Absprachen gibt es genau zwischen Ihnen und den Gruppen und Personen, die etwas von Ihnen erwarten, über die Leistungen Ihrer Abteilung bzw. über Ihre Aufgaben als Abteilungsleiter? | ▪ Eigentlich gibt es solche Absprachen überhaupt nicht. Ich habe noch nie mit meinem Chef, dem kaufmännischen Geschäftsführer oder den Linienführungskräften zusammengesessen und systematisch die Aufgaben der Personalabteilung besprochen. |

Die Präzisierungstechniken liefern Herrn Rensing also wichtige Erkenntnisse und ein neues Verständnis für Zusammenhänge. Zunächst einmal stellt er fest, dass er gar nicht so genau weiß, wer welche Dinge von ihm oder der Personalabteilung will. Er ist sich infolge der Übung gar nicht mehr sicher, ob „die anderen" wirklich dies oder jenes von ihm bzw. seiner Abteilung wollen oder ob er selbst oder seine Mitarbeiter nur *meinten*, dass sie diese Dinge erwarteten oder wollten. Folgender Satz von Herrn Rensing spiegelt seine „vorgefertigte" Annahme sehr gut wieder: „Das ist doch ganz selbstverständlich, dass die das erwarten." Zudem hat er selbst kein wirklich klares Bild darüber, was er bzw. die Personalbteilung leisten kann und soll — und was nicht. Eine wichtige Präzisierungsfrage für diese Thematik ist: „Und was ist aus Ihrer Sicht *nicht* Ihre Aufgabe bzw. die Aufgabe der Personabteilung, sondern etwa die Aufgabe des Geschäftsführers oder der Linienführungskräfte?" Nun erkennt Herr Rensing auch, dass seine Überlastung wie vermutlich auch die Überlastung seiner Mitarbeiter und deren zunehmende Unzufriedenheit zu einem großen Teil dieser unklaren Aufgabensituation zuzuschreiben ist — was natürlich bei den Mitarbeitern durch eine entsprechende Befragung zu überprüfen wäre.

Der Coach schlägt Herrn Rensing nun vor, zunächst für die Personalabteilung, dann in einem zweiten Schritt für ihn als Personalleiter ein Schema anzulegen: Darin soll er, auf den obigen Ergebnissen aufbauend, auflisten, wer aus seiner Sicht welche Dinge von der Personalabteilung bzw. von ihm selbst erwartet und wie er diese Erwartungen bewertet. Das ist gut möglich, indem er die oben abgebildete Tabelle durch weitere Zielgruppen und deren „angenommene" oder tatsächlich mitgeteilte Erwartungen, aber auch durch seine eigenen *Bewertungen* dieser Erwartungen erweitert.

5.10.2 Stakeholderanalyse mittels Perspektivenwechsel

Das Schema aus unserem Beispiel entspricht einer Analyse der *Stakeholder*, die wir schon aus dem Kapitel 2.1, *Management in und von Organisationen*, kennen. Ihre Erstellung erfordert vom Coachee einen Perspektivenwechsel: Es geht ja dabei zunächst nicht darum, was *er* erwartet, sondern darum, was er weiß oder glaubt, dass andere, eben die Stakeholder, erwarten. Sehr oft stellt der Coachee als Ergebnis dieses Prozesses fest, dass seine Einschätzungen mehr auf Vermutungen aufbauen als auf Informationen oder klaren Aussagen der Personen oder Gruppen, die Ansprüche an seine Abteilung oder ihn selbst haben. Daher kann es eine gute „Hausaufgabe" nach einer solchen Coachingsitzung sein, die entsprechenden Stakeholder zu befragen. Auch Herr Rensing beschließt in seiner Coachingsitzung, eben dies zu tun.

In manchen Fällen ist es allerdings nicht möglich, die Anspruchsgruppen oder personen direkt zu befragen. Um dennoch möglichst effektive Handlungsstrategien entwickeln zu können, ist es in so einem Fall günstig, wenn der Coachee versucht, sich in die Situation und Sichtweise dieser Personen oder Gruppen hineinzuversetzen. Dabei können Fragetechniken helfen, aber auch andere Übungen, die den Perspektivenwechsel verstärken.

5.10.3 Arbeiten mit Metaphern

▶ **BEISPIEL: Die starke Wirkung von Metaphern**

Im Coaching von Jörg Rensing einigen sich Coachee und Coach darauf, dass Herr Rensing zentrale Anspruchsgruppen bzw. Personen direkt nach ihren Erwartungen und Anforderungen an die Personalabteilung und an ihn als Personalleiter befragt wird. In einem ersten Schritt will er einerseits den kaufmännischen Geschäftsführer, andererseits die Mitarbeiter befragen. In der nächsten Coachingeinheit will er über die Ergebnisse berichten.

In der nächsten Coachingsitzung ist Herr Rensing dann sichtlich gedrückter Stimmung. Er berichtet zunächst vom Gespräch mit dem kaufmännischen Geschäftsführer. Dabei sind ihm vor allem zwei zentrale Sätze seines Gesprächspartners im Gedächtnis geblieben: „Ihre Abteilung ist ein einziger Bauchladen ..." und „Sie sind darin der Patriarch!" An der gesamten Mimik, Stimme und Körpersprache seines Coachees kann der Coach deutlich erkennen, wie sehr diese beiden Sätze Herrn Rensing beschäftigen und ihm nahegehen. Dafür gibt es viele mögliche Ursachen, sicherlich zunächst die, dass Herr Rensing diese Aussagen nicht besonders schmeichelhaft findet, sondern eindeutig negativ aufgenommen hat.

Aber es gibt noch einen weiteren Grund dafür, dass diese beiden Sätze ihn besonders getroffen haben und weiterhin beschäftigen: Sie benutzen Bilder bzw. Metaphern. Solche Bilder — wie „der Bauchladen" oder „der Patriarch" — sind für Menschen besonders einprägsam und wirken sehr emotional, sie sind eindringlicher als abstrakte Sätze oder eine akademische Sprache (vgl. Morgan 1998). Metaphern prägen sich nicht nur besser ein als abstrakte Begriffe, sondern sie rufen bei uns eine ganze Reihe von *Anschlussbildern* ab: So hat Herr Rensing sehr konkrete Vorstellungen von einem „Bauchladen" wie auch von einem „Patriarchen". Der Coachee schildert nun unter Anleitung des Coachs alles, was er mit diesen beiden Worten verbindet. Da Herr Rensing gut visualisieren, d. h. sich gut Dinge vorstellen kann, sammelt er gemeinsam mit seinem Coach eine ganze Liste von Merkmalen, Bildern, Worten und Stimmungen, die er mit diesen beiden Metaphern verbindet. Dabei lernt er, einen weiteren Effekt solcher Bilder zu erkennen: Sie erzeugen starke Gefühle — positive oder auch negative. In diesem Fall trifft eher das Letztere zu. Und so äußert Herrn Rensing wie aus der Pistole geschossen: „Nein, das will ich nicht sein!"

Die Betroffenheit von Herrn Rensing hat noch einen weiteren Anlass. Obwohl er sich einerseits über die Aussagen und die Bilder des kaufmännischen Geschäftsführers ärgert, spürt er andererseits: An beiden Bildern ist etwas Wahres dran. Das kann er auch daran erkennen, dass sie im Grunde durch die Gespräche mit den Mitarbeitern, die er zwischen den Coachingsitzungen geführt hat, bestätigt werden. Diese haben sich nicht so drastisch ausgedrückt. Aber alle zehn Mitarbeiter, die er befragt hatte, haben im Grunde klar ihre Unzufriedenheit mit der Positionierung der Personalabteilung im Unternehmen geäußert. Schlimmer noch: Sie kennen sie oft gar nicht wirklich. Anscheinend kann jeder alles von der Personalabteilung erwarten. Ein Mitarbeiter hat gesagt: „Irgendwie machen wir alles, wir können irgendwie auch alles, aber eben alles nicht wirklich gut." Genau wie bei einem Bauchladen.

Erschwerend kommt noch hinzu, dass die Mitarbeiter bei wiederholtem Nachhaken durch Herrn Rensing (er hatte diese Fragen mit dem Coach in der ersten Coachingeinheit vorbereitet) deutlich gemacht haben, dass ihnen die gesamte Aufgabenverteilung in der Abteilung unklar ist bzw. dass es diese Verteilung im Grunde gar nicht wirklich gibt. Allein die Lohnabrechnung sei klar geregelt, aber alles andere: Jeder mache alles, aber nichts richtig — so die Aussage aller zehn Mitarbeiter. Und es sei auch unklar, wer was entscheiden dürfe. Nach längerem Drucksen, so berichtet Herr Rensing weiter, habe die Mehrzahl der befragten Mitarbeiter ihm zu verstehen gegeben, dass er sich doch sehr in ihre Aufgaben einmische. Klar, sie wüssten, dass er es gut meine: Aber es verunsichere sie doch sehr, wenn z. B. jeder einzelne Vorgang noch einmal über seinen Schreibtisch laufe, oder wenn viele Entscheidungen ad hoc getroffen werden. Es fehle — so die Mitarbeiter unisono — an klaren Regelungen, sowohl für die Arbeitsverteilung untereinander als auch für den Umgang zwischen den Mitarbeitern und Herrn Rensing.

▶ BEISPIEL: Schwarz-Weiß-Schemata

In dieser zweiten Coachingsitzung kommt Jörg Rensing zu dem Schluss: Das mit dem Bauchladen scheint tatsächlich zu stimmen — und das mit dem Patriarch ist offensichtlich auch richtig. „Ich scheine alles an mich zu reißen", stellt er betroffen fest. Da ist es schon wieder: das kleine Wort „alles". Auch hier ist Herr Rensings *Schwarz-Weiß-Schema* aktiv. Dieses Schwarz-Weiß-Schema kann man gut an Begriffen wie *alles/nichts*, *total*, *nie*, *immer*, *alle* oder *keiner* erkennen. Wer in Schwarz-Weiß-Schemata denkt bzw. die Welt betrachtet, kennt nur 0 oder 1, 0 Prozent oder 100 Prozent. Solche Schwarz-Weiß-Schemata führen nicht nur zur vorschnellen Bewertung von Informationen oder Aussagen im Sinne einer Interpretation, sondern sie steuern aktiv bereits die *Suche* nach Informationen und die Wahrnehmung, indem sie alles Differenzierte und Differenzierende ausblenden. Anders gesprochen: Wer nur in *0 oder 1* denkt, der sieht und hört auch nur *0 oder 1*. Genau das ist bei Herrn Rensing der Fall.

5.10.4 Die Skalierungsmethode

▶ **BEISPIEL: Differenzierte Betrachtung durch Skalierung**

Eine gute Technik, um solche Schwarz-Weiß-Schemata aufzulösen, ist die sogenannte Skalierungsmethode. So wird Herr Rensing von seinem Coach um seine Einschätzung zu einigen Aussagen gebeten, wie beispielsweise zur Formalisierung, zur zentralistischen Führung, zur Delegation von Aufgaben und zur Aufgabenspezialisierung in der Abteilung, aber auch zur Klarheit der Aufgaben der Personalabteilung im Unternehmen. Die Aufforderung zur Skalierung solcher Themen auf einem Strahl zwischen 0 und 100 Prozent ergibt bei Herrn Rensing beispielsweise folgende Ergebnisse:

Ausmaß der Formalisierung in der Abteilung:

Abb. 18: „Es gibt formale Regelungen in unserer Abteilung."

Ausmaß zentralistischer Führung:

Abb. 19: „Ich gebe alles bis ins Kleinste vor!"

Erfüllung von Erwartungshaltungen durch die Abteilung:

Abb. 20: „Wir erfüllen alle Erwartungen, die an uns von Führungskräften und Mitarbeitern im Unternehmen herangetragen werden."

In einer nächsten Runde bewertet Herr Rensing die *Soll-Situation*, also: *Wie viel* ist sinnvoll? Das Alles-oder-Nichts-Schema würde ansonsten leicht zu der Forderung führen, nun von „gar nichts ist formalisiert" in „alles muss formalisiert werden" umzuschlagen. Auch hier bietet die Skalierungsmethode eine gute Möglichkeit zur Differenzierung. Herr Rensing kommt z. B. durch die Skalierung der *Ist-Situation* zu der Bewertung, dass es zwar wenig Formalisierung gibt, aber dennoch auch Ausnahmen existieren. Tatsächlich fallen ihm bei weiterem Nachdenken immer mehr Beispiele für solche „Ausnahmen" ein. Mit der Skalierung der *Soll-Situation* nimmt Herr Rensing daraufhin eine Differenzierung vor, die die Frage beantwortet, wie viel Formalisierung er selbst für sinnvoll und notwendig erachtet.

Auch in seiner Einschätzung des Ausmaßes der sogenannten *zentralistischen Führung* durch ihn selbst ermöglicht die Skalierung ihm eine differenziertere Betrachtungsweise. So nimmt Jörg Rensing selbst wahr, dass er nicht immer bis ins Kleinste eingreift. Er weiß sehr wohl, dass er dazu neigt und sich daher bestimmt häufiger einmischt als nötig. Aber auch hier findet er beim Sammeln von konkreten Beispielen durchaus Aufgaben und Situationen, in denen er seiner eigenen Einschätzung nach nicht eingreift. Aus diesen „Ausnahmen", bei denen es seiner eigenen Aussage nach bereits „gut läuft", möchte er nun für die Gestaltung der Zukunft lernen. Damit macht er seine Erfahrungen als Ressource nutzbar. Und eben dies ist nicht möglich gewesen, solange er die „Ausnahmen" aufgrund des Schwarz-Weiß-Schemas aus seiner Wahrnehmung ausgeblendet hat.

Durch die Skalierung geschieht aber noch etwas anderes: Plötzlich bewertet der Coachee auch die Gespräche mit den Mitarbeitern differenzierter. Galt eben noch „alles oder nichts", so erinnert er sich nun auch an andere Aussagen seiner Mitarbeiter: Sie haben durchaus auch Beispiele aktuell sinnvoller Regelungen genannt. Und sie möchten gar nicht, dass *alles* geregelt wird, da ihnen das situative Handeln auch Freude mache. Jetzt fällt ihm auch ein: Die Mitarbeiter haben bestätigt, dass er ihnen manchmal durchaus Raum gibt und ihnen vertraut. Ihnen ist nur nicht klar, wann und warum das der Fall ist. Plötzlich kann er erkennen, dass das Problem nicht seine ausschließlich „zentralistische" Führung ist, sondern vielmehr die Unklarheit für seine Mitarbeiter, wann Herr Rensing eher eng und wann er eher weit führt. Sein Schwarz-Weiß-Schema hat dafür gesorgt, dass er vorher diese Aussagen „vergessen" hat. Erst durch die Skalierung werden die differenzierten Aussagen der Mitarbeiter wieder an die Oberfläche gebracht.

5.10.5 Symbole als Erinnerungshilfe

BEISPIEL: Veränderungsbedarf erkennen und umsetzen

Aus den Erkenntnissen des Skalierungsprozesses ergibt sich für Jörg Rensing eine Reihe von Fragen, die einen guten Anknüpfungspunkt für die Weiterentwicklung seines Führungsstils bilden:

- Wann greift er in die Arbeitsprozesse seiner Mitarbeiter nicht ein?
- Warum gelingt es ihm an diesen Stellen, nicht einzugreifen?
- Was kann er aus diesen Situationen lernen, um die Menge an Eingriffen künftig zu reduzieren?
- Wie kann er den Mitarbeitern seine Kriterien transparent machen?

Daraufhin stellt der Coachee fest, dass er dann nicht eingreift, wenn er davon überzeugt ist, dass der betreffende Mitarbeiter die Aufgabe auch wirklich selbständig erledigen kann — oder wenn die Aufgabe nicht so wichtig ist, dass ein Fehler größere Folgen hätte. Außerdem gelangt er zu dem Schluss, dass er vor allem bei den Personen nicht eingreift, die er seit Langem kennt und mit denen er schon vor der Betriebserweiterung — als sie noch ein kleines Team waren — eng zusammengearbeitet hat. Aus diesen Erkenntnissen entwickelt Jörg Rensing mithilfe des Coachs eine Handlungsstra-

tegie zur Reduzierung der Menge seiner Eingriffe. Diese Strategie
besteht z. B. aus folgenden Bausteinen:

- Mitarbeiter, die neu oder relativ neu in der Abteilung sind,
  möchte er besser kennenlernen und ihnen gezielt bestimmte
  Aufgaben übertragen, um ihre Fähigkeiten zu ermitteln.

- Er will klarer bei der Delegation von Aufgaben werden, damit er
  sicher sein kann, dass seine Mitarbeiter die Aufgaben richtig verstanden haben (mehr zum Delegationsprozess finden Sie im Kapitel 2.2, *Menschenführung und Einflussnahme*). Außerdem
  nimmt er sich vor, Zwischengespräche zu vereinbaren, damit er
  sich frühzeitig ein Bild über den Stand der Aufgabenerfüllung
  machen kann.

- Er wird regelmäßige Teammeetings einrichten. Einen Tag in der
  Woche will er künftig an dem 50 km entfernten Außenstandort
  verbringen, um die Beziehung zu den dort beschäftigten Mitarbeitern nachhaltig zu stärken.

Herr Rensing verspricht sich von diesen Maßnahmen eine Entlastung und gleichzeitig eine Steigerung der Mitarbeiterzufriedenheit
und -motivation. Natürlich weiß er, dass er seine alten Gewohnheiten nicht so einfach abstellen kann. Deshalb entwickelt er gemeinsam mit dem Coach persönliche *Erinnerungshilfen*. Sie sollen ihm in
seinem Alltag daran erinnern, sein Verhalten regelmäßig zu hinterfragen und die Schritte des Delegationsprozesses auch wirklich zu
realisieren. (Diese Methode zur *Transfersicherung* haben Sie auch
schon im Kapitel 3.4, *Kernelemente eines Management-Coachingprozesses*, unter *Symbole, Priming* kennengelernt; vgl. auch Förster
2012; Storch und Krause 2011). In seinem Fall sind diese Symbole ein
Bild auf seinem Schreibtisch, das er mit dem Begriff *Delegation* verbindet, der Bildschirmschoner auf seinem PC sowie ein roter Punkt,
den er auf seinem Notizblock anbringt und der ihn bei Gesprächen
und Meetings immer wieder daran erinnert, sich Fragen zu stellen,
wie: „Muss ich das jetzt machen? Muss ich da jetzt noch einmal detailliert kontrollieren?" Außerdem macht er sich einen Besuchsplan
für den anderen Standort und terminiert regelmäßige Mitarbeitergespräche in seinem Kalender mit dem Hinweis: Priorität A. Und
schließlich nimmt er sich vor, seine Mitarbeiter um aktives Feedback zu bitten, wenn sein Verhalten mal wieder intransparent war.

5.10.6 Visualisierungsübung

 BEISPIEL: Den eigenen Film betrachten

Jörg Rensing nimmt sich auch vor, mit seinen Mitarbeitern einen
Workshop durchführen. Gemeinsam mit ihnen will er dort Wege
entwickeln, um Prozesse transparenter und nachhaltiger zu gestalten, sodass er nicht immer ad hoc entscheiden oder koordinieren
muss. Diesen Workshop will er gemeinsam mit seinem Coach vorbe-
reiten. „Vielleicht müssen wir uns auch mehr spezialisieren, so dass
nicht mehr jeder alles macht", fällt ihm dazu ein. „Wovon hängt das
denn genau ab?", fragt der Coach. Da fällt Herrn Rensing wieder
der Bauchladen ein. „Also, die Prozesse und auch die Aufgabenverteilung inklusive einer möglichen Spezialisierung sind erst dann
zu gestalten, wenn klar ist, was unsere Aufgaben als Personalabteilung sind und was nicht", sagt Herr Rensing. „Das werde ich mit
dem kaufmännischen Geschäftsführer und mit den Linienführungskräften klären müssen", fügt er hinzu. „Aber ich hätte gerne eine
eigene Position, bevor ich in diese Gespräche gehe."

An dieser Stelle ist das Thema des Coachings also die Klärung der
eigenen Position des Coachees bezüglich des Selbstverständnisses
und der Aufgaben der Personalabteilung im Unternehmen. Auf der
Grundlage des von ihm zu entwickelnden Vorschlags für ein Selbstverständnis der Personalabteilung und ihrer Kernaufgaben will Herr
Rensing einen Workshop mit dem Geschäftsführer und mit ausgewählten Linienführungskräften durchführen. Explizites Thema dieses Workshops — so hat Herr Rensing auf der Basis des bisherigen
Coachings erkannt — sollte auch sein: Was ist *nicht* unsere Aufgabe
als Personalabteilung? Was werden wir in Zukunft nicht (mehr)
machen? Der Coach schlägt Jörg Rensing vor, in dem Workshop
zunächst die grundlegenden Personalprozesse im Unternehmen
zu sammeln (z. B. Recruiting, Personalentwicklung, Leistungssteu-
erung, Beurteilung, Vergütung etc.) und dann die verschiedenen
Rollen und Aufgaben zu definieren, die die Personalabteilung, die
Führungskräfte in der Linie, andere Supportabteilung (wie z. B.
Controlling) und die Unternehmensführung einnehmen und erfüllen sollen.

Anhand eines einfachen Prozessschemas entwickelt Herr Rensing
mit Unterstützung des Coachs einen ersten Vorschlag, den er nach

dem Coaching zunächst mit seinen Mitarbeitern besprechen will, um dann in Einzelgespräche mit Geschäftsführung und bestimmten Linienführungskräften zu gehen. In der Horizontalen bildet er dafür zunächst die sogenannten **Kernprozesse** ab, wie z. B. das Recruiting neuer Mitarbeiter. Hier werden die einzelnen Aufgaben des Prozesses in eine Reihenfolge gebracht, von der Anzeigenschaltung bis zur Erstellung des Anstellungsvertrags. Zu beachten ist dabei, wer jeweils die Verantwortung für diese Aufgabenpakete hat, wer innerhalb der Pakete entscheidet, wer ausführt und wer zu informieren ist. In der Vertikalen trägt er die Rollen und Aufgaben der verschiedenen beteiligten Bereiche oder Managementfunktionen ein: Im Fall des Rekrutingprozesses sind das z. B. die Personalabteilung, die Führungskraft des Bereichs, für den neues Personal gesucht wird, und der Geschäftsführer.

Während der Ausgestaltung des Prozessschemas hat Herr Rensing herausgefunden, dass da einige — wie er es nennt — versteckte „Bomben" liegen, die der einen oder anderen Linienführungskraft nicht schmecken werden. So will er — das ist ihm mittlerweile sehr deutlich geworden — z. B. keine Trennungsgespräche mehr für die Bereiche führen. Die Personalabteilung kann hierzu zwar relevante Informationen liefern. „Das Trennungsgespräch sollen die Führungskräfte aber mal schön selbst führen", erklärt Herr Rensing — und verweist darauf, dass er und seine Abteilung eben kein „Bauchladen" mehr sein möchten. Wegen dieser und anderer „Bomben" sei es wahrscheinlich sinnvoll, zunächst ein Einzelgespräch mit dem Geschäftsführer, dann erst mit einzelnen Linienführungskräften zu führen — und erst anschließend einen gemeinsamen Workshop abzuhalten.

Diese Idee ist Herrn Rensing gekommen, als der Coach seinem Coachee eine Visualisierungsübung angeboten hat, bei der dieser sich wie in einem Film genau vorstellen sollte, wie der Geschäftsführer und die Linienführungskräfte gemeinsam in einem Workshop sitzen und seinen Vorschlägen zum ersten Mal begegnen. Dazu hat der Coach ihm folgende Fragen gestellt:

- Wie reagiert der Geschäftsführer in diesem „Film" auf seine Vorschläge? Wie die Linienführungskräfte?
- Wie kommunizieren die Teilnehmer miteinander? Der Geschäftsführer mit den Führungskräften, die Führungskräfte untereinander und alle Beteiligten mit Herrn Rensing?

- Welche Veränderungen kann Herr Rensing in diesem Film „Durchführung des Workshops" im Verhalten und im Kommunikationsmuster erkennen?
- Welche Stimmungen kann er aufnehmen?
- Wie entwickelt sich die Stimmung im Verlauf des Workshops?
- Wie reagiert Herr Rensing selbst? Wie begegnet die Gruppe seinen Reaktionen?

Da der Coachee über ein gutes Visualisierungsvermögen verfügt, entwickelt sich bei ihm ein sehr konkreter Film. Eine bestimmte Szene kann er sich besonders genau vorstellen: Wie die Führungskräfte sich in ihrer Ablehnung gegenseitig hochschaukeln, wenn es darum geht, was sie jetzt „auch noch alles übernehmen sollen". Diese Gefahr unliebsamer Überraschungen und Koalitionsbildungen innerhalb der Gruppe ist ihm dann doch zu groß. Führungskräfte haben insbesondere in Gruppen die Eigenschaft, gerne die Kontrolle zu behalten — sie mögen keine Überraschungen, insbesondere dann nicht, wenn es um ihren Status oder ihre Interessen geht. Das wird Herrn Rensing bei dieser Visualisierungsübung sehr klar. Eben deshalb plant er zunächst Einzelgespräche, um dann — wenn die größten Hürden vorbesprochen sind — einen Workshop durchzuführen.

Marketing für Management-Coachs

6 Marketing für Management-Coachs

Dieses Kapitel richtet sich an den *Coach als Unternehmer*, der sich und seine Dienstleistung einem passenden Zielpublikum vorstellen und anbieten möchte. Sie finden hier konkrete Hilfestellungen auf dem Weg von der ersten Idee, sich als Business-Coach selbständig zu machen, über das individuelle Dienstleistungsportfolio bis hin zum seriösen Marktauftritt, der gezielten Kundenansprache und der professionellen kollegialen Vernetzung.

6.1 Positionierung

Der Begriff *Coach* ist nicht geschützt. Zahlreiche Institute bieten eine Ausbildung zum Coach an; die Themenfülle, für die Coaching angeboten wird sowie neue Beratungsformate entwickeln sich unablässig. Um in dieser Vielfalt und Heterogenität wahrgenommen zu werden, ist es unabdingbar, sich sehr klar zu positionieren. Sie sollten sich also von vorneherein abgrenzen und differenzieren gegenüber ähnlichen Anbietern und ihren Dienstleistungen. Dafür gilt es zuallererst, die Kernfragen zu beantworten:

- Was kann ich?
- Was will ich?
- In welchem Markt biete ich meine Beratungsleistung an?

Abb. 1: Kreisdiagramm zur Positionierung

6.1.1 Was kann ich?

Eine umfassende Antwort auf diese Frage ist so vielschichtig wie das Individuum, das die Frage stellt. Zunächst einmal ist da die Grundausbildung (Studium, Fachrichtung, Abschlüsse, Zertifikate, Zeugnisse, ...), dann zusätzliche Kenntnisse wie Sprachen, EDV, weitere berufsrelevante Fähigkeiten und Kompetenzen sowie die in Unternehmen gesammelten Erfahrungen in verschiedenen Positionen und auf unterschiedlichen Hierarchieebenen. Im zweiten Teil sind die persönlichen Vorlieben, Hobbys, Ehrenämter, Stärken und Leidenschaften in Betracht zu ziehen. Und der dritte Teil der Antwort sollte auf die spezifische Sozialisation in der Herkunftsfamilie, auf den Heimatort und die sprachliche Färbung, die regionale Zugehörigkeit, die politische und soziologische Verortung und ähnliche Faktoren eingehen. All diese Facetten machen die besonderen Fähigkeiten eines Coachs aus. Damit wird sein individuelles Angebot der Beratung spezifisch, unterscheidbar und nicht austauschbar. Die Verdichtung der professionellen Kompetenz als Coach kann bildlich sehr gut mit der Baum-Metapher dargestellt werden.[1]

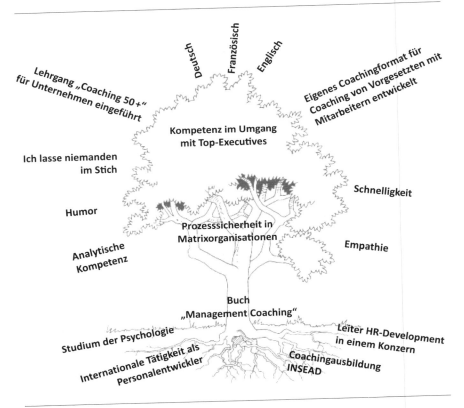

Abb. 2: Kompetenzendarstellung als Baum (Abbildung angelehnt an Klaus Eidenschink und Karin Horn-Heine, Hephaistos-Institut, Krailling bei München)

---

[1] Diese Metapher wird in der zweijährigen Coachingausbildung des Hephaistos-Instituts in Krailling bei München zur Positionierung der Absolventen eingesetzt.

Die *Wurzeln* des Baums bezeichnen dabei die Grundlagen der professionellen Rolle als Coach, also alle Kenntnisse und Fähigkeiten, die der Coach im Lauf der Zeit erworben hat, die in seiner Ausübung der Beratung prägend sind und die er zu nutzen weiß:

- Studium mit spezifischen Schwerpunkten
- Eigene Veränderungserfahrungen in Unternehmen
- Führungsverantwortung im beruflichen Kontext
- Erfahrung mit Konzern- und Matrixstrukturen
- Kenntnisse über den Mittelstand, über inhaber- und familiengeführte Organisationen
- Erfahrung als Berater und in Linienfunktionen
- Zertifizierungen, Auditierungen
- …

Den *Stamm* bilden all die Kernkompetenzen im professionellen Kontext, die eine tragende und identitätsrelevante Bedeutung haben. Sie bestehen aus besonderem Wissen und Erfahrungen, besitzen einen relevanten Kundennutzen und sind stetig ausbaubar.

Einige Beispiele:

- Liebe zur Sprache hilft dabei, feine Nuancen präzise auf den Punkt zu bringen.
- Genauigkeit im Denken befähigt zur trennscharfen Wahrnehmung der relevanten Themen.
- Leidenschaft für Menschen ermöglicht Aufmerksamkeit und Zugewandtheit allen Anliegen gegenüber.
- Das Verfassen zielgruppenrelevanter Literatur sichert die wissenschaftliche Basis und Qualität der Beratung.
- Zusätzliche Ausbildungskomponenten z. B. als Burnout-Berater erhöhen die Beratungs- und Handlungskompetenz in anspruchsvollen professionellen Situationen.

Die *Früchte* an den Ästen sind die *spezifischen Ausprägungen* des professionellen Profils, mit denen der Coach seine persönlichen Kernkompetenzen von ähnlichen Kernkompetenzen der Mitbewerber unterscheidet. Manchmal lassen sich diese „Früchte" auch in einem kurzen Statement zusammenfassen:

„Ich bin humorvoll, schnell, unabhängig und schone – sofern nötig – niemanden."
Klaus Eidenschink, Business-Coach aus München

Ein solches *Motto* definiert ein kompaktes Alleinstellungsmerkmal und spricht zielgenau den Typ Manager an, der sich oft nach einem echten Feedback sehnt und dem ein unabhängiges, ehrliches Gegenüber fehlt, das kompetent, aufrichtig und konstruktiv-präzise auch unangenehme Wahrnehmungen ausspricht.

In diesem Stadium arbeitet man mittels differenzierter Selbstwahrnehmung, Selbstreflexion und Selbstbeschreibung. Diese Selbstvergewisserung sowie die nachfolgende professionelle Verdichtung sagen allerdings noch nichts darüber aus, ob dieses individuelle Angebot auch von anderen in gleicher Weise wahrgenommen wird.

TIPP: Erweitern Sie Ihr Selbstbild durch eine Fremdeinschätzung

Um das Thema *Was kann ich?* abzurunden, sollten Sie neben der Selbsteinschätzung nach Möglichkeit mindestens drei Fremdeinschätzungen einholen. Das können beispielsweise die Feedbacks von Kollegen, Kunden, Ausbildungsteilnehmern oder Beratern aus angrenzenden Themenfeldern sein.

Besonders bewährt hat sich ein Feedback zu folgenden Fragen:

- Wo sehen Sie meine Stärken?
- An welchen Projekten und Beispielen machen Sie das fest?
- Was ist aus Ihrer Sicht mein spezifisches Alleinstellungsmerkmal?
- Welche Schwächen und Lernfelder sehen Sie bei mir?
- Worauf sollte ich mich aus Ihrer Sicht als Coach konzentrieren?

Die Antworten auf diese Fragen erlauben Ihnen interessante zusätzliche Einblicke in das, was von anderen als Ihr Profil erlebt und gesehen wird. Selbst- und Fremdeinschätzung können Sie dann in einer kompakten Matrix nebeneinanderstellen, um im Vergleich die wichtigsten Punkte zu identifizieren

Matrix der Selbst- und Fremdeinschätzung			
Fragen	Selbsteinschätzung	Fremdeinschätzung 1	Fremdeinschätzung 2
Wo sehen Sie meine Stärken?			
An welchen Projekten und Beispielen machen Sie das fest?			
Was ist aus Ihrer Sicht mein spezifisches Alleinstellungsmerkmal?			
Welche Schwächen und Lernfelder sehen Sie bei mir?			
Worauf sollte ich mich aus Ihrer Sicht als Coach konzentrieren?			

Erfolgsgeschichten

Neben der Selbst- und der Fremdeinschätzung sind Berichte über konkrete Arbeitserfolge am besten geeignet, um die eigenen Leistungen als Coach darzustellen. Echte, selbst erlebte und selbstverständlich anonymisierte Beispiele aus dem Coaching sagen wesentlich mehr aus als abstrakte Beschreibungen. Deshalb hat es sich bewährt, erfolgreiche Coachingsequenzen nicht nur im Gedächtnis zu bewahren, sondern die betreffenden Erfahrungen mittels einer klaren Struktur, der sogenannten *STAR-Technik*, zu formulieren. Dabei ist *STAR* das Akronym für:

- *Situation*: das konkrete Anliegen, mit dem der Coachee beim Coach Hilfe sucht
- *Task*, konkreter Auftrag: wird zu Beginn der Beratung von Coach und Coachee gemeinsam fokussiert und geklärt und im Verlauf des Prozesses nötigenfalls angepasst
- *Action*, Interventionen: Sensibilisierung des Coachees mit dem Ziel der Klärung der Situation, einer besseren Wahrnehmung seiner Gefühle und der Entwicklung bewusster und durchdachter Reaktionen
- *Result*, Ergebnis: Unterstützung des Coachees bei der Ableitung eines sinnvollen Umgangs mit dem Thema jenseits seines Skripts

(mehr dazu im Kapitel 5.2, *Das Modell der Transaktionsanalyse*) und bei der Entwicklung neuer Erlebens- und Verhaltensweisen

▶ **BEISPIEL: Eine STAR-Geschichte**

Situation: Ein Vorstandstrio hat sich im Verlauf einer zugespitzten wirtschaftlichen Krise entzweit, wobei zwei Vorstände sich gegen den dritten solidarisieren. Der dritte Vorstand fühlt sich isoliert, missverstanden, ausgegrenzt und kommt mit dem Wunsch nach Unterstützung in die Beratung.

Task, konkreter Auftrag: Der Manager möchte vordergründig darin bestätigt werden, dass er im Recht ist. Hinter dem persönlichen Konflikt erkennt der Coach jedoch bei seinem Coachee Angst vor der eigenen Zukunft und Angst um die Zukunft des Unternehmens. Wege aus dieser zunächst persönlichen, im Grunde jedoch organisationalen Krise zu erarbeiten, ist der *Auftrag hinter dem Auftrag*.

Action, Interventionen: Zunächst ist es für den Manager wichtig, die von ihm selbst erlebte Situation der Abwertung und Isolation zu verstehen und auch ein Bewusstsein seiner eigenen Abwertung der beiden „Gegenspieler" zu entwickeln. Im nächsten Schritt erfolgt eine Sensibilisierung für die Ängste, die hinter den persönlichen Zwistigkeiten in Bezug auf das Unternehmen liegen. Alle drei Vorstände haben die Krise des Unternehmens durch den persönlichen Konflikt überlagert, weil sie alle sich der Krise selbst gegenüber hilflos fühlten.

Result, Ergebnis: Im Coachingprozess erkennt der Manager sein Muster, die Kollegen abzuwerten und das tatsächlich brennende Thema der unternehmerischen Krise sowie der eigenen Hilflosigkeit hinter persönlichen Konflikten zu verstecken. Dieser emotionale und mentale Prozess ermöglicht es dem Coachee, aktiv das Gespräch mit den beiden Vorstandskollegen zu suchen, die persönliche Polarisierung zum Gegenstand zu machen und die gemeinsame dahinterliegende Angst vor der Insolvenz des Unternehmens zu formulieren. Das versetzt das Trio in die Lage, die gegenseitige persönliche Abwertung aufzugeben, die eigenen Ängste angesichts der Krise zu benennen und sich produktiv um unternehmerische Lösungen zu bemühen.

Dieses Beispiel illustriert die Kompetenz des Coachs, Konflikte zwischen Führungskräften auf Top-Ebene schnell und effizient zu lösen sowie das *Thema hinter dem Thema* zu benennen und aufzugreifen. Es zeigt, dass der Coach sehr genau zuzuhören versteht, die Signale des Geschilderten auf verschiedenen Ebenen interpretieren kann und den Aussagen hermeneutisch eine Bedeutung zuordnet. Zudem verdeutlicht es die inhaltliche Kompetenz des Coachs auf persönlich-psychologischer und organisational-systemischer Ebene.

TIPP: Zeigen Sie Ihre zielgruppenspezifische Expertise

Eine Erfolgsgeschichte allein reicht nicht aus, um sich als Spezialist zu profilieren. Sammeln Sie deshalb für jede Ihrer Spezialisierungen mindestens drei unterschiedliche Beispiele mit verschiedenen Zielgruppen, um Ihre Expertise nachzuweisen.

6.1.2 Was will ich?

Nicht jeder Coach ist befähigt und hat auch den Wunsch, mit Experten und Führungskräften in großen Unternehmen zu arbeiten. Überlegen Sie sich genau, mit welcher Zielgruppe Sie sich wirklich wohlfühlen, für wen Sie mit Ihrer Expertise einen echten Mehrwert generieren können, wer Sie sofort ernst nehmen wird und wen Sie selbst ernst nehmen. Bedenken Sie auch, welche Themen, Anliegen, Konflikte und Problemstellungen Sie wirklich lösen können und wollen.

BEISPIEL: Spezialistin für Familienunternehmen

Sylvia Schaller ist von ihrer ursprünglichen Ausbildung her Therapeutin und hat als solche auch viele Jahre in der öffentlichen Verwaltung und in der Einzelfallhilfe gearbeitet. Inzwischen hegt sie den Wunsch, Unternehmer und Führungskräfte zu beraten. Ihre Ansprache hat allerdings zunächst keinen Erfolg, weil der therapeutische Kontext viele abschreckt. Daher formuliert Frau Schaller ihre Erfolgsgeschichten aus, die belegen, dass sie regelmäßig mit Klienten aus Familienunternehmen arbeitet und diese Zielgruppe sehr gut kennt. Mithilfe ihrer Erfolgsgeschichten überarbeitet sie auch ihren Internetauftritt und spricht dabei gezielt Familienunternehmen des unteren Mittelstands mit maximal 500 Mitarbeitern an. Der erste Auftrag lässt nicht lange auf sich warten und bereits nach einem Jahr ist Sylvia Schaller in ihrer Region sehr erfolgreich im Handwerk, in kleinen produzierenden Unternehmen sowie in der Hotellerie und Gastronomie unterwegs. Sie hat gespürt, dass sie sich in der Welt der großen Unternehmen, der Konzerne und internationalen Organisationen nicht wohlfühlt und daher die Ansiedlung auf einer etwas tiefer gelegenen Ebene für sie wesentlich fruchtbarer ist.

▶ **BEISPIEL: Internationaler Changeexperte**

Ganz anders hat Bijan Merizadi die Frage *Was will ich?* beantwortet. Er kommt ursprünglich aus dem Iran, hat in den USA und in Deutschland studiert und war dann über zehn Jahre lang in leitender Funktion in einem Konzern tätig. Inzwischen spricht er fünf Sprachen und ist in der ganzen Welt auf allen Kontinenten zu Hause. Seine Wunsch-Auftraggeber sind die großen, internationalen Konzerne — der Mittelstand reagiert erfahrungsgemäß eher mit Vorbehalten, wenn die Zielperson noch nicht einmal den Namen des Coachs flüssig aussprechen kann. In Unternehmen, die Diversity als Mehrwert erkannt haben, kann der Coach mit dem komplizierten Namen hingegen schnell für Vertrauen sorgen. Er berät in mehreren Sprachen und ist durch seine interkulturelle Breite gerade für internationale Auftraggeber ein Gewinn.

6.1.3 Was ist mein Markt?

Je nachdem, wie der Coach die Fragen nach seiner Positionierung und nach der von ihm anvisierten Zielgruppe beantwortet, muss er seinen Markt definieren. Der Markt sind also nicht etwa „alle möglichen" Unternehmen, sondern für Sylvia Schaller z. B. nur die Unternehmen aus Handwerk, produzierendem Gewerbe, Hotellerie und Gastronomie mit einer Größe bis zu 500 Mitarbeitern in ihrer Region. Für Bijan Merizadi sind es hingegen vor allem Konzerne aus dem Bereich Informations- und Kommunikationstechnologie, die Führungskräfte in Indien, den USA und im arabischen Raum beschäftigen. Weiter unten werden wir noch genauer erläutern, wie es gelingt, diese spezifischen Zielgruppen erfolgreich anzusprechen.

TIPP: Professionelle Zielgruppendefinition

Als Coach sollten Sie also unbedingt definieren, auf welche professionellen Zielgruppen Sie sich spezialisieren wollen. Das betrifft sowohl verschiedene Unternehmenstypen, Organisationen und Branchen als auch unterschiedliche Funktionen, Hierarchieebenen und berufliche Rollen. Sogar in Bezug auf das Geschlecht oder die Altersgruppe sind hier Differenzierungen möglich. So unterschiedlich all diese Marktsegmente sind, so zielgenau sollte auch Ihre Ansprache als Coach bei der Suche nach Aufträgen sein.

Aus der Zusammenschau all dieser Vorüberlegungen sollte es Ihnen gelingen, Ihre persönlichen trennscharfen Alleinstellungsmerkmale, Ihre *Unique Selling Proposition*, zu formulieren. Um diese abzusichern, lohnt es sich, ein wenig Marktforschung inklusive Wettbewerbsanalyse zu betreiben. Dafür finden Sie beispielsweise im *Coach-Guide* der *managerSeminare* (**www.managerseminare.de/Guides/CoachGuide**) viele Mitbewerber aus Deutschland, Österreich und der Schweiz, geclustert nach Themen, Inhalten und Regionen. Auch die großen Coach-Datenbanken wie z. B. **www.coach-datenbank.de** und **www.dbvc.de** sind ideale Plattformen für die Recherche, um andere Angebote, Auftritte und Positionierungen kennenzulernen und sich erfolgreich davon abzugrenzen.

6.2 Marketing als Coach: die 5-P-Systematik

Die Positionierung hilft Ihnen als Coach dabei, Ihre Unverwechselbarkeit, Ihr Alleinstellungsmerkmal zu identifizieren und zu formulieren. Im nächsten Schritt gilt es, im Sinne der klassischen 5 P des Marketings — *Product, Place, Price, Promotion und Plus* — die Dienstleistung, also Ihr Angebot als Coach, den Preis und auch den spezifischen Mehrwert an Ihre Zielgruppen zu kommunizieren und sie damit als Kunden für sich zu gewinnen.

6.2.1 Product: Welches Produktportfolio biete ich an?

Passend zur eigenen Positionierung und entsprechend der Nachfrage am Markt entwerfen Sie ein Produktportfolio, das sehr spezifisch und unverwechselbar ist, mit Ihren eigenen persönlichen Kompetenzen korrespondiert und Ihrer Zielgruppe einen echten Mehrwert vor Augen führt. Weil das nicht immer einfach ist, erweitern Coachs ihre Kompetenzen oft durch eine Zusatzausbildung als Trainer oder Projektmanager. Auch die Kombination von Mediation und Coaching hat sich inzwischen etabliert. Bei der Auswahl von Entwicklungsmöglichkeiten sind Zusatzausbildungen, Zertifizierungen und Auditierungen mit einem klaren Bezug zur *Wirtschaftswelt* von Vorteil. Vor der Phase der Produktentwicklung und vor der Entscheidung für eine Spezialisierung ist es allerdings angezeigt, sich intensiv mit den aktuellen Entwicklungen in den anvisierten Zielunternehmen, mit Strömungen in der Wirtschaft der Region und mit der gesellschaftlichen und politischen Lage auseinanderzusetzen, um sich daraufhin als Dienstleister optimal positionieren zu können. Die nachfolgend vorgestellten Spezialisierungen sind als einzelne Varianten und Facetten der Coachingtätigkeit, als Auswahl und Anregung zu verstehen. Wir verknüpfen damit keine Empfehlung in eine bestimmte Richtung, sondern möchten lediglich Impulse setzen.

▶ **BEISPIEL: Eignungsdiagnostik und Coaching**

Armin Pohl hat sich auf HR-Management und Eignungsdiagnostik im Verbund mit Coaching spezialisiert. Vor allem Mittelständler aus dem IT- und TK-Umfeld nehmen seine Dienstleistung gerne in Anspruch, weil er Branchenfachmann ist und als Diagnostiker Entscheidungen validieren und objektivieren kann. Seine Kunden vertrauen sich ihm gerne an, denn er stellt nicht nur die Nachvollziehbarkeit von Personalentscheidungen über Testverfahren sicher, sondern bringt als Coach zusätzlich den ganzheitlichen Blick auf Kompetenzprofil und Persönlichkeit der Kandidaten ein. Die eignungsdiagnostische und die Coachingkompetenz ergänzen sich in seinem Falle optimal und führen in dieser Kombination zu sehr guten Resultaten.

Spezialisierung im Bereich Eignungsdiagnostik und Personalauswahl

Im Geschäftsleben wird es immer entscheidender, dass die richtigen Personen am richtigen Ort ihre Fähigkeiten gezielt und schnell zum Wohle des Unternehmens einsetzen und tatsächlich über das für eine Position erforderliche Skill- und Handlungsrepertoire verfügen. Assessment-Center und berufsbezogene Persönlichkeitstests sollen das sicherstellen. *Assessment-Center* sind Einzel- oder Gruppenverfahren, in denen durch strukturierte Interviews, fachbezogene Case Studies und Gruppenübungen ermittelt werden soll, ob Bewerber fachlich für eine Position geeignet sind oder nicht. Z. B. werden die Bewerber fachspezifischen *Stresstests* unterzogen wie der „Postkorbübung": Hier muss der Bewerber in einer limitierten Zeiteinheit eine bestimmte Menge von E-Mails und Vorgängen in seinem Postfach sichten, ordnen, priorisieren und die passenden Maßnahmen aus der Informationsfülle ableiten. Die *berufsbezogenen Persönlichkeitstests* hingegen sollen über Ratings und Korrelationsanalysen bezüglich spezifischer Persönlichkeitsmerkmale statistische Wertungen über die Eignung oder Nichteignung eines Bewerbers für eine bestimmte Position ermöglichen. Will man sich in diesem Bereich profilieren, sollte man also Kompetenzen in beiden Themenbereichen besitzen, um in Unternehmen als adäquater Sparringspartner und Coach in Sachen Personalauswahl wahrgenommen zu werden.

Die Gestaltung eines Assessment-Centers wird in enger Zusammenarbeit mit dem Unternehmen entwickelt, das die Beratung wünscht. Der Coach entwirft dafür z. B. auf der Basis einer skalierten Kompetenzmatrix strukturierte Fragen und sachdienliche Aufgaben, an denen abzulesen ist, ob die für die ausgeschriebene Position benötigten Fähigkeiten bei den einzelnen Bewerbern in ausreichendem Maß vorhanden sind. Will der Coach dieses „Produkt" als Dienstleistung anbieten, so muss er natürlich eine gewisse Nähe zu der Branche und den Positionen haben, die besetzt werden sollen. Ohne echte *Feldkompetenz* ist eine solche Spezialisierung also nicht glaubhaft zu vermitteln.

Es kann sogar sinnvoll sein, diese Feldkompetenz zu erweitern, indem man sich als *Coach für berufsbezogene Persönlichkeitstests* akkreditieren lässt und damit eine Zulassung erwirbt, um solche Tests anwenden und auswerten zu dürfen. Wir erleben im Coaching gerade ein Comeback solcher Testverfahren, die einen beruflich relevanten und klar definierten Verhaltensausschnitt, diverse Eigenschaften und Verhaltens- oder Erlebensweisen messen und vergleichen. Sie werden gerne als Einstieg genutzt, um Themen für die anschließende Beratung zu identifizieren und vorzubereiten. Natürlich darf man diese Tools keinesfalls unreflektiert nutzen. Ansonsten besteht die Gefahr, die echten Anliegen des Coachees aus den Augen zu verlieren und auf die über Testverfahren generierten Anhaltspunkte zu reduzieren. Als Ergänzung können sie jedoch eine sinnvolle Maßnahme sein und gleichzeitig den vom Coach beratenen Führungskräften als Testverfahren nahegebracht werden, die sie selbst zukünftig in ihrem Unternehmen anwenden und als Instrumente der Personalentwicklung einsetzen können. Im Kapitel 6.2.2, *Persönlichkeitstests: Eine Möglichkeit zusätzlicher Qualifikation*, werden wir Ihnen einige dieser Instrumente vorstellen.

Spezialisierung im Bereich der individuellen Karriereberatung

Eine weitere Differenzierung gegenüber Kollegen bietet der Schwerpunkt Karriereberatung. Diese „Produktlinie" setzt allerdings ein intensives Training on the Job in einer kompetenten Beratungsfirma voraus. Die professionelle Begleitung von Fach- und Führungskräften bei der Suche nach einer neuen Aufgabe erfordert spezifisches Methodenwissen. Dazu gehören Kenntnisse der psychologischen Potenzialanalyse, die Erforschung der Stärken, Schwächen, Erfolge und Kernkompetenzen eines Kandidaten, grundlegendes Wissen rund um die gezielte Profilierung in Wort und Schrift sowie die adäquate Positionierung auf dem Arbeitsmarkt. Damit ein Berater seine Kandidaten gezielt platzieren kann, braucht er zudem eine gute Kenntnis des branchenspezifischen Arbeitsmarkts, ein breites Branchen-Know-how und ein klares Bewusstsein der unterschiedlichen Struktur kleiner und mittelständischer Unternehmen sowie großer Konzerne.

Zumindest in ein oder zwei Branchen sollte sich der Coach genau damit auskennen, welche Organisationsstrukturen, Hierarchien, Funktionen und Positionen in den Unternehmen üblich sind, wer als Key Player betrachtet wird und in welcher Region diese Schlüsselunternehmen hauptsächlich angesiedelt sind. Im persönlichen Netzwerk des Coachs sollten sich überdies Ansprechpartner bei den wichtigsten Personalberatern befinden, denn wer Manager beraten möchte, kommt an diesen Vermittlern zwischen Unternehmen und wechselbereiten Führungskräften nicht vorbei. Sie haben schon über manche Karriere entschieden, und wer als Karriereberater den guten Draht zum „Headhunter" sinnvoll zu nutzen weiß, kann seine Kandidaten bei der Suche nach einer neuen beruflichen Herausforderung hervorragend unterstützen. Sicher sein sollte man auf diesem Feld ebenfalls im Verhandeln von Arbeitsverträgen, im Formulieren von Zeugnissen und im Trainieren optimaler Strategien für Vorstellungsgespräche, Auswahlszenarien und Assessment-Center.

Spezialisierung im Bereich Organisationsentwicklung

Wer den Fokus nicht auf die Individuen allein, sondern auf ganze Unternehmen und deren Veränderung legen möchte, kann sich als systemischer Organisationsentwickler und Changemanagementberater ausbilden lassen. Diese Ausbildungen umfassen normalerweise theoretische Grundlagen und Grundbegriffe der Organisation, beleuchten verschiedene Strategien und ausgewählte Instrumente der Organisationsentwicklung, vertiefen die Prozess- und Projektmanagementkompetenz im Umgang mit organisationalen Veränderungen und schulen den Umgang mit Großgruppen sowie mit Konflikten auf individueller Ebene, Teamebene und mit Ambivalenzen und Widerständen auf Unternehmensebene. Meist schließt sich eine praktische Fallarbeit an oder ist von Anfang an Bestandteil der Ausbildung. Der Coach ergänzt also sein individualpsychologisches Know-how um den systemischen Fokus der Organisation, was ihm in den Augen der Zielgruppe besonders hohe Kompetenzen und eine starke Glaubwürdigkeit verleiht, wenn er dieses Wissen denn auch mit praktischer Erfahrung untermauern kann.

Spezialisierung im Bereich Supervision

Die Supervision ist, wie auch das Coaching selbst, eine arbeitsfeldbezogene Beratung, die Führungskräfte und ihre Teams bei krisenhaften Veränderungen und bei der adäquaten Adaption neuer Bedingungen in Organisationen begleitet. Auf der Grundlage der Haltungen und Fähigkeiten, die der Coach bereits mitbringt, werden in einer ergänzenden Supervisionsausbildung zusätzliche diagnostische und systemische Kompetenzen vermittelt, die prozessorientierte Beratung von

Einzelnen und Gruppen eingeübt und ein breites Repertoire an Methoden und Techniken vermittelt, die ihn bei der erfolgreichen und zufriedenstellenden Gestaltung seiner professionellen Rolle unterstützen. Anders als in der Karriereberatung und Organisationsentwicklung ist es in der Supervision keine Voraussetzung, Experte in einem bestimmten Berufsfeld oder einer Branche zu sein. Der Supervisor ist hingegen eher Experte für die *richtigen Fragen* und den gelingenden *Verständigungsprozess* zwischen Individuen und in Gruppen sowie ein Fachmann der persönlichen, sozialen, interaktiven und institutionellen Faktoren und ihres Zusammenspiels.

Die obige Auswahl an Spezialisierungen zeigt, dass viele unterschiedliche fachliche und themenbezogene Differenzierungen möglich sind. Das soll nicht heißen, dass die trennscharfe Produktentwicklung nur mithilfe spezieller Zertifizierungen oder Zusatzausbildungen gelingen kann. Es ist allerdings über besondere Qualifikationen deutlich einfacher, einen Nutzen an die potenzielle Zielgruppe zu kommunizieren, der als echter Mehrwert erlebt wird.

TIPP: Machen Sie Ihre eigenen Erfahrungen

Bevor Sie sich für eine bestimmte Spezialisierung oder Zusatzausbildung entscheiden, sprechen Sie mit Kollegen, die bereits damit arbeiten, und machen Sie sich deren Erfahrungen zunutze. Am besten prüfen Sie das Angebot im Selbsttest in einer oder zwei Sitzungen bei kompetenten Vertretern, um danach zu entscheiden, ob Sie es als echten Mehrwert und als Alleinstellungsmerkmal erleben und ob es Ihr persönliches Profil sinnvoll ergänzt.

6.2.2 Persönlichkeitstests: Eine Möglichkeit zusätzlicher Qualifikation

Wie oben erwähnt, lassen sich verschiedene Testverfahren sehr gut im Rahmen des Manager-Coachings verwenden oder auch dem Coachee für den Einsatz in seinem Unternehmen nahebringen. Wir wollen Ihnen daher im Folgenden einige wichtige Vertreter dieser Testverfahren vorstellen.

Die Big Five

Ein psychologisches Persönlichkeitsmodell, das im Coaching häufig diagnostisch genutzt wird, sind die *Big Five*. Es handelt sich hier um ein Fünf-Faktoren-Modell, dem die Annahme von fünf Grunddimensionen der Persönlichkeit zugrunde liegt, anhand derer sich Unterschiede zwischen Menschen treffend beschreiben lassen. Auf der Basis dieses bereits um 1930 entstandenen Modells entwickelten Paul Costa und Robert McCrae mit dem *NEO-FFI* (1987) einen bis heute international eingesetzten Test, indem sie fünf robuste und messbare Faktoren als stabile Grunddimensionen der Persönlichkeit nachwiesen — unabhängig von Fragebogeninstrumenten oder statistischen Methoden, unabhängig auch von der Art der Stichprobe oder kulturellen Rahmenbedingungen. Die beiden Forscher identifizierten diese Kriterien sowohl in Adjektivlisten als auch in multidimensional aufgebauten Persönlichkeitsfragebögen — gleichermaßen in Selbst- und Fremdbeschreibungen.

Weitere Persönlichkeitsforscher aus vielen Ländern führten die lexikalische Tradition weiter und konnten die gefundene Struktur für ihre jeweiligen Sprachräume bestätigen. Somit war ein länder- und sprachenübergreifendes diagnostisches System der Persönlichkeitspsychologie etabliert, das inzwischen einige an diesen fünf Dimensionen orientierte Persönlichkeitsinventare hervorgebracht hat. Tests auf dieser Grundlage werden bevorzugt in der Stressforschung, im Schul- und Erziehungsbereich, auf dem Gebiet der politischen Einstellungen sowie im Management genutzt. In Deutschland bekannt sind der *NEO-FFI* (das NEO-Fünf-Faktoren-Inventar) und die erweiterte Fassung des *NEO-PI-R* (das NEO-Persönlichkeitsinventar), wobei *NEO* für *Neurotizismus, Extraversion* und *Offenheit für Erfahrungen* steht. Beide Testverfahren sind objektiv, verlässlich und valide und erfassen die folgenden Persönlichkeitsbereiche:

- *Neurotizismus*
  Nervosität, Ängstlichkeit, Traurigkeit, Unsicherheit, Verlegenheit, gesundheitliche Sorgen, Neigung zu unrealistischen Ideen, geringe Bedürfniskontrolle, unangemessene Reaktionen auf Stress
- *Extraversion*
  Geselligkeit, Aktivität, Gesprächigkeit, Personenorientierung, Herzlichkeit, Optimismus, Heiterkeit, Empfänglichkeit für Anregungen und Aufregungen
- *Offenheit für Erfahrung*
  Hohe Wertschätzung neuer Erfahrungen und Abwechslungen, Wissbegierde, Kreativität, Phantasie, Unabhängigkeit im Urteil, vielfältige kulturelle Interessen, Interesse für öffentliche Ereignisse
- *Verträglichkeit*
  Altruismus, Mitgefühl, Verständnis, Wohlwollen, Vertrauen, Kooperativität, Nachgiebigkeit, starkes Harmoniebedürfnis
- *Gewissenhaftigkeit*
  Ordnungsliebe, Zuverlässigkeit, Anstrengungsbereitschaft, Pünktlichkeit, Disziplin, Ehrgeiz

Der NEO-FFI ist unter *www.testzentrale.de/programm/neo-funf-faktoren-inventar.html* als Produkt mit Handbuch, 25 Fragebögen, Schablone und Box zu beziehen. Er ist als Paper-Pencil-Variante oder auch als Softwareprodukt zur Onlinetestbearbeitung erhältlich.

Weitere Persönlichkeitstests
Es existieren noch etliche andere Persönlichkeitstests, die in Unternehmen zur Validierung von Personalauswahlverfahren, für Personalentscheidungen und zur Stellenbesetzung herangezogen werden. Einige Beispiele:

- BIP — Bochumer Inventar zur berufsbezogenen Persönlichkeitsbeschreibung
- MBTI — Myers-Briggs-Typenindikator
- HBDI — Hermann Brain Dominance Instrument
- INSIGHTS MDI
- LIFO-Methode
- DISG-Modell

Diese Übersicht basiert auf Aussagen von Personalverantwortlichen in Unternehmen, mit denen wir zusammenarbeiten und die in Größe, Branchenzugehörigkeit, nationaler Verteilung und Organisationsform sehr heterogen sind. Sie erhebt jedoch keinen Anspruch auf Vollständigkeit. Nachfolgend stellen wir die Instrumente im Einzelnen vor.

BIP — Bochumer Inventar zur berufsbezogenen Persönlichkeitsbeschreibung

Das 1998 von Rüdiger Hossiep und Michael Paschen veröffentlichte und 2003 völlig überarbeitete Verfahren ist eines der gängigsten Tests für die Nutzung in Unternehmen. Seit einigen Jahren ist es sowohl als Paper-Pencil-Verfahren als auch online als PC-gestützte Version in Deutsch und einigen weiteren zentralen Sprachen erhältlich. Es wird durch das Projektteam um Rüdiger Hossiep an der Ruhr-Universität Bochum kontinuierlich weiterentwickelt. Die einzelnen Dimensionen des BIP sind:

- Berufliche Orientierung: Leistungs-, Gestaltungs- und Führungsmotivation
- Arbeitsverhalten: Gewissenhaftigkeit, Flexibilität, Handlungsorientierung
- Soziale Kompetenzen: Sensitivität, Kontaktfähigkeit, Soziabilität, Teamorientierung, Durchsetzungsstärke
- Psychische Konstitution: Emotionale Stabilität, Belastbarkeit, Selbstbewusstsein

Das BIP ist geeignet für den Einsatz bei Fragestellungen in Personalauswahl und Personalentwicklungsprozessen, wird aber auch im Rahmen der Karriereberatung sowie in den Bereichen Training, Coaching und Teamentwicklung genutzt. Außerdem kann das Testverfahren im Rahmen eines Assessment-Centers durchgeführt und durch Fremdeinschätzungen ergänzt werden. An den Ergebnissen lassen sich gut Abweichungen zwischen Selbst- und Fremdbild eines Kandidaten erkennen und diskutieren.

Das Verfahren ist valide und stützt sich auf eine breit abgesicherte Datenlage. Es ist leicht zu handhaben und im Gegensatz zu anderen Testverfahren ohne verbindliche Ausbildung bzw. Lizenzierungsverfahren frei zugänglich. Dennoch ist es in jedem Fall sinnvoll, sich intensiv in das Verfahren einzuarbeiten und über die vom Hogrefe Verlag angebotenen Seminare eine qualifizierte Beratungskompetenz zu erwerben. Weitere Informationen finden Sie unter *www.hogrefe.de*. Der Test ist käuflich zu erwerben über die Homepage *www.testzentrale.de*.

MBTI — Myers-Briggs-Typenindikator

Der MBTI wurde ursprünglich in den USA entwickelt, liegt aber inzwischen in einer speziell für den europäischen Raum bearbeiteten Variante vor und ist als standardisiertes Instrument in etlichen Sprachen erhältlich. Er misst Neigungen und Präferenzen dazu, wie Menschen Informationen aufnehmen, zusammenstellen, Schlussfolgerungen ziehen und Entscheidungen treffen. Dabei unterscheidet der Test vier Präferenz- bzw. Gegensatzpaare:

- Extraversion und Intraversion (eher außenbezogen oder eher nach innen orientiert)
- Sensitives Empfinden und Intuition
- Denken und Fühlen
- Urteilen und Wahrnehmen

Aus der Messung dieser Präferenzen werden spezifische Konstellationen und Persönlichkeitstypen abgeleitet, die sich in ihren Denkweisen und Verhaltensmustern unterscheiden. Im beruflichen Kontext wird der MBTI genutzt in Fragestellungen von:

- Führung und Managemententwicklung
- Vertrieb und Kundenorientierung
- Teamentwicklung
- Konfliktlösung
- Arbeitsmethodik und Lernen

In über 4000 Studien wurden die Zuverlässigkeit und Validität des MBTI überprüft. Der Einsatz setzt eine Lizenzierung voraus. Weitere Informationen finden Sie unter *www.a-m-t.de*.

HBDI — Hermann Brain Dominance Instrument

Dieses Testverfahren ist bislang vor allem im deutschsprachigen Raum bekannt. Es liefert eine Denkstilanalyse und Erkenntnisse darüber, in welchem Maße Menschen bestimmte Denkweisen bevorzugen, anwenden oder vermeiden. Grundlage des Modells sind die Ergebnisse der Gehirnforschung, die der Test nutzt, um die Art und Weise, wie wir denken, verständlich zu machen. Dabei unterscheidet das HBDI vier Quadranten und gewissermaßen vier „unterschiedliche Ichs":

- ein rationales Ich, das analysiert, logisch denkt und realistisch ist,
- ein experimentelles Ich, das intuitiv ist, spekuliert und gerne spielt,
- ein organisatorisches Ich, das strukturiert, plant und zuverlässig ist und
- ein fühlendes Ich, das hilfsbereit, expressiv und emotional ist.

Das Verfahren geht davon aus, dass jeder Mensch alle vier „Ichs" in sich vereinigt, aber jeweils in unterschiedlich starken Ausprägungen. Um die jeweiligen Ausprägungen vergleichbar zu machen, werden sie zu Profiltypen zusammengefasst. In der Praxis wird das Modell eingesetzt bei Fragestellungen der Persönlichkeitsentwicklung, der Karriereberatung, der Stellenbesetzung und im Coaching. Sehr wertvoll ist das Instrument darüber hinaus für die Bereiche Teambildung und Teamentwicklung, weil es die Teamzusammensetzung sowie die Chancen und eventuellen Defizite im Team sichtbar machen kann.

Auch dieses Verfahren wird seit Jahren durch Validierungstests überprüft. Die Zertifizierung erfolgt über einen dreistufigen Ausbildungsprozess. Weitere Informationen sind unter *www.hbdi.de* zu finden.

DISG-Modell

Die Abkürzung DISG bezeichnet einen auf Selbstbeschreibung fußenden Persönlichkeitstest, aus dessen vier Grundverhaltenstendenzen — *D* für Dominanz, *I* für Initiative, *S* für Stetigkeit und *G* für Gewissenhaftigkeit — sich verschiedene Verhaltensmischtypen ermitteln lassen. Der Psychologe John G. Geier entwickelte auf Grundlage einer Typologie des Psychologen William Moulton Marston das Modell mit diesen vier Grundausprägungen ab 1965. Zunächst wurde es lediglich im universitären Kontext angewendet, erst ab 1972 etablierte sich auch die Nutzung im Wirtschaftskontext. Das DISG-Modell begreift die Persönlichkeit als Ausprägung der Wahrnehmung und Reaktion einer Person auf eine spezifische Lebenssituation. Das Verfahren ist als Papier- und Onlineversion in mehr als 25 verschiedenen Sprachen erhältlich und besteht je nach Anbieter aus einem Antwortbogen mit jeweils zwölf bis 28 Wortgruppen. Je nachdem, wie viele Punkte ein Kandidat pro Grundverhaltenstendenz erzielt, ist er oder sie ein eher *dominanter, initiativ handelnder, stetiger* oder *gewissenhafter* Typus. In der Auswertung werden das äußere Selbstbild, das innere Selbstbild und das integrierte Selbstbild unterschieden:

- Das äußere Selbstbild zeigt, wie ein Mensch sich anderen gegen-über verhält und darstellt,
- das innere Selbstbild zeigt die persönlichen Einstellungen, Werte und Überzeugungen und
- das integrierte Selbstbild beleuchtet das Gesamtbild der Schnitt-stelle zwischen Innen- und Außenwahrnehmung.

Anwendung findet dieses Handlungsmodell beispielsweise in Team-trainings als Einstieg für die Selbstbeschreibung von Kandidaten in ei-ner spezifischen beruflichen Situation. Anhand des Modells ist es gut möglich, das eigene Verhalten einzuschätzen und in Zusammenhang mit den Verhaltenstendenzen von Kontaktpersonen wie Teammitglie-dern, Mitarbeitern und Kunden zu setzen und daraufhin das eigene Verhalten darauf abzustimmen. Weitere Einsatzgebiete sind z. B. Eig-nungsdiagnostik, Führungskräfteentwicklung, Verkaufsschulungen und Coaching. Es besteht allerdings die Gefahr, dass dieses Modell zu simplifizierend verwendet wird. In diesem Fall gerät leicht die Komple-xität von Persönlichkeiten aus dem Blick und es droht eine schablo-nenhafte Typisierung — sowohl in der Beschreibung des eigenen Ver-haltens als auch in der Wahrnehmung des Verhaltens anderer.

Die Rechte am Markennamen DISG wurden im Januar 2010 per Gerichts-entscheidung von der Persolog GmbH auf die Inscape Publishing über-tragen. Diese Firma ist nun als „Authorized Distributor" gemeinsam mit verschiedenen „Associate Partners" der Ansprechpartner für Lizenzie-rung und Tests. Unter *www.disg-modell.de* sind die einzelnen Asso-ciate Partners in Deutschland aufgeführt.

INSIGHTS MDI

Dieses System aus insgesamt 20 diagnostischen Verfahren ist eine Weiterentwicklung der oben erläuterten MBTI- bzw. DISG-Verfahren. Es dient dazu, mehr Persönlichkeitsbereiche differenzierter zu erfassen und ist durch die Untergliederung in verschiedene Einzelverfahren spezifisch einsetzbar:

- Die INSIGHTS-MDI-Potenzialanalyse (POT) ist für unterschiedliche Zielgruppen (Mitarbeiter, Management, ...) erhältlich und ermittelt das jeweilige Potenzial und die persönlichen Verhaltenspräferenzen.
- Der INSIGHTS-MDI-Leadership-Check vermittelt ein umfassendes Bild der Führungskompetenzen eines Kandidaten.
- Der INSIGHTS MDI — Persönliche Einstellungen, Interessen und Werte (PIW) gibt Auskunft über Motive, Wertvorstellungen und daraus resultierende Verhaltenspräferenzen.
- Der INSIGHTS-Verkaufs-Strategie-Indikator (VSI) misst die Fähigkeit zum Verkauf in der Kombination aus Fachwissen und diversen verhaltensbasierten Persönlichkeitseigenschaften.
- Die INSIGHTS-Arbeitsstellenanalyse (ASA) erfasst die Anforderungen der Arbeitsplatzsituation und gleicht sie mit den Verhaltensdispositionen von Kandidaten ab.
- Die INSIGHTS-TriMetrix-Arbeitsstellenanalyse ermittelt die Übereinstimmung von Kandidat und Arbeitsplatz anhand von 23 relevanten Jobmerkmalen inklusive Motivations- und Verhaltensdimensionen.

Alle INSIGHTS-MDI-Verfahren dienen der Ermittlung, über welche Ressourcen, Fertigkeiten und Erfahrungen ein Mitarbeiter oder eine Führungskraft verfügt. Bevorzugte Einsatzgebiete sind:

- Personalauswahl und Personalentwicklung
- Arbeitsplatzbeschreibung und Stellenbesetzung
- Karriereberatung und Potenzialanalyse
- Teambildung, Training und Coaching

Die Tests werden in der Regel als Onlineverfahren durchgeführt, sind zum Teil aber auch als Paper-Pencil-Variante erhältlich. Alle Verfahren sind normiert und validiert und ermöglichen die zuverlässige Messung bestimmter Verhaltenseigenschaften und Handlungsmotive. Der Zertifizierung geht eine dreitägige Akkreditierung voraus. Weitere Informationen sind unter *www.insights.de* erhältlich.

LIFO-Methode
Die Abkürzung LIFO steht für „Life Orientations", also Lebensorientierung. Das Verfahren wurde von den beiden Sozialpsychologen Dr. Allan Katcher und Dr. Stuart Atkins in den sechziger Jahren des letzten Jahrhunderts als Methode zur Selbsteinschätzung mit der Zielsetzung entwickelt, das Leistungsmanagement und die Leistungsbeurteilung zu verbessern. 1977 wurde das Verfahren internationalisiert und wird heute in mehr als 30 Ländern eingesetzt. Weltweit gibt es über 4000 aktive Lizenznehmer. Mithilfe eines Fragebogens erfasst diese Methode die Verhaltensstile einer Person und das Ausmaß, in dem sie jeweils eingesetzt werden. Die LIFO-Grundstile sind folgendermaßen definiert:

- Leistung (unterstützend><hergebend)
- Aktivität (bestimmend><übernehmend)
- Vernunft (bewahrend><festhaltend)
- Kooperation (anpassend><harmonisierend)

Der erste der beiden Begriffe in der Klammer benennt die produktive Ausprägung des Stils, der zweite der Begriffe die weniger produktive Ausprägung. Die Methode legt Wert auf die Feststellung der Stil*vielfalt* und nutzt daher zur Verhaltensbeschreibung nicht Einzelstile, sondern immer Kombinationen mit unterschiedlicher Intensität und Ausprägung, ohne dabei jedoch Typisierungen vorzunehmen. Insgesamt ist das Ziel des Verfahrens, den Probanden vorhandene Stärken erkennbar und noch besser nutzbar zu machen. In der Praxis wird das Verfahren eingesetzt in:

- Training und Coaching
- Führungsbeurteilungen
- Verkaufsstilanalysen
- Personalauswahl und Teamentwicklung

Das Erlangen der LIFO-Lizenz ist mit der Ausbildung zum LIFO-Analysten verbunden. Diese Ausbildung wird als offenes Training oder in Zusammenarbeit mit Kooperationspartnern durchgeführt. Weitere Informationen finden Sie unter *www.lifoproducts.de*.

6.2.3 Place: Wo erbringe ich meine Beratungsleistung?

Mit *Place* ist der Standort gemeint, an dem Sie Ihre Dienstleistung erbringen. Tatsächlich ist es für Sie als Coach — und zwar nicht nur aus Gründen der Erreichbarkeit — nicht gleichgültig, ob Sie auf dem Land oder in der Stadt arbeiten und welche Infrastruktur die Umgebung anbietet, in welchem Umfeld und Gebäude Ihre Räume liegen und wie diese ausgestattet sind. Selbstverständlich macht es für Ihre Zielgruppe einen Unterschied, ob Sie Ihre Dienstleistung in der VIP-Lounge des Flughafens anbieten, Räume in einem Bürohochhaus in der Metropole angemietet haben oder auf dem Lande residieren. Alles ist möglich, aber entscheidend ist die *Passung*: Der Ort Ihrer Dienstleistung muss zu Ihnen, zu Ihrem Angebot und zu den Bedürfnissen Ihrer Zielgruppe passen. Und nicht nur der Ort selbst, auch die Größe und Einrichtung der Räume löst im Coachee sofort eine Fülle von positiven oder auch negativen Assoziationen, Vorurteilen und Empfindungen aus.

Coaching in separaten Büroräumen des eigenen Hauses
Diese Konstellation spart eindeutig Kosten und ist für Sie als Coach besonders zeitschonend. Gleichzeitig verrät sie dem Coachee auch einiges über Sie — über Ihre Vermögensverhältnisse und Ihr regionales Umfeld, über Ihre Vorlieben und Ihren persönlichen Stil. Und das ist nicht in jedem Falle wünschenswert. Ein Manko für den Coachee mag auch sein, dass er möglicherweise weit fahren muss, um zu Ihnen zu kommen. Für etablierte Coachs nehmen Coachees oft auch weite Wege in Kauf — wenn Sie aber noch neu sind und Ihre Zielgruppe erst noch von sich überzeugen müssen, kann die Entfernung ein echter Nachteil sein.

Anmietung von Räumlichkeiten

Eine Alternative zu Büroräumen im eigenen Haus ist die Nutzung von Räumen, die entweder langfristig oder auch nur tage- bzw. stundenweise angemietet werden. Die zeitlich befristete Anmietung ist vor allem dann sinnvoll, wenn Ihre Auslastung schwankt, die Mandate noch nicht sehr zahlreich sind und die Ausgaben die Einnahmen auf keinen Fall übersteigen sollen. In den meisten Großstädten gibt es reguläre Business Center, in denen Sie Räume tage- oder stundenweise anmieten können und zu deren Leistungsspektrum oft auch ein Telefonservice gehört. Die Anmietung von Räumen in diesen Centern hat den Vorteil, dass sie meist vorteilhaft gelegen sind und über eine gute Anbindung verfügen (ÖPNV, Parkplätze ...). Der professionelle Rahmen ist gegeben und der Coachee wird mit optimalem Service empfangen. Getränke müssen zwar separat bezahlt werden, gehören aber normalerweise zum Mietumfang. Beispiele sind die Ecos Office Center, die Regus Business Center oder die Excellent Business Center, um nur ein paar Anbieter zu nennen.

Gerade bei stunden- oder tageweiser Anmietung sollten Sie allerdings darauf achten, dass der Raum verlässlich Ihren eigenen Stil und eine klare Professionalität ausstrahlt. Eine persönliche Note können Sie hier gut durch mobile Einrichtungsgegenstände einbringen: Eine Stehlampe, ein Bild, ein bestimmter Stuhl oder Ähnliches können auch einem kurzfristig angemieteten Raum Ihre eigene „Handschrift" verleihen. Eine Alternative bieten möglicherweise Bürogemeinschaften oder Netzwerke, in denen sich Menschen zusammenschließen, die ein homogenes Dienstleistungsangebot haben. Das ist meist preisgünstiger als die Anmietung eigener Räumlichkeiten und hat den Vorteil, dass die Ausstattung besser zur Zielgruppe passt und die Räume persönlicher wirken als in den eher professionell-distanzierten Business Centern. Aber auch hier sollte neben Ihrem Geldbeutel die Passung entscheiden: Die gewählte Variante muss zu Ihnen, zu Ihrem Angebot und zu den Bedürfnissen Ihrer Zielgruppe passen.

6.2.4 Price: Was darf, muss und soll meine Leistung kosten?

Was darf meine Zeit kosten? Wie viel ist eine Coachingstunde wert? Was verlangen die Mitbewerber? Ist ein kostenloses Vorgespräch sinnvoll? Es gibt viele Fragen, die zu beantworten sind, wenn Sie als Coach Ihr Dienstleistungsangebot entwerfen. Auf alle diese Fragen gibt es sehr unterschiedliche Antworten — je nachdem, welche Kollegen man fragt. Der Preis muss sich nicht nur an Ihren Ausgaben, z. B. für Raummiete und Getränke, orientieren, sondern auch an Ihrer Erfahrung, Ihrer Kompetenz sowie an Ihrer Zielgruppe. Die Gepflogenheiten des Markts sollten bekannt sein, damit Sie hier weder über- noch untertreiben.

Der Markt der selbständigen Coachs, die allein oder in kleinen Gruppen tätig sind und nicht fest angestellt innerhalb einer großen Organisation, lässt sich sehr grob in *Einsteiger, Erfahrene ohne oder mit einträglichem Kundenstamm* und *Profis mit geringerem oder größerem Bekanntheitsgrad* einteilen. *Einsteiger*, die sich zunächst profilieren müssen und am Beginn ihrer Tätigkeit stehen, sollten Stundenpreise zwischen dem oberen zweistelligen und dem unteren dreistelligen Eurobereich ansetzen. Bereits hier schwankt die Bandbreite sehr stark und hängt davon ab, wie gut die betreffenden Coachs vernetzt sind und wie schnell es ihnen gelingt, sich mit ihrer Dienstleistung bekannt zu machen. Je geringer die Vernetzung, desto geringer ist auch der Stundensatz. Erst die *Professionalisierung* der Dienstleistung in Verbindung mit der Akquise einer an der Dienstleistung interessierten *Zielgruppe*, die sich nicht aus dem Bekannten- und Freundeskreis oder aus dem Non-Profit-Umfeld rekrutiert, ermöglicht die Erhöhung des Stundensatzes.

Es gibt *Erfahrene* mit festen Stundensätzen, aber manche *Coachs mit einträglichem Kundenstamm*, die in verschiedenen Branchen, Bereichen und Hierarchiestufen arbeiten, richten ihren Stundensatz auch an den Einkommensverhältnissen der jeweiligen Coachees aus. Viele differenzieren zwischen Firmenkunden und Privatzahlern. Eine solche Differenzierung setzt eine klare Struktur und festgelegte Bedingungen voraus, damit der Preis nicht in die Beliebigkeit abrutscht. So kann das Jahreseinkommen des Coachees eine sinnvolle Bezugsgröße sein, die z. B. auch von Personaldienstleistern als Berechnungsgrundlage genutzt wird. Manche Coachs legen auch als Kriterium an, ob der Coachee in einem festen Arbeitsverhältnis ist oder zur Zeit der Beratung ohne festen Job. Diejenigen ohne festen Arbeitsplatz zahlen dann einen geringeren Stundensatz als diejenigen in einer Anstellung. Für *Coachs ohne einträglichen Kundenstamm* kann die Differenzierung der Stundensätze nach Zielgruppen sogar unabdingbar sein, weil sie durch eine zu starre Preispolitik interessierte Coachees verlieren könnten. Manchmal ist es in dieser Situation sinnvoller, weniger Geld mit aktiven Aufträgen zu verdienen und dabei die eigenen Kompetenzen zu erhöhen, als ohne Aufträge und ohne Einkünfte in einer Warteposition zu verharren.

Auch manche *Profis mit geringem oder größerem Bekanntheitsgrad* orientieren sich an den Einkommensverhältnissen ihrer Zielgruppe. Andere bestehen auf feste Stundenhonorare, wobei natürlich die Stundensätze proportional zu ihrem Bekanntheitsgrad nach oben steigen. Unterschiedlich gehandhabt wird auch die Vergütung der ersten Stunde: Das oft als Kennenlerntreffen definierte *Erstgespräch* berechnen nicht alle Coachs. Manche stellen dieses erste Gespräch nur dann in Rechnung, wenn der Coachee nicht wiederkommen möchte. Andere Coachs vertreten die berechtigte Meinung, dass sie in der ersten Stunde genauso arbeiten wie in allen weiteren Sitzungen und diese Leistung auch vergütet wissen möchten. Daneben gibt es das Modell, das Kennenlerngespräch zwar kostenlos anzubieten, dafür aber maximal 30 Minuten zur Verfügung zu stellen. Aus unserer Erfahrung ist der Coachee dadurch allerdings meist nicht vom Mehrwert der Dienstleistung zu überzeugen. Außerdem ist es schwer, innerhalb von 30 Minuten den Grundstein für eine Vertrauensbeziehung zu legen — und ohne Vertrauen in den Coach wird der Coachee kaum wiederkommen.

In Verbindung mit neuen Coachingformaten haben sich in jüngerer Zeit weitere Preismodelle durchgesetzt: Für Telefoncoaching, Onlinecoaching oder Beratungen im „Abonnement" für eine bestimmte Anzahl von Wochen oder Monaten ist die herkömmliche Berechnung pro Stunde nicht immer sinnvoll. Häufig wird dann pauschal ein fester Betrag einmalig abgerechnet.

TIPP: Preisgestaltung ist kein Zufall

Der Preis ist im Coaching keine beliebige Einheit, sondern sollte das Ergebnis einer sorgfältigen Einschätzung Ihrer Kompetenz als Coach, dem Wert des Produkts, der anvisierten Zielgruppe und dem von Ihnen angenommenen Mehrwert Ihrer Dienstleistung sein. Das Preismodell muss insgesamt zu Ihrer Erfahrung, Ihrem Auftritt, den Räumlichkeiten, also der kompletten Rahmung Ihres Beratungsangebots passen, damit Ihre Zielgruppe ihn als stimmig wahrnehmen wird.

6.2.5 Promotion: Passgenaue Kommunikation

Die ersten Überlegungen zu diesem Thema sollten Sie lange vor Ihrem ersten Auftritt mit der Dienstleistung angestellt haben: Sie beginnen bereits mit der Wahl der Coachingausbildung. Hier kann es sinnvoll sein, die Ausbildungsinstitute nicht nur unter inhaltlichen Gesichtspunkten zu betrachten, sondern auch zu erfragen, auf welche Weise die Ausbilder die zukünftigen Coachs mit Marktkontakten unterstützen. Und damit ist nicht nur das Netzwerk aus aktuellen und ehemaligen Ausbildungsteilnehmern gemeint. Tatsächlich finden sich auf dem Ausbildungsmarkt Träger, die gezielt Aufträge von Unternehmen an die bei ihnen ausgebildeten Coachs vermitteln. Andere richten ein oder zweimal im Jahr ein großes Event aus, bei dem die Coachs potenzielle Auftraggeber aus Unternehmen kennenlernen und Aufträge gleich im Institut akquirieren können. Wieder andere lancieren ihre Schützlinge direkt in die Coachingpools großer Unternehmen. Auf der Suche nach der richtigen Ausbildung sollten Sie also die Vertreter der renommierten Institute nicht nur nach ihren inhaltlichen Schwerpunkten befragen, sondern auch nach der Form der Unterstützung beim Aufbau Ihrer späteren professionellen Existenz als Coach. Versuchen Sie auch nach Möglichkeit, mit ehemaligen Ausbildungsteilnehmern zu sprechen, um die vorher erhaltenen Aussagen zu überprüfen und den konkreten Output der angebotenen Maßnahmen abschätzen zu können. Das hilft ganz ungemein beim Start ins Berufsleben als Coach.

TIPP: Marktforschung einmal anders

Ein erstes Marktscreening ganz anderer Art können Sie folgendermaßen angehen: Bringen Sie in Ihrer Zielbranche bei den 20 größten Unternehmen in Erfahrung, wo die Personalverantwortlichen, die in den Firmen das Thema Coaching steuern, ihre eigene Coachingausbildung absolviert haben. Sehr oft kommen nämlich über einen gemeinsamen Erfahrungs-, Kultur- und Ausbildungshintergrund Kontakte und Aufträge viel leichter zustande als ohne diesen gemeinsamen Bezugsrahmen. Wenn Sie also hier einen Schwerpunkt auf einem oder zwei Ausbildungsinstituten erkennen, kann Ihnen das als zusätzliches Auswahlkriterium dienen.

Coachingausbildungen

Einen Überblick über hochwertige Coachingausbildungen finden Sie z. B. unter www.coaching-index.de/dbvc_coaching-ausbildungen.htm. Wenn Sie sich als Management- und Business-Coach bzw. als strategischer Partner für Unternehmen qualifizieren wollen und daneben auch valide Zugänge zu nationalen und internationalen Unternehmen sowie ein gut funktionierendes Netzwerk über Ihre Coachingausbildung generieren möchten, bilden Kienbaum Consultants International eine professionelle Alternative. Kienbaum bietet eine auf das Coaching von Managern fokussierte mehrmodulige Ausbildung an, die von im Management-Coaching erfahrenen LehrCoachs durchgeführt wird. Die Ausbildung ist schulenübergreifend und multiperspektivisch. Sie vermittelt neben den Methoden und dem Prozess-Know-how des Coachings auch fundiertes Wissen über Organisationen und Management sowie psychologische Grundlagen. Weiterführende Informationen erhalten Sie unter http://www.kienbaum.de/desktopdefault.aspx/tabid-941/1417_read-3807/ oder telefonisch unter 0049-30-880198-77.

Die beste Promotion liegt immer noch darin, einen guten Job zu machen und dies auch zu kommunizieren. Aber diese Kommunikation der eigenen guten Arbeit muss gezielt, abgestimmt und integriert erfolgen. Die Voraussetzung dafür ist eine klare Positionierung der Dienstleistung, die Sie anbieten: Sie sollte in positivem Sinne *anders* sein als die anderer Coachs und einen besonderen Nutzen für Ihre Zielgruppe enthalten. Das ist leichter gesagt als getan — die Positionierung gilt es so zu beschreiben, darzustellen und in Worte und Bilder zu fassen, dass Ihre zukünftige Zielgruppe Ihr Angebot

- wahrnimmt,
- versteht,
- einen Nutzen daraus ableitet,
- sich emotional angesprochen fühlt und
- eine positive Kompetenzerwartung an Sie richtet.

Dabei kann ein individueller Claim sehr hilfreich sein, der Ihren Anspruch formuliert und Hinweise auf Ihre Arbeit liefert. Durch Promotion werden diese Inhalte dann in verschiedener Form und mittels unterschiedlicher Medien an Ihre Zielgruppe kommuniziert.

Heutzutage reichen eine professionelle Coachingausbildung, passende Räumlichkeiten und eine schön gestaltete Visitenkarte nicht mehr aus, um sich als Coach erfolgreich zu profilieren. Die meisten Vertreter der Berufsgruppe gestalten daher eine eigene Homepage, über die sie gefunden werden und die es ihrer Zielgruppe ermöglicht, sich zunächst über ihre Person und ihre Kompetenzen zu informieren, bevor ein persönliches Gespräch stattfindet. Das Einrichten einer Homepage erfordert jedoch die Entwicklung eines inhaltlich stimmigen Konzepts, das zuerst einmal *einladend* ist und nachfolgend nicht nur *informiert*, sondern *aktiviert, neugierig macht und Anreize schafft*, Sie tatsächlich zu kontaktieren.

Die Homepage

Es gibt in Deutschland eine große Auswahl an positiven Beispielen für Internetpräsenzen von Coachs. Aus gutem Grund werden wir hier nicht die Homepage eines einzelnen Vertreters der Branche vorstellen, weil das einer Empfehlung für einen bestimmten Stil, einen fixierten Umfang oder eine spezifische Gestaltung gleichkäme. Stattdessen finden Sie nachfolgend einen Überblick über die wichtigsten Dos and Don'ts, die Sie bei der Gestaltung Ihrer Homepage beachten sollten.

Tipps für Ihre Internetpräsenz

- Verschaffen Sie sich eine URL, die ein Nutzenversprechen kommuniziert.
- Überraschen Sie mit einem emotionalen Einstieg, der die Aufmerksamkeit Ihrer Zielperson fesselt und emotional berührt.
- Nutzen Sie eine homogene Bildsprache — wenn Sie eine Metapher gewählt haben, bleiben Sie dabei, sie abwechslungsreich, interessant und immer wieder anders einzusetzen oder gekonnt zu ergänzen.
- Vorsicht mit Farbe! Das Farbkonzept sollte zu Ihnen und zu Ihrem Inhalt passen — zu „bunt" könnte die Kompetenzerwartung leicht konterkarieren.
- Gliedern Sie Ihr Angebot einfach und klar verständlich und stellen Sie gut sichtbare „Wegweiser" auf.
- Sorgen Sie dafür, dass die relevanten Unterseiten mit möglichst wenigen Klicks von der Startseite aus zu erreichen sind. Bauen Sie dort auf jeden Fall Klicks zurück zur Startseite ein.
- Formulieren Sie kurz, prägnant und aktiv. Nutzen Sie dabei eher Verben als Substantive: Abstraktes „Beraterdeutsch" schreckt Ihre Zielgruppe ab.
- Nutzen Sie Fragen, Zitate und Aphorismen, die dem Leser im Kopf bleiben.
- Spielen Sie mit stimmigen Metaphern und Bildern, mit Alliterationen und kraftvollen Wortpaaren.
- Stellen Sie eine Liste mit etwa 20 Schlagwörter zusammen, die Sie immer wieder platzieren — das dient der Suchmaschinenoptimierung, damit Ihre Internetpräsenz leichter gefunden wird.
- Beauftragen Sie einen Spezialisten, der Ihre Seite in den Ergebnislisten der Suchmaschinen wie Google u. a. nach vorne bringt.
- Verwenden Sie die von Ihnen gewählten Schlüsselwörter in den Titelseiten und Überschriften.
- Strukturieren Sie Ihr Angebot übersichtlich — drei gut ausgearbeitete Schwerpunkte reichen aus.
- Beziehen Sie sich auf die „Nöte" Ihrer Kunden — welche Themen sind das?
- Formulieren Sie Ihr Leistungsversprechen gezielt als Angebot für diese Notsituationen.

- Belegen Sie mit Ihrer persönlichen Vorstellung, dass Sie kompetent mit den Notsituationen Ihrer Kunden umgehen können.
- Nennen Sie in Ihrem Kurzprofil Fakten, Stationen, Funktionen, Zahlen und Zeiträume.
- Formulieren Sie einen passgenauen Claim für sich, also eine Headline für Ihre persönliche Kompetenz.
- Lassen Sie andere für Sie werben: durch Beispiele, Empfehlungen, Aufträge, Mandate usw.
- Bieten Sie Kontaktmöglichkeiten an. Üblich sind mindestens ein Kontaktformular, mit dem der Interessent per E-Mail seine Anfrage an Sie übermitteln kann, und zusätzlich die Angabe Ihrer aktuellen Kontaktdaten.

Nutzen und Mehrwert

Schon die URL kann als Träger einer wirksamen Aussage genutzt werden. Sie sollte daher nicht beliebig sein und nur Ihren Namen und das Beratungsangebot kommunizieren. Beschreiben Sie schon hier konkret, was Sie Ihrer Zielgruppe anbieten: Geht es um Entwicklung, um Karriere, um Veränderung? Arbeiten Sie für Einzelne, für Teams oder für Organisationen? Die Internetadresse akzentuiert die *Wirkung* Ihrer Arbeit, wenn sie nicht nur eine bloße Beschreibung dessen ist, was Sie tun. Statt MeyerCoaching wäre also z. B. MeyerDevelopment viel günstiger, denn damit treffen Sie den Blickwinkel Ihrer *Zielgruppe* und betonen das, was diese mit Ihrer Hilfe erreichen kann. Die Zielgruppe möchte wissen, wobei Ihr Angebot sie unterstützen kann, und Development kommuniziert das *Ziel* und nicht den *Inhalt* Ihrer Arbeit. Führen Sie diesen Grundsatz in Bild und Text konsequent weiter. Achten Sie dabei auf eine klar gestaltete Startseite, auf der das Einstiegsbild und ein passender Einstiegssatz den Entwicklungsgedanken der URL wieder aufnehmen.

▶ **BEISPIEL: Metapher als Arbeitsmotto**

Auf der Startseite eines Kollegen prangt folgendes Zitat: *„Damit nicht nur Wind, sondern auch Schub entsteht ... "* Als Illustration dazu zeigt die Seite ein altes Motorflugzeug in Sepiafarben. Bild und Text erreichen hier in ihrer Kombination den Leser gleichzeitig kognitiv und emotional. Das Flugzeug wird zur Metapher für die Bewegung des Coachees, der mit seinem Coach nicht nur Wind („heiße Luft") produziert, sondern im Verlauf des Coachingprozesses Coachee die nötige Schubkraft für tatsächliche Bewegung und Veränderung entwickelt.

Das alte Motorflugzeug steht für „ehrliche Leistung", die noch „von Hand" und nicht nur per Autopilot und mithilfe hoch komplizierter Technik im Cockpit fremdgesteuert wird. Es gibt einen direkten Bezug zwischen dem dringenden Bedürfnis der potenziellen Coachees, endlich „vom Fleck zu kommen", die Stagnation hinter sich zu lassen, und der klaren Botschaft des Motorflugzeugs kurz vor dem Start. Den Rotorblättern ist schon die Vibration anzusehen — gleich wird das Flugzeug sich in Bewegung setzen und auf sein Ziel zusteuern. Nutzen Sie dieses Beispiel als Inspiration und suchen Sie nach eigenen Bildern und Metaphern, die Ihren Mehrwert gelungen ausdrücken und dabei Kopf, Herz und das Bedürfnis nach Unterstützung ansprechen.

Selbstpräsentation

Gliedern Sie Ihre Selbstpräsentation übersichtlich und verleihen Sie ihr eine klare Struktur. Welche Kernkompetenzen besitzen Sie? Wer behauptet, alles zu können, dem vertraut sich niemand gerne an. Sie können Ihre Darstellung auch in ein knackiges Kurzprofil und eine über einen Link erreichbare Langversion aufgliedern. So wird derjenige befriedigt, der sich nur einen Überblick verschaffen möchte, aber Sie werden auch dem Besucher Ihrer Homepage gerecht, der detaillierte Informationen sucht. Das Kurzprofil hat zusätzlich den Vorteil, dass Sie es auch zu Akquisezwecken nutzen können.

Referenzen und Testimonials

Lassen Sie Ihre Kunden für Sie sprechen: Zeigen Sie unter dem Stichwort *Referenzen* Ihre Vielfalt an Mandaten, idealerweise nach Branchen gegliedert. Einige positive Feedbacks von Coachees, die natürlich anonymisiert sein können, runden Ihre Kompetenzdarstellung ab. Auch diese sogenannten *Testimonials* sind ein sehr wichtiger Bestandteil Ihrer Homepage, denn die Qualität der Dienstleistung eines Coachs wird nicht allein über schöne Bilder, eine gute Gestaltung und prägnante Texte transportiert, sondern vor allem über Empfehlungen aus dem Markt, über positive Beurteilungen und die Bestätigung guter Erfahrungen in der Zusammenarbeit.

Qualitätssicherung

Stellen Sie neben den Früchten Ihrer Arbeit auch dar, was Sie selbst für Ihre Qualitätssicherung tun. Wie stellen Sie sicher, dass Sie sich regelmäßig austauschen, reflektieren, andere Wahrnehmungen aufnehmen? Jemand, der immer nur „im eigenen Saft schmort" und sich selbst nicht in Frage stellt, kann als Coach kein Vertrauen erwecken.

Professionelle Heimat, aktuelle Aktivitäten

Machen Sie transparent, welche Gedanken, Haltungen und Überzeugungen Sie prägen, wo Sie sich in Ihrer Arbeit zugehörig fühlen, aber auch, in welchem Netzwerk von professionellen Coachs Sie aktiv sind. In welchen Regionen haben Sie Bezugspunkte, Netzwerke und Verbindungen?

Wenn Sie als Vortragsredner, als Dozent, als Initiator einer Reihe oder eines Symposions engagiert sind, stellen Sie das auf Ihrer Homepage vor. So untermauern Sie den Eindruck, dass Ihre Kompetenz gefragt ist. Solche Präsentationen Ihres Denkens und Schaffens, Ihrer Netzwerke und Kundenaufträge sorgen dafür, dass sich Beratungssuchende und Unternehmen angesprochen fühlen und eine positive Kompetenzerwartung an Sie als Coach richten.

Angebot

Wie sieht Ihr Produktportfolio aus? Welche Auswahl an Themen bieten Sie an? Es sollte wirklich eine *Auswahl* sein, denn ein Coach, der alles zu können behauptet, wirkt unglaubwürdig. Zielen Sie auf Einzelpersonen? Oder richtet sich Ihr Angebot an Firmen? Stellen Sie ganz konkret Ihre Programme, Formate und Abläufe dar. Warum sind gerade Sie besonders geeignet, Ihrer Zielgruppe bei der Lösung ihrer Probleme zu helfen? Als Kompetenznachweis könnte hier eine Listung in den großen Coachingpools dienen oder ein Nachweis Ihrer Tätigkeit in etablierten Unternehmen.

Gehen Sie auch auf die Kosten ein, möglicherweise aufgegliedert in Einzelcoaching, Teamcoaching und Coachingprogramme für Unternehmen. Sie können auch schon hier modulare „Pakete" anbieten, bei denen der Interessent zwischen verschiedenen Umfängen wählen kann. Für Einzelcoachings bieten sich hier Stundenumfänge oder auch

Tageseinheiten an, während für Teamcoachings immer Tagessätze relevant sind. Für komplexe Coachingprogramme mit unterschiedlichem Fokus sollten Sie den gesamten Prozess der Konzeption und Moderation sehr transparent nach Phasen gliedern, damit Ihre Kunden ein Gefühl dafür bekommen, was sie erwarten dürfen. Z. B. enthält so ein Prozess eine Bedarfsanalyse, eine spezifische Konzeption, eine Pilotphase, dann die Implementierung im Unternehmen und nach Abschluss des Hauptteils eine sorgfältige Evaluation und eventuell eine Optimierungsphase. Im Abrechnungsmodell für solche komplexen Programme können Sie durchaus Stunden- und Tagessätze kombinieren.

TIPP: Das gewisse Extra

Natürlich existieren noch etliche weitere Online-Marketingtools, mit denen Sie Ihre Internetpräsenz dynamisch-interaktiv gestalten können, um Sie mit Ihrer Zielgruppe noch enger in Kontakt zu bringen. Wenn Sie mehr über Newsletter, Podcasts, Weblogs, Online Communities & Co. wissen möchten, empfehlen wir Ihnen das Buch von Giso Weyand (Hrsg.): Das gewisse Extra. Beratermarketing für Fortgeschrittene, Bonn 2008.

Ihre Präsenz auf Business-Plattformen

Wenn Sie als Coach für Führungskräfte und als strategischer Partner für Unternehmen auftreten, sollten Sie unbedingt auch eine professionelle Präsenz auf Business-Plattformen wie XING unterhalten. Wenn Sie als Coach international arbeiten, empfehlen wir Ihnen das Anlegen eines englischen Profils in Linkedin unter www.linkedin.com. XING und Linkedin sind webbasierte soziale Netzwerke zur Pflege bestehender Geschäftskontakte und zur aktiven Entwicklung neuer Verbindungen. Linkedin wurde 2003 in Kalifornien gegründet und ist mit inzwischen 135 Millionen registrierten Nutzern eines der größten Internetnetzwerke und unter den 500 weltweit meistbesuchten Webseiten. Seit 2009 ist dieses Angebot auch in deutscher Sprache verfügbar. Zur Pflege der deutschen Unternehmenskontakte ist allerdings XING noch bedeutender. Daher werden wir auf diese Plattform hier vertieft eingehen. XING wurde 2003 unter dem Namen OpenBC (Open Business Club) gegründet und zählte laut Geschäftsbericht zum Ende des 1. Quartals 2011 gut 10,8 Millionen Benutzer, davon 759.000 mit einem kostenpflichtigen Premium-Account. 4,69 Millionen seiner Mitglieder stammten am Ende des ersten Quartals 2011 aus Deutschland, Österreich und der Schweiz (D-A-CH), davon waren 731.000 zahlende Mitglieder.

Die Funktionsweise von XING

Die Benutzerschnittstelle von XING ist mehrsprachig und berücksichtigt zudem in ihrer Suchfunktion Mitglieder mit gemeinsam gesprochenen Sprachen. Es wird eine große Menge an Systemsprachen unterstützt; zurzeit sind dies Chinesisch, Deutsch, Englisch, Finnisch, Französisch, Italienisch, Japanisch, Koreanisch, Niederländisch, Polnisch, Portugiesisch, Russisch, Schwedisch, Spanisch, Türkisch und Ungarisch. Neben der datenbankorientierten Kontaktpflege bietet XING auch öffentliche Veranstaltungskalender, die dem Benutzer thematisch und regional aufbereitet dargestellt werden. Das Angebot umfasst außerdem über 42.000 Diskussionsforen (Stand: 31. Oktober 2011), die teils öffentlich, teils nur einem bestimmten Kreis von Benutzern zugänglich sind. Dazu zählen auch geschlossene Benutzergruppen mit erweiterten Funktionen für Organisationen und Firmen. Ergänzend zum Onlineangebot initiieren zahlreiche Regionalgruppen auch lokale Treffen, auf denen persönliche Kontakte geknüpft werden können. Tatsächlich veranstalteten Mitglieder von XING im Jahr 2010 mehr als 180.000 Events.

Die Anmeldung und die Nutzung der Grundfunktionen sind kostenlos. Zahlende Mitglieder haben unter anderem Zugang zu erweiterten Such- und Statistik-Funktionen; z. B. können sie einsehen, welche anderen Mitglieder die eigene Kontaktseite aufgerufen haben und welche der eigenen Kontakte innerhalb der letzten zwei Monate eine Änderung ihrer beruflichen Position vorgenommen haben. Bis zur Überarbeitung der Plattform im September 2010 konnten nur Premium-Mitglieder Nachrichten an andere XING-Mitglieder versenden, während Basis-Mitglieder nur auf Nachrichten antworten konnten. Inzwischen können auch Basis-Mitglieder innerhalb ihres Kontaktnetzwerks die Nachrichtenfunktion in vollem Umfang nutzen. Bereits seit April 2010 können Basis-Mitglieder auch eine Statusmeldung auf ihrem Profil anzeigen lassen.

Damit Sie Ihre XING-Präsenz zur gezielten Positionierung und zur Darstellung Ihrer Referenzen optimal nutzen können, haben wir im Folgenden ein paar Grundregeln für Sie zusammengestellt.

- XING ist ein visuelles Medium, dass vor allem als Business-Plattform genutzt wird. Wählen Sie daher ein professionelles Foto aus, mit dem Sie sich Unternehmen, Kunden und zukünftigen Coachees präsentieren wollen.
- Achten Sie in Ihrem Profil auf versteckte Rechtschreibfehler.
- Stellen Sie Ihre berufliche Kompetenz dar und skizzieren Sie Ihren beruflichen Werdegang mit Positionen und Unternehmensangaben.

TIPP: Erstellung eines XING-Profils

Über mich	
Über mich	Die neue Kategorie *Über mich* gibt Ihnen die Möglichkeit, sich im Rahmen eines frei gestalteten Texts vorzustellen. Das empfiehlt sich insbesondere für Einzelunternehmer, die ihr Leistungsangebot und ihre Kompetenzen an dieser Stelle aufführen können. Der Fließtext sollte allerdings nicht zu lang sein, damit er den Leser nicht gleich abschreckt. Die maximale Länge sollte bei vier bis fünf Zeilen liegen. Anregungen geben Ihnen z. B. die Kompetenzen aus Ihrem Lebenslauf oder auch Teile Ihrer Selbstpräsentation.
Persönliches	
Ich suche/ Ich biete	Die Kategorien *Ich suche* und *Ich biete* sind wichtig, wenn es z. B. darum geht, von Unternehmen und Kunden gefunden zu werden. Die Zielgruppen suchen hier vor allem nach Ihren fachlich-inhaltlichen Qualifikationen. Mit der Aufarbeitung der fachlichen Kompetenzen aus Ihrer Coachingpraxis haben Sie vermutlich schon bei der Erstellung Ihres Lebenslaufes eine gute Vorarbeit für diesen Abschnitt geleistet. Die wichtigsten Schlagwörter (z. B. Leadership Coaching, Business Excellence, Changemanagement, Organisationsentwicklung) können Sie, durch Kommata getrennt, für beide Kategorien übernehmen. Durch die Kommatrennung werden die Begriffe verlinkt, das erhöht die Wahrscheinlichkeit, bei vielen Suchläufen aufzutauchen. Verwenden Sie zusätzlich Synonyme für einzelne Begriffe. Diese Redundanzen wirken sich positiv auf die Trefferquote aus. Gerade wenn Sie sich am Beginn Ihrer Coachingtätigkeit befinden, sollten Sie ruhig deutlich ansprechen, dass Sie Kunden generieren wollen und beispielsweise „Austausch zu den folgenden Themen" suchen. Nennen Sie dann Ihre Schwerpunktthemen.
Interessen	Hier ist es günstig, sich auf berufsbezogene Interessen zu konzentrieren. Natürlich können Sie an dieser Stelle zusätzlich auch persönliche Interessen nennen, diese haben dann aber idealerweise einen Bezug zu Ihrer Profession.

Organisationen	Sollten Sie Mitglied in Verbänden, Alumni-Organisationen von Hochschulen, Unternehmen etc. sein, so können Sie diese Informationen hier eintragen. Möglicherweise gibt es für die betreffende Organisation auch bereits eine eigene XING-Gruppe, der Sie beitreten können.
Gruppen	Der zielgerichtete Beitritt zu bereits bestehenden XING-Gruppen kann dafür sorgen, dass Ihr Profil öfter aufgerufen wird. Suchen Sie die passenden Gruppen über die Suchfunktion heraus (z. B. Coaching, Changemanagement, HR-Management etc.). Häufig sind auch potenzielle Kunden in einer Gruppe engagiert.
Berufserfahrung	
Berufserfahrung	Tragen Sie an dieser Stelle Ihre verschiedenen Berufsstationen ein. Sie können diese einfach aus Ihrem CV übertragen. Sie haben hier die Möglichkeit, für jede Station eine eigene kurze Tätigkeitsbeschreibung (nur die wichtigsten Stichworte) aufzuführen. Damit können Sie Ihre Expertise in bestimmten Branchen und Funktionen deutlich machen.
Referenzen und Auszeichnungen	
Referenzen	Der Bereich *Referenzen* bietet Ihnen besonders gute Chancen zur Selbstdarstellung! Über die Download-Funktion können Sie eine Referenz- oder Projektliste hochladen. Da Sie ja Kunden akquirieren wollen, bieten Sie damit einen detaillierten Einblick in Ihre Geschäftsaktivitäten.
Auszeichnungen	Hierher gehören Stipendien aus Ihrer Studienzeit, Preise (z. B. für die Promotion) oder Auszeichnungen aus Ihrer Berufstätigkeit (DBVC-Coaching-Preis 2010 etc.).
Ausbildung	
Ausbildung	Tragen Sie hier Ihren Ausbildungshintergrund ein: Berufsausbildung, Studium, Examina ...
Qualifikationen	Hier haben Sie die Möglichkeit, besondere Weiterbildungen, Seminare und Schulungen aufzuführen. Beschränken Sie sich dabei auf wirklich relevante Informationen, um das Profil nicht unnötig aufzublähen.
Sprachen	Listen Sie hier all Ihre Sprachen auf, mit dem jeweiligem Niveau, auf dem Sie sie beherrschen.
Web, Kontaktdaten	
Web Kontaktdaten	Als Einzelunternehmer ist es günstig, hier Ihre Kontaktdaten (Mobilnummer, E-Mail-Adresse, Homepage) zu hinterlegen, damit potenzielle Kunden Sie leicht kontaktieren können. Zusätzlich bietet auch XING selbst einen Nachrichtendienst an, über den eine erste Kontaktaufnahme erfolgen kann.

Ihre Selbstdarstellung in XING kann in keinem Fall die eigene Homepage ersetzen, aber sie rundet Ihren professionellen Auftritt ab. Im Übrigen können Sie als Premium-Mitglied auch sehr gut Ansprechpartner in Unternehmen recherchieren, die in XING präsent sind. Geben Sie dafür in das XING-Suchfeld den Namen des gewünschten Unternehmens ein, und schon erscheinen alle Personen aus dieser Firma, die in XING vertreten sind. Die unkomplizierte Kontaktaufnahme per E-Mail ist in diesem Medium üblich und es fällt über XING oft viel leichter als per Telefon, Ansprechpartner in der Personalabteilung aktiv auf sich aufmerksam zu machen.

Mitgliedschaft in Verbänden

Je nach Ihrer individuellen Positionierung als Coach und Berater kann es auch sehr sinnvoll für Sie sein, sich in einem oder sogar mehreren Verbänden zu engagieren und dort Mitglied zu werden. Die unterschiedlichen Voraussetzungen und Kosten der Mitgliedschaft in ausgewählten Verbänden finden Sie jeweils auf den folgenden Seiten:

- DBVC — Deutscher Bundesverband Coaching e. V.: **www.dbvc.de**
- dvct — Deutscher Verband für Coaching und Training e. V.: **www.dvct.de**
- BDP — Berufsverband Deutscher Psychologinnen und Psychologen e. V.: **www.bdp-verband.org**
- BSO — Berufsverband für Coaching, Supervision und Organisationsberatung: **www.bso.ch**
- DCV — Deutscher Coaching Verband e. V.: **www.coachingverband.org**
- DGSv — Deutsche Gesellschaft für Supervision e. V.: **www.dgsv.de**
- EMCC — European Mentoring & Coaching Council: **www.emccouncil.org**
- ICF — International Coach Federation Deutschland: **www.coachfederation.de**
- ICF — International Coach Federation (international): **www.coachfederation.org**
- ProC — Professional Coaching Association: **www.proc-association.de**
- ACC — Austrian Coaching Council: **www.coachingdachverband.at**

Die beiden bekanntesten deutschen Coachingverbände, der *DBVC* und der *dvct*, sollen hier kurz vorgestellt werden.

DBVC — Deutscher Bundesverband Coaching e. V.

In seinem Selbstverständnis ist der DBVC der führende Coachingverband im deutschsprachigen Raum; er konzentriert sich auf Business-Coaching und auf das Thema Führung. Seit seiner Gründung am 10. Januar 2004 hat er eine stetig ansteigende Zahl an Mitgliedern, unter denen sich einige sehr bekannte und profilierte Coaching-Experten befinden. Wertschöpfend an diesem Verband ist die Verbindung von Experten, Unternehmen, Wissenschaftlern und Weiterbildungsanbietern, die hier kooperieren, um für Coaching und Beratung valide Qualitätsstandards zu definieren, die Branche zu professionalisieren und das Arbeitsfeld insgesamt zu fördern und zu entwickeln. Das betrifft sowohl die Arbeitspraxis als auch die Kooperation mit Forschung und Lehre sowie die Aus-, Fort- und Weiterbildung innerhalb des Berufsstands.

Für eine Mitgliedschaft im DBVC muss man bestimmte Voraussetzungen erfüllen, differenziert nach Berufseinsteigern bzw. Associate Coachs, Coachs und Senior Coachs. Darüber hinaus ist auch die Anerkennung als institutioneller Coachs-Anbieter oder als Coaching-Weiterbildungsanbieter möglich. Eine Fördermitgliedschaft ist für Wissenschaftsexperten im Fachbereich Coaching oder für Fachexperten in Organisationen zulässig. Die Erfüllung der Kriterien für eine Mitgliedschaft wird nicht nur über die Empfehlung bestehender Mitglieder/Empfehlungsgeber beim DBVC überprüft, sondern zusätzlich über einen persönlichen Besuch in den Geschäftsräumen des neuen Mitgliedsanwärters durch Verbandsmitglieder verifiziert.

Den Mitgliedern stehen — neben dem Zugang zu einem interessanten kollegialen Netzwerk — verschiedene attraktive Plattformen für Austausch und Akquise zur Verfügung, z. B.:

- DBVC-Dialogforen, die den Austausch zwischen Coachs und Unternehmensvertretern fördern und in wechselnden Unternehmen ausgerichtet werden,
- der große jährliche DBVC-Coachingkongress,

- Treffen der Regionalgruppen,
- Mitgliederversammlungen,
- Listung in der Mitgliederdatenbank, in der nach geografischen Kriterien und nach Spezialisierungen gesucht werden kann,
- …

So bietet diese Mitgliedschaft eine attraktive Möglichkeit, sich mit Kollegen auszutauschen und sich an ihrem Beispiel zu orientieren, neue inhaltliche Impulse aufzunehmen und selbst mitzugestalten sowie durch eigene Aktivität für professionelle Sichtbarkeit zu sorgen.

dvct — Deutscher Verband für Coaching und Training e. V.

Auch der dvct versteht sich als führender Verband für Coaching und Training. Eine Mitgliedschaft ist für Einzelpersonen, für Trainings- oder Weiterbildungsinstitute und für Unternehmen möglich. Voraussetzungen für eine Einzelmitgliedschaft sind die Vollendung des 30. Lebensjahrs und Nachweis der Erfüllung folgender Kriterien über den Lebenslauf sowie entsprechende Zertifikate: Abschluss einer Coachingausbildung im Umfang von mindestens 150 Zeitstunden *oder* einer coachingrelevanten Methodenausbildung in ähnlichem Umfang, ein akademischer Abschluss und mindestens drei Jahre Erfahrung in der Leitung von Gruppen *oder* mindestens fünf Jahre nachgewiesene Tätigkeit als Coach mit entsprechenden Referenzen *oder* mindestens fünf Jahre nachgewiesene Führungserfahrung in einem Unternehmen *oder* Abitur sowie eine abgeschlossene Berufsausbildung mit mindestens fünf Jahren Berufserfahrung und mindestens drei Jahren nachgewiesener Erfahrung in der Leitung von Gruppen. Der dvct erwartet, dass die Erfüllung der Anforderungskriterien zweifelsfrei aus den Unterlagen ersichtlich und ohne weitere Überprüfung nachvollziehbar ist.

Auch in diesem Verband haben die Mitglieder Zugang zu verschiedenen Veranstaltungen und werden in zwei separaten Datenbanken gelistet: Die erste Datenbank stellt die vom dvct zertifizierten Coachs und Trainer vor, die zweite zeigt Premium-Mitglieder, die nicht vom dvct zertifiziert sind und jeweils nur in Kurzprofilen dargestellt werden. Insgesamt betrachtet ist die Mitgliedschaft im dvct deutlich „niedrigschwelliger" als die im DBVC.

> ● **TIPP: Welcher Verband passt zu mir?**
>
> Wenn Sie „Vorbilder" unter den Coachs haben, informieren Sie sich auf deren Homepage, in welchen Verbänden sie Mitglied sind. So bekommen Sie einen guten Überblick, in welchen Vereinigungen auch Sie eine professionelle Heimat finden könnten.

Eintragung in verschiedene Coachingdatenbanken

Es gibt inzwischen einige Coachingdatenbanken, in denen Coachs nach Stichworten und/oder Postleitzahlen gesucht und gefunden werden können, die nicht an eine Mitgliedschaft in einem Verband gekoppelt, wohl aber kostenpflichtig sind. Die bekanntesten unter ihnen sind die Coachdatenbanken der managerSeminare unter http://www.managerseminare.de/Guides/CoachGuide sowie die Coachdatenbank von Christopher Rauen unter http://www.coach-datenbank.de/suche.htm. Um in Letztere aufgenommen zu werden, müssen folgende Kriterien erfüllt sein:

Aufnahmekriterien der Rauen-Coach-Datenbank	
Expertenstatus	Aufnahmekriterien
E1	• Abgeschlossene Berufsausbildung oder abgeschlossenes (Fach-)Hochschulstudium. • Absolvieren einer Coaching-Ausbildung bei einer akzeptierten Ausbildungseinrichtung.
E2	Wie E1, zusätzlich mehr als ein und weniger als drei Jahre Coaching-Erfahrung*.
E3	Wie E21, jedoch mehr als drei Jahre Coaching-Erfahrung*.
E4	• Abgeschlossenes (Fach-)Hochschulstudium und fünf Jahre Coaching-Erfahrung* oder abgeschlossene Berufsausbildung und acht Jahre Coaching-Erfahrung. • CoachingAusbildung oder Äquivalent • Drei Kleinten-Referenzen, die Angaben werden geprüft. • Eine Empfehlung eines Mitglies der Coach-Datenbank mit dem Expertenstatus E4 oder E5 oder eines Mitglieds des DBVC e.V.
E5	Wie E4, jedoch mehr als zehn Jahre Coaching-Erfahrung*.
* Maßgeblich für die Coaching-Erfahrung ist der Beginn des ersten Coachings mit einem Klienten, dem eine Rechnung für das Coaching gestellt wurde.	

Zusätzlich unterzeichnet der Coach hier eine Erklärung, dass er keiner Sekte angehört, esoterische Praktiken wie Astrologie, Wahrsagerei usw. ablehnt und einen Nachweis über regelmäßige Supervision führen kann. Die Tarife gelten dann — abgestuft nach Erfahrung — pro Monat der Mitgliedschaft in der Datenbank.

Die Aufnahme in eine solche Datenbank — neben der Mitgliedschaft in einem Verband oder auch losgelöst davon — nützt ganz sicher, um Ihre Bekanntheit und Seriosität zu unterstreichen. Den entsprechenden Link dorthin sollten Sie in Ihre Homepage einbinden. Ob Sie über die Listung in einer Coachingdatenbank tatsächlich Aufträge generieren, ist allerdings nicht gesichert. Nutzen Sie diese Plattformen eher, um im Netzwerk der Kollegen bekannter zu werden und Ihre Qualität für potenzielle Auftraggeber zu unterstreichen. Daneben gibt es inzwischen kleinere Coachingnetzwerke und Pools, die über Kontakte oder Empfehlungen zugänglich sind. Auch diese Netzwerke können Ihre Bekanntheit bei ausgewählten Kundenkreisen erhöhen, führen aber nicht notwendigerweise zu Aufträgen. Erkundigen Sie sich daher genau, wie z. B. gemeinsame Vertriebsaktivitäten gestaltet werden können, um den Pool bekannter zu machen und bieten Sie Ihre Mithilfe dabei an.

Marktforschung als Grundlage für Veröffentlichungen und Promotionaktivitäten

Eigene Veröffentlichungen sind geradezu ideale Mittel zur Beförderung Ihres guten Rufs als Coach: Artikel, Vorträge, am besten sogar ganze Bücher. Doch den meisten Vertretern des Berufsstands fehlen nicht nur die entsprechenden Kontakte zu den Redakteuren und Lektoren der Fachmagazine, Zeitungen, Buchverlage, sondern auch das *Thema*, mit dem sie sichtbar werden wollen. Die erste Voraussetzung für jede Veröffentlichung ist also, dass Sie etwas zu sagen haben!

Hier eine Checkliste zur Themenfindung:

- Welches Personalthema hat mich in letzter Zeit besonders interessiert?
- Zu welchen Themen habe ich die meisten Coachingaufträge?
- Welche Personalthemen werden in den Medien, in den großen überregionalen Zeitungen, in den Fachzeitschriften der Personalwirtschaft usw. zurzeit intensiv diskutiert?

- Inwiefern habe ich aus meinem Studium, meiner Berufstätigkeit, meinem Netzwerk einen thematischen Bezug zu diesen intensiv diskutierten Themen?
- Welcher Blickwinkel ist noch nicht beleuchtet worden? Welcher Aspekt fehlt noch in der Debatte?

Ein sehr gut geeigneter Ort für Ihre Themensuche sind die großen Coachingverbände. Dort können Sie sich nicht nur zertifizieren lassen, um als „passives" Mitglied in der Coachingdatenbank gelistet zu werden, sondern Sie können auch aktiv teilnehmen an den Diskussionen und beitragen zu den Fragestellungen, die den Verband bewegen, können sich in Arbeitskreise einbringen und dort z. B. Informationen darüber bekommen, welche Erfahrungen die Kollegen und der Verband mit Unternehmen machen. Aus solchen Anregungen lassen sich ebenfalls Themen ableiten, die Sie bearbeiten können, und vielleicht finden Sie über Ihr Engagement sogar Mitstreiter, die gerne mit Ihnen zusammenarbeiten möchten, um ein Thema in die Öffentlichkeit zu tragen. Wenn Sie lieber im Team als alleine arbeiten, kann das eine wertvolle Möglichkeit zur Suche nach Verbündeten bieten, die sich mit ähnlichen Fragestellungen beschäftigen.

TIPP: Marktforschung in eigener Sache

Vielleicht haben Sie noch zu wenig *Material* für ein Thema oder Sie sind von den unternehmerischen Prozessen zu weit entfernt — dann hilft ein selbst gestellter Marktforschungsauftrag, mit dem Sie sich auf die Suche begeben. Weiter oben haben wir die Zielgruppe(n) angesprochen, die Sie im Auge haben, um dort Aufträge zu generieren. Hier können Sie nun zwei Fliegen mit einer Klappe schlagen:

Entwerfen Sie eine Fragestellung, die es Ihnen ermöglicht, in den Zielunternehmen Material über ein bestimmtes Thema zu sammeln und dabei gleichzeitig die passenden zukünftigen Auftraggeber und Ansprechpartner zu identifizieren, diese genau kennenzulernen und sich schon jetzt als Experte für dieses Thema zu positionieren.

► **BEISPIEL: Marktforschung als Akquisemaßnahme**

Dirk Monstedt ist Experte im Bankensektor und hat vor, sich hier als Coach für Karriereberatung zu positionieren. Er weiß, dass in den Banken in den nächsten Jahren zahlreiche Stellen abgebaut werden sollen, und hat gehört, dass in manchen Banken von der Personalabteilung erwartet wird, solche Aufgaben in kleinem Umfang mit abzudecken und im Falle größerer Maßnahmen externen Dienstleistern einen Beratungsauftrag zu erteilen. Er will also nun herausfinden, wie *Karriereberatung* in den Firmen, die er im Auge hat, behandelt wird und wer dafür zuständig ist. Diese Ansprechpartner sind seine neuen potenziellen Auftraggeber. Herr Monstedt hat nun die Möglichkeit, über seinen „Marktforschungsauftrag" alle wichtigen Fragen zu stellen und gleichzeitig herauszufinden, wo Ansatzpunkte für die Akquise von Aufträgen sein könnten.

Dazu fragt er nach, welche Mandate die bisher beauftragten externen Dienstleister nicht zur Zufriedenheit der Auftraggeber lösen konnten und was diese sich stattdessen gewünscht hätten. Womit sind Externe und die Mitarbeiter der Personalabteilungen gleichermaßen überfordert? Genau hier setzt Dirk Monstedt dann an und schärft sein Profil und seine Dienstleistung auf diese „Lücke" hin. Selbstverständlich verfasst er im Anschluss tatsächlich einen Artikel zum Thema, den er den befragten Unternehmen zur Verfügung stellt. Über diese Kontaktanbahnung festigt er seinen Expertenstatus und bringt sich als Anwärter für Aufträge leichter ins Gespräch. Die Stoffsammlung dient dann als Ausgangspunkt für weitere Artikel und Vorträge zu diesem Thema und hilft ihm natürlich auch dabei, die anvisierte Zielgruppe immer besser zu beraten, weil er durch seine spezifische Feldkompetenz überzeugt.

Sobald Sie *Material* haben, können Sie also auch darüber sprechen und Ihre Ergebnisse belegen. Das sorgt für die Aufmerksamkeit Ihrer Zielgruppe und festigt Ihren Expertenstatus. Sollten Sie feststellen, dass das Feld bereits komplett in der Hand von externen Coachs ist, finden Sie im Gespräch heraus, wer sich besonders erfolgreich in den Unternehmen positioniert hat. Ein nächster Schritt kann dann sein, diesem eine Kooperation in Form einer freien Mitarbeit anzubieten und dabei auf die Expertenschaft in Ihrem (und damit auch seinem)

Thema hinzuweisen. Karriereberatung ist dabei nur ein Beispiel von vielen. Mit jeder Fragestellung, die für Sie passt, können Sie dieses Marktforschungstool ausprobieren. Dieses Vorgehen hat schon sehr häufig zum Ziel geführt und auch Einzelunternehmer haben darüber gute Chancen, große Kunden zu akquirieren — solange sie über ein echtes Alleinstellungsmerkmal verfügen.

PR-Dienstleistungen extern einkaufen
Vielleicht haben Sie also ein Thema gefunden, in dem Sie Experte sind, und sich auch durch einen Artikel gut positioniert — aber nun gehen Ihnen die Ideen aus, was als Nächstes zu tun ist. Nicht jeder Coach ist auch ein PR-Fachmann und für Einzelunternehmer ist es oft viel zu aufwendig, eigene Pressekontakte herzustellen. In diesem Fall beauftragen Sie einen *PR-Dienstleister*, der die Arbeit für Sie übernimmt. Als Dienstleister mit ausgezeichneter Branchenkenntnis bietet sich beispielsweise das Team um Giso Weyand an: **www.teamgisoweyand. de.** In jeder größeren Stadt finden Sie Anbieter für *PR* und *Unternehmenskommunikation* — ein Online-Blick in die Gelben Seiten und ein Preis-Leistungs-Vergleich lohnen sich hier.

In jedem Fall sollten Sie Ihren Artikel auf Ihrer Homepage als Kompetenznachweis einbinden und ihn auch den Kunden, die Sie schon haben oder noch gewinnen wollen, per E-Mail mit freundlichen Grüßen zusenden. Sie sehen: Es reicht nicht, aufzutreten, zu schreiben, sich zu Wort zu melden, sondern diese Aktivitäten müssen wiederum bekannt gemacht werden, damit Sie wirklich eine hohe Aufmerksamkeit gewinnen. Sollte Ihr Thema auf Resonanz stoßen, können Sie vielleicht sogar einen zweiminütigen Videomitschnitt anfertigen, den Sie dann über Streaming-Media-Verfahren auf Ihrer Homepage zeigen oder als Tonaufnahme (Podcast) zur Verfügung stellen.

Telefonmarketing als Dienstleistung buchen
Vielleicht stellen Sie fest, dass Sie ohne vorherigen persönlichen Kontakt nicht gerne Unternehmen ansprechen und die Kaltakquise bei Entscheidern nicht zu Ihrem Verständnis als Coach passt. Dann legen Sie das einfach in die Hände von Fachleuten! Es gibt z. B. unter den Researchern aus den großen Personalberatungen Experten, die sich mit genau diesem Dienstleistungsspektrum selbstständig gemacht

haben. Sie wissen, wie passende Unternehmen identifiziert werden, wo dort die richtigen Ansprechpartner sitzen und vor allem, wie man sie ans Telefon bekommt. Ziel dieser Akquise ist es, für Sie als Coach persönliche Termine zu vereinbaren, bei denen Sie sich und Ihre Leistungen dann vorstellen können. Übliches Vergütungsmodell für diese Telefonmarketingexperten ist ein festes Stundenhonorar, ergänzt durch einen Bonus für jeden Besuchstermin, der über ihre Aktivitäten zustande kommt.

Empfehlungsmarketing aufgreifen und professionalisieren
Zufriedene Coachees und Auftraggeber empfehlen Sie gerne weiter und das ist ein echtes Geschenk — eines, das es zu würdigen gilt und dessen Vergabe Sie aktiv unterstützen können. Vielleicht haben Sie solche Empfehlungen bisher eher dem Zufall überlassen und waren überrascht, wenn auf diese Weise neue Mandate zustande kamen. Solche Geschenke sollten Sie jedoch nicht nur freudig annehmen, sondern sich vielmehr damit beschäftigen, wie sie zustande gekommen sind und sich ruhig auch angemessen dafür bedanken.

TIPP: Klären Sie den Empfehlungskontext

Wenn Sie über eine Empfehlung einen neuen Auftrag erhalten, sollten Sie Ihren neuen Kunden um Beantwortung der folgenden Fragen bitten:
- Wer hat Ihnen empfohlen, mit mir Kontakt aufzunehmen?
- Woher kennen Sie den Empfehlungsgeber?
- Welche Aussage des Empfehlungsgebers hat Sie veranlasst, den Kontakt mit mir zu suchen?
- Mit welcher Erwartung kommen Sie heute zu mir?

Diese Fragen führen zwar bereits in die Auftragsklärung hinein, klären aber gleich zu Beginn der Beratungsbeziehung den *Überweisungs- bzw. Empfehlungskontext*. Das gehört zum professionellen Auftreten und hilft Ihnen zu verstehen, wo in den Augen Ihrer Auftraggeber und Mandanten Ihr Alleinstellungsmerkmal liegt, was Sie also in der Kundenwahrnehmung von anderen Anbietern abhebt.

Überprüfen Sie auch, ob Sie die aktuellen Kontaktdaten des Empfehlungsgebers besitzen. Ansonsten ist jetzt die Gelegenheit, danach zu fragen, z. B.: „Ist Frau Maier denn noch bei der Firma XEROX? Ach nein?

Wo ist sie denn jetzt tätig?" Schließlich können Sie sich nicht angemessen bedanken, wenn Sie die Empfehlungsgeber aus den Augen verloren haben. Mit den aktuellen Kontaktdaten können Sie variieren, wie Sie auf die Empfehlung reagieren möchten. Ein Anruf mit einem Dankeschön ist eine gute Möglichkeit, wieder einmal miteinander zu sprechen und bei dieser Gelegenheit einen persönlichen Termin zu vereinbaren: zum Mittagessen, im Büro usw. Auch per E-Mail können Sie sich bedanken, wenn der Empfehlungsgeber beispielsweise telefonisch schwer zu erreichen ist. Schlagen Sie einen persönlichen Termin vor, um den Kontakt wieder aufzufrischen.

Es wird Ihre Empfehlungsgeber freuen, wenn Sie bei diesem persönlichen Termin ein kleines Geschenk überreichen. Es sollte so klein sein, dass es keine Compliance-Regeln verletzt, aber dennoch vom Gegenüber als persönliche Wertschätzung erlebt wird. Blumen, handgeschöpfte Schokolade, eine Flasche Wein – lassen Sie sich etwas einfallen, was Ihr Gegenüber gerne aufnimmt, und legen Sie eine persönliche Karte mit Ihren Kontaktdaten dazu.

TIPP: Belohnen Sie Empfehlungsgeber aus dem Kollegenkreis

Im Kollegenkreis freuen sich Empfehlungsgeber über eine sogenannte *Finders Fee* – das ist ein kleiner Prozentsatz vom Umsatz, den Sie mit dem neuen Mandat erwirtschaften. Je nach „Empfehlungsstärke" können das zwischen drei und zehn Prozent des Umsatzes sein. Hat ein Empfehlungsgeber lediglich Ihren Namen erwähnt und der potenzielle Coachee Ihre Kontaktdaten selbst recherchiert, ist das eine Empfehlung geringerer Intensität als wenn der Empfehlungsgeber dem Interessenten dringend geraten hat, Sie zu konsultieren, weil er Ihre Expertise kennt und schätzt, ihm Ihre gesamten Kontaktdaten überreicht und ihn noch dazu telefonisch bei Ihnen angekündigt und eingeführt hat.

Im persönlichen Gespräch mit zufriedenen Coachees oder überzeugten Empfehlungsgebern können Sie auch die Frage nach einer schriftlichen Referenz platzieren, die Sie auf Ihrer Homepage veröffentlichen dürfen. Meist sind solche Empfehlungsschreiben anonym, aber möglicherweise stehen Ihre Gesprächspartner auf Anfrage ja auch als persönliche Referenz zur Verfügung, wenn ein neuer Auftraggeber aus einem Unternehmen gerne mit ehemaligen Kunden von Ihnen sprechen möchte. Vielleicht ist einer Ihrer Empfehlungsgeber sogar bereit, über seine Erfahrungen in einem Interview Auskunft zu geben und Sie dürfen diese Stimme in einem Artikel zitieren, in Vorträgen als Beispiel einbinden usw. Nichts ist so wertvoll wie Menschen, die gerne Ihre Fürsprecher sind und anderen offen über Sie Auskunft geben. Diese haben dann ein besonderes Dankeschön verdient, z. B., indem Sie sie regelmäßig mit Einladungen zu interessanten Events versorgen, sie zum Essen einladen, ihnen Artikel zu einem bevorzugten Fachgebiet zuschicken oder Ähnliches. Dabei geht es nicht etwa darum, dass die Empfehlungsgeber etwas für ihre Empfehlungen bekommen sollten. Wichtig ist, dass Sie ihnen zeigen, wie sehr Sie ihre Empfehlung schätzen und zu würdigen wissen. Das macht einen wirklichen Unterschied aus: Es geht hier nicht um eine gängige Marketingtechnik, sondern um echtes Interesse am anderen und um die Wertschätzung für das persönliche Geschenk der Empfehlung.

TIPP: Integriertes Marketing

Legen Sie Ihre Marketingaktivitäten integriert an: Prüfen Sie, wie sich Ihr Engagement in der täglichen Beratungsarbeit, in Ihrer Marktforschung, in Verbänden und Arbeitskreisen, in Vorträgen, PR und Öffentlichkeitsarbeit und gegenüber Empfehlungsgebern gegenseitig unterstützt und fördern kann. Oft liefert das Ergebnis der einen Aktivität gleichzeitig Material und Impuls für die nächste!

Multiplikatoren und noch mehr professionelle Netzwerke

Um Ihren Aktionsradius auszudehnen, lohnt es sich, Multiplikatoren zu gewinnen. Sind Sie auf die Beratung von Führungskräften aus dem Mittelstand spezialisiert, bringen Sie sich am besten bei den Industrie- und Handelskammern sowie in den branchenspezifischen Arbeitskreisen ins Gespräch. Auf den Seiten des Deutschen Industrie- und Handelskammertags DIHK gibt es dafür sogar eine regionale Suchfunktion: http://www.dihk.de/ihk-finder. Nutzen Sie auch Foren wie die Wirtschaftsclubs in den Metropolen, den Exportclub, das American Chamber of Commerce, die Marketingclubs der Großstädte sowie die regionalen Unternehmerstammtische zur Kontaktanbahnung. Besuchen Sie Veranstaltungen großer Rechtsanwaltskanzleien, Wirtschaftsprüfer und Steuerberater, um sich dort ins Gespräch zu bringen. Einige weitere interessante Anlaufstellen für den professionellen Austausch sind:

- bdvb — Bundesverband Deutscher Volks- und Betriebswirte e. V. (Netzwerk für Ökonomen zur Unterstützung und Förderung von Wirtschafts- und Sozialwissenschaftlern im Beruf): **www.bdvb.de**
- B.F.B.M. — Bundesverband der Frau in Business und Management e. V.: **www.bfbm.de**
- Die Führungskräfte (Verband mit dichtem Regionalnetz; Beratung in Rechtsangelegenheiten und Lobbyarbeit): **www.die-fuehrungskraefte.de**
- DMG — Deutsche Management-Gesellschaft e. V. (Gesellschaft zur Förderung und Entwicklung der Managementpraxis, -bildung und wissenschaft): **www.dmg-ev.com**
- Efficiency Club Zürich — Club für Wirtschaftspraxis (Club für wirtschaftliche und gesellschaftliche Aktivitäten, die in professions- und tätigkeitsspezifischen *Erfa-Gruppen* stattfinden): **www.efficiency.ch**
- FIM — Vereinigung für Frauen im Management e. V. (bundesweites Netzwerk für Frauen in Fach- und Führungspositionen): **www.fim.de**
- kdf — Kreis deutschsprachiger Führungskräfte (Initiative für Führungskräfte in Unternehmen, Diplomatie und kulturellen Einrichtungen; zugänglich auch für Gäste, Familien und Freunde von Mitgliedern): **www.kdf-online.org**
- Lions Clubs International (weltweites Netzwerk für selbst organisierte humanitäre Hilfe, zur Entwicklung des Geists gegenseitiger Verständigung unter den Völkern, zur Förderung des Bürgersinns, der bürgerlichen, kulturellen, sozialen und allgemeinen Entwicklung der Gesellschaft sowie zur Pflege von Freundschaft und gegenseitigem Verständnis; Mitgliedschaft ist Voraussetzung für regelmäßige Teilnahme): **www.lions.de**
- Querdenker (Interessanter „thinktank" und innovative Wirtschaftsvereinigung mit über 200.000 interdisziplinären Entscheidern und kreativen Machern): **www.querdenker.de**
- Rotary International (weltweites Netzwerk für selbst organisierte humanitäre Hilfe, für Frieden und Völkerverständigung, Achtung der Grundwerte in Unternehmensführung und Beruf; Mitglied-

schaft ist Voraussetzung für die regelmäßige Teilnahme):
www.rotary.org

- VAA — Verband angestellter Akademiker und leitender Angestellter der chemischen Industrie e. V. (Verband zur Beobachtung der Entwicklungen und Markttrends in der chemischen Industrie): **www.vaa.de**
- VWI — Verband Deutscher Wirtschaftsingenieure e. V. (Berufsverband für Wirtschaftsingenieure im In- und Ausland): **www.vwi.org**
- WJD — Wirtschaftsjunioren Deutschland (Bundesverband der Wirtschaftsjunioren für Führungskräfte unter 40): **www.wjd.de**
- ULA — Deutscher Führungskräfteverband (Verband zur Interessenvertretung für Führungskräfte in Politik, Wirtschaft und Gesellschaft in Deutschland): **www.ula.de**

Freude an aktiven Netzwerken

Unter *Netzwerken* verstehen wir das aktive Suchen, Herstellen und Pflegen von Kontakten im beruflichen und privaten Umfeld mit dem Ziel, neue Entwicklungsmöglichkeiten zu erschließen. Solche Aktivitäten gehen denjenigen leichter von der Hand, die

- ein grundlegendes wohlwollendes Interesse an Menschen haben,
- ein Minimum an Selbstorganisation mitbringen,
- Freude daran haben, an ausgewählten Veranstaltungen teilzunehmen und diese vor- und nachzubereiten,
- ihren professionellen Kreis an Gesprächspartnern und ihren Freundeskreis schätzen und gerne pflegen und
- somit verstanden haben: Die beste Voraussetzung, um mit Menschen ins Gespräch zu kommen, ist es, sich wirklich für sie zu interessieren.

Sollten Sie also versuchen, das Networking unter rein strategischen Gesichtspunkten zu betreiben und dabei etwas zu „verkaufen", um etwas anderes dafür zu erhalten, wird Ihnen das Ganze keine Freude bereiten und die Kontakte werden seltsam „kalt" bleiben. Aus Kontakten, die Sie mit echtem Interesse aufgreifen, entstehen hingegen oft ebenso angenehme wie wichtige Impulse. So steigern Sie im besten Fall durch Ihre Kontaktbereitschaft Ihre eigene Bekanntheit und kommen mit einflussreichen Menschen ins Gespräch. Jeder neue Kontakt bedeutet für Sie eine Gesprächsmöglichkeit, die Sie wiederum mit Ihrem Netzwerk teilen können. Sie unterstützen dadurch Ihre Kontakte, wie auch Sie von Ihrem Netzwerk mit Kontaktoptionen unterstützt werden. Das stärkt die Motivation zum Teilen und gibt Sicherheit.

Um sich in diese Praxis des Gebens und Nehmens aktiv einbringen zu können, beantworten Sie für sich zunächst zwei Fragen:

- Wofür stehe ich?
- Und was ist mir wichtig?

Denn nur, wenn Sie bereit sind, das Ihnen Eigene, Unverwechselbare und Individuelle in den gesellschaftlichen Austausch einzubringen, kann echter Kontakt entstehen. Hilfreich ist als innere Einstellung, dass Sie Ihr Gegenüber gerne kennenlernen möchten, bereit sind, ihm aktiv zuzuhören und sich grundsätzlich fragen: „Was kann ich für den anderen tun?" Das ist keine Technik, die man anwenden kann, sondern eine innere Einstellung, die für eine optimale Wirkungsentfaltung Geduld und einen langen Atem voraussetzt. Networking ist kein „Verkaufen", kein „Tit for tat", das *Quick-Wins* produziert, sondern lebt aus einer grundsätzlich zugewandten Haltung, die Sie zum festen Bestandteil Ihres Lebens machen können. Im Berufs- wie auch im Privatleben nehmen sich Menschen, die diese Lebenshaltung einnehmen, aktiv und täglich Zeit für die Pflege ihrer Kontakte und Freundschaften und werden reich dafür belohnt.

TIPP: Aktive Kontaktpflege als tägliche Gewohnheit

Egal, ob Sie fest angestellt oder selbständiger Unternehmer sind: 25 Prozent Ihrer täglichen Arbeitszeit sollten Sie der aktiven Kontaktpflege, dem Austausch und dem Netzwerken widmen.

Systematische Datenpflege

- Erstellen Sie eine Übersicht über Ihre Kontakte und Ihr aktuelles Netzwerk als Mindmap.

Meine Kontakte

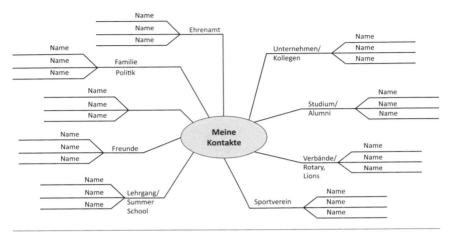

Abb. 3: Mindmap mit Kontaktdaten

- Richten Sie ein elektronisches Daten- und Kontaktmanagement ein, damit Sie alle Namen, Unternehmensangaben, Positionen, Telefonnummern, E-Mail-Adressen usw. parat haben. Tragen Sie all diese Informationen in Ihrem PC oder Handy zusammen und aktualisieren Sie sie kontinuierlich.
- Versehen Sie Ihre gesammelten Visitenkarten auf den Rückseiten mit kurzen Notizen: Ort und Datum der Begegnung, Gesprächsthemen, Anknüpfungspunkte für die Zukunft ...
- Wenn Sie ein iPhone besitzen, können Sie beispielsweise mit der Visitenkarten-App von cardreader Visitenkarten abfotografieren und direkt in Ihre Kontaktdatenbank importieren.
- Systematisieren Sie Ihre Kontakte nach Regionen, Branchen, Funktionen oder anderen, von Ihnen definierten, Kriterien.
- Wenn Sie Veranstaltungen besuchen, ordnen Sie den gewünschten Kontakten Prioritäten zu: Wen möchten Sie an diesem Abend auf jeden Fall treffen, mit wem in Kontakt kommen? Was ist an diesem Abend ein *Must-*, was ein *Nice-to-have*? In welcher Gesell-

schaft fühlen Sie sich als Mensch wohl — wo ist das persönliche *Fitting* optimal?

- Reaktivieren Sie Ihre „eingeschlafenen" Kontakte.

Veranstaltungen vor- und nachbereiten
Die Teilnahme an Veranstaltungen bringt Ihnen wesentlich mehr Nutzen, wenn Sie etwas Zeit in die Vor- und Nachbereitung investieren.

Vorbereitung:

- Recherchieren Sie über die Gästeliste, wer die Veranstaltung besuchen wird und welche dieser Gäste Sie besonders interessieren.
- Wen der Angemeldeten kennen Sie bereits?
- Welchen Anlass hat die Veranstaltung? Was verbindet die Anwesenden miteinander? Was könnte ein gutes Gesprächsthema sein?
- Welche Historie hat die Veranstaltung? Wer waren oder sind wesentliche Protagonisten und Key Speaker?
- Was wissen Sie über den Werdegang dieser Personen? Wie haben sie die bisherigen Veranstaltungen und die Themen beeinflusst?
- Was können Sie selbst zu dem aktuellen Anlass und Thema beitragen?

Nachbereitung:

- Gehen Sie in den Tagen nach der Veranstaltung auf neue Kontakte nochmals zu und signalisieren Sie, dass Sie sich über das Kennenlernen gefreut haben und den Kontakt auch gerne zukünftig pflegen möchten.
- Sprechen Sie selbst Einladungen aus zu Veranstaltungen, die Sie besuchen.
- Fragen Sie nach der Bereitschaft Ihres Kontaktpartners, Sie beispielsweise zu einem Mittagessen zu treffen, wenn Sie wieder in der Stadt sind.
- Suchen Sie Gelegenheiten für wiederholten Kontakt z. B. auf Messen, Fachtagungen usw.

● **TIPP: Zeigen Sie sich und bieten Sie etwas an**

Seien Sie präsent, aber nicht aufdringlich in Ihrer Neugierde auf andere. Und bieten Sie etwas von sich selbst an: Ihr Wissen, Ihre Kontakte, Ihre Ideen, Beiträge und Informationen können für Ihre Gesprächspartner wertvoll sein. Führen Sie Menschen zusammen, die gut zueinander passen könnten und unterstützen Sie die Organisation von Veranstaltungen durch Ihr Engagement. Sie werden darüber viele Gesprächspartner und Themen finden, sodass Sie nicht nur zuhören und daraus lernen, sondern auch selbst aktiv Impulse in Konversationen setzen können.

Alternative Zugangswege zu neuen Kunden
Aufnahme in einen Coachingpool

Eine Möglichkeit für die Generierung interessanter Aufträge ist die Aufnahme in den Coachingpool eines Unternehmens. Es gibt verschiedene Wege, hier Zugang zu erlangen. Manche Ausbilder empfehlen von ihnen ausgebildete Teilnehmer direkt an Personalverantwortliche. Manchmal verwenden sich auch Führungskräfte in ihrem Unternehmen für einen Coach, mit dem sie gute Erfahrungen gemacht haben. Außerdem kann man als Coach auch über ein bis zwei zufällige Mandate im Haus in den Pool empfohlen werden. Es gibt also sehr unterschiedliche Verfahren und Aufnahmekriterien, die über die Aufnahme entscheiden — und damit letztlich über die Vergabe von Aufträgen.

Wir wollten es genau wissen, und suchten das Expertengespräch mit *Claudia Friedrich*, die das Unternehmen *E.ON Energie AG München* in einer Umbruchsituation als Inhouse-Coach begleitet hat, bis 2008 die Führungskräfteentwicklung und das Coaching verantwortete und anschließend bis 2010 als Bereichsleiterin HR-Management und Development der E.ON Italia tätig war. Sie kennt die Anforderungen an Coachs im internen Pool genau und war bereit, ihre Erfahrungen mit uns zu teilen.

An welchen Standorten und in welchen Verantwortungsbereichen ist Coaching bei der E.ON Energie AG in der Organisation verankert?

Im E.ON-Konzern existieren zahlreiche eigenständige Geschäftseinheiten. Über alle Einheiten hinweg gibt es für jedes Hierarchielevel einen oder sogar mehrere Coachingpools, aus denen der Bedarf an Coaching gedeckt wird. Hintergrund der unterschiedlichen Pools sind die differenzierten Anforderungen an Ausbildung, Lebens- und Berufserfahrung des Coachs, die je nach Zielgruppe voneinander abweichen können. Für uns ist es selbstverständlich, dass der Vorgesetzte und die ihm unterstellte Führungskraft nicht von ein und demselben Coach unterstützt werden, sondern dass wir dazu auf unterschiedliche Pools zurückgreifen. Daneben berücksichtigen wir auch die regionale Nähe zwischen dem Standort der Geschäftseinheit und dem Standort unserer Coachs. In der Hierarchie unterscheiden wir im Konzern zwischen Top-Executives, Executives und Managern. Coaching als kostenintensive Entwicklungsmaßnahme bieten wir nur für Top-Executives und Executives sowie in begründeten Ausnahmefällen für Potenzialträger dieser Managementebenen an. Wir sprechen hier also von einem exklusiven Teilnehmerkreis und exklusiven Themen.

Wir stützen uns auf eine Art *Code of Conduct*, also ein einheitliches Verständnis. Coaching bedeutet für uns *Hilfe zur Selbsthilfe*, als eine individuelle Unterstützung jenseits standardisierter Trainingsangebote. Der Coach erteilt daher keine Ratschläge, sondern ist verantwortlich für den gemeinsamen Coachingprozess, der auf Freiwilligkeit basiert. Dabei gilt absolute Vertraulichkeit, die von keiner Hierarchieebene verletzt werden darf. Fokus des Coachings ist stets die berufliche Handlungsfähigkeit. Für den Coachingprozess gibt es bei uns einen festen Rahmen, zu dem z. B. auch eine Zielvereinbarung gehört. Dabei erwarten wir von unseren Coachs eine wertfreie Grundhaltung, die verstehend ist im Sinne von „Alles, was ist, darf sein".

Wer stößt den Prozess des Coachings an? Welche Varianten gibt es dabei?

Die Auslöser für ein Coaching können meiner Erfahrung nach sehr verschieden sein. Häufig ist es das Feedback des Vorgesetzten oder die Selbsteinschätzung des Executives, dass er Unterstützung benötigt.

Manchmal besteht auch Bedarf, die Resultate aus Mitarbeiterbefragungen oder Vorgesetztenfeedbacks mit externer Unterstützung zu reflektieren und zu bearbeiten. Zudem kommt es vor, dass aus konzernweiten Verfahren wie Audits oder Assessment-Centern ein Coaching als Entwicklungsmaßnahme empfohlen wird. In allen Varianten wendet sich der Executive an den Personalmanager, der dann mit mir Kontakt aufnimmt.

Wer entscheidet über ein Coaching?

Im ersten Schritt berate ich den Executive in einem persönlichen Gespräch gemeinsam mit dem Personalmanager, um herauszufinden, ob ein Coaching tatsächlich die geeignete Maßnahme ist. Wenn wir gemeinsam zu dem Schluss kommen, dass für dieses spezifische Anliegen ein Coaching passender ist als etwa ein Training oder andere Maßnahmen, stimme ich dem Vorhaben zu. Bei dieser Entscheidung hilft mir — auf Grundlage der fundierten Kenntnis unserer Entwicklungsangebote — vor allem die Analyse der Dynamik, die sich hinter dem konkreten Anliegen verbirgt. Abschließend entscheidet dann der budgetverantwortliche Vorgesetzte über die Übernahme der Kosten.

Welches sind typische Themen für Ihre Coachs?

Typische Arbeitsfelder in unseren Coachings sind:

- Begleitung von Veränderungsprozessen
- Unterstützung bei der Veränderung des Führungsverhaltens
- Lösung von Leistungs- und Kreativitätsblockaden
- Begleitung in als problematisch erlebten Führungssituationen
- Konfliktsituationen im Team
- Übernahme einer neuen Führungsaufgabe
- Reflexion der Kluft zwischen Selbst- und Fremdbild

Für welche Zeiträume wird Coaching bewilligt? Gibt es hier feste Programme oder Settings?

Erfahrungsgemäß laufen unsere Prozesse über sechs bis zehn Sitzungen à zwei bis vier Stunden.

Wo finden die Sitzungen statt? Im Unternehmen oder außerhalb?

Bei uns finden die Sitzungen nicht am Arbeitsplatz statt, sondern in den meist nahegelegenen Räumen des Coachs oder in den Besprechungsräumen eines Business Centers. Für diese Vorgehensweise habe ich mich aus zwei Gründen entschieden: Zum einen ist der Raum frei von Störungen jeglicher Art, denen sich ein Executive am Arbeitsplatz nur schwer entziehen kann. Zum anderen ist außerhalb unserer Geschäftsräume die Diskretion gewahrt und die räumliche Distanz sowie der kurze Weg dorthin helfen der Führungskraft manchmal schon dabei, eine andere Perspektive einzunehmen.

Wie verläuft die Vermittlung des Coachs an den Executive? Wie ist der Ablauf des anschließenden Coachingprozesses?

Nachdem der Bedarf geklärt ist, die Entscheidung für ein Coaching als sinnvolle Maßnahme getroffen wurde und der Vorgesetzte der Maßnahme selber und auch der Kostenübernahme zugestimmt hat, empfehle ich einen Coach aus meinen Pools. Dabei ist es eine entscheidende Voraussetzung für den Erfolg des Prozesses, dass der Coach nicht nur *menschlich* zur Persönlichkeit des Executives passt, sondern dass auch eine gute Passung des Coachs zum Anliegen und zum Background des Executives vorliegt. Zunächst findet dann ein erstes Gespräch zwischen Coach und Executive statt, in dem sich beide Gesprächspartner kennenlernen. Jeder der beiden gibt uns dann ein Feedback, ob er mit dem anderen arbeiten will. Wenn sich ein Coach und ein Executive nicht füreinander entscheiden, war folglich meine Einschätzung der Passung nicht erfolgreich und der Executive erhält von mir auf der Basis seiner Rückmeldung einen neuen Vorschlag. Je besser ich also die Executives und die Coachs in meinen Pools kenne, desto eher kann ich die jeweils zueinander passenden Personen zusammenbringen.

Wenn das Erstgespräch zu einer positiven Rückmeldung führt, folgt darauf ein Auftragsklärungsgespräch zwischen Coach und Executive, in dem diese die Zielvereinbarung für das Coaching erarbeiten. In einem anschließenden Dreiergespräch mit dem Vorgesetzten wird dieser Vorschlag reflektiert, eventuell durch das Feedback des Vorgesetzten ergänzt und schließlich verabschiedet (Dreieckskontrakt). Der Coach hat dann im gesamten Verlauf des Coachings die Verantwortung für den Prozess und die Einhaltung der Spielregeln.

Das Coaching selber findet im vertraulichen Rahmen statt. Bei Bedarf kann im Verlauf des Prozesses eine Sitzung für ein Zwischenfeedback und eine möglicherweise angeratene Richtungsanpassung gemeinsam mit dem Vorgesetzten genutzt werden. Am Ende des Coachingprozesses findet dann ein Auswertungsgespräch zwischen Coach und Executive unter Zugrundelegung der Zielvereinbarung statt. Die hier gewonnene Einschätzung wird dann im Abschlussgespräch gemeinsam mit dem Vorgesetzten reflektiert, gegebenenfalls ergänzt und schließlich „verabschiedet". Für mich ist es besonders wichtig, am Ende des Prozesses genau zu schauen, wo der Executive nun steht und ob und in welcher Form er möglicherweise noch weitere Begleitung braucht.

Wie evaluieren Sie den Prozess?

Grundsätzlich nutzen wir ein strukturiertes Interview zur Evaluation des Prozesses. Den ersten Einsatz eines Coachs, der neu im Pool ist, begleite ich besonders intensiv und werte es zusammen mit dem Coach sorgfältig aus. Außerdem führe ich ein jährliches Review mit den Coachs durch, bei dem ich sie auch über Prozessänderungen, neue HR-Instrumente oder Strategieentscheidungen informiere.

Welche Qualitätskriterien gelten für Coachs, die Sie in Ihre Coachingpools aufnehmen?

Zwingende *fachliche Voraussetzungen* sind für mich:

- Kombination aus einer betriebswirtschaftlichen Ausbildung und psychologischen Kenntnissen oder vice versa
- Fundierte, anerkannte Weiterbildung als Coach oder Berater
- Idealerweise mehrjährige Berufserfahrung in einem Wirtschaftsunternehmen
- Nach Möglichkeit eigene Führungserfahrung
- Mehrjährige Erfahrung als Coach in einem Konzern oder Matrixunternehmen
- Nachweis kontinuierlicher Qualitätssicherung über Supervision oder ähnliche Verfahren

Als wichtige *Soft Facts* treten hinzu:

- Ein Coachingverständnis, das mit unserem kompatibel ist
- Sorgfalt hinsichtlich unseres Coachingprozesses
- Persönliche Reife/Lebenserfahrung
- Selbstreflexion
- Empathie
- Kontakt- und Beziehungsfähigkeit
- Glaubwürdigkeit
- Innere Unabhängigkeit
- Souveränität im Umgang mit den Prozessen großer Organisationen

Und, last, but not least — die Konditionen müssen je nach Zielgruppe in unser Gefüge passen.

Wann gilt ein Coaching bei Ihnen als erfolgreich?

Der Erfolg eines Coachings kann sich auf vielerlei Arten zeigen. Ideal ist natürlich die Erfüllung der Zielvereinbarung, die zu Beginn des Prozesses geschlossen wurde, z. B., wenn in dem schwierigen Verhältnis zwischen einem Vorgesetzten und dem Executive durch das Coaching mehr Selbstreflexion möglich wird und eine Kultur der Kooperation entsteht. Zur Messung des Erfolgs stehen verschiedene Instrumente zur Verfügung: Da sind zunächst die Kriterien der Zielvereinbarung, weiterhin auch die Möglichkeit eines positiveren Mitarbeiterfeedbacks in Befragungen oder Erkenntnisse im Rahmen einer weiteren Teilnahme an unseren internen Verfahren wie Audits, Development-Centern usw.

Welche Formen der Berichterstattung setzen Sie ein?

Es gibt die Zielerreichungsdokumentation, die den Stand der erreichten Ergebnisse mit der anfangs geschlossenen Vereinbarung vergleicht. Diese Einschätzung wird festgehalten, aber vertraulich behandelt. Ein quantitatives Reporting in anonymisierter Form auf der Meta-Ebene ist für uns ebenfalls selbstverständlich.

Wie läuft das Aufnahmeverfahren in Ihre Coachingpools?

Wenn sich jemand als Coach beworben hat, durchläuft er in der Regel einen mehrstufigen Prozess. Zunächst überprüfen wir, ob der Kandidat die oben genannten Kriterien zur Aufnahme in den jeweiligen Pool erfüllt. Ist das der Fall, wird er zu einem persönlichen Gespräch eingeladen. Dieses findet dann in Form eines strukturierten Interviews statt, an dem mehrere Personalentwickler teilnehmen. Über die Prüfung der *critical incidents* und über gezielte Vertiefungsfragen lernen wir die Persönlichkeit und die Arbeitsweise des betreffenden Coachs sehr genau kennen. Wir thematisieren hier beispielsweise, wo der Coach die Grenzen von Coaching sieht und wie er vorgeht, wenn er an diese Grenzen stößt. Wir beobachten, ob er dazu neigt zu bewerten, statt zu verstehen, und wir richten unsere Aufmerksamkeit darauf, wie er zuhört. Wesentlich für uns ist auch, wie er den Kontakt im Gespräch gestaltet. Dies sind nur einige Beispielthemen des Interviews, an dessen Ende wir gemeinsam über die Aufnahme oder Ablehnung entscheiden. Mir hilft in diesen Verfahren meine langjährige Erfahrung mit dem Thema Coaching in der Rolle der internen Personalentwicklerin wie auch meine eigene Ausbildung und Erfahrung als Coach dabei, die Qualifikation, die Kompetenz und die Qualität der *Soft Facts* des Kandidaten einzuschätzen.

Wie suchen Sie nach neuen Coachs für Ihre Pools?

Meine Strategie bei der Suche nach einem neuen Coach ist aufgrund meiner Erfahrung und meines Netzwerks in der Branche breit angelegt. Den ersten Kontakt zu einigen Coachs habe ich auf Fachtagungen und Coachingkongressen hergestellt. Auf andere Coachs bin ich durch die Empfehlung von HR-Kollegen aufmerksam geworden. Auch ein sehr gutes Feedback von Top-Executives war für mich schon des Öfteren Impuls, Kontakt mit Coachs aufzunehmen. Ein weiterer Anlass sind Veröffentlichungen von Coachs, die mich überzeugt haben. Der Markt ist sehr groß, aber es braucht dennoch viel Zeit, bis man Coachs findet, die unsere hohen Qualitätsanforderungen erfüllen und tatsächlich in den jeweiligen Pool „passen".

Liebe Frau Friedrich, wir danken Ihnen herzlich für dieses Gespräch!

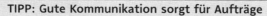

TIPP: Gute Kommunikation sorgt für Aufträge

Wenn es Ihnen gelungen ist, in den Coachingpool eines Unternehmens aufgenommen zu werden, achten Sie auf einen positiven, regelmäßigen Kontakt zu dem HR-Verantwortlichen, der Sie beauftragt. Das ist gerade in den „Pausen" wichtig, in denen Sie keine Mandate haben. Es gilt dabei, in Kontakt zu bleiben, ohne aufdringlich zu werden. Denn die Aufnahme in den Pool ist die erste Hürde — regelmäßig beauftragt zu werden und immer wieder eine Chance zu bekommen die zweite! Die nehmen Sie einerseits über sehr gute Arbeit und zum anderen über eine sehr gute Kommunikation.

Die Kundenbindung entscheidet über den Erfolg

Das *entscheidende Plus* im Marketing ist eine differenzierte Kundenansprache und Kundenbindung über ein gezieltes Customer-Relationship-Management. Als Coach haben Sie verschiedene „Kunden": Personalverantwortliche und Manager in Unternehmen (also Firmenkunden) und „Endkunden", das sind Menschen, die als Privatperson ein Coaching in Anspruch nehmen und dafür aus eigener Tasche bezahlen. Firmenkunden und Privatkunden haben jeweils unterschiedliche Erwartungen, unterschiedliche Bedürfnisse und sollten daher auch auf verschiedene Weise *gepflegt* werden.

TIPP: Customer Relationship Management (CRM)

Um die Erwartungen und Bedürfnisse Ihrer Kunden in ihrer ganzen Komplexität bedienen zu können, brauchen Sie eine gute *Datenbank*. Die hier gespeicherten Daten ermöglichen Ihnen auch bei zunehmender Kundenanzahl ein differenziertes One-to-One-Marketing. Erfassen können Sie individuell die verschiedenen Buchungsanlässe der Coachings, den Umfang der Beratung, die Themen, persönliche Daten wie Geburtstag, Alter, Familienstand, Adresse, Unternehmenszugehörigkeit, Funktion, Ausbildungshintergrund, Mitgliedschaften, Interessen und Hobbys. Bei jedem Auftrag, jedem Kontakt, jedem Besuch, jeder E-Mail und jedem Telefonat sollten Sie den Status des Betreffenden aktualisieren: So entstehen — erinnerungsgestützt — langfristige Beziehungen und Kundenhistorien, über die Sie neue Aufträge und Mandate generieren können. Die Kunden fühlen sich individuell wahrgenommen und schätzen die Aufmerksamkeit, mit der Sie ihre fachlichen und persönlichen Details gespeichert haben.

Der erste Schritt zu einem professionellen CRM ist eine sorgfältige Kundenanalyse:

- Wer sind meine Kunden?
- Was für Kundengruppen gibt es?
- Welche Branchen und Funktionen kommen gehäuft vor?
- Welche Prozesse führen jeweils zum Kontakt mit den Kunden?
- Wie profitabel sind meine Kundengruppen?

Im nächsten Schritt können Sie dann für die einzelnen Kundengruppen differenzierte Strategien bezüglich des Angebotsdesigns und der Programmentwicklung entwerfen. Die augenfälligste, wenn auch zunächst sehr grobe Unterscheidung, ist dabei sicherlich die in Firmenkunden und Privatkunden. Strategisch günstig und langfristig wichtig ist ein guter Mix aus beiden Zielgruppen. Wenn Sie als Coach nur die Privatkunden im Blick haben, generieren Sie mit viel Aufwand jeweils einzelne Mandate. Die Akquise ist also aufwendig und das Empfehlungsmarketing greift oft nur punktuell. Gelingt es Ihnen dagegen, sich als Sparringspartner eines Unternehmens zu positionieren, gewinnen Sie über einen Kontakt z. B. zum Personalverantwortlichen oder zum Entscheider in der Geschäftsführung häufig eine Vielzahl an Mandaten oder werden sogar langfristig als Berater in Entwicklungsprozesse des Unternehmens eingebunden.

Das Angebot für diese beiden Gruppen unterscheidet sich in Ansprache, Argumentation und Produkten. Während Sie sich bei Privatkunden als Coach für individuelle Themen positionieren, sind Sie für Unternehmen nicht nur als Berater für Einzelmandate, sondern auch als strategischer Gesprächspartner interessant, der Personalverantwortliche dabei unterstützt, kritische Entwicklungen in Unternehmen extern professionell und dauerhaft zu begleiten. Sie bieten also eine Beratungsleistung an, die Ihr Know-how strukturell im Unternehmen verankert, eine langfristige Kundenbeziehung schafft und nachhaltig für Aufträge sorgt. Einige Themen, die Sie erfolgreich und nachhaltig in Unternehmen platzieren können, sind z. B. die Etablierung von

Coachingpools in Unternehmen, aber auch Organisationsentwicklung, Business-Development oder Personalauswahl.

Firmenkunden wie auch Privatkunden lassen sich noch feiner differenzieren und clustern: nach Branchen, Hierarchie und Position, nach Unternehmensgröße, nach Geschlecht, Alter, Anliegen usw. Für jeden Cluster können Sie dann eine eigene Erfolgskontrolle durchführen und daraufhin die Kundenansprache, die Argumentation und die Produkte für die jeweilige Zielgruppe optimieren. Sie sollten allerdings nicht den Fehler machen, Ansprache, Argumente und Angebote zielgruppenspezifisch zu *zementieren* — natürlich muss immer auch das angesprochene Individuum in Betracht gezogen werden.

TIPP: Nachhaltiger Erfolg durch Kundenbindung

Der Schlüssel langfristiger Kundenbindung ist die Bereitschaft, jedem Kunden genau zuzuhören und jederzeit von ihm zu lernen. Jeder einzelne Kunde hat ein Recht darauf, dass wir ihn differenziert ansprechen, die passende Argumentation mit ihm zusammen und das adäquate Angebot für ihn erarbeiten. Ihr Wissen um Bedürfnisse und Anforderungen Ihrer Kunden sowie Ihre Fähigkeit, darauf konstruktiv und kompetent einzugehen, entscheidet über die Kundenloyalität und über das Kundenpotenzial. Nur wer seinen Kundenstamm kennt, kann ihn halten, nachhaltig entwickeln und seinen Geschäftserfolg langfristig sichern.

Literatur zum Thema

Bauer, W. & Mollbach, A. (2009). Arbeiten und Führen in der Wissensökonomie. In: *Personal*, Nr. 11, S. 30 — 33.

Becker, M. (2011). *Systematische Personalentwicklung: Planung, Steuerung und Kontrolle im Funktionszyklus.* Stuttgart: Schäffer-Poeschel Verlag.

Berne, E. (2007). *Spiele der Erwachsenen. Psychologie der menschlichen Beziehungen.* Reinbek: Rowohlt Taschenbuch Verlag.

Berner, W. (2010). *Change!* Stuttgart: Schäffer-Poeschel Verlag.

Breisig, T. (2006). *Betriebliche Organisation.* Herne: NWB Verlag.

Burisch, M. (2006). *Das Burnout-Syndrom – Theorie der inneren Erschöpfung.* Berlin: Springer Verlag.

Dillerup, R. & Stoi, R. (2010). *Unternehmensführung.* München: Verlag Vahlen Franz GmbH.

Dilts, R. (2006). *Die Veränderung von Glaubenssystemen.* Paderborn: Junfermann Verlag. 4. Auflage.

Doppler, K. (2011). *Der Change-Manager.* Frankfurt/Main: Campus Verlag.

Doppler, K. & Lauterburg, C. (2008). *Change-Management.* Frankfurt/Main: Campus Verlag. 12. Auflage.

Dörner, D. (2008). *Die Logik des Mißlingens. Strategisches Denken in komplexen Situationen.* Reinbek: Rowohlt Verlag.

Förster, J. (2012). *Unser Autopilot. Wie wir Wünsche verwirklichen und Ziele erreichen können.* München: DVA.

Franz, H.-W. & Kopp, R. (2003). Die Kollegiale Fallberatung. Ein einfaches und effektives Verfahren zur „Selbstberatung". In: *Sozialwissenschaften und Berufspraxis*, Nr. 3, S. 285 — 294.

Freudenberger, H. & North, G. (2008). *Burnout bei Frauen*. Frankfurt/Main: Fischer Taschenbuch. 13. Auflage.

Furman, B. & Ahola, T. (2010). *Twin Star – Lösungen vom anderen Stern. Teamentwicklungen für mehr Erfolg und Zufriedenheit am Arbeitsplatz*. Heidelberg: Carl-Auer-Systeme Verlag.

Gollwitzer, P. M. & Oettingen, G. (2011). Planning promotes goal striving. In: K. D. Vohs & R. F. Baumeister (Eds.). *Handbook of self-regulation. Research, Theory and Application*. USA: Guilforf Press. 2. Auflage.

Hamel, G. (2012). Schafft die Manager ab! In: *Harvard Business Manager*, Nr. 1, S. 22 – 36.

Harris, T. A. (2007) *Ich bin o.k., Du bist o.k.: Wie wir uns selbst besser verstehen und unsere Einstellung zu anderen verändern können. Eine Einführung in die Transaktionsanalyse*. Reinbek: Rowohlt Taschenbuch Verlag.

Heath, C. & Heath, D. (2010). *Switch. How to change things when change is hard*. New York: Broadway Books.

Hölzle, P. & Grünig, C. (2002). *Projektmanagement*. München: Haufe Verlag.

Kentzler, C. & Richter, J. (2010). *Stressmanagement: Das Kienbaum Trainingsprogramm*. München: Haufe Verlag. 2. Auflage.

Kets de Vries, M. (2004). *Führer, Narren und Hochstapler. Die Psychologie der Führung*. Stuttgart: Klett-Cotta Verlag.

Kets de Vries, M. (2006). *The Leader on the Couch*. San Francisco: Jossey Bass.

Kienbaum (2007). *Coaching von Top-Managern*. Studie mit dem Harvard Business Manager.

Kienbaum (2011). *Unternehmenskultur. Ihre Rolle und Bedeutung*. Studie 2011.

Kienbaum (2012). *Change-Management-Studie 2011/2012*.

Kieser, A. & Walgenbach, P. (2010). *Organisation*. Stuttgart: Schäffer-Poeschel Verlag.

Kirkpatrick, D. L. (2007). *Implementing the Four Levels: A Practical Guide for Effective Evaluation of Training Programs*. San Francisco: Berrett-Koehler Publishers.

Königswieser, R. & Exner, A. (2008). *Systemische Intervention: Architekturen und Designs für Berater und Veränderungsmanager*. Stuttgart: Schäffer-Poeschel Verlag. 9. Auflage.

Kotter, J. P. (1996). *Leading Change*. Boston: Harvard Business School Press.

Leitl, M. (2008a). Zwang zur Professionalisierung. In: *Harvard Business Manager*, Nr. 3, S. 38 — 44.

Leitl, M. (2008b). Coaching mit System. In: *Harvard Business Manager*, Nr. 3, S. 46 — 51.

Macharzina, K. & Wolf, J. (2005). *Unternehmensführung*. Wiesbaden: Gabler Verlag.

Meifert, M. & Kesting, M. (2004). *Gesundheitsmanagement im Unternehmen*. Freiburg im Breisgau: Haufe Verlag.

Mintzberg, H. (2010). *Managen*. Offenbach: Gabal Verlag.

Mollbach, A. (2004). Veränderungen zum Erfolg führen — Führung verändern! In: *Zeitschrift für Betrieb und Personal*, Nr. 8, S. 521 — 523.

Mollbach, A. (2008a). Die Zukunft des Coachings — aus Unternehmenssicht. In: *OSC*, Nr. 4, S. 404 — 420.

Mollbach, A. (2008b). Von der Notwendigkeit der ‚Beratung im Coaching' und der ‚Beratung zum Coaching'. In: *Wirtschaftspsychologie aktuell*, Nr. 2, S. 45 — 50.

Mollbach, A. (2011). Gefahr der Personalisierung. Warum Coachs auch die Organisation berücksichtigen müssen. In: *Wirtschaftspsychologie aktuell*, 3, S. 40 – 43.

Morgan, G. (1998). *Images of Organization*. USA: SAGE Publications.

Nitzsche, I. (2011). *Spielregeln im Job durchschauen. Frauen knacken den Männer-Code*. München: Kösel Verlag.

Quaquebeke, N. van; Eckloff, T.; Zenker, S.; Giessner, S. R. (2009). Leadership Is in the Eye of the Beholder. In: *Personalführung*, Nr. 1, S. 34 – 41.

Rauen, Ch. (2005). *Handbuch Coaching*. Göttingen: Hogrefe Verlag.

Rohm, A. (2007). *Change-Tools*. Bonn: managerSeminare Verlags GmbH. 2. Auflage.

Saller, T.; Sattler, J.; Förster, L. (2011). *Beraten, Trainieren, Coachen*. Freiburg im Breisgau: Haufe Verlag.

Sattler, J.; Förster, L.; Saller, T.; Studer, T. (2011). *Führen: Die erfolgreichsten Instrumente und Techniken*. München: Haufe Verlag. 2. Auflage.

Schmid, B. (2009). *Systemisches Coaching: Konzepte und Vorgehensweisen in der Persönlichkeitsberatung*. Bergisch Gladbach: EHP Verlag Andreas Kohlhage.

Schmid, B. & Messmer, A. (2009). *Systemische Personal-, Organisations- und Kulturentwicklung: Konzepte und Perspektiven*. Bergisch Gladbach: EHP Verlag Andreas Kohlhage.

Schmid, B.; Veith, T.; Weidner, I. (2010). *Einführung in die kollegiale Beratung*. Heidelberg: Carl-Auer-Systeme Verlag.

Schmidt-Tanger, M. (1998). *Veränderungs-COACHING: Kompetent verändern. NLP im Changemanagement, im Einzel- und Teamcoaching*. Paderborn: Junfermann Verlag.

Schreyögg, A. (2008). *Coaching für die neu ernannte Führungskraft*. Wiesbaden: VS-Verlag.

Schreyögg, G. & Koch, J. (2010). *Grundlagen des Managements*. Wiesbaden: Gabler Verlag.

Simon, W. (2006). *Persönlichkeitsmodelle und Persönlichkeitstests. 15 Persönlichkeitsmodelle für Personalauswahl, Persönlichkeitsentwicklung, Training und Coaching*. Offenbach: Gabal Verlag.

Stewart, I. & Joines, V. (2007). *Die Transaktionsanalyse. Eine Einführung*. Freiburg im Breisgau: Verlag Herder.

Storch, M. & Krause, F. (2011). *Selbstmanagement – ressourcenorientiert: Grundlagen und Trainingsmanual für die Arbeit mit dem Züricher Ressourcen Modell (ZRM)*. Bern: Verlag Hans Huber.

Vahs, D. & Weiand, A. (2010). *Workbook Change-Management. Methoden und Techniken*. Stuttgart: Schäffer-Poeschel Verlag.

Von der Oelsnitz, D. (2009). *Management: Geschichte, Aufgaben, Beruf*. München: C. H. Beck Verlag.

Von Thun, S. (2010). *Miteinander reden: Das „Innere Team" und situationsgerechte Kommunikation*. Reinbek: Rowohlt Verlag.

Völker, R. (2008). *Managementkonzepte beurteilen und richtig anwenden*. München: Hanser Verlag.

Westhoff, K.; Hagemeister, C.; Kersting, M.; Lang, F.; Moosbrugger, H.; Reimann, G. (2009). *Grundwissen für die berufsbezogene Eignungsbeurteilung nach DIN 33430*. München: Dustri Verlag.

Weyand, G. (2007). *Sog-Marketing für Coaches. So werden Sie für Kunden und Medien (fast) unwiderstehlich*. Bonn: managerSeminare Verlags GmbH.

Weyand, G. (2008). *Das gewisse Extra. Beratermarketing für Fortgeschrittene*. Bonn: managerSeminare Verlags GmbH.

Wunderer, R. (2006). *Führung und Zusammenarbeit*. München: Luchterhand.

Autoren

Matthias T. Meifert

Matthias T. Meifert, Jahrgang 1968, ist Herausgeber der Kienbaum-Edition im Haufe-Verlag und Mitglied der Geschäftsleitung der Kienbaum Management Consultants GmbH am Standort Berlin. Mit seinem Team berät er Organisationen der Privatwirtschaft sowie der öffentlichen Hand in allen Fragen des wirkungsvollen Personalmanagements. Sein besonderer Fokus liegt in den Themen Management von komplexen Veränderungsprojekten, Aufbau einer strategischen Personalentwicklung, Realisierung von Coaching und Training sowie wirkungsvoller Mitarbeiterführung. Der gelernte Bankkaufmann und studierte Wirtschaftspädagoge hat an der Technischen Universität Berlin promoviert und nimmt regelmäßig Lehraufträge an renommierten Hochschulen wahr. Er hat über 30 Aufsätze zu Fragen des Personalmanagements und der Personalentwicklung veröffentlicht sowie mehrere Fachbücher publiziert. Sein Beratungsansatz ist stark praxisorientiert und systemisch akzentuiert. In seiner Beratertätigkeit berücksichtigt er neben seiner umfangreichen Consultingexpertise auch seine zwölfjährige Managementerfahrung in einer deutschen Großbank.

E-Mail: **matthias.meifert@kienbaum.de**

Achim Mollbach

Achim Mollbach studierte Psychologie, Wirtschaftswissenschaften und Philosophie. Als Principal ist er schwerpunktmäßig in den Beratungsfeldern und Themengebieten Executive & Management-Coaching, Change & Transformation Management sowie Führung von und in Hochleistungs- und Expertenorganisationen tätig. Achim Mollbach ist Autor zahlreicher Monografien zu diesen Themenfeldern. Zudem ist er als Dozent an der Kienbaum Academy und dort als Ausbilder zum Management-Coach tätig (**www.kienbaum.de/go/coaching-ausbildung**).

E-Mail: **achim.mollbach@kienbaum.de**

Stefan Leinweber

Stefan Leinweber ist Abteilungsleiter strategische Personalentwicklung bei der TUI Deutschland GmbH. Dabei verantwortet er u. a. die Themenfelder Führungskräfteentwicklung, strategisches Kompetenzmanagement sowie Talentmanagement. Davor war Stefan Leinweber sechs Jahre bei Kienbaum — zuletzt als Projektleiter — in den Geschäftsfeldern Management Diagnostics & Development und Changemanagement tätig. Außerdem wirkte der studierte Psychologe und zertifizierte Business-Coach als Dozent und Lehrcoach an der Kienbaum Academy und verfügt über umfangreiche Erfahrungen in der Gestaltung von Einzel- und Teamcoachingprozessen.

E-Mail: **stefan.leinweber@tui.de**

Michaela Reimann

Michaela Reimann studierte Germanistik, Philosophie und Empirische Kulturwissenschaften (M.A.). Als Senior Consultant und Karrierecoach baut sie zurzeit den Geschäftsbereich NewPlacement bei der Kienbaum Executive Consultants GmbH in München aus. Davor leitete sie in einem renommierten Personalberatungsunternehmen ein Team von 15 Karriereberatern und verantwortete die gesamte Leistungspalette und Qualität der Beratung zur beruflichen Neuorientierung. Als systemischer Coach (SG) liegen ihre Beratungsschwerpunkte im Top Executive Coaching von Führungskräften der ersten und zweiten Ebene.

E-Mail: michaela.reimann@kienbaum.de

Christoph Mât
Christoph Mât ist Diplom-Psychologe, Coach und Managementberater bei Kienbaum. Seine Beratungsschwerpunkte liegen im Change & Transformation Management und in der Managementdiagnostik. Insbesondere hat er sich mit kompetenzbasiertem Feedback für Führungskräfte beschäftigt und leitet für Kienbaum das Center of Competence *Leadership Echo*. An der Kienbaum Academy ist er als Co-Dozent für die Ausbildung zum Business Change Expert tätig.

E-Mail: christoph.mat@kienbaum.de

Stichwortverzeichnis